BIBLIOTHÈQUE INTERNATIONALE D'ÉCONOMIE POLITIQUE
Publiée sous la direction de Alfred Bonnet

ÉCONOMIE INDUSTRIELLE

PAR

WILHELM ROSCHER

Huitième édition revue et augmentée

PAR

Wilhelm STIEDA

Traduite par M. P. HALLIER
AVOUÉ A ÉPERNAY

TOME I

PARIS (5ᵉ)

M. GIARD & É. BRIÈRE

LIBRAIRES-ÉDITEURS

16, RUE SOUFFLOT ET 12, RUE TOULLIER

1920

ÉCONOMIE INDUSTRIELLE

BIBLIOTHÈQUE INTERNATIONALE D'ÉCONOMIE POLITIQUE
Publiée sous la direction de Alfred Bonnet

ÉCONOMIE INDUSTRIELLE

PAR

WILHELM ROSCHER

Huitième édition revue et augmentée

PAR

Wilhelm STIEDA

Traduite par M. P. HALLIER
AVOUÉ A ÉPERNAY

TOME I

PARIS (5e)

M. GIARD & É. BRIÈRE

LIBRAIRES-ÉDITEURS
16, RUE SOUFFLOT ET 12, RUE TOULLIER

1918

PRÉFACE DE LA PREMIÈRE ÉDITION

Le présent ouvrage forme le troisième volume de mon *Système économique* (*System der Volkswirtschaft*) et traite de la science que l'ancienne caméralistique désignait sous le nom d'économie urbaine (*Stadtwirtschaft*). Il a suivi mon second volume sur l'*Economie rurale et les productions primitives voisines* (*Nationalœkonomik des Ackerbaues und der verwandten Urproduktionen*) à bien plus d'intervalle qu'entre celui-ci et mon premier volume sur les *Principes de l'Économie politique* (*Grundlagen der Nationalœkonomie*). Qu'on veuille bien m'excuser d'un tel retard. J'ai dû, pendant ce temps, achever, pour la grande encyclopédie munichoise, l'*Histoire de l'économie politique en Allemagne* (*Die Geschichte der Nationaloekonomik in Deutschland*). D'autre part, les nombreuses éditions successives de mes deux premiers volumes m'ont presque toutes causé un travail considérable, en raison de l'importance croissante des ouvrages nouveaux dont j'avais à tenir compte.

Tandis que mon second volume traitait, de façon prédominante d'objets que la législation et surtout la pratique, avaient déjà fixés dans leurs parties essentielles, mon troisième volume s'occupe le plus souvent de questions autour desquelles, de nos jours même, se dispute le plus âprement la bataille des idées. Ceci, sous un certain rapport, était plutôt pour faciliter ma tâche. En effet, la foule innombrable des discours parlementaires et populaires, des articles de journaux, etc., que ce genre de questions suscite, m'offrait une riche moisson de matériaux. En même temps, une quantité non négligeable de monographies précieuses, quelques-unes empreintes d'un esprit scientifique accompli, et se rattachant également à ces questions, pouvait justement me servir de travail préparatoire. Je ferai simplement ici une allusion reconnaissante aux ouvrages de Schmoller et de ses principaux élèves, en outre à ceux de Brentano, de Engel, de Boehmert et de Schoenberg sur l'industrie ; à ceux de Knies, Adolphe Wagner et Nasse sur le crédit commercial, etc. ; à ceux de Soetbeer et de Arendt sur la monnaie, de Sax et de Cohn sur les moyens de transport, etc. Toutefois, cette abondance d'ouvrages que souvent un coup d'œil pourrait à peine embrasser, constituait d'autre part une difficulté nouvelle pour le travail d'un écrivain sincèrement appliqué à concevoir, non seulement le passé comme une tranche de la vie, mais encore le présent comme une tranche de l'histoire.

Je n'ai d'ailleurs pu m'empêcher, en raison des particularités de ma méthode de travail, de donner, en même temps qu'aux études préparatoires de ce troisième volume, une importante impulsion à celles de plusieurs autres ouvrages, dès longtemps commencés. J'espère, si Dieu me conserve la force et la vie, pouvoir faire paraître, dans un délai relativement bref, le quatrième et dernier volume de mon *Système économique*.

A l'égard de la disposition des matières, j'ai observé dans ce troisième volume exactement les mêmes principes que ceux indiqués dans la préface de la première édition du second volume. L'introduction s'explique en raison de la nature surtout urbaine des objets traités. La science du commerce se place avant celle de l'industrie. Ce n'est pas

seulement parce qu'au cours de l'histoire de la plupart des
nations, le premier s'est développé plus tôt que la seconde ;
c'est aussi pour des raisons de méthode. Pour l'intelligence
de l'industrie, il est encore plus nécessaire de connaître les
questions de banque, de transport, qu'il n'est inversement
indispensable, pour l'intelligence du commerce, de connaître les métiers, les fabriques, etc... Un exposé systématique tel que tout chapitre découle exclusivement de celui
qui le précède, mais sans que l'inverse puisse avoir lieu,
constitue une impossibilité, aussi bien pour tous les orga-
nismes, que pour l'économie sociale, où les actions réciproques jouent un rôle si important.

Le onzième chapitre de la seconde partie traite d'une
maladie économique, affectant l'industrie et le commerce
de façon uniforme et même, en général, simultanée. Enfin,
les mines n'ont pas été placées dans le volume traitant de
l'économie rurale, mais dans le présent ouvrage. Ceci ne
surprendra personne, si l'on se rappelle l'étroite parenté
unissant cette production primordiale et l'industrie minière
proprement dite. Mais il a naturellement fallu placer le
chapitre qui les concerne en appendice à la fin du traité.

Université de Leipzig, juillet 1881.

WILHELM ROSCHER.

PRÉFACE DE LA TROISIÈME ÉDITION

La seconde édition a été la réimpression de la première
sans modification aucune. Depuis son apparition jusqu'à
celle de cette troisième édition, il s'est écoulé trop peu de

temps pour que j'aie pu trouver l'occasion de changements notables. Toutefois, j'ai enrichi une foule de paragraphes d'additions parfois importantes, et je citerai les §§ 4, 12, 14, 15, 16, 19, 26, 28, 37, 41, 45, 47, 50, 52, 53, 54, 55, 60, 68, 77, 78, 79, 79 a, 80, 81, 82, 83, 86, 87, 88, 90, 93, 95, 99, 104, 114, 117, 118, 128, 129, 131, 133, 135, 137, 138, 139 a, 140, 143, 144, 146, 147, 148, 149, 150, 151, 152, 156, 157, 161, 167, 176, 180.

Une utilisation meilleure de l'espace imprimé a permis néanmoins, malgré ces développements, de n'augmenter le nombre des pages que de 823 à 827.

Université de Leipzig, décembre 1881.

WILHELM ROSCHER.

PRÉFACE DE LA CINQUIÈME ÉDITION

La quatrième édition parue en 1883 a été la réimpression, sans modification, de la troisième de 1881. Par contre cette cinquième édition, par suite d'une foule d'enrichissements et d'améliorations, s'est augmentée de 37 pages, bien qu'une économie considérable ait présidé à l'utilisation de l'espace imprimé.

Je citerai notamment comme ayant subi des additions, les §§ 1, 6, 8, 13, 14, 15, 18, 21, 22 39, 43, 45, 70, 77, 79, 79 a, 81, 82, 85, 86, 87, 88, 89, 91, 92, 93, 94 a, 96, 98, 99, 114, 126, 130, 134, 141, 143, 146, 148, 149, 150, 151, 152, 156, 157, 159, 161, 181. A un degré moindre, également les §§ 2, 3, 7, 9, 10, 11, 12, 19 20, 23, 24, 25, 26, 27, 33, 34, 35, 37, 38, 40, 41, 42, 44, 47, 48, 49, 50, 51, 52, 53, 54, 57, 58, 60, 61, 62, 63, 64, 65, 66, 71, 72, 73, 74, 75, 78, 80, 83, 84, 90, 94,

95, 97, 100, 101, 102, 110, 115, 116, 117, 118, 119, 121, 124,
125, 127, 128, 131, 133, 135, 136, 137, 138, 139 a, 140, 142,
144, 147, 153, 154, 155, 158, 160, 162, 164, 165, 166, 167,
171, 172, 173, 174, 175, 177, 178, 180, 182. La Table des
matières jointe à ce volume en facilitera l'usage au même
degré que pour les trois autres.

Université de Leipzig, octobre 1887.

WILHELM ROSCHER.

PRÉFACE DE LA SIXIÈME ÉDITION

La sixième édition a été, par suite d'une entente entre la
maison d'édition et l'auteur, imprimée en même temps que
la cinquième. Toutes deux ont été tirées au même nombre
d'exemplaires que les éditions précédentes. Aussi avons-
nous placé les additions désirables tout à la fin du volume.

Université de Leipzig, mars 1892

WILHELM ROSCHER.

PRÉFACE DE LA SEPTIÈME ÉDITION

L'excellence et l'originalité du système de Roscher ont
été déjà, de la part de Robert Poehlmann, dans la préface
de la vingt-deuxième édition du premier volume, la première depuis la mort de l'auteur si universellement vénéré,
l'objet d'observations d'une exactitude accomplie. Il ne
paraît donc pas nécessaire d'y revenir. J'ai la conscience
très nette des difficultés qui en résultent pour la refonte
du livre, et c'est pourquoi j'ai, dès le début, renoncé à
continuer l'ouvrage, dans le sens où l'auteur lui-même l'aurait fait. Il s'est agi bien plutôt de compléter le texte primitif. Pour ne pas ravir au travail l'originalité qui lui a valu
dans tous les milieux un si grand succès, il fallait se garder
de rompre l'enchaînement du troisième volume aux autres
formant le système, et de modifier la systématique primitive de la division des matières. Il ne pouvait être question
que d'incorporer à l'ouvrage, aux endroits convenables, ce
que la vie pratique et les recherches de la science pendant
ces dernières dizaines d'années ont aujourd'hui ajouté au
progrès en idée, comme en faits accomplis.

Afin d'y parvenir, les remarques complémentaires émanant de l'auteur lui-même et accompagnant sa dernière
édition ont tout d'abord, suivant que la tournure nouvelle
des événements ne dépassait pas la portée de leur objet, été
insérées dans les paragraphes correspondant.

Les développements de l'auteur n'ont, en général, donné

lieu qu'à des suppressions relativement peu nombreuses. On a toutefois, dans les annotations, laissé de côté ce qui ne correspondait plus aux statistiques actuelles, ou ce que les conquêtes nouvelles de la législation avaient laissé vieillir.

Toutes les fois pourtant que l'exposition a paru présenter, dans ses paragraphes, des lacunes en ce qui caractérise les conceptions ou l'état de choses actuels, toutes les fois que, dans les annotations, la création postérieure d'éléments nouveaux a rendu possible de traiter les problèmes spéciaux d'une manière plus approfondie, l'auteur du présent remaniement a ajouté des additions reconnaissables en ce qu'elles figurent entre crochets. Ces additions ont notamment complété les §§ 3. 6 — 8. 14. 21. 22. 24. 25. 27. 28. 30 — 32. 33. 38 a — 43. 45 — 48. 52. 54. 56. 59. 63. 64. 69 — 71. 72 — 74. 77. — 81. 85 — 94a. 95 à 101. 102. 103. 106. 110. 113. 115. 116. 118 — 119. 126. 129. 134. 139 — 141. 145. 148 — 150. 159 — 160. 162. 163. 167. 168. 178. 182.

On a essayé de compléter la partie traitant des *Villes*, surtout en ce qui touche la question des grandes villes et la crise du logement. Dans la *Politique commerciale*, les matières suivantes ont subi une transformation : branches principales du commerce (grand et petit commerce, colportage), droit d'étape, foires et marchés, guildes de marchands, juifs et lombards, sociétés par actions, compagnies de commerce, statistique commerciale et traités de commerce.

Dans la partie : *Argent, Monnaies et Banques*, les questions suivantes : monnaie, étalon, monnayage, papier-monnaie, change, banques d'émission, banques d'Etat, ainsi que les manifestations du développement bancaire moderne, comme le système des chèques et des chambres de compensation, ont reçu des additions nombreuses. En ce qui touche l'exposé sur les *relations commerciales*, les questions suivantes : postes, télégraphes, publicité, indépendance ou étatisation des voies ferrées, système de tarifs, spécialement pour les chemins de fer, tarifs des personnes et des marchandises, navigation maritime, pêche maritime, assurance maritime, entrepôts, canaux, routes, ont été l'objet d'un travail de mise à jour.

Enfin, le développement moderne des poids et mesures, des bourses, de leur organisation et de leurs affaires, des consulats, des tribunaux de commerce, des chambres de commerce et des écoles commerciales, a reçu toute l'attention qui lui était due.

Dans la *Politique industrielle,* on a eu égard, *d'un côté* aux mesures récemment adoptées sur le terrain de la grande industrie et des métiers, non moins qu'aux phases de leur développement. Ainsi a-t-on procédé pour les questions suivantes : degrés de l'industrie, dénombrements des industries, industries des capitales, métiers et fabriques, origines et supériorité des fabriques, vitalité des métiers, industrie domestique, origines et dégénérescence des corporations, importance du protectionisme, poiitique commerciale moderne, concurrence déloyale, associations nouvelles. *D'un autre côté,* et en harmonie avec leur importance croissante, les questions de politique et d'organisation sociales ont été traitées d'une façon inédite. Ainsi en est-il advenu des questions suivantes : inspection des fabriques, régime des fabriques, offices du travail, protection des femmes et des enfants, durée normale du travail, assurances contre les accidents, habitations ouvrières, grèves et coalitions, chômage et placement ouvrier, conseils de prud'hommes, bureaux de conciliation, associations, etc.

Egalement sur la question des *mines,* on a apporté, au

point de vue de la statistique et de la législation, les compléments voulus.

Peut être, en procédant comme je l'ai fait, me suis-je exposé au reproche d'être allé trop loin et d'avoir par trop amplifié l'étendue de l'ouvrage. En réalité, celui-ci s'est augmenté d'environ dix feuilles. Mais, sur aucun terrain de la vie économique, il ne s'est produit dans les deux dernières dizaines d'années, autant de nouveau que sur celui que l'on s'est occupé de décrire ici. La tentation se trouvait donc immédiate, d'effleurer, autant que possible, tout ce qui s'y rattachait, même sans prétendre à la manière si concise et si instructive pourtant que possédait si magistralement Roscher. Cette extension paraissait d'autant plus utile qu'en dehors du Manuel d'économie politique de Schoenberg, nous ne possédons aucun ouvrage qui ait été, à une époque récente, consacré d'une manière aussi complète aux questions traitées dans le présent volume. Il appartiendra à d'autres d'apprécier le succès de ma tentative. Je conclus en exprimant le désir que l'ouvrage, tenant consciencieusement compte des développements modernes de notre vie économique, ait gardé son attrait primitif, et qu'après comme avant, son emploi puisse paraître utile aux hommes d'affaires comme aux hommes d'étude.

La révision de la Table des matières est due à l'amabilité de M. Paul Huber, de Kempten, étudiant en philosophie, que j'en remercie cordialement ici.

Leipzig, juin 1899.

WILHELM STIEDA.

PRÉFACE DE LA HUITIEME ÉDITION

La refonte de cette nouvelle édition a présenté des difficultés incomparablement plus grandes à surmonter que la précédente. Dans les douze années qui se sont écoulées depuis la publication de celle-ci, il s'est opéré de multiples changements. Bien qu'il ait paru réalisable, pour ne pas faire perdre à l'ouvrage son aspect accoutumé, de rester dans le cadre que Roscher avait choisi, il n'était pourtant plus possible de placer toujours dans chaque paragraphe spécial, comme annexe aux idées jusque là reçues, le simple exposé des théories nouvelles. L'activité qui, depuis la première apparition de cet ouvrage en l'année 1881, s'est manifestée dans le développement industriel et commercial, a imposé vis-à-vis de celui-ci une attitude encore plus consciencieuse qu'il n'avait paru nécessaire lors de la septième édition. Il a donc fallu transformer radicalement de nombreux paragraphes, et en ajouter de tout nouveaux. Mais ainsi l'originalité de l'auteur n'a pu désormais être respectée dans toute son étendue. Il a fallu s'écarter de l'habitude de consigner, dans des remarques copieuses, les exemples et les constatations à l'appui des explications présentées dans le texte. Les annotations se rapportant aux paragraphes nouveaux et aux amplifications ne contiennent, en général, que des indications bibliographiques, et celles relatives aux paragraphes demeurés inchangés ont été abrégées sensiblement. On objectera à cette façon de procéder que l'édition nouvelle n'offrira plus ainsi d'unité de caractère. Il était pourtant difficile de faire autrement, en présence des matières et des faits qu'il s'agissait d'embrasser. La refonte de toutes les remarques contenues au texte aurait été une entreprise interminable. On ne pouvait pourtant pas ne tenir aucun compte des événements et des conquêtes nouvelles de la vie économique, de la critique moderne des matières anciennes, et de l'actualité analytique dans le cours des idées d'aujourd'hui. L'espace nécessaire à ces développements n'était pas susceptible d'être obtenu d'autre manière qu'en supprimant certaines annotations qui en définitive ne sont pas perdues, puisqu'elles demeurent en tous temps accessibles dans les exemplaires des éditions précédentes qui figurent dans toutes les bibliothèques. Je nourris l'espoir qu'il est possible, en suivant la voie par moi adoptée, de conserver au Maître, si méritant, de l'économie politique, l'influence que son ouvrage, répandu à de si multiples éditions, lui avait fait, dans les milieux les plus étendus, si heureusement acquérir.

La considération pratique qu'un volume de quatre-vingts feuilles d'impression serait peu maniable, que l'impression elle-même d'un volume si étendu, exige un temps prolongé et qu'il est désirable de pouvoir, dès à présent, faire usage de la partie déjà terminée, tandis que l'autre partie se trouve encore en cours de préparation, a fait décider que cette fois, l'édition comprendrait deux demi-volumes. L'Industrie a été placée en tête, à la différence des précédentes éditions, parce que, bien qu'elle ne soit pas plus ancienne que le commerce, elle se trouve toutefois en position de lui apporter la première un développement plus considérable, et qu'ainsi par conséquent, c'est à elle que la primauté dans le monde semble appartenir.

Pour les paragraphes relatifs aux villes et aux mines j'ai été heureux de la collaboration amicale de M. Otto Meissgeier, de Leipzig et de M. le professeur Cl. Neuburg, d'Erlangen. Les additions qui leur sont dues ont été imprimées entre crochets pourvus d'un astérisque * []. Mes additions personnelles figurent, comme dans les éditions antérieures, entre crochets [].

Puisse ainsi cette huitième édition, sous son revêtement nouveau, poursuivre sa route dans un sentiment de piété filiale envers l'auteur disparu, lui conquérir de nouveaux

Roscher   ii

amis et apporter la preuve que ses développements, complétés et mis au courant des circonstances les plus récentes, n'ont rien perdu de leur attrait.

Leipzig, mai 1913.

WILHELM STIEDA.

TABLE DES ABRÉVIATIONS

EMPLOYÉES DANS LE TOME PREMIER(¹) DU TROISIÈME VOLUME DU « SYSTÈME ÉCONOMIQUE » DE ROSCHER

1. — *Hdwb. d. Staatsw.* : *Handwörterbuch der Staatswissenschaften*, publié par CONRAD, ELSTER, LEXIS, EDG. LŒNING.

2. — *Schr. d. V. f. Sozialp.* : *Schriften des Vereins für Sozialpolitik.*

3. — *Jahrb. f. Nat.* : *Jahrbücher für Nationaloekonomie und Statistik*, publié par BR. HILDEBRAND, depuis 1872 par HILDEBRAND et CONRAD, depuis 1878 par CONRAD.

4. — *Jahrb. f. Nat. N. F. et 3 F.* : *Jahrbücher für Nationalökonomie und Statistik, Neue Folge et 3ᵉ Folge*, fondé par HILDEBRAND, publié par CONRAD et depuis 1891 par CONRAD, ELSTER, LEXIS, LOENING, depuis 1898 par CONRAD, LEXIS, LOENING.

5. — *Jahrb. f. Ges. und Verw.* : *Jahrbuch für Gesetzgebung, Verwaltung und Volkswirtschaft im Deutschen Reich*, années I à IV, publié par J. v. HOLTZENDORF et L. BRENTANO, et depuis 1877, Vᵉ année, publié par GUSTAV SCHMOLLER.

6. — *Ztschr. f. Staatsw.* : *Zeitschrift für die gesamte Staatswissenschaft*, depuis 1844.

7. — *Soz. Pr.* : *Soziale Praxis, Zentralblatt für Sozialpolitik*, de 1892 à 1894, années I à III, publié par HEINRICH BRAUN sous le titre de *Sozial-politisches Zentralblatt*, et depuis 1894 publié par J. JASTROW, depuis 1898 par E. FRANCKE.

8. — *Vrtljschr. f. Staats-u. Vlksw.* : *Vierteljahrschrift für Staats-und Volkswirtschaft*. Les premières années, 1893 et 1894,

(¹) Ce tome premier comprendra deux volumes dans l'édition française. (*Note de l'éditeur*).

sous le titre de *Zeitschrift für Litteratur und Geschichte der Staatswissenschaften*, publié par K. FRANKENSTEIN.

9. — *Stat. Mschr.* : *Statistische Monatschrift*, publié par la *Commission centrale impériale et royale de Statistique de Vienne*.

10. — *Vrtlj. z. Stat. d. D. R.* : *Vierteljahrshefte zur Statistik des Deutschen Reichs*, publié par l'*Office allemand impérial de statistique*.

11. — *Arch. f. E. B. Wesen.* : *Archiv für Eisenbahnwesen*, publié par le *Ministère royal prussien des travaux publiés*.

12. — *Arch. f. P. u. T.* : *Archiv für Post und Telegraphie*, publié sous la direction de l'Administration des Postes de l'Empire allemand.

13. — *Arch. f. Gesch. d. d. Buchh.* : *Archiv für Geschichte des deutschen Buchhandels*, publié par la Commission historique de la Bourse de la Librairie allemande.

14. — *Stat. Jahrb. d. D. R.* : *Statistisches Jahrbuch für des Deutsche Reich*, publié par l'Office impérial allemand de Statistique.

15. — *Stat. abstr.* : *Statistical abstract for the united kingdom.*

16. — *Zeitschr. f. Hdlsrt.* : *Zeitschrift für Handelsrecht*, publié par GOLDSCHMIDT.

17. — *Zeitschr. f. Soz. u. Wirtsch. Gesch.* : *Zeitschrift für Sozial-und Wirtschaftsgeschichte*, publié par BAUER et HARTMANN.

18. — *Arch. f. Soz. Ges.* : *Archiv für soziale Gesetzgebung und Statistik*, publié par HENRICH BRAUN de 1888 à 1903 inclus ; depuis 1904, Nouvelle Suite sous le titre : *Archiv für Sozialwissenschaft und Sozialpolitik*, publié par ED. JAFFÉ, en collaboration avec SOMBART et M. WEBER.

19. — *Ztschr. f. Sozialw.* : *Zeitschrift für Sozialwissenschaft*, publié par J. WOLF de 1898 à 1909 et par LUDWIG POHLE depuis 1910.

20. — *Le Mus. Soc. Mém. et Doc.* : *Le Musée Social, Mémoires et Documents*, depuis 1896.

21. — *Le Mus. Soc. Ann.* : *Le Musée Social, Annales*, depuis 1902.

INTRODUCTION

PHYSIQUE DES VILLES EN GÉNÉRAL, TOPOGRAPHIE

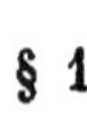

§ 1

Au nombre des circonstances qui ont déterminé *le choix de l'emplacement d'une ville plus tard importante* figure, en dehors de l'aptitude générale du sol à supporter facilement des maisons (1), la force militaire. C'est ainsi que, pendant tout le moyen âge, la supériorité habituelle que possédait sur l'attaque la défense de forteresses, a été un des principaux moyens de favoriser, non seulement la construction des villes, mais encore, en général, le développement pacifique de l'économie (2). Mentionnons encore la proximité d'un temple important, d'un cloître, d'un lieu de pélérinage (3) ; enfin, la résidence d'un grand seigneur ecclésiastique ou laïque dont les biens se trouvaient voisins. Les villes impériales allemandes sont nées, pour la plupart, de palais impériaux (4) ou de sièges épiscopaux. La résidence d'un souverain important attire souvent par elle-même comme un afflux considérable de la sève du corps social dans son voisinage. Aussi le transfert de cette résidence dans un autre lieu marque-t-il d'ordinaire un tournant de l'histoire générale de la nation (5). Plus la civilisation fait de progrès, plus diminue l'importance significative des villés comme lieu de refuge pour la contrée d'alentour ou comme résidence des grands seigneurs ecclésiastiques ou laïques ; par contre, plus leur rôle de servir d'organe principal aux relations économiques passe au premier plan (6). Ainsi de plus en plus, la situation au point de vue du trafic décide du choix de l'emplacement, en tenant généralement compte de ce que l'organisation du travail et des emplois produit un effet de séparation plutôt que de rassemblement (7). Si nous imaginons tout d'abord un territoire également praticable en tous sens et de forme à peu près circulaire, les besoins du trafic feront rapidement du point central le nœud des voies les plus importantes. C'est ainsi que dans les grandes plaines d'une fertilité sensiblement égale partout, la capitale est naturellement située au milieu (8). Mais à l'inverse aussi, un puissant État, dont la capitale se trouve placée à proximité dangereuse de la frontière, manifeste d'ordinaire, du côté correspondant, un vif penchant aux conquêtes (9). Dans la réalité, la plupart des pays ne sont pas partout également praticables ; on y rencontre des voies particulièrement propices aux communications, telles que les fleuves, les lacs, les mers, mais aussi des régions où les communications sont, à un degré extraordinaire, rendues difficiles par les montagnes, les déserts, les grandes forêts, etc. La tendance régulière du trafic est d'utiliser le plus longtemps possible les voies spécialement favorables, même si, au point de vue géométrique, elles constituent un détour ; elle est aussi, par contre, de traverser, par le plus court chemin, l'obstacle au passage, dès qu'il ne peut être tourné. Un fleuve, dans le sens de la longueur, favorise le trafic par eau ; il constitue, dans le sens de la largeur, un obstacle au trafic par terre, surtout quand il s'agit d'un fleuve au cours rapide et en pays de montagne. C'est sur ce principe que se fonde l'importance

des villes où se trouve un gué (10) et, pour les pays de
vieille civilisation, dans une mesure encore plus étendue,
de celles où l'on rencontre un pont. Toute navigation in-
terrompue par une région sèche cherche également à traverser celle-ci par la voie la plus courte. C'est ce qui fait la
valeur des emplacements où un golfe pénètre le plus profondément dans le pays (11), ainsi que l'avantage d'une
situation isthmique (12), et ceci s'applique aussi bien à
l'emplacement entre deux fleuves qu'à celui entre un fleuve
et une mer (13). Les endroits qui toujours se prêtent à la
formation d'une ville sont encore ceux d'où l'on part pour
contourner de grandes montagnes, ainsi que les points
d'aboutissement des lignes de percée des régions montagneuses par les chemins les plus commodes (14). En certains lieux, on trouve en abondance un produit naturel de
valeur qui, pour être exploité et dégrossi, demande un
travail considérable sur place. Mais il ne peut y naître une
ville importante que lorsqu'ils sont entourés d'un territoire offrant des débouchés étendus, parvenu à un haut
degré de développement dans l'organisation du travail et
des emplois, pourvu de moyens de transport excellents.
Ceci se produit seulement aux degrés supérieurs de la civilisation (15).

La plus haute importance économique sociale et mondiale même est réservée d'ordinaire aux villes dont la situation locale répond en même temps aux besoins de sécurité des civilisations primitives, comme aux besoins toujours croissants du trafic des civilisations supérieures ;
aux villes qui, par conséquent, de simples châteaux-forts, etc.,
deviennent, non seulement des résidences princières, mais
finalement aussi, des places d'industrie et de commerce de
premier rang (16). La possession d'une telle capitale
vaut que tout peuple y consacre les moyens les plus

éminents de son unité, comme par suite de sa puissance (17-18).

(1) C'est à Hambourg et à Brême que la région désolée de la Geest vient interrompre le pays fertile du Marschland et aboutir immédiatement au fleuve. L'endroit où deux fleuves se réunissent a toujours une grande importance militaire, mais il offre au trafic, en plaines basses, le plus souvent peu d'avantages à cause du danger des inondations (Voir HAHN, *Die Staedte der norddeutschen Tiefebenen*, dans l'ouvrage de LEHMANN, *Forschungen zur deutschen Landes und Volkskunde*, I, 122).

(2) Une foule de camps romains sont devenus le germe d'une ville. Coblentz (*Confluentes*) a été, vers la seconde moitié du VI⁰ siècle, un bourg (« pfalz », lat. *palatium*) mérovingien, puis ensuite carolingien ; il a, au IX⁰ siècle, été doté d'une église remarquable (Voir BARTHOLD, *Geschichte der deutschen Staedte*, I, 30). L'importance de Worms a profité de ce que Charlemagne en a fait le point de départ de ses expéditions contre les Saxons ; il en a été de même de Magdebourg avec les guerres contre les Slaves ; d'Augsbourg et d'Ulm, avec les voyages de l'Empereur à Rome. La pensée militaire, qui sera plus tard celle de Henri I⁰ʳ l'Oiseleur (WIDUKIND, *Ann.*, I. c. XXXV), apparaît, dès 862, contre les Normands dans le premier Edit de Pistes (*Edictum Pistense* : PERTZ, *Leges*, I, 494).

(3) A l'époque franque et même encore sous Innocent III, seules les villes épiscopales étaient désignées du nom de *civitates* (DUCANGE, *s. v.*), les autres villes, de celui d'*oppida* ou *castra*. Sont villes épiscopales postromaines : Magdebourg, Hambourg, Brême, Bamberg, Würzbourg, Münster, Paderborn, Naumbourg, Freisingen ; sont issues d'une abbaye, les villes de Saint-Gall, Fulda, Hersfeld, Schaffhouse.

(4) Telles sont les villes palatines (*Pfalzstaedte*) royales de Goslar, Aix-la-Chapelle, Nuremberg, Francfort, Heilbronn, Ulm, Wetzlar, Friedberg, Haguenau, Colmar, Boppard, Oppenheim. Elles sont parvenues de très bonne heure en Alle-

magne à l'immunité et au droit impérial de libre établissement
(Voir MAURER, *Gesch. der Staedteverfassung*, I, 442-281). Moscou, qui s'est formé circulairement autour du Kremlin, est une
des extensions les plus remarquables du château princier primitif.

(5) Pendant les invasions barbares, Trèves a été quelque
temps capitale romaine, ainsi que Milan, parce que le centre
de gravité de l'Empire se transportait toujours davantage vers
les quartiers généraux des armées, par suite ainsi vers les frontières menacées. Paris devint la capitale de la France, autrefois
placée à Lyon, seulement lorsque la région du nord-est, d'une
cohésion meilleure, mieux ouverte dans toutes les directions
et plus imprégnée de germanisme, commença de dominer tout
ce qui constituait antérieurement la Gaule. Les capitales de la
Russie ont été Novógorod et Kiew, jusqu'à l'importation, de
Scandinavie, de l'éducation politique, et de Byzance, de l'éducation religieuse. Moscou et Wladimir les remplacèrent, lorsque
la concentration nationale dans le bassin géographique de la
grande Russie et l'affranchissement du joug mongolique devinrent une tâche principale. Saint-Pétersbourg correspond à
l'européanisation depuis Pierre le Grand, poursuivie par Mün-
nich et Ostermann. *[Voir R. BUSCHICK, *Wanderungen euro-
paeischer Hauptstaedte*; RATZEL, *Gedenkschrift*, 1904, pp. 3 et
suiv.].

(6) Déjà Thucydide (I, 7) fait la remarque qu'en Grèce, les
villes les plus anciennes, en raison du danger du brigandage
maritime, étaient situées plus profondément dans le pays, tandis que les villes plus récentes se trouvaient sur les côtes. Une
situation analogue existe entre Upsal et Stockholm, entre No-
wogorod et Saint-Pétersbourg.

(7) Aux Etats-Unis, il apparaît comme un principe formel
que le siège du gouvernement ne doit pas être placé à l'endroit
le plus important pour le trafic. C'est ce qui existe avec Albany-
New-York, Harrisburgh-Philadelphie, Columbus-Cincinnati,
Springsfield-Chicago, Sacramento-San-Francisco, Jefferson-
City-Saint-Louis, Washington-New-York.

(8) Munich, Prague, Moscou, occupent le milieu des plaines environnantes. Cette dernière ville est entourée, à une distance modérée, des sources des fleuves russes les plus importants. La situation de Madrid, sans autres avantages naturels, ne s'est guère recommandée que par sa position centrale au milieu de la péninsule ibérique, presque circulaire. Une capitale de ce genre est économiquement très peu indépendante ; d'où les oscillations considérables du chiffre de sa population : 1833 = 166.000, 1836 = 224.000, 1842 = 157.000, 1846 = 200.00, [1910 = 571.000]; Tolède est largement aussi favorablement située : elle a été, depuis 400 après J.-C., le siège des conciles espagnols, et n'a dû sans doute d'être supplantée par Madrid qu'en raison de son soulèvement de 1520. — Vienne est particulièrement la capitale naturelle des pays du moyen-Danube, enclos comme d'une muraille par les Alpes, les Sudètes et les Karpathes, et pour ainsi dire bastionné par la Bohême, le Tyrol et la Transylvanie. C'est ce que reconnaissent eux-mêmes beaucoup de peuples non germaniques qui la désignent par leur nom national de « Becs ». La plupart des pays autrichiens de la Couronne s'ouvrent en éventail autour de Vienne, de sorte que pour aller de l'un à l'autre, souvent le plus court chemin, et mieux encore le plus commode, passe par Vienne (Czœrnig). Ottokar de Bohême lui-même voulait faire de Vienne la capitale de son grand Empire, et le grand Frédéric encore affirme que c'est vraiment de là seulement qu'il est possible de dominer la Bohême (*Principes généraux de la guerre*, ch. ii).

(9) Visées de la France sur la Belgique depuis Louis XI, de la Russie sur la Finlande depuis Pierre le Grand. C'est ainsi que tout État important dont la capitale est située près de la mer aspire à la suprématie maritime. Des fortifications seules ne suffisent pas à protéger la capitale, parce qu'un siège aurait pour conséquence d'interrompre tout le trafic avec le reste du pays. Stockholm est, depuis la perte de la Finlande, devenue, de capitale bien située qu'elle était, une ville frontière très menacée. Sa situation moyenne entre le nord et le midi la rend

même, en raison des dangers qu'elle court personnellement, une cause d'insécurité pour l'État tout entier. C'est un véritable pont vers la Russie que jettent, en effet, les îles finlandaises d'Aland.

(10) Les nombreuses villes dont le nom se rattache au mot allemand *furt*, anglais *ford*, slave *brod*, latin *trajectum*, représentent, en général, des colonies établies de très bonne heure. Hambourg, et plus encore Londres, sont les derniers points où le fleuve peut être commodément traversé.

(11) Riga, Dantzig, Stettin, Kiel, Rostock, Koenigsberg, Gênes. Lubeck a été surpassé par Hambourg, parce que la mer du Nord est, bien plus que la Baltique, une mer mondiale, et qu'aussi l'Elbe est plus important que la Trave. La grande ville indispensable au bord septentrional de la mer Adriatique a été tantôt Adria, tantôt Aquileia, Venise, Trieste, Fiume (Voir RATZEL, *Anthropogeographie*, II, 467).

(12) Il existe d'ordinaire une ville de chaque côté de l'isthme : Panama-Colon, Hambourg-Lübeck, [ou inversement sur un détroit : Memel, Stralsund]. Le port excellent de Constantinople est situé au croisement d'un détroit d'une importance primordiale, au fond de deux grands golfes maritimes, avec un isthme entre l'Asie et l'Europe.

(13) Nuremberg est à peu près au milieu entre le Danube et l'extrémité supérieure du Main navigable, Leipzig entre le Main et l'Elbe, Innsbrück entre le Danube et l'Adige, Alep entre l'Euphrate et la Méditerranée.

(14) Les grandes villes d'où l'on part pour contourner les Alpes sont Vienne et Lyon, les lignes principales de percée, Lyon-Turin, Augsbourg-Milan, Münich-Vérone, Vienne-Venise. L'avantage primitif de la situation de Leipzig consiste en ce que c'est en ce lieu que la plaine basse de l'Allemagne du Nord pénètre le plus loin vers le sud, et justement au milieu à peu près exact de l'ancien territoire de l'Allemagne impériale et fédérale.

(15) Villes de sel, de mines, de houille, d'eaux minérales. [Freiberg, en Saxe, où l'argent a été découvert aux environs de

1160, Goldberg, en Silésie, d'où l'on a extrait l'or]. En Angleterre, les gisements de houille et de fer, tous situés à l'ouest de la ligne Sunderland-Doncaster-Nottingham-Leicester-Coventry-Bath-Frome, n'ont donné naissance que depuis le milieu du xviiie siècle seulement, à des villes industrielles importantes. Antérieurement, cette moitié nord-ouest de l'Angleterre était, à tous points de vue, restée en arrière et d'une population bien plus clairsemée, plus pauvre et plus inculte, que la moitié orientale. C'est seulement depuis lors que le centre de gravité de la vie sociale en Angleterre a commencé à se déplacer vers le nord et l'ouest. La réforme parlementaire de 1832 et l'abrogation des lois sur les céréales, en 1846, sont des victoires que cette Angleterre, désormais nouvelle, a remporté sur cette Angleterre désormais ancienne.

(16) Comme capitale du Latium, Rome était désignée par sa position centrale, ses collines, son fleuve, qui formait aussi antérieurement un port maritime. Elle était également indiquée comme capitale de l'Italie ancienne, parce que, du côté occidental de l'Apennin, plus susceptible de se développer, le Tibre est de beaucoup le fleuve le plus remarquable, et que son bassin occupe une situation moyenne entre toutes les plaines un peu importantes de la péninsule proprement dite. Lorsque toutes les côtes méditerranéennes se trouvèrent réunies en un empire, la situation centrale de l'Italie vint encore agir en ce sens. (Comparer déjà TITE-LIVE, V, 54). C'est ainsi encore qu'il a été d'une grande importance pour Paris, dans le système moderne des États de l'Europe, de se trouver plus en moyenne qu'aucune autre grande ville, rapproché de toutes les principales places européennes, et surtout d'être situé sur les routes de Saint-Pétersbourg et Stockolm à Lisbonne et Madrid, ainsi que de Londres vers l'Italie. Berlin, à chaque accroissement de l'État auquel il appartient, a développé admirablement les avantages correspondants de sa situation géographique (Voir KÖHL, dans la *Berliner Vierteljahrschrift*, 1866, III. Antérieurement déjà, KLODEN, *Entstehung, Alter und früheste Geschichte der Staedte Berlin und Koeln* (1839), pp. 17 et suiv.).

(17) Pour le royaume actuel d'Italie, il est fâcheux de n'avoir aucune capitale à l'encontre de laquelle n'existent les plus sérieux inconvénients. Rome deviendra difficilement aujourd'hui une grande ville d'industrie et de commerce.

(18) Pour le présent paragraphe on a considéré principalement les ouvrages ci-après : J. G. KOHL, *der Verkehr und die Ansiedelungen der Menschen in ihrer Abhaengigkeit von der Gestaltung der Erdoberflache* (1843), spécialement pp. 18-170-221 et suiv., 238-468-566 ; du même, *Die geographische Lage der Hauptstaedte Europas* (1874); l'étude de ROSCHER dans les *Ansichten der Volkswirtschaft* (3ᵉ édition, 1878, I, 317 et suiv.), paru pour la première fois en 1871. [*FR. RATZEL, *Die geographische Lage der grossen Staedte* (*Die Grosstadt Vortraege und Aufsaetze zur Staedteausstellung,* 1903, pp. 33 et suiv. réimprimé ; *Kleine Schriften,* vol. II, 1906); K. HASSERT, *Die Staedte geographisch betrachtet,* 1907 ; A. PENK, *Die Lage der deutschen Grosstaedte* (*Staedtebauliche Vortraege,* vol. V, fasc. 5, 1912)].

§ 2

C'est également pour la *configuration intérieure des villes* qu'il ne faut recourir au seul arbitraire comme raison explicative que d'une manière exceptionnelle. Lorsqu'une ville, dès l'origine, est fondée à des fins urbaines, sa forme, dans l'hypothèse où le sol offre une facilité de construire et une viabilité partout égales, sera, le plus naturellement, la forme circulaire. Chaque point de l'établissement se trouve alors le plus près possible de tous les autres, et de plus, les frais de construction, d'entretien et de surveillance de l'enceinte extérieure sont relativement les moins élevés (1). Le point central est occupé par l'endroit qui a déterminé à l'origine la fondation de la ville. Chacun doit souhaiter, en raison même de l'organisation du travail, de demeurer dans le voisinage immédiat de ce centre, et c'est là, par consé-

-quent, que le terrain prend le plus de valeur. On cherche par suite, à utiliser celui-ci pour le mieux, par analogie avec le procédé de la culture intensive, en y augmentant la hauteur et la profondeur des maisons (2). L'accroissement de la ville a lieu, dans l'hypothèse qui précède, de façon circulaire. S'il existe des voies d'eau et des routes commodes, il se produit naturellement suivant leur longueur, en forme rayonnante, à l'encontre des chemins de fer, qui provoquent dans le voisinage de leurs stations la construction de groupes de maisons disposés en forme de réseau. Dans les deux cas, les vides entre les bâtiments nouveaux ne se comblent que progressivement, en commençant en général par la périphérie. Beaucoup de villes du moyen âge sont issues de villages (3), dont elles ne se sont bien longtemps distinguées que par la circonstance qu'elles étaient entourées de murailles (4). Elles consistaient intérieurement, en dehors d'églises, de couvents, etc., en un certain nombre de domaines seigneuriaux (*Fronhoefe*) enclos de haies et souvent fortifiés (5), avec les champs, les maisons de vassaux, etc. de leur dépendance. Les étrangers qui venaient s'établir, de même que les industries naissantes, groupaient d'ordinaire leurs demeures par rues, et assez souvent à part (6).

Il faut cependant distinguer en Allemagne, entre le nord et le midi. Dans l'Allemagne du Sud et du Sud-Ouest, l'irrégularité de la disposition des villes est particulièrement caractéristique. Il y règne un enchevêtrement de rues et de places tel qu'on peut y voir un manque absolu de plan (7). L'Allemagne du Nord et l'Allemagne Occidentale ou, plus exactement, les contrées situées à droite de l'Elbe et de la Saale, présentent, par contre, des villes fondées suivant un plan déterminé et très fréquemment, en outre, par l'entremise d'entrepreneurs (locataires du sol) ;

un plan normal, très distinctement reconnaissable, y a prévalu. Tandis qu'à l'ouest et au sud, c'est la ligne courbe qui l'emporte, le nord est l'empire de la ligne droite. Même dans les plus petites villes, les rues, de largeur différente, s'alignent, tirées au cordeau ; elles sont coupées à angle droit par les autres ; les îlots de maisons sont souvent de grandeur égale et carrés, les rues contournées et sinueuses n'existent guère que dans le voisinage des murs de la ville (FRITZ, 8-9-10). A l'époque moderne, certaines villes et certains quartiers de villes sont désormais disposés suivant un plan mathématique, employé d'abord quand il s'agit de la table rase des colonies, et qui prévaut ensuite dans les créations favorites de la monarchie absolue (11).

En ce qui concerne la répartition des classes, des professions et des établissements divers dans les différentes régions de la ville, chaque établissement tend naturellement à occuper l'endroit le plus rapproché de la majorité de ceux qui l'utilisent. Ainsi les établissements d'un usage général sont attirés vers le centre de la ville (12). Les riches aspirent à l'emplacement où il est le plus agréable de demeurer : c'était, au moyen âge, d'ordinaire aussi le centre de la ville, à proximité du château du prince, de la cathédrale, etc. ; depuis la transformation des fortifications en jardins, c'est non moins habituellement le pourtour de la vieille ville (13). Les pauvres tendent vers la région la moins chère, par suite vers les extrémités de la ville ; ou, si leur profession les contraint de demeurer dans le voisinage de leur clientèle urbaine, vers les demeures situées dans les caves et sous les toits, les maisons de derrière, les ruelles latérales. Le petit commerce recherche partout les rez-de-chaussée, le commerce de luxe, les rues principales, surtout celles du centre, le grand commerce, la proximité des gares de chemin de fer et des voies navigables ; les fabriques sont attirées si possible vers la périphérie et les métiers ayant un débit local se dispersent au voisinage de leur clientèle (14). Au nombre des phénomènes les plus ordinaires de nos grandes villes se trouve la formation de ce qui, à Londres, constitue la Cité (*City*). Les maisons d'habitation disparaissent de plus en plus des parties centrales, pour céder la place aux besoins du commerce, qui s'y entasse précisément de plus en plus fort (15). Ce n'est surtout pas un mince inconvénient pour les villes à croissance rapide, que la reproduction continuelle des circonstances précitées : elle rend en effet nécessaire une masse de transformations des plus coûteuses (16). Les environs immédiats de ces villes donnent eux-mêmes ordinairement l'impression d'un désert de bâtisses (17). Pourtant, comme dans toute vie, s'arrêter serait commode, mais ne ferait qu'engager la décadence. Dans les villes complètement tombées, le reste de vie qu'elles possèdent encore persiste le plus longtemps à l'endroit où celle-ci avait originairement commencé (18).

(1) La forme circulaire est entravée par l'existence d'endroits impraticables, comme des marais, des étangs, des bois ou des parcs que l'on veut conserver, ainsi que par celle d'endroits particulièrement engageants comme des eaux navigables, ou pouvant servir à des besoins industriels. C'est aussi naturel que la formation, dans les ports, d'un demi-cercle au lieu d'un cercle.

(2) Sur la hauteur prodigieuse des maisons dans la ville mondiale de Rome, (voir Vitruve, II). Aussi l'État défendit-il de les élever plus haut que 70 pieds, ensuite plus haut que 60. À Carthage, entre le port et la citadelle de Byrsa, les maisons paraissent avoir généralement eu sept à huit étages (Voir Niebuhr, *Vorlesungen über roemische Geschichte*, II, 241).

(3) C'est toujours un indice d'une civilisation déjà plus

avancée, lorsqu'une ville vient à prospérer à un endroit où il n'aurait jamais été possible de créer des villages. Il en est ainsi de Gibraltar et d'Ormuz. Il y a beaucoup d'histoire de la civilisation dans ce fait de l'histoire linguistique, que le mot grec αὐλή, à l'origine, claie à bétail tressée, a servi plus tard à nommer le château d'un prince ; son proche parent latin, *villa*, a désigné les somptueuses maisons de campagne ainsi que les plus grandes villes (Voir AHRENS, *Zu Kühners Jubilaeum*, 1874).

(4) L'expression : *urbem condere*, ne veut dire souvent que : entourer de murs un lieu ouvert, (MAURER, *Geschichte der Staedteverf.*, I, 44) ce qui, à la vérité, jusqu'au XIIe et même jusqu'au XIIIe siècle, se faisait généralement au moyen de bois (MAURER, *loc. cit.*, 112).

(5) C'est seulement Frédéric Ier qui défendit, en 1180, la construction, et même l'entretien, sans la permission du prince, d'une telle *munitio, wicborc in civitate.* [A Lübeck, il y avait, vers la fin du XIIIe siècle, neuf grands domaines ruraux avec étables et granges, dans la ville elle-même (Voir *Zeitschrift des Vereins für Lübeck. Geschichte*, 5, p. 141]*. [L'étendue considérable des agrandissements fréquents des villes au XIIe et XIIIe siècles est confirmée par le fait que, pour beaucoup de villes, le territoire urbain atteint à cette époque n'est devenu trop étroit qu'au début du XIXe siècle (Voir K. TH. V. INAMA-STERNEGG, *Staedtische Bodenpolitik in neuer und alter Zeit*, 1905, pp. 12 et suiv. ; H. KEUSZEN, *Topographie der Stadt Koeln im Mittelalter* (Mémoire couronné par la fondation Mévissen), 1910 ; A. PUSCHEL, *Das Anwachsen der deutschen Staedte in der Zeit der mittelalterlichen Kolonialbewegungen* (*Abhandlung zur Verkehrs-und Seegeschichte*, vol. IV, 1910) ; R. EBERSTADT, *Handbuch des Wohnungswesens*, 2e éd., 1910, pp. 22 et suiv.].

(6) [Pour Lübeck, voir : W. BREHMER, *Beitraege zu einer Baugeschichte Lübecks* dans la *Zeitschrift des Vereins für Lübeckische Gesch.*, 5, pp. 141-142. Sur les causes de cette réglementation voir C. MAYER, *Kaufmannschaft und Markt zwischen Rhein und Loire* dans la *Germanische Abhandlung zum 70 Geburtst. Konr. v. Maurers*, p. 412-413].

(7) [Il y a pourtant ici aussi des exceptions. En Italie déjà, de vieilles villes de colonies romaines, comme Florence, Turin, Vérone, montrent un type tout à fait semblable ; dans les pays du Rhin et du Danube, un certain nombre des plus anciennes villes manifestent une indéniable tendance à la ligne droite et à l'angle droit. Telles sont Strasbourg, Metz, Cologne, Constance, Vienne, et peut-être aussi Coblentz, Bonn, surement cependant Trèves ; dans ces villes, au milieu du dédale des rues tortueuses ou irrégulières, on peut reconnaître plus ou moins les contours et le tracé des rues des anciens camps romains. Il en est de même des villes fondées par la dynastie de Zaehringen, comme Fribourg en Brisgau, et des villes saxonnes comme Brême, Hildesheim, Naumbourg, Magdebourg].

(8) [D'après des recherches récentes (en particulier JOH. FRITZ, *Deutsche Stadtanlagen*, 1894), on peut reconnaître que, non seulement pour des villes petites et moyennes, chez lesquelles des agrandissements anciens de la cité et des créations modernes de faubourgs n'ont pas effacé l'aspect primitif, mais aussi pour de grandes villes actuelles comme Berlin, Breslau, Posen, Dresde, Leipzig, etc., on a employé à peu près partout la même disposition. « Une aire de construction approximativement circulaire ou ovale présente en son centre une place carrée ou oblongue. Des quatre coins ou du milieu des côtés de celle-ci, des rues généralement larges conduisent à la périphérie. Ces rues sont, à leur tour, reliées entre elles par d'autres rues transversales non moins droites, souvent un peu plus étroites, et se coupant suivant la perpendiculaire. De sorte que l'aire tout entière de construction se trouve partagée en un certain nombre de blocs réguliers de bâtisses, carrés ou à angles droits. Une, ou parfois deux rues d'enceinte, concentriques aux murs de la ville, relient entre elles les issues sur ces murs de toutes ces rues principales et transversales » (FRITZ). L'aire circulaire ou ovale possédait un diamètre de cinq à six cents mètres, ou un grand axe de cinq cents mètres et un petit de trois à quatre cents. Elle présentait une superficie d'environ cinquante ou cent journaux. Au milieu du cercle, on laissait libres une ou deux places car-

rées, pour y édifier plus tard l'hôtel-de-ville et l'église et pour avoir l'espace nécessaire au marché. En Silésie, des places du marché avaient des dimensions particulièrement étendues et étaient appelées, d'après un mot slave : *Ring*. Les portes étaient habituellement au nombre de quatre et fréquemment servaient d'issues aux rues médianes, qui, delà, se continuaient au dehors sous la forme de deux à quatre routes importantes ; elles partageaient le mur d enceinte eu autant de parties. Il existai. toujours une étendue de terre arables mesurant d'ordinaire de cent à cent cinquante « charrues », dont les trois-quarts, destinés à être cultivés, faisaient l'objet d'un lotissement entre tous les citoyens. Les débuts proprement dits et la construction de la ville à l'intérieur peuvent dès lors, par analogie avec ce qui passe dans nos agrandissements modernes de villes, s'être dans beaucoup de cas accompli d'une façon progressive, mais aussi bien peuvent-ils avoir marché avec une vitesse considérable. Joh FRITZ, *Deutsche Stadtanlagen*, 1894 ; P. R. KOTZSCHKE, *Das Unternehmertum in den ostdeutschen Kolonisation des Mittelalters*, 1894 ; DR. HEIL, *Die Gründung der nordostdeutschen Kolonialstaedʳe*, 1896; DR. RIECK, *Staedtisches Leben in Mecklemburg in den Zeiten des Mittelalters*, 1896]. *[P. J. MEIER, *Der Grundriss der deutschen Stadt des Mittelalters in seiner Bedeutung als geschichtliche Quelle* (*Korrespondenzblatt des Gesamtvereins der deutschen Geschichts-und Altertumsvereine*, 1909, p. 10 et suiv.) ; WARSCHAUER, *Lageplan der osteuropaeischen Kolonialstaedte* (*Korrespondenzblatt*, 1909, p. 121 et suiv.) ; NEUMANN, *Der Stadtplan als geschichtliche Urkunde, Mitteilungen aus der livlaendischen Geschichte*, vol. II, 1911, p. 87 et suiv.].

(9) Les constructions, dans les villes allemandes, furent pendant longtemps de bois et d'argile : ainsi à Hambourg, Zürich, Berne, encore au XIIᵉ siècle ; à Lübeck et Magdebourg, encore au XIIIᵉ siècle ; à Goerlitz, Breslau, Spire, Münich, encore au XIVᵉ siècle (Voir MAURER, *Geschichte der Staedteverfassung*, II, 5 et suiv.). Sur les six mille maisons que comptait Cologne au XIIIᵉ siècle, il y en avait un tiers de si petites qu'elles ne com-

portaient chacune que deux ou trois pièces, et se trouvaient
réunies par groupes allant jusqu'à dix et même seize, sous un
toit unique fait de bois ou de paille (Voir spécialement pour
Strasbourg, SCHMOLLER, *Jahrbuch für Gesetzgebung*, VI, 375
et suiv.). [A Lübeck, on faisait une distinction à la fin du
XVe siècle entre les maisons à pignon donnant sur le côté et
celles à pignon sur rue. Les premières ne consistaient généralement qu'en un rez-de-chaussée bas, sur lequel les poutres du
toit reposaient immédiatement. Des murs transversaux les di-
visaient en petites habitations pour artisans et ouvriers, lesquelles n'offraient chacune que l'espace nécessaire à une pièce
d'entrée et à une chambre adjacente (Voir BREHMER, dans les
Hansische Geschichtsblaetter, 1886, p. 7)]. Wetzlar ne comptait
encore, en 1689, que très peu de maisons entièrement construites en pierre, ou même seulement avec un rez-de-chaussée
en pierre ; un petit nombre avaient des murs réfractaires ; la
plupart ne possédaient même pas de cheminées dans leurs murs
et étaient couvertes en paille (Voir VON ULMENSTEIN, *Gesch. v.*
Wetzlar, II, 261).] Comparer aussi R. HENNINGS, *Das deutsche*
Haus in seiner historischen Entwickelung, 1882 ; TROELS LUND,
Das taegliche Leben in Scandinavien waehrend des 16 *Jahrhun-*
dert, 1882 ; MEITZEN, *Wanderungen, Anbau und Agrarrecht*
der Voelker Europas, vol. III, p. 464-520]. *[M. HEYNE, *Das*
deutsche Wohnungswesen von den aeltesten geschichtlichen Zeiten
bis zum 16 *Jahrh.*, 1899 ; K. G. STEPHANI, *Der aelteste deutsche*
Wohnbau und seine Einrichtung, vol. II, 1903 ; O. STIEHL, *Der*
Wohnbau des Mittelalters, Handbuch der Architektur, 4, 2, 1908].

(10) Les rues contournées et tortueuses, les nombreuses im-
passes, cours, etc., constituaient pour l'air et la lumière, en bien
comme en mal, un obstacle aussi considérable que les privilèges des familles et des corporations en étaient un pour la police. Même à Cologne, ce n'est qu'au XIIIe siècle qu'apparaissent
les *noms propres de rues* (Voir ENNEN, *Gesch. V. Koeln*, I, 667
et suiv.) ; [à Lübeck, c'est au milieu du XIIIe siècle, au moins
pour toutes les rues principales (Voir BREHMER dans la *Zeitschr.-*
d. V. f. Lübeckische Gesch., 5, p. 227)]. A Vienne, l'éclairage des

rues n'est introduit qu'en 1687 (BECKMANN, *Beitr.*, I, 82) ;
d'après NICOLAÏ (*Reise*, III, 211), ce ne serait même qu'en 1704 ;
c'est à Hambourg, en 1678 [[(AMSINK's, *Familiengeschichte*,
p. CXXXI)] ; à Berlin, en 1679 ; [à Leipzig, en 1702 ; à Dresde,
bien qu'une commission instituée par l'Électeur Jean Georges II
en 1677, l'ait déjà recommandé à cette époque, ce n'est qu'en
1705 (OTTO RICHTER, *Verfassungs-und Verwaltungsgesch. d.
Stadt Dresden*, 1891, 2, p. 127) ; en Hesse, c'est seulement par
ordonnance de 1721 (*Saemtliche fürstliche hessische Landesord-
nungen*, II, 852) ; à Lübeck, en 1732 (*Hansische Geschichtsblaetter*, 1886, p. 7)]. Le *pavage* des rues existe à peine avant le
XIIIe siècle, ainsi, par exemple, à Cologne, Worms, Aix-la-Chapelle. Le roi Philippe-Auguste, en France, est regardé comme
l'ayant, en 1184, introduit à Paris, ainsi que le rapportent cu-
rieusement les *Chroniken der deutschen Staedte* (Lübeck), XIX,
263. A Lübeck, le début du pavage peut être placé à la fin du
XIIIe siècle. Mais l'exécution en fut poursuivie avec une lenteur
telle, qu'elle se termina au plus tôt au milieu du XIVe siècle
(Voir BREHMER, dans la *Zeitschrift d. V. f. Lübeckische Gesch.*,
5, p. 234). A Hambourg, où également depuis le milieu du
XIIIe siècle, le pavage commence à s'introduire, on était parvenu, un siècle plus tard (1370-1387), à assurer systématique-
ment son exécution ainsi que le nettoyage (*Hambürger Kaem-
mereirechnungen*, éd. KOPPMANN, vol. I, p. XCV). Pour plus de
détails, voir W. VARGES dans les *Preussische Jahrbücher*, 81,
p. 250 et suiv. et VON BELOW dans la *Historische Zeitschrift,
neue Folge*, 39, p. 396 et suiv. ; *die staedtische Verwaltung des
Mittelalters*, ainsi que ERNST GASNER, *Zum deutschen Strassen-
wesen*, 1889, p. 123-143. Le *numérotage des maisons* n'existait
pas encore à Berlin en 1788 (Voir NICOLAÏ, I, 56).

(11) A Rome, qui, après l'incendie des Gaulois (?) avait été
reconstruite *nulla distinctione passim*, on discuta, sous Néron,
les avantages et les inconvénients des deux systèmes, comme
on le fait aujourd'hui (TACITE, *Annales*, XV, 43).

(12) Ceci est surtout vrai des places de marché. Leur situation proche du centre (comme pour les nombreux et beaux

marchés de Gand), est, il est vrai, au point de vue de l'économie privée, un *lucrum cessans* considérable. Mais elle est, pour l'économie sociale, un des placements de capitaux les plus lucratifs qui existent. Très caractéristiques à cet égard sont les « passages » modernes, qui remplissent, en les réunissant, le rôle de la rue, surtout même de la rue coupant au court, et celui du marché.

(13) Les boulevards de Paris sont devenus, sous Colbert, des promenades. A Bruxelles, les classes francisantes supérieures se séparent des classes flamandes inférieures et moyennes d'une façon très tranchée suivant qu'elles habitent la ville haute ou la ville basse. Celle-ci a l'avantage, au point de vue industriel, de la proximité des routes de terre et d'eau, la ville haute l'agrément du bon air et de la belle vue.

(14) Au sujet de la répartition de l'industrie à Paris, voir Léon Say dans le *Journal des Economistes*, XII, 137 et suiv. A Londres, où le trafic tend surtout vers l'est, nous trouvons à l'extrémité inférieure du fleuve les docks et les grands entrepôts, la Tour avec ses arsenaux et, toutes proches de là, les demeures des matelots, des portefaix, des charretiers, etc. Puis en remontant le fleuve, nous rencontrons la Cité, siège des comptoirs, avec la Banque, la Bourse, la Monnaie, la Poste, la Douane, les Cours de Justice. La noblesse a, depuis longtemps, transféré ailleurs ses palais (Anderson, *Origin of Commerce*, a. 1640) ; ici, les habitants actuels sont, en grande partie, des agents, des commis, des forts, etc. Immédiatement après vient le quartier des théâtres, des musées, des boutiques d'articles de luxe, des hôtels ; plus loin sont les clubs, les palais des Parlements, les ministères, les palais royaux, enfin l'aristocratique *Westend*. Il faut considérer en quelque sorte comme des appendices, principalement les quartiers du nord-est, habités par les Irlandais, etc. (Spitalfields, Bethnalgreen, Whitechapel), ainsi que les quartiers du sud au delà du fleuve. Sur la formation des villes russes (Voir von Haxthausen, *Studien*, II, 117 ; III, 136). Voir les excellentes études de Laspeyres sur le groupement de l'industrie dans les grandes villes dans le *Berliner staedt. Jahrbuch*, 1869.

(15) *[Le « creusement » de la Cité s'est manifesté d'abord,
et jusqu'ici avec le plus de force, à Londres. Tandis que dans
le comté de Londres, de 1801 à 1896, le nombre des maisons
habitées est passé, de 119.198 à 548.551, et la population de
830.659 à 4.401.935, le nombre des maisons habitées dans la
Cité a diminué de 17.190 à 5.329, la population de 128.129 à
31.083 (Voir Fuchs, *Zur Wohnungsfrage*, 1904, p. 121). Le développement progressif de la Cité comme quartier des affaires
ressort, avec une particulière netteté, de la comparaison de la
population domiciliée avec le nombre des personnes présentes
à l'heure habituelle des affaires. Les recensements auxquels il
a été procédé, le 27 avril 1891 et le 28 avril 1911, de la population de la Cité à l'heure des affaires, ont établi la présence de
301.384 et 364.061 personnes, tandis que les recensements de la
population domiciliée, effectués pendant les mêmes années,
n'ont trouvé que 37.702 et 19.657 personnes (Voir H. Schmidt,
Citybildung und Bevoelkerungsverteilung in Grossstaedten, 1909,
p. 26 ; *The Statesman's Year-Book*, 1912, p. 17)]. Manchester
renfermait déjà, avant 1845, un district central, long d'un demi-
mille anglais et presque aussi large, consistant presque exclusivement en comptoirs et en magasins, traversé de grandes rues
magnifiques, animées et aux boutiques nombreuses, mais, pendant la nuit, d'une tranquillité absolue. Autour de cette
« Cité » s'étendait une ceinture, large d'un mille et demi, de
maisons ouvrières, au delà de laquelle se trouvaient les maisons
de campagne des riches. Les grandes rues partant de la Bourse
vers l'extérieur de la ville étaient habitées par la bourgeoisie
moyenne, dont les boutiques augmentaient toujours de richesse en se rapprochant du centre. Les fabriques s'étaient, le
plus souvent, établies le long des rivières et des canaux (Voir
Engels, *Lage der arbeitenden Klassen in England*, p. 62 et
suiv.). *[H. Schmidt a calculé (*loc. cit.*, p. 66-67) pour une série
de grandes villes la décroissance de la population dans la
« Cité », par comparaison avec le chiffre le plus haut qu'elle ait
atteint. Ainsi, la perte pour la Cité de Londres comporte,
en 1901, 4/5 du chiffre le plus élevé ; pour la partie occidentale

de l'intérieur de Paris, elle est, en 1901, de 2/5 ; à Berlin, (1864-1900), on trouve pour la vieille ville (Berlin, Koelln, Friedrichswerder), 1/2, et pour la Dorotheenstädt et la Friedrichstadt, 1/3 ; pour Breslau, vieille ville, 1900, 1/5 ; pour Leipzig, vieille ville, 1905, 2/5 ; pour Münich, vieille ville, 1905, 1/5 ; pour Francfort-sur-Mein, ville intérieure, 1905, 1/7 ; pour Dresde, vieille ville (1880-1900), 1/4. Comparer, d'autre part, sur la question de la formation d'une « Cité » les travaux de S. Schott, *die Citybildung in den deutschen Grossstaedten seit 1871, Statistisches Jahrbuch deutscher Staëdle,* 14e année, 1907, p. 21-46; *die grossstaedtischen Agglomerationen des Deutschen Reiches* 1871-1910, *Schriften des Verbandes deutscher Staedtestatistiker,* fascicule I, 1912, p. 59 et suiv.]. L'Amérique du Nord, où n'existent ni banlieues, ni fortifications, ni octrois municipaux, connaît jusqu'ici beaucoup moins cette formation d'une « Cité ». Plus d'une ville nouvelle, là-bas, ne se compose que d'une gigantesque voie trafiquante, d'où partent de petites rues adjacentes auxquelles des promenades, des jardins, etc. donnent un caractère presque champêtre. Les petits îlots de maisons des villes de là-bas, qui permettent presque partout de circuler obliquement, font qu'il n'y a plus de centre proprement dit. (Voir von Studniss, *Arbeiterverhaeltnisse,* 1879, p. 41, 76. *[Fr. Ratzel, *Die vereinigten Staaten von Nord-Amerika,* vol. II, 1893, p. 320 et suiv.)].

(16) Entre 1861 et 1871, à Londres, il y aurait eu, par suite de la création de rues nouvelles, de chemins de fer et autres semblables *improvements,* plus de cent cinquante mille personnes chassées de leur domicile (Voir *Quart. Rev.,* CXXXII, 275).

(17) La « détresse hypothécaire » de tant de villes à croissance rapide se manifeste principalement vers la périphérie ; c'est une suite de la surproduction locale, causée par le peu de solvabilité des classes qui viennent s'y établir. Souvent il existe au même moment, au centre de la ville, la plus grande « facilité de crédit » (Voir Rodbertus, *Erklaerung und Abhilfe der Kreditnot,* I, p. 132 et suiv.).

(18) C'est par conséquent, au centre et dans les artères principales qui en partent. Ainsi, par exemple, à Louvain, sur le
marché et dans les rues qui vont, de là, vers la gare et vers
l'Université ; par contre, dans le rayon du reste de la ville, on
rencontre beaucoup de culture.

CONSIDÉRATIONS HISTORIQUES

§ 3.

La plupart des peuples modernes ont vu l'instant de leur
maturité se hâter dans la même proportion que leurs villes
avaient pu profiter davantage du travail préparatoire des
Romains. L'Allemagne, à cet égard, ne vient pas seulement
après l'Italie, mais aussi après la Gaule. En Allemagne
même, les provinces autrefois romaines de la rive gauche
du Rhin et de la rive droite du Danube ont eu pendant
longtemps le pas sur les autres, non seulement de façon
principale au point de vue de la civilisation, mais aussi à
celui de leurs villes (1). Pour la question des origines de la
personnalité politique des villes modernes, on ne doit pas, de
façon trop exclusive, penser seulement à un germe unique.
Le rattachement aux anciennes municipalités romaines
qui, même pour l'Italie, l'Espagne et la France est sans
grande signification (2), est certainement insoutenable
dans l'Allemagne proprement dite, [bien qu'il ne faille pas
perdre de vue que les villes du Rhin moyen, par exemple,
doivent à leur époque romaine les bases de leur développement économique. Du reste, et précisément en ce qui a trait
aux origines de l'organisation municipale, en dépit des recherches les plus approfondies, très vivement poussées de
nos jours, on n'a pas encore obtenu l'unanimité de l'opi-

nion (3). Ces origines doivent être manifestement ramenées à la coopération de facteurs divers, de circonstances politiques, juridiques et économiques, et les mêmes causes n'ont pas exercé partout la même influence.] C'est aussi bien dans les communautés primitives agricoles et forestières (*Feld-und Markgenossenschaften*) (vol. II, § 71 et suiv.), que dans l'organisation de la cour de vassaux d'un grand seigneur ecclésiastique ou laïque, dans l'organisation publique de la justice avec ses échevins [et dans le principe de la libre union à des fins licites, dès le début adopté individuellement par les classes populaires urbaines dans leurs associations, que se trouvent les racines de l'organisation municipale]. C'est la fusion de ces éléments qui sert de base au caractère particulier des villes. [Il existe quatre qualités propres à la ville du moyen âge, par opposition au village : elle est premièrement une forteresse, comme déjà le *Miroir de Saxe* en fait la remarque (4) ; elle est secondement un lieu de paix, c'est-à-dire qu'elle est placée sous la protection particulière du Roi (5) ; elle est troisièmement un lieu de commerce, c'est-à-dire qu'elle jouit du droit de trafiquer, de l'*usus negotiandi, usus mercatorius*, de la *potestas mercandi* (6) ; enfin elle est quatrièmement une corporation de droit public, une véritable commune (7,8) (VARGES).

(1) Dans un certain sens il existe aussi de très bonne heure, en Allemagne, des villes. PTOLÉMÉE en dénombre, entre le Rhin, le Danube et la Vistule, environ quatre-vingt quatorze (II, 11). D'après SAINT BONIFACE (Epist. 49), Erfurt était *jam olim urbs paganorum rusticorum*. Mais, en général, les Germains préféraient s'établir à côté des villes romaines et conquises (et détruites !) plutôt que dans ces villes elles-mêmes (JULIEN, *Epist. ad Athen.*, 278 ; AMMIEN MARCELLIN, XVI, 2, 12 ; comparer TACITE, *Germ.*, 16). D'après ARNOLD, parmi

les villes allemandes, c'est à peine si l'on peut en faire remonter
cinquante à l'époque romaine, et l'époque pré-romaine ne
comprend presque que Worms, Mayence, Spire et Strasbourg.
La *Vita S. Annonis* appelle Mayence la ville la plus illustre de
l'Allemagne. Vers 1074, LAMBERT (p. 215) mentionne six cents
mercatores opulentissimi à Cologne. Pareillement, Ratisbonne,
la ville allemande la plus peuplée, vers la fin du xie siècle,
d'après la *Vita S. Eberard*, a été, en 1147, le point de départ
de la croisade. Henri le Lion, par contre, a fait de Vienne son
point de départ en 1172. Au xive siècle, Ratisbonne fut éclipsée
par Augsbourg et Nuremberg, et Mayence par Francfort (Voir
ARNOLD, *Gesch. der deutschen Freistaedte*, II, 159). Jusqu'au
xiiie siècle, il est possible qu'effectivement, les sept villes libres
aient été les plus peuplées ; après elles vinrent Trèves, Augsbourg, Hambourg, Brême, Lübeck, Magdebourg (Voir ARNOLD,
II, 143 et suiv.). [Les chiffres de population exagérément élevés, admis autrefois pour les villes du moyen âge doivent,
d'après les recherches modernes, être considérablement réduits. Cologne ne comptait pas, au xiiie siècle, plus de 40 à
50.000 habitants, et au siècle suivant, de 50 à 60.000. Il est
presque certain qu'il faut nous représenter la plupart des
grandes places de commerce du xve siècle comme de modestes
villes moyennes de 10 à 20.000 âmes. Bâle avait, en 1446,
10.000 habitants ; en 1454, 8.000 ; Dantzig, en 1476, 15 à
20.000 ; Dresde, en 1491, 4.889 ; Francfort-sur-Mein, en 1387,
9.632 ; en 1440, 8.719 ; Mayence, en 1450, 5.775 ; Meissen, en
1481, 2.000 ; Nuremberg, en 1449, 20.186 ; Rostock, en 1387,
10.785 ; en 1410, 13.935 ; Strasbourg, en Alsace, en 1475,
20.722 ; Zürich, en 1357, 12.375 ; en 1410, 10.570 ; en 1467,
4.713. (Voir BUCHER, *Die Bevoelkerung von Francfurt-a-M.*,
1886 ; JASTROW, *Die Volkszahl deutscher Staedte zu Ende des
Mittelalters*, 1888 ; INAMA-STERNEGG, *Ueber die Quellen der
histor. Bevoelkerungsstat.*, dans la *Statist. Monatschrift*, 12,
p. 387 ; DU MÊME, *Bevoelkerung des Mittelalters und der neueren
Zeit bis Ende des 18 Jahrh. in Europa* ; *Handw. der Staatsw.*,
3e éd., 2, p. 882 et suiv. ; R. HOENIGER, *Die Volkszahl deutscher*

Staedte im Mittelalter, dans le *Jahrbuch f. Ges. und Verw.*, 15;
p. 103 et suiv. ; LAMPRECHT, *Zur Sozialstatistik der deutschen
Staedte im Mittelalter*, dans *Archiv. f. soz. Ges.*, I, p. 524 et suiv.)]

(2) Contra, EICHORN, dans la *Zeitschr. f. gesch. Rechtswis-
sensch.*, I, p. 247 et suiv. ; II, p. 193 et suiv. ; voir spécialement
BETHMANN-HOLLWEG, *Ursprung der lombard. Staedtefreiheit*
(1846) ; HEGEL, *op. cit.*, II, p. 49 et suiv., 323 et suiv., 335 et
suiv.

(3) [Parmi les anciens écrivains, il faut surtout citer les
suivants] : G. L. MAURER, fait dériver l'organisation municipale des villes, de la *Markgenossenschaft* (communauté forestière). Cette opinion reste d'autant plus proche de la vérité,
que la ville est elle-même plus petite et ressemble davantage
à un village ; K. W. NITZSCH, *Ministerialitaet und Bürgertum
im 11 und 12 Jahrh.*, 1859, la fait dériver du droit seigneurial. [LE MÊME, *Ueber d. niederdeutschen Genossenschaften des
12 und 13 Jarhrh. und ueber niederdeutsche Kaufgilden*, dans
les *Monatsber. der K. Preuss. Akademie der Wiss.*, 1879, p. 4
et suiv. ; 1880, p. 370 et suiv. ; voir aussi les traités par lui
laissés et édités après sa mort, par LIESEGANG, *Die niederdeutsche Kaufgilde* (*Zeitschr. der Savigny-Stiftung für Rechtsgesch.*, German. Abt. 13, 1-95, et *Die niederdeutschen Ver-
kehrseinrichtungen neben der alten Kaufgilde*, eodem. lib. 15,
1-53), dans lesquels il rattache l'importance des villes du
moyen âge, au développement de la bourgeoisie, et où il sou-
ligne l'influen e de l'organisation des guildes.] ARNOLD, *loc.
cit.*, et HEUSLER, *Ursprung der deutschen Staedteverfassung*,
1872, font dériver l'organisation municipale du rajeunissement
de la *freie Volksgemeinde* (assemblée des hommes libres) de
l'ancienne époque franque. Une œuvre de conciliation a été
celle de GIERKE (*Deutsches Genossenschaftsrecht*, 1868 et suiv.,
I, 249 et suiv., II, 573 et suiv.). [A une époque plus récente, les
questions fondamentales de l'histoire allemande de l'organisation municipale des villes ont été de nouveau reprises depuis le
début par VON BELOW, *Zur Entstehung der deutschen Staedte*,
dans la *Histor. Zeitschr.*, *Neue Folge*, 22, p. 193 et suiv., 23,

p. 193 et suiv. Il combat l'opinion de NITZSCH et il explique,
avec MAURER, l'organisation municipale des villes en la faisant
dériver de celle de la commune rurale (communauté forestière
de village, *Dorfmarkgenossenschaft*) ; R. SOHM (*Entstehung des
deutschen Staedtewesens*, 1890), entend par territoire municipal
celui dont l'étendue est soumise au Markrecht (droit forestier).
Son opinion a été adoptée par RICHARD SCHROEDER, *Deutsche
Rechtsgeschichte*, 1890, et par SCHULTE, *Ueber Reichenauer
Staedtegründungen* dans la *Zeitschr. f. Geschichte des Oberrheins,
neue Folge*, 5, 1890. L'idée que la ville est issue de la guilde,
principalement défendue par LIESEGANG, dans la *Zeitschr. f.
Savigny-Stiftung, grosse Auflage*, II, p. 1 et suiv. a été tout récemment réfutée par HEGEL, *Staedte und Gilden*, 1891, et par
VON BELOW, *Die Bedeutung der Gilden für die Entstehung der
deutschen Staedte*, dans le *Jahrb. f. Nat.*, 3e Folge, 3, p. 56 et
suiv. ; RICH. CH. GROSS (*The gild Merchant*, 1890), qui fournit
la preuve que les guildes de marchands ont été sans importance pour les origines de l'organisation municipale anglaise,
prend également en considération l'état de choses en Allemagne. Une opinion dirigée davantage vers la conciliation,
mais qui a rencontré une vive résistance, aboutit en particulier à ce que l'on ne peut chercher l'origine de l'organisation
municipale en Allemagne dans une cause unique, non plus
qu'expliquer par une source unique le développement de l'importance économique des villes. C'est ce qu'ont pensé des auteurs comme : LAMPRECHT, *Ursprung des Bürgertums und des
staedtischen Lebens in Deutschland*, dans la *Histor. Zeitschr.,
Neue Folge*, 31, p. 385 et suiv. ; C. KOEHNE, *Ursprung der
Stadtverfassung in Worms, Speier, Mainz*, 1890 ; INAMA-
STERNEGG, *Ueber die Anfaenge des deutschen Staedtewesens*, dans
la *Zeitschr. f. Volksw., Sozialpol. und Verw.*, 1, p. 521 et suiv. ;
WILLY VARGES, dans ses nombreux travaux parmi lesquels nous
nommerons seulement ici : *Zur Entstehung der deutschen
Stadtverfassung*, dans le *Jahrb. f. Nat.*, 3 Folge., 6, p. 161 et
suiv., 8, p. 801 et suiv., 9, p. 481 et suiv., 12, p. 481 et suiv.,
et *Verfassungsgeschichte der Stadt Halberstadt im Mittelalter*,

dans la *Zeitschr. d. Harz. Vereins f. Gesch.*, 29, p. 12 et suiv.,
1896 ; enfin, principalement, avec beaucoup de bonheur dans
l'expression, KEUTGEN, *Untersuchungen über den Ursprung
der deutschen Stadtverfassung*, 1895. Les relations entre le marché et la ville ont été établies dans leurs détails par S. RIETS-
CHEL, *Mark und Stadt in ihren rechtlichen Verhaeltnissen*, 1897].

(4) [La ville est désignée du nom de *castrum*, *castellum*, *munitio*, *veste*, *vestung*. Le mot *burg*, qui est proprement l'ancien
mot germanique pour ville, signifie un lieu entouré, fortifié par
des tours et des fossés. La ville est un endroit en état de se défendre, un boulevard (*Bollwerk*) contre les incursions ennemies
qui menacent l'Empire. Les habitants libres de la campagne
eux-mêmes, qui sont obligés d'entretenir les fortifications de
la ville par des prestations communes de travail et d'attelages,
ont le droit (*Recht*) de se réfugier derrière ses murs avec leur
famille et leurs biens meubles aussi souvent que le danger menace. Ce droit s'appelle le *Burgrecht* ; l'expression *burgensis*,
plus tard *borgere*, pour celui qui en jouit, ne paraît s'être universellement accréditée qu'au commencement du XIIIe siècle,
lorsque les bourgeois furent séparés des paysans par la formation d'un abîme de droit social sur lequel on chercha vainement
à jeter un pont par l'institution des *Ausbürger* ou *Pfahlbürger*
(bourgeois domiciliés à la campagne). Ces anciens habitants des
villes sont essentiellement guerriers ; chez eux s'est conservé un
reste de l'ancienne armée nationale qui reposait sur le service
militaire universel. Beaucoup de villes, par suite, ne paient
aucun impôt, celui-ci étant originairement conçu comme rem-
placement de services de guerre non fournis. Seules, les villes
plus récentes, qui étaient encore des villages lorsque l'impôt,
dans l'étendue du territoire, fut édicté vis-à-vis de ceux qui
ne fournissaient pas de services de guerre, durent se soumettre
à son paiement. Comme le caractère des habitants, celui de la
ville est aussi d'abord essentiellement guerrier. Bourgeois et
chevaliers forment la nouvelle organisation de l'armée, les
premiers comme troupes de forteresse, les seconds comme
troupes de campagne de cavalerie. Voir VARGES, dans le

Jahrb. f. Nat., 3 *Folge*, 6, p. 165-184 ; KEUTGEN, 38-62].

(5) [Dans la ville règne une paix particulière, une paix perpétuelle, désignée des noms de *Stadtfriede*, *Wichfriede*, *Burgfriede* (paix de la ville, paix du « vic » (lat. *vicus*), paix du « burg ») ; plus tard aussi *Marktfriede* (paix du marché). Cette paix remonte au Roi. Elle défend par opposition à la *Landfriede* (paix du pays, paix publique, fr. paix de Dieu, trève de Dieu), qui est instituée pour limiter la *Fehde* (guerre privée, guerre de clan), tout trouble de droit, mais d'abord seulement dans l'intérieur des murs de la ville ; elle est étendue ensuite au territoire municipal, puis finalement au pays tout entier. Le *Weichbild* (lat. *vicus*, et *Bild*, image) ou *Ortsbild* (*Ort*, lieu), c'est-à-dire l'image du lieu, l'insigne, la bannière de la cité, qui est dressé en signe de paix sur une place de la ville, est le symbole de la puissance royale. On appelle, d'après lui, d'abord en Saxe et en Thuringe, la ville elle-même, un *Weichbild*, c'est-à-dire qu'on étend le sens du mot au concept : *Bildort*, lieu de l'image, *Koenigsort*, lieu du Roi. Le *Weichbild* est d'abord l'espace compris à l'intérieur des murs de la ville, puis plus tard à l'intérieur du territoire municipal. Lors de la formation d'un droit municipal, ce droit, dans le langage populaire, fut désigné du nom de « vicbéld ». Voir VARGES, *op. cit.*, 6, p. 184-194].

(6) [Si la ville, à ses débuts, ne se distingue que relativement peu du village, elle change de plus en plus son caractère primitif à mesure que se développent à l'abri de ses murs l'activité, le commerce et le corps des marchands ; elle acquiert une physionomie particulière. A l'origine, il est encore vrai que l'ensemble des besoins des habitants peut être produit dans la ville même, et l'on y pratique en conséquence l'agriculture et l'élevage du bétail. A côté pourtant, dans les lieux de paix et de sécurité se font place le commerce et l'industrie. Il n'est plus possible de produire soi-même tous les moyens de subsistance pour la population croissante. On offre alors aux habitants de la campagne qui apportent des vivres, en échange de ceux-ci, les fruits du travail urbain, les produits des métiers.

Le trafic commercial à demeure, qui se développe de cette manière n'est pas, au début, une institution spécialement urbaine. Les couvents, les églises et les villages se voient aussi conférer le droit de tenir un marché hebdomadaire ou annuel. Ce n'est pas le marché qui a créé la ville, et la concession du *mercatus* n'a pas le sens de l'élévation d'un endroit au rang de ville. Mais on se convainc progressivement que le commerce et le trafic se font le plus convenablement derrière les murs d'une ville. A cet égard il est possible qu'une ordonnance de Henri Ier l'Oiseleur, portant que tous *concilia et omnes conventus et convivia* doivent être tenus dans les villes, ait exercé une influence. De même principalement, la permission du Roi, plus tard celle du seigneur du pays et de la ville, d'exercer le commerce, l'octroi de privilèges, ont été pour le développement du trafic commercial d'une importance décisive. *Mercatus*, c'est désormais l'ensemble du trafic commercial des bourgeois qui s'accomplit dans la maison et dans la rue, mais auquel l'étranger, dans la ville même, ne peut participer que comme acheteur. Dès lors, pour accomplir correctement l'acte important de l'échange, à l'égard duquel des deux côtés, aussitôt que l'on a affaire à des étrangers, la défiance prédomine, on a recours aux offices de personnes intermédiaires de l'autorité, de courtiers, de mesureurs, de peseurs. On fait de la Maison aux-Marchands, de l'Entrepôt (*Kaufhaus*) (*Theatrum*), le lieu de la commune activité. L'usage d'avoir une Maison aux Marchands est apporté par les négociants allemands même à l'étranger, à Venise, Londres, Nowgorod, etc. A cause du trafic marchand et commercial qui règne dans les villes, à cause du *mercatus*, ces villes sont désormais appelées des lieux de commerce, *loci mercationum*, ou plus justement *mercatus* qui, avec le temps, devient le mot allemand *Markt*. *Markt* a donc d'abord le sens d'un lieu ; il veut aussi bien dire *Handelsort*, *Kaufstadt* (lieu de commerce, ville marchande). Ceux qui se livrent au commerce, les *mercatores* ou marchands, sont tous bourgeois. Ce n'est pas encore à une guilde particulière qu'est réservé le droit de trafic commercial et marchand. Voir Buecher, *op. cit.*, p. 119 et suiv. ;

VARGES, *op. cit.*, 6, p. 185 à 207 ; KEUTGEN, p. 63-97].

(7) [La ville se complète peu à peu dans ses institutions essentielles. Sa population se compose des manants du domaine seigneurial et des éléments extérieurs de la communauté seigneuriale, soit administratifs, soit purement agraires, soit commerçants et industriels. Désormais, le *Landrecht* (droit général du pays, droit commun) n'y est plus tout à fait à sa place. Aussi y aspire-t-on à l'*Exemtion vom Gau* (exemption du district), qui institue pour la ville et son territoire une circonscription judiciaire spéciale et crée un *Stadtrecht* (droit de ville, droit municipal) à elle propre. Ce *Stadtrecht* s'est manifestement développé d'une façon très individuelle. Selon que la ville devient un centre d'industrie ou de trafic commercial, selon qu'un état purement agraire s'y maintient ou qu'elle rétrograde vers cet état, selon que les éléments d'une classe de fonctionnaires y persistent ou y disparaissent, le *Stadtrecht* se forme différemment. A partir de ce moment, les habitants de la ville veulent avoir un tribunal qui leur soit propre, et qui vient se placer à côté du *Landgericht* (tribunal du pays, tribunal régional). Le *Stadtgericht* (tribunal de ville) est issu du *Grafschaftsgericht* (tribunal de comté) et n'est, en premier lieu, destiné qu'aux paysans. Lorsqu'il n'existait pas de droit public, on créait un nouveau tribunal de ville, ou bien le *Burding*, c'est-à-dire la *Bürgerschaft* (la bourgeoisie) s'emparait, ainsi qu'il en a été à Brunswick, des attributions de la justice publique. Ces événements, qui se placent vers l'an 1200, marquent la fin du développement des villes au point de vue qui nous occupe (VARGES, *op. cit.*, 6, p. 207-214 ; KEUTGEN, p. 10-97).]

(8) *[Voir les auteurs suivants : K. LAMPRECHT, *Deutsche Geschichte*, III, IV ; VON INAMA-STERNEGG, *Deutsche Wirtschaftsgeschichte*, III, 1, 2, 1899-1901 ; A. ONCKEN, *Geschichte der Nationaloekonomie*, t. I, 1902 ; VON BELOW, *Das aeltere deutsche Staedtewesen und Bürgertum*, 1905 ; H. PREUSS, *Die Entwickelung des deutschen Staedtewesen*, I, 1906; R. KOETZSCHKE, *Deutsche Wirtschaftsgeschichte bis zum 17 Jahrh.* (*Grundriss der Geschichtswissenschaft*, II, 1), 1908].

§ 3 a.

Le développement politique des villes a été, en petit et dans un moindre espace de temps, la reproduction régulière des phases présentées en grand par celui de l'Etat.

Les débuts sont donc assez rigoureusement *monarchiques*. Ainsi les privilèges d'immunité, par exemple, accordés par les empereurs de la dynastie d'Othon, favorisèrent l'unité de la ville justement en ce qu'ils conférèrent à l'évèque, etc., outre son autorité d'autre part, la puissance publique administrative sur les habitants libres (1). Aux xiie et xiiie siècles, la fondation de villes a souvent été pratiquée comme une spéculation par des entrepreneurs nobles, dans le but d'obtenir sur elles les droits d'autorité et d'impôts à titre de récompense héréditaire, *pro labore locationis* (2). Cette haute puissance monarchique, dont l'archevêque de Cologne Hanno (1056-1075) offre un exemple, a été de la part des villes les plus puissantes l'objet de longues luttes pour s'en délivrer. Elles ont d'ailleurs souvent employé dans ce but des moyens pacifiques, en achetant au seigneur suzerain ses droits, l'un après l'autre (3-4). Les empereurs ont, en la circonstance, observé la plus inconséquente attitude. Henri IV voyait dans la fidélité des villes son principal appui contre le pape et les princes (5). La dynastie des Hohenstaufen a, par contre, reporté sur l'Allemagne sa haine contre les villes italiennes. Elle a peut-être préparé par là, dans sa cause la plus profonde, la ruine de sa puissance impériale, sans parvenir à beaucoup plus que d'empêcher le complet achèvement de l'évolution républicaine des villes allemandes (6).

L'*aristocratie* des villes devenues indépendantes (7)

reposait sur la supériorité naturelle des bourgeois solidement établis sur une propriété foncière véritable, encore
organisés en grande partie en un corps spécial, et en possession de vieilles libertés. A eux s'étaient joints volontiers
les serviteurs les plus élevés de l'évêque, etc., pour laisser
au-dessous les manants de souche ancienne ou plus tard
immigrée. Tout droit personnel aspire au moyen âge à
devenir héréditaire. Il en est donc ainsi de la reconnaissance
des mérites acquis à ces éléments aristocratiques, en raison
de la délivrance de la ville en général et, en même temps,
de la masse inférieure de sa population (8). Cette tendance
a été, au point de vue économique, très fortifiée par l'exercice presque exclusif des professions urbaines les plus distinguées, telles que le haut commerce, le travail des métaux
précieux, etc., auquel se consacraient les patriciens (9).
C'est précisément à l'époque aristocratique qui suit le milieu du XIIᵉ siècle, que se produit l'essor grandiose de l'économie sociale en Allemagne, essor dû aux villes, à leur négoce, à leur industrie, ainsi qu'au mouvement de leur population (10).

Les tendances *démocratiques* ultérieures, dont l'importance en Allemagne date principalement des débuts du
XIVᵉ siècle (11), s'expliquent au point de vue économique
par la force croissante des artisans. Elles se manifestent de
préférence sous la forme d'une lutte des corporations contre
la classe souvent oisive des gentilshommes, ou même contre
celle des marchands. Fréquemment soutenus par la haine
des patriciens que professent les éléments monarchiques
encore existants (12), sous la conduite parfois de chefs tyra-
niques (13), les artisans surent obtenir dans bien des villes,
qu'une partie des places de conseillers fût dévolue aux représentants corporatifs, ou qu'en face d'un Conseil étroit,
fût érigé un grand Conseil, composé de ceux-ci (14). Bien

des cités connurent même la démocratie complète du gouvernement des corporations. Toute la puissance politique
passa à celles-ci et les patriciens, pour garder leurs droits
politiques, dûrent en former une particulière ou s'affilier à
une autre déjà existante (15-16). [La durée de leur participation au gouvernement municipal ne fut toutefois défini-
tivement acquise aux corporations que dans des cas assez
rares]. Le développement sans ménagement aucun des
principes égalitaires de cette démocratie rapprochait particulièrement d'elle trois éléments corrupteurs : pression
pleine de défiance et de jalousie sur les anciennes classes
nobles (17) ; formation d'un prolétariat issu des couches
inférieures, désorganisées et aigries, de la masse populaire
détenant le pouvoir (18) ; enfin, conséquence de ces deux
premières, une fois le désordre et l'agitation devenus in-
supportables, apparition de personnalités de césarisme
ramenant le calme grâce à la perte de la liberté politique.
En Allemagne, où la guerre des villes de 1388 arrête la croissance de celles-ci en face du souverain, où la guerre de
1449-1450, marque même le début de leur décadence (19),
la démocratie des villes ne pouvait pas évoluer dans le sens
de corruption ci-dessus. Nous trouvons donc ici, pour l'espace de deux générations précédant la Réforme, une tranquillité prospère dans la vie des cités. Dans celles mêmes
où avait été institué le gouvernement des corporations,
nous restons toujours en présence d'un Conseil en possession de l'autorité et de charges officielles, préparant l'avè-
nement du fonctionnarisme. Puis, une fois cette prospérité
disparue, au lieu d'un césarisme indigène ou d'une domination étrangère, comme en Italie, nous ne rencontrons encore
la plupart du temps, que la subordination à la puissance
du souverain, revêtue peu à peu de toutes les attributions
de l'Etat.

(1) Eichhorn commet donc une erreur en tenant l'organisation des villes vers la fin du Xe siècle pour un élargissement et, par là même, un adoucissement du droit seigneurial.

(2) L'activité la plus considérable à ce point de vue a été celle de la dynastie guelfe et de la dynastie de Zaehringen. [Voir R. SCHROEDER, *Deutsche Rechtsgeschichte*, 2e éd., p. 600, sur les fondations de villes en général, et H. R. KOTZSCHKE, *Das Unternehmertum in der ostdeutschen Kolonisation des Mittelalters*, 1894]. Il en a été semblablement de toute la colonisation allemande dans le nord-est. La logique de beaucoup des mesures alors adoptées est démontrée par la similitude avec ce qui s'est passé lors de la fondation d'Odessa en 1794 : exemption pendant vingt-cinq ans d'impôts et de logement militaire, dotations importantes en biens-fonds ; affectation de 10 0/0 du produit des douanes au port lui-même ; immunité en ce sens que la ville et son territoire étaient placées sous l'autorité immédiate de l'Empereur, du Sénat et des ministres.

(3) Il a été d'une importance particulière que les impôts, les services de guerre fussent réclamés par l'État, non plus d'une manière immédiate aux bourgeois pris individuellement, mais seulement à la ville en tant que collectivité : ceci se constate déjà par exemple à Nüremberg en 1219 comme un droit d'origine ancienne (*ut si dominus imperii steuram exiget, non particulatim, sed in communi quilibet pro posse persolvere debeat* : GAUPP, *Stadtrechte*, I, 173, 178). En Angleterre aussi, l'indépendance des villes commence notamment par leur prise à ferme personnelle (*firma burgi*) des impôts dus au Roi.

(4) Si l'on songe combien, de nos jours, la ville où réside un prince important est enviée à raison de ce privilège, il est caractéristique de voir, à la fin du moyen âge, les villes démolir le château de leur suzerain, ou, comme par exemple, à Lünebourg, construire pour la résidence de ce dernier, un château dépourvu de cuisine (Voir HAVEMANN, *Braunschw-lüneb. Gesch.*, I, 611).

(5) Privilège de Worms de 1704. C'est pour cette raison qu'Arnold estime que ce ne fut pas Henri Ier l'Oiseleur (919-

936), mais bien plutôt les Empereurs Saliens (1024-1125), les véritables fondateurs des villes en Allemagne : ils ont surtout encouragé l'émancipation du joug des évêques (Voir *Gesch. der Freistaedte*, I, 141, 148 et suiv.). En Italie, le principe que celui qui veut dominer une classe doit élever les classes à elle inférieures, conduisit la Papauté à favoriser les villes, tandis qu'en Allemagne, le nom, venu d'Italie, des *consules*, garda longtemps auprès des évêques un son révolutionnaire (Voir EICHHORN, *op. cit.*, II, 171 et suiv.).

(6) La pensée de la dynastie de Hohenstaufen est exprimée très clairement par OTTO DE FREISINGEN dans sa *Vie de Frédéric Ier Barberousse* (II, 13), où il fait aux Italiens le reproche qu'eux-mêmes *inferioris conditionis juvenes vel quoslibet contemtibilium etiam mechanicharum artium opifices, quos cetaræ gentes ab honestioribus et liberioribus studiis tanquam pestem propellunt, ad militiæ cingulum assumere non dedignantur.* Frédéric Ier défendit en 1158 tous *conventiculas et conjurationes in civitatibus et extra, et inter civitatem et civitatem, et inter personam et personam, seu inter civitatem et personam,* Frédéric II ordonna, en 1232, dans une pensée de réaction rigoureuse, *sicut temporibus retroactis ordinatio civitatum et bonorum omnium, quæ ab imperiali celsitudine conferuntur, ad episcopos pertinebat, sic eamdem ordinationem, ad ipsos et eorum officiales... perpetuo volumus pertinere.*

(7) L'étendue de cette indépendance est attestée par la formation surtout aristocratique de Cologne, grâce à son antique corporation de la *Richerzeche*. Cologne conclut, en 1206, une alliance avec le Roi (Voir ENNEM et ECKERTZ, *Urkden*, II, 26).

(8) Depuis le début du XIIe siècle, non sans luttes très vives, le principe prévaut que les serfs, par le seul fait de leur établissement dans la ville pendant l'an et jour acquièrent la liberté. C'est ce qui a été expressément reconnu par Rodolphe Ier dans la Paix publique (*Landfriede*) de 1281. Pour l'abolition du servage dans les villes de la Thuringe dès le XIIe siècle, voir BOETTIGER, *Saechs. Gesch.*, I, 177. En Flandre, au cours du XIIIe siècle,

voir WARNKOENIG, *Fl. Staats-und Rechtsgesch.*, III, 1, 17.

(9) Sur la manière dont les guildes de patriciens se constituèrent peu à peu en castes héréditaires séparées, voir GIERKE, *Genossenschaftsrecht*, I, 343. Le développement s'est opéré d'une façon beaucoup plus normale, partant plus favorable à la persistance de l'aristocratie, à Cologne. La *fraternitas mercatorum* y devint, dès le XIIe siècle, un moyen principal d'élever les capitalistes et les commerçants au niveau des propriétaires fonciers et de leurs libertés antiques. Dans la corporation de la *Richerzeche* vinrent se fondre les aristocraties terriennes et d'argent. Voir ENNEN, *Gesch. von Koeln*, I, 532, 547, 687.

(10) Schmoller, dans son discours de rectorat à l'Université de Strasbourg, place cet essor des XIIe et XIIIe siècles relativement au-dessus de celui des XVe et XVIe siècles et de celui du XIXe siècle. C'est au XIIIe siècle que les villes parviennent à exercer une influence décisive sur l'économie sociale en Allemagne ; c'est à cette époque seulement que la maison de ville se différencie essentiellement de la maison de campagne. Comme aux XVIIIe et XIXe siècles, la floraison poétique du moyen âge est suivie alors également d'une époque d'essor économique considérable, mais en même temps de jouissance matérielle (Voir SCHMOLLER, *Strassburger Tücher und Weberzunft*, p. 407 et suiv.).

(11) En Italie, la scission de l'aristocratie en Guelfes et en Gibelins fut naturellement très favorable à la démocratie dont elle aida de bonne heure l'ascension. A Milan, les boulangers, bouchers, etc., se réunirent, dès 1198, en une *Credenza di S. Ambrogio*, avec une maison commune et une tour leur appartenant en propre. Ils formèrent ainsi un Tiers État en face des chevaliers et des vieux bourgeois (HEGEL, II, 267). Le dualisme de l'ancienne et de la nouvelle commune aboutit, en 1258, à cette organisation, que tous les offices, jusqu'à celui de trompettes, furent partagés également entre les deux. La lutte entre Louis de Bavière et le Pape fut plus importante : les évêques et les moines mendiants se combattirent l'un l'autre, et pendant dix-sept ans, de nombreuses villes ayant

gardé fidélité à l'Empereur furent mises en interdit. Toute querelle entre le gouvernement ecclésiastique et le gouvernement laïque est profitable à la démocratie, voire même à l'anarchie. [La ville où pour la première fois sur le sol allemand éclata une sanglante guerre civile entre les artisans et le patriciat doit, sans doute, avoir été Cologne, en 1259. De semblables agitations peuvent avoir eu Ulm, Fribourg-en-Brisgau, Worms pour théâtre ; nous voyons, en effet dans ces villes, dès le XIIIe siècle, les artisans participer dans une mesure éminente au gouvernement municipal. Partant de là, le mouvement peut s'être communiqué aux villes de l'Allemagne du Nord. A Brunswick, par exemple, en 1272, les guildes laissent paraître l'intention de supplanter le Conseil. En 1287, à Rostock, un maître artisan semble avoir été passagèrement membre du Conseil. Le mouvement a été plus accentué au XIVe siècle, car l'agitation s'étendait en tous lieux : à Strasbourg et Mayence, à Constance et Fribourg, à Hambourg et Lübeck. (Voir les auteurs suivants : STIEDA dans le *Hdwb. der Staatsw.*, 3e éd., vol.-VIII, p. 1095-96 ; MASCHER, *Das deutsche Gewerbewesen*, 1886, p. 187-239)]. La rage avec laquelle la lutte fut plus tard menée est démontrée par ces faits, qu'à Magdebourg, en 1302 dix « anciens » (*Altermaenner*) des corporations furent brûlés vifs, et qu'à Cologne, en 1371, on exécuta trente-trois tisserands.

(12) En Allemagne, l'exemple le plus remarquable de ce fait a sans doute été le despotisme passager de l'archevêque de Cologne, Conrad de Hochstaden, en 1260. Il amena la proscription de beaucoup de patriciens comme suite à leur triomphe, dû surtout à la coopération des artisans irrités. Il en a été semblablement à Brême, en 1366.

(13) Ezzelin de Romano a été un mélange remarquable de royaliste et de démagogue. Jacques et Philippe Artevelde l'ont surpassé. Il n'était pas rare de voir des patriciens ambitieux se faire les champions des corporations, tels, par exemple, les Auer à Ratisbonne (GEMEINER, I, 534-544), les Stolzhirsch à Augsbourg (VON STETTEN, *Gesch. der Geschl.*, p. 380 et suiv.), les Overstolze et les Rodenkirchen à Cologne.

(14) Voir ROTH VON SCHRECKENSTEIN, *Patriziat in den deutschen Staedten*, 1850, p. 261 et suiv. Au premier rang des combattants les plus actifs des corporations se trouvaient le plus souvent les riches et nombreux tisserands en laine, ainsi que les énergiques bouchers. [Dans le Conseil de la ville de Francfort-sur-Mein, dont l'existence est établie depuis 1220, figure depuis la seconde moitié du XIIIᵉ siècle une banque d'artisans dont les membres cependant n'exerçaient, en réalité, sur le gouvernement de la ville, qu'une très faible influence (Voir EM. FROMM, *Frankfurts Textilgewerbe im Mittelalter*, 1897, p. 2, 39)]. A Strasbourg, en 1332, les « bourgeois honorables » se liguèrent avec les artisans contre les seigneurs. Beaucoup de nouvelles corporations se fondèrent qui, réparties antérieurement entre les charges municipales des canonniers (*Konstafel : constabularii, connétables*) avaient constitué pour elles une sorte de clientèle. Toutefois, le Conseil, constitué d'une façon mixte de membres des trois États, se démocratisa de plus en plus sous l'action des artisans guidés par quelques patriciens. Il y avait, en 1332, à côté des *Konstafler* seulement, dix membres des corporations, en 1334 déjà vingt-cinq, en 1349, vingt-huit (HEGEL, *Str. Chroniken*, II, 958, 963). La discorde entre les patriciens fut la cause principale de leur abaissement (KOENIGSHOVEN, *Chroniken*, p. 304 et suiv.). Depuis 1419-1422, la proportion de deux artisans contre un patricien, etc., domina dans le Conseil. A Spire, dès 1304, « pour savoir comment les anciens gouvernaient pour le bien de la ville », le Conseil avait été formé de onze patriciens et vieux-bourgeois, et de treize membres des corporations ; la guilde protectrice des *Hausgenossen* y renonça en 1349 à tous ses privilèges et devint une corporation ordinaire. A Augsbourg, le Conseil étroit comprenait originairement quinze patriciens, tandis que tout le surplus de ceux-ci et le Conseil étroit constituaient le grand Conseil. Depuis 1368, le Conseil étroit fut formé des chefs des dix-huit corporations auxquels s'adjoignirent encore un député de chacune des onze grandes, ainsi que quinze « bourgeois » choisi par ces vingt-neuf membres corporatifs. Les deux bourgmestres, les quatre

architectes, les deux chanceliers, les six maîtres des comptes, étaient élus par ces vingt-neuf membres seuls, mais également dans le sein de l'un et l'autre État. L'opportunité d'une telle constitution fût démontrée, non seulement par son introduction pacifique, mais encore par son maintien jusqu'en 1548, ainsi que par la grande prospérité de la ville à cette époque : rappelons les Fugger, Welser, les Holbeins, Burgkmayr, Amberger, Peutinger, etc. A Nüremberg, où le gouvernement des corporations, institué en 1348, ne tarda pas à avorter, le Conseil s'entendit, en 1378, pour accueillir dans son sein huit députés des corporations ; il sut cependant les maintenir à l'écart d'une participation effective à l'administration. Le mépris violent professé par Celtes à l'égard de la plèbe (*De orig. Norimb.*, 134) caractérise cette « Venise allemande ». [En opposition avec ce qui se passa dans la plupart des autres villes allemandes, il advint qu'à Osnabrück et à Münster, et peut-être d'après leur exemple, également à Riga et à Revel, les plus notables corporations d'artisans formèrent une guilde générale. Le rôle de celle-ci à l'intérieur de la communauté municipale fut des plus importants. Son comité fut représenté par les chefs élus de corporation, par les « Maîtres de guilde » (*Gildemeister*). Ces derniers, d'ailleurs, font partie du Conseil et sont, pour toutes les résolutions importantes, convoqués à ses délibérations. Dans ces villes, il n'est jamais question, ni dans les chroniques, ni dans les documents, d'un soulèvement des artisans contre le Conseil. Pour Münster, voir TOPHOFF, dans la *Zeitschrift für vaterlaendische Geschichte*, 1877 ; FR. PHILIPPI, *Die aeltesten osnabrückischen Gildeurkunden*, 1890, p. IV-VIII ; STIÉDA et METTIG, *Schragen der Gilden und Aemter in Riga*, 1896, p. 143 ; VON NOTTBECK et NEUMANN, *Gesch. und Kunstdenkmaeler der Stadt Reval*, 1896, p. 76).]

(15) Sur l'entrée de Calvin à Strasbourg dans la corporation des tailleurs (Voir HENRY, *Leben Calvins*, 104). A Florence, en 1282, on en arriva au gouvernement complet des corporations : les prieurs des corporations réunis sous un gonfalonnier formaient la *signorie*. Les sept corporations supérieures étaient :

les médecins, les juges et les notaires ; les épiciers, les merciers, les tisserands en soie ; les changeurs ; les pelletiers ; les tisserands en drap ; les marchands drapiers à l'intérieur ; les marchands drapiers à l'extérieur. Les quatorze corporations inférieures étaient : les bouchers, les cordonniers, les forgerons, les fripiers, les maîtres d'école, les marchands de vins, les aubergistes, les graissiers, les tapissiers, les armuriers, les serruriers, les charpentiers, les corroyeurs, les boulangers. A côté de ces corporations en existaient encore beaucoup de plus petites : les tisserands en laine, par exemple, en comptaient vingt-cinq ; mais elles étaient politiquement représentées par les chefs des premières. A Cologne, où le gouvernement des corporations s'installe seulement entre 1369 et 1395, on compte vingt-deux corps de métiers. Les patriciens s'affilièrent aux cinq corporations marchandes. Les corporations d'artisans formaient le surplus et comprenaient : les tisserands en laine, les orfèvres, les pelletiers, les forgerons, les brasseurs, les ceinturiers, les pêcheurs, les peintres, les tailleurs de pierre, les boulangers, les bouchers, les tailleurs de drap, les cordonniers, les potiers d'étain, les tonneliers, les tisserands en lin, les armuriers. Dans le Conseil, sur trente-six membres, les tisserands en laine en élisaient quatre, les onze corporations premières nommées, chacune deux, les dix dernières chacune un. La corporation de la *Richerzeche* recouvra, en 1382, ses rentes et redevances, mais non ses anciens droits politiques. Le *registre d'assermentation* de 1395 ne la mentionne plus (Voir ENNEN, *Gesch. von Koeln,* II, 484). Cette constitution démocratique s'est conservée jusqu'en 1796.

(16) En Bavière, il n'a pas existé de gouvernement des corporations ; en 1369, toutes les corporations d'artisans furent même « dissoutes ». En Autriche, il n'en a pas existé davantage, et en Silésie fort peu. A Breslau, les corporations succombèrent en 1420 ; à Iglau, en 1392 (Voir R. MAURER, *Gesch. der Iglauer Tuchmacherzunft,* 1861, p. 8-12), dans les pays des Ordres prussiens enfin, en 1385. En Brandebourg et en Poméranie, elles se développèrent tantôt favorablement comme à

Stendal et à Perleberg, tantôt défavorablement, comme à Salzwedel et à Anklam. [Stettin est demeuré à peu près totalement épargné par les luttes acharnées au sujet de la constitution municipale. Depuis le début du xvᵉ siècle au plus tard, le Conseil avait pris régulièrement l'habitude de provoquer sur les questions d'intérêt général touchant les lois, les impôts, la politique, etc., l'avis des anciens des marchands et des métiers (Voir O. BLUEMKE, *Die Handwerkszünfte im mittelalterlichen St.* 1884, p. 18 à 25)]. A Lübeck, de 1408 à 1416, le Conseil se composa pour moitié de membres des corporations, [mais les efforts des villes amies, combinés avec ceux d'une Commission envoyée par l'Empereur, parvinrent à réinstaller l'ancien Conseil (Voir WEHRMANN, dans la *Hansische Geschichtsbl.*, 1878, p. 113, 1884, p. 62)]. Brunswick abolit, en 1381, le gouvernement des corporations, après huit ans d'affiliation à la Hanse.

(17) En dehors de la proscription de nombreux patriciens, on mit encore, dans beaucoup de villes allemandes, par esprit démocratique, obstacle à l'accroissement de leurs forces : il leur fut défendu d'accueillir dans leurs « salles de cabaret » (*Trinkstuben*) les notables des corporations, ou de conclure des mariages mixtes, entre les deux états (Voir MAURER, II, 608).

(18) Voici un fait bien caractéristique du moyen âge : le *popolo minuto* cherchait à s'élever en face du *popolo grasso*, en général par la fondation de corporations nouvelles. Dans un esprit contraire, il fut défendu, à Bologne par exemple, aux loueurs de chevaux, aux cochers de louage et aux cireurs de bottes, de s'organiser corporativement (Voir HULLMANN, *Staedtewesen im Mittelalter*, III, 338). Il y eut des soulèvements populaires terribles, comme celui des *Ciompi* à Florence, en 1378 : on exigea alors entre autres un délai moratoire de deux ans pour toutes dettes au-dessus de cinquante florins d'or ; les biens des ennemis de la plèbe furent brûlés ; par contre, tout pillage fut puni comme un vol. L'histoire des villes, en Allemagne, ne présente avec ces excès que de faibles analogies. Pour une comparaison avec Lübeck, voir PAULI, *Lübecks Zustaende im Mittelalter*, II, 53. Ici encore cependant, depuis le

succès des compagnonages (voir plus loin, § 41), la situation des maîtres vis-à-vis de leurs inférieurs devint par trop incommode.

(19) C'est avec raison que SCHMOLLER dans son ouvrage, *Strassburger Zunftkaempfe,* p. 36, voit la cause principale de la guerre de 1388 dans la question de savoir si les villes pouvaient continuer leurs annexions sous la forme de l'incorporation, dans les rangs des chevaliers, etc., de toute une catégorie de citoyens non résidents. A Francfort, le *Burgrecht* s'appliquait à cent cinquante localités ; le devoir leur incombait d'entretenir une partie des fortifications, mais elles trouvaient en retour, avec leurs biens, protection dans la ville (Voir THOMAS OBERHOF, p. 162 et suiv.). Dans le reste de l'Europe, citons à cette époque, Wycleff, Watt Tyler, la guerre des Flandres, lors de laquelle, selon Froissart, la victoire des *vilains* aurait causé la perte de toute la noblesse. Rappelons encore les batailles de Sempach et de Naefels. Si l'on songe qu'en Angleterre, la Chambre Basse fut composée de chevaliers et de villes, on peut alors contempler, dans une perspective prodigieuse, ce qu'aurait pu faire de l'Allemagne, sous un autre souverain que le roi allemand, Wenceslas IV de Bohême, l'union générale de toutes les confédérations de villes et de chevaliers.

(20) Dans aucune ville impériale allemande il n'a existé, au cours des trois derniers siècles, une aristocratie ou une démocratie pures (Voir MAURER, IV, 191). Dans beaucoup d'entre elles, la même forme de constitution s'est conservée pendant de longs siècles sans modification (MAURER, II, 556, 625).

§ 4.

La distinction de la ville et de la campagne coïncide essentiellement avec celle de l'industrie supérieure et de l'agriculture. La plupart des caractères de la vie industrielle exposés au vol. II, § 19 et suiv., concernent donc également la vie des cités. L'industrie est *plus susceptible de croissance que l'agriculture* (Vol. I, § 33). Aussi, chez les peuples qui grandissent d'une façon générale (1), le nombre des habitants urbains augmente-t-il plus vite que la population des campagnes (2), grâce plutôt à l'exode rural qu'à l'excédent des naissances sur les décès (3). Les villes ont d'ordinaire encore une supériorité plus marquée sur les campagnes au point de vue de l'accroissement de la richesse en capital, et en raison de ce qu'il y est plus facile de diviser et de grouper le travail. Elles ont donc pour les finances publiques une importance relative plus élevée (4).

Tous les degrés du *développement social*, ascendants ou descendants, se manifestent *de meilleure heure dans les villes* que dans les campagnes. Le progressisme des premières s'oppose au conservatisme des secondes. Comme l'indiquent les mots πολιτεία, *urbanitas*, civilisation, citoyen, société civile, etc., ce que nous appelons aujourd'hui culture au sens intellectuel, ce mélange particulier d'universalité du contenu et d'adaptation personnelle de la forme, a prévalu dans les cités tout d'abord. C'est là qu'on a libéré l'individu des contraintes innées et locales du moyen âge ; c'est là, qu'en retour, on s'est dévoué sciemment à l'universel. Cette notion n'était antérieurement guère apparue que dans le domaine de l'Eglise. C'est dire qu'elle avait été par essence une affaire de sentiment et de foi. Elle fut progressivement étendue à toutes les autres fins, dans une pensée, et souvent même, pour des combinaisons profanes. La conception d'un *être de communauté* (*Gemeinwesen, res publica*), auquel incombe la police d'une foule d'intérêts (5), qui peut contracter des dettes, etc., est parvenue dans les villes tout d'abord à la clarté et à la vie. La législation, au lieu de se borner à retracer la coutume, de n'être qu'un établissement seigneurial de droit de corvée, ou qu'une conclusion de traité, devient visiblement dans les statuts du Conseil, l'expression d'une volonté commune, différente de la somme de toutes les volontés individuelles. Les villes ont préparé la voie pour ce qu'on a appelé le droit territorial, ou mieux encore le droit public ; elles ont permis de distinguer celui-ci du droit privé, et de séparer la capacité de droit privé d'avec le droit politique (6) ; elles ont enfin rendu possible d'instituer véritablement la propriété foncière personnelle, et de donner à la propriété mobilière sa pleine importance. Dans le domaine du droit des personnes, la liberté primitive du peuple, disparue dans les campagnes, fut rétablie de bonne heure pour tous les habitants des villes (7). Les Ligues entre celles-ci furent postérieurement en ce sens, le principal soutien, dans l'Etat tout entier, des garanties légales dont leur trafic avait un besoin si pressant. Le droit des obligations se développa chez elles avec autant de fécondité et de liberté que de précision, et dût établir les règles de ce trafic. C'est là que le droit de guerre privée fut aboli tout d'abord. Sa dernière survivance, le duel judiciaire, avait décliné de même, tout au moins dans la bourgeoisie, depuis le triomphe des corporations, tandis que s'accréditait la preuve par écrit. C'est encore dans les villes, que pour la première fois, l'administration et la justice furent constituées séparément en autorités spéciales. Leurs finances ont inventé les impôts désignés sous le nom d'indirects, ainsi que l'évaluation précise des impôts directs. Leurs guerres ont connu les premières la supériorité moderne de l'infanterie et des projectiles à longue portée (8). Si sous tous ces rapports les cités ont accompli l'inestimable travail préparatoire de l'Etat tout entier, c'est aussi chez elles que la pensée de la nationalité et le sentiment d'amour de la patrie (9), ont commencé d'acquérir leur puissance.

Ce sont elles qui ont ainsi constitué partout le principal fondement de la monarchie nationale au début des temps modernes (10).

La Réforme, en Allemagne, a eu, comme on le sait, son point de départ dans la bourgeoisie. Mais dès le moyen âge, les villes s'étaient détournées de la hiérarchie presque d'aussi bonne heure que de l'Etat féodal (11). Une telle tendance, *protestante* par nature, peut vraiment conduire des hommes religieux, et de la manière la plus immédiate, tout près de la source et du but suprêmes de toute religion. Chez les hommes au cœur faible et à l'esprit frivole, elle deviendra facilement le chemin détourné d'une irreligiosité indifférente ou hostile. La démocratisation de l'Etat stimule, chez les âmes nobles le respect sacré du droit et de la loi. Elle égare les âmes viles en les conduisant à la démagogie et à l'anarchie. L'histoire des villes offre sous ces rapports les exemples les plus abondants (12).

La *science*, chez la plupart des peuples, lorsqu'elle a cessé d'être l'apanage des prêtres ou des étrangers, est devenue principalement l'affaire de la bourgeoisie (13). Sa diffusion populaire n'a été proprement due qu'à la peine que celle-ci y a prise, par l'impression de livres et de périodiques, par la création de bibliothèques ouvertes à tous, etc. (14). Les rapports de la géographie, de l'astronomie, des mathématiques, avec l'industrie des cités, tombent d'eux-mêmes sous le sens. Cette industrie est à son tour le fondement naturel de chaque branche des *arts* plastiques, aussi bien de l'architecture du xiv siècle, que de la peinture du xv. Même dans l'art littéraire, certaines branches importantes sont essentiellement d'origine urbaine, comme la nouvelle et la farce, le poème didactique et la satire ancienne (15) ; tous les débuts de l'art dramatique appartiennent à la bourgeoisie d'une manière aussi essentielle que l'épopée et les chants des minnesingers sont le propre de la chevalerie. Le sens même de la beauté de la nature extérieure n'est pas émoussé par l'existence à la ville ; c'est bien plutôt le contraste qui affine le sentiment et le rend plus profond (16-17). [On sait d'ailleurs combien les villes vont généralement de l'avant pour tout ce qui touche les écoles, l'assistance publique, la statistique, etc. Mais on doit encore remarquer leurs grands et récents mérites dans la solution des questions ouvrières et dans la série de mesures par elles prises, touchant directement l'état des travailleurs et les conditions du travail (18). Cette initiative a conduit, en Angleterre, à instituer une théorie du socialisme municipal, aux termes de laquelle les communes urbaines contribuent le plus à la socialisation de la vie industrielle en substituant l'administration publique aux entreprises privées (19)].

(1) La population totale de la Hollande s'est accrue sous la domination française, avec sa fermeture commerciale, etc. Mais la population urbaine a diminué annuellement de près de 7·0/0 (Voir BICKES, *Bewegung der Bevoelkerung*, 120). D'autre part, dans les villes de la Prusse et du Brandebourg, entre 1617 et 1746, on peut admettre une proportion d'habitants sensiblement égale à celle du XIXe siècle. Ceci tient peut-être à l'insécurité alors plus grande de la campagne, à la dure oppression des paysans, et au chiffre important des bourgeois cultivant la terre (Voir SCHMOLLER, *Zeitschrift f. preuss. Gesch.*, juin 1873, 293).

(2) *[Pour l'ensemble de l'Empire allemand, la population urbaine, c'est-à-dire la population des localités comptant plus de 2.000 habitants comportait en 1871, 36,1 0/0, soit 14.790.798; en 1905, 57,4 0/0, soit 34.818.797 ; la population rurale s'est abaissée pendant la même période, de 63,9 0/0, soit 26.219.352, à 42,6 0/0, soit 25.822.483 (Voir *Vierteljahrshefte zur Statistik des deutschen Reichs*, 1907, fasc. 4, p. 70 et suiv.). Pour les États en dehors de l'Allemagne, c'est l'Angleterre avec le pays

de Galles, qui présente le développement urbain le plus considérable. De 1801 à 1851, la population urbaine s'est augmentée de 1,87 0/0, la population rurale de 1 0/0. En 1851, les villes englobaient déjà la moitié de l'ensemble de la population ; en 1871, 62 0/0 ; en 1891, 72 0/0 ; en 1911, 78 0/0. En France, la population urbaine est passée de 1846 à 1901, de 24,4 0/0 à 51 0/0 de la population totale. En Autriche, on trouvait, dans les localités au-dessus de 2.000 habitants, en 1843, 18,9 0/0; en 1890, 32,5 0/0 ; en 1900, 38,3 0/0 de la population. En Hongrie, le rapport de la population des villes au-dessus de 2.000 habitants à la population totale est passé, entre 1890 et 1900, de 49,1 0/0 à 52,7 0/0 (Voir *Ungarisches Statistisches Jahrbuch, Neue Folge,* 17 (1909), p. 15). Aux États-Unis, la population urbaine des localités au-dessus de 8.000 habitants comprenait, en 1850, 12,49 0/0 ; en 1900, 32 0/0 de la population totale. Cette dernière s'est accrue, dans le même espace de temps, de 23.191.876 à 75.994.575, soit ainsi de plus du triple, tandis que la population urbaine montait de 2.897.586 à 24.992.199, c'est-à-dire de plus de huit fois et demie (Voir *Abstract of the twelfth census* (1900), p. 38). Pour d'autres exemples portant sur les époques antérieures (voir WAPPAEUS, *Allgemeine Bevoelkerungsstatistik,* II, 487 ; au surplus, G. VON MAYR, *Statistik und Gesellschaftslehre,* II, 56 et suiv ; J. CONRAD, *Grundriss zum Studium der politischen Oekonomie,* IVe partie, *Statistik,* 76 et suiv. ; Article *Bevoelkerungswesen,* dans le *Handw. d. Staatsw.,* 3e éd., p. 880 et suiv. ; *The Statesman Year-Book*)].

(3) *[Jusqu'au cours du XIXe siècle, dans les grandes villes, le nombre des décès avait été supérieur à celui des naissances. Leipzig a présenté, de 1701 à 1800, un excédent de décès de 28.997, et de 1801 à 1820, un excédent de 4.550 (Voir G. F. KNAPP, *Aeltere Nachrichten über Leipzigs Bevoelkerung. Mitt. des Statist. Amtes der Stadt Leipzig,* II, 1 et suiv.). Pour d'autres villes (voir J. WERNICKE, *Das Verhaeltniss zwischen Geborenen und Gestorbenen in historischer Entwicklung und für die Gegenwart in Stadt und Land,* 1889)]. Entre 1840 et 1860, les villes

ont régulièrement une fréquence plus grande de mariages et de naissances, mais également une mortalité plus forte. Celle-ci est même supérieure à celle des campagnes, de telle façon qu'au total, le croît naturel de la population est, en général, plus élevé dans les campagnes que dans les villes. En France, on comptait ainsi un mariage par 121,7 habitants des villes, et par 134,4 ruraux ; une naissance par 32,7 et 39,1 ; un décès par 31,5 et 42,2. En Hollande, les chiffres étaient : 114,8 et 127,6 ; 27,1 et 28,7 ; 35,5 et 43,0. En Belgique, 131,0 et 148,5 ; 29,4 et 33,5 ; 34,3 et 44,3. En Suède, 126,8 et 137,8 ; 30,8 et 30,4 ; 28,9 et 46,8 (Voir WAPPAEUS, II, 481). *[Dans ces dernières dizaines d'années, les coefficients du mouvement de la population ont subi, non seulement en général, mais aussi quant aux proportions de la ville et de la campagne, des modifications très importantes. En présence d'un recul général des mariages et des naissances par rapport à la population, on observe un chiffre de mariages toujours supérieur dans les villes, mais, par contre, un nombre de naissances inférieur à celui des campagnes. En Prusse on comptait par 1.000 habitants, comme mariages, entre 1896 et 1900, dans les villes, 9,5 ; dans les campagnes, 7,8 ; tandis que la moyenne générale annuelle des naissances pour la même période était, dans les villes, de 34,9 ; dans les campagnes, de 40,1. L'amélioration progressive des conditions sanitaires se fait sentir davantage dans les villes que dans les campagnes, de sorte que la mortalité urbaine n'est plus maintenant supérieure, mais même, au contraire, légèrement inférieure à celle rurale. En Prusse, sur 1.000 vivants, il mourait annuellement en moyenne entre 1875 et 1880, et entre 1896 et 1900, dans les villes, 29,0 et 22,2 ; dans les communes et dans les districts ruraux, 26,5 et 22,4. La part principale au recul de la mortalité dans les villes incombe à la diminution de la mortalité infantile. Celle-ci, qui était en Prusse, dans les villes, de 231,2 pour 1.000 naissances vivantes, pour les années 1875 à 1880, est tombée à 211,3 dans la période quinquennale 1896-1900, tandis que les campagnes accusent une augmentation, quoique faible, de 192,9 à 194,8 (*Preussische Statistik*, vol. CLXXXVIII). Ces oscillations, dans les chiffres de naissances et de décès de la population urbaine et rurale, ne doivent être que partiellement attribuées aux progrès de l'hygiène dans les villes; plus forte y a été sans doute l'influence, sous ce rapport, de la prépondérance des classes d'âge plus jeune et de l'accroissement du bien-être. Malgré l'amélioration des conditions sanitaires dans les cités, la population rurale, à cause de sa fécondité plus grande et de son excédent de naissances plus élevé, n'a point perdu sa haute importance pour la force vitale de la nation. En Bavière on comptait, par exemple, sur 1.000 femmes mariées de 15 à 49 ans d'âge, comme chiffre moyen de naissances légitimes entre 1891 et 1900, dans les villes immédiates et les onze plus grandes villes du Palatinat, 231 ; dans les districts, en dehors des onze plus grandes villes (campagnes), 290 (Voir HINDELANG, *Die eheliche und uneheliche Fruchtbarkeit, Beitraege zur Statistik des Koenigreichs Bayern.*, fasc. 71, p. 73). En 1908, il y avait en Bavière encore, sur 1.000 habitants, dans les communes en comptant moins de 2.000, 36,7 naissances, 22,7 décès, soit un excédent de naissances de 14 0/0 ; dans les communes de 2.000 à 20.000, les chiffres étaient 36,4, 24,0 et 12,4 ; enfin, dans les communes de plus de 2.000, 32,3, 20,5 et 11,8 (Voir F. ZAHN, *Deutschlands wirtschaftliche Entwickelung, Annalen des Deutschen Reichs*, 1910, p. 597). La question de la vitalité de la population urbaine et rurale a été l'origine de nombreuses publications. (Comparer surtout C. BALLOD, *Die Lebensfaehigkeit der staedtischen und laendlichen Bevoelkerung*, 1897 ; DU MÈME, *Die mittlere Lebensdauer in Stadt und Land*, 1897 ; R. KUCKZINSKI, *Der Zug nach der Stadt*, 1897 ; P. MOMBERT, *Studien zur Bevoelkerungsbewegung in Deutschland in den letzten Jahrzehnten mit besonderer Berücksichtigung der ehelichen Fruchtbarkeit*, 1907 ; K. SEUTEMANN, *Der Stand der Statistik der Bevoelkerungsbewegung im Deutschen Reiche und die Hauptzüge der Bevoelkerungsentwickelung in den letzten 15 Jahren*, dans le *Jahrb. f. Nat. u. Statist*, 3e Folge, vol. XXXIII, 1907, p. 289 et suiv.)].

(4) *[En Prusse, l'impôt d'État sur le revenu était établi au

budget de 1910 pour l'ensemble de la monarchie, à 293,8 millions de marks. Sur ce chiffre, la part de la ville de Berlin atteignait, à elle seule, 42,3 millions ou 14,38 0/0 ; celle de Berlin et extensions suburbaines, 72,5 millions ou 24,69 0/0 de l'ensemble de l'assiette du budget prussien. Le coefficient de Berlin dans la population prussienne n'est, par contre, que de 5,14 0/0, celui de Berlin et extensions, de 8,97 0/0 (Voir *Gross-Berlin Statistische Monatsberichte*, 2e année 1911, fasc. 1 et 2, p. 10)].

(5) L'Église et la charité dirigées par elle avaient seules, primitivement, pris le soin des indigents qui ne pouvaient compter sur une aide familiale ou corporative, et c'est alors que commença dans les villes la police de l'assistance. Les écoles abbatiales, épiscopales et paroissiales furent suivies des écoles municipales : à Heidelberg, dès le cours du xiie siècle (MAURER, III, 65), à Hambourg en 1289, à Vienne en 1296.

(6) C'est dans les villes tout d'abord que sont institués à nouveau des offices véritablement publics. Par un contraste violent avec les offices féodaux, ils sont inaliénables, intransmissibles, impartageables ; ils ne confèrent à leur titulaire ni droit propre, ni droit tenu d'autrui ; ils lui donnent seulement l'autorisation d'exercer une fonction de la communauté (Voir *Gierke*, II, 633, 647, 675, 739, 741 et suiv. ; voir aussi antérieurement ARNOLD, *Zur Gesch. des Eigenthums in den deutschen St.* (1861), *passim*).

(7) Sur la signification de la maxime de droit : « C'est l'air qui donne la liberté » (*Die Luft macht frei*) (Voir GAUPP, *Stadtrechte*, I, p. xxxix). Les villes ont, en général, contribué à étendre la liberté personnelle également aux campagnes. C'est ce que montre encore un intéressant petit pays auprès de Bruges, dont le nom est : *het Land van den Vrijen, terra Franca* (Voir WARNKOENIG, *Flandrische Staats-und Rechtsgesch.*, II, 1, 150 et suiv.).

(8) Voir MAURER, *Gesch. der Staedteverfassung*, IV, 95 et suiv. A Bruges, depuis 1304, il est défendu, sous peine d'amende de provoquer un citoyen en duel judiciaire ; de même à Ypres

dès 1116 (Voir Warnkoenig, II, 1, appendice, 124, 158). Depuis 1281, il n'était permis à personne de circuler en armes dans Bruges (*op. cit.*, 104). L'introduction même de l'uniforme pour les troupes a eu lieu d'abord dans les villes, ainsi à Ulm en 1489 (Voir Jaeger, 423 ; Hegewisch, *Gesch. Max.*, I, 22, 211). A Bruges, de très bonne heure, tous les offices municipaux étaient rétribués (Warnkoenig, II, 1, 148).

(9) C'est ainsi qu'au début du xive siècle, les princes de l'Allemagne du Nord se seraient vraisemblablement soumis au roi de Danemark ; mais les villes, surtout Rostock, les en ont empêché (Voir Barthold, *Gesch. der deutschen St.*, III, 177). En Italie, les édifices des Gibelins ont, la plupart du temps, des créneaux pointus, ceux des Guelfes des créneaux à angle droit. Cette dernière architecture est, sans conteste, plus italienne, comme l'était lui-même, en général en Italie, le parti guelfe, tandis qu'en Allemagne, c'était le parti gibelin le plus national. Toutefois, la force des villes se manifeste également ici d'une façon plus accentuée, mais moins durable. C'est ainsi, par exemple, que l'allemand s'est beaucoup mieux conservé dans le Banat de Temeswar et dans la Saxe de Transylvanie, que dans les villes hongroises (Voir Schwicker, dans Hunsalvy, *Ethnographie von Ungarn*, 1877).

(10) Lorsqu'on connaît l'importance de la Sainte Hermandad vers la fin du moyen âge, on peut comprendre la portée de la tentative, qui d'ailleurs échoua, faite par l'empereur Charles IV pour se faire placer à la tête de la Hanse. Plus tard, le haut-allemand nouveau, langue des livres, la floraison poétique du xviiie siècle, scientifique du xixe, constituèrent des liens nationaux d'une puissance extrême et servirent de fondement principal à la reconstitution de l'Empire allemand : ils avaient eu leur origine essentielle dans la bourgeoisie.

(11) L'aliénation au profit de la main-morte fut défendue d'abord dans les villes (Maurer, I, 400). La plupart des cathédrales gothiques ont été commencées à l'époque brillante de nos villes au moyen âge. Toutefois, elles contrastent avec les cathédrales romanes plus anciennes, au point de vue de leur

édification : en effet, le renchérissement ultérieur de la main-
d'œuvre, l'affaiblissement de l'esprit religieux, l'intérêt dirigé
davantage vers les halles et les hôtels-de-ville, en ralentirent
beaucoup le travail et empêchèrent assez souvent de le terminer
(Voir ARNOLD, *Gesch. der Freistaedte*, I, 60 et suiv.).

(12) Un gouvernement pastoral, tel que celui de Genève sous
Calvin, est une rare exception dans l'histoire des villes. Dans
les campagnes, les ecclésiastiques devaient forcément demeurer
beaucoup plus puissants, parce que, comme justement au
moyen âge, ils n'ont pas que ce caractère, mais sont en même
temps les hommes possédant surtout le plus d'instruction et
souvent même les seuls instruits. *[A Berlin, le clergé
de l'Église nationale a célébré, dans les années 1902, 1903,
1904, 1905, 1906, comme pour cent des mariages contractés à
l'état-civil : couples purement protestants : 67,56 ; 64,42 ;
63,27 ; 62,55 ; 59,30 ; couples avec le fiancé protestant : 28,76 ;
28,87 ; 26,75 ; 23,11 ; 24,61 ; couples avec la fiancée protestante : 30,68 ; 27,72 ; 27,65 ; 25,55 ; 24,48 (*Stat. Jahrbuch der
Stadt Berlin*, 31, p. 429)].

(13) Le premier historien moderne non ecclésiastique semble
avoir été le Gênois CASSARUS, au xiie siècle. Il a existé aussi en
Allemagne des chroniques municipales, dues à des hommes
comme JACOB TWINGER DE KOENIGSHOVEN. L'histoire en
prose a commencé par être écrite en langue populaire.

(14) *[En Allemagne, une des premières bibliothèques publiques a été celle de Ulm, en 1443 (JAEGER, *Schwaebisches
Staedtewesen*, I, 591). C'est aussi au xve siècle que remontent
les bibliothèques municipales à Lünebourg et à Hanovre. Celle
de Koenigsberg a été fondée vers 1540, celles de Dantzig et de
Magdebourg en 1596, celle de Cologne en 1602, de Halle en 1615,
de Naumbourg et de Francfort-sur-Mein en 1668 (H. SILBER-
GLEIT, *Preussens Staedte*, 1908, p. 183)*. Au cours des siècles
suivants, ce furent les gouvernements nationaux, plutôt que les
villes, qui prirent soin des bibliothèques. Ce n'est qu'à une
époque récente que les villes tournèrent de nouveau leurs regards vers ce côté des efforts de la culture intellectuelle. Un

nombre notable de villes ont, dans les dix dernières années du XIXe siècle, encouragé le mouvement d'installation et de fondation de bibliothèques et de salles de lectures populaires, en y consacrant d'importantes ressources. Sur 110 villes prussiennes de plus de 25.000 habitants, il y en avait, d'après une enquête de 1908, 85 qui consentaient des crédits pour des bibliothèques publiques. Les dépenses des bibliothèques populaires pour la période 1900-1908, ont passé de 214.061 marks à 577.947 marks ; celles des bibliothèques en général, de 406.544 marks à 1.446.515 marks, soit en comptant par tête de la population, de 5 à 13 pfennigs (SILBERGLEIT, *op. cit.*, 254). On a fait beaucoup, dans les villes anglaises et américaines, pour la création de bibliothèques publiques (Voir ED. REYER, *Handbuch des Volksbildungswesen*, 1896 ; Travaux des bibliothèques, dans le *Jahrb. f. Nat.*, 3e *Folge*, 4, p. 932 ; Article *Bibliotkeken* dans le *Handw. d. Staatsw.*, 3e éd., vol. II, p. 1030 et suiv. ; Article *Volksbibliotheken und Lesehallen* dans le même ouvrage, vol. VIII, p. 384 et suiv.)].

(15) Voir BURCKHARDT, *Kultur der Renaissance*, p. 234 et suiv. ; A. HUMBOLDT, *Kosmos*, II, 5 et suiv. Sur ce qu'on ne peut prendre de plaisir aux charmes sauvages de la nature que lorsque l'on se sent, sur la route, en sécurité vis-à-vis des brigands et des autres mésaventures, voir MACAULAY, *Hist. of England*, IV, 269.

(16 et 17) Les jardins d'agrément de la Renaissance avec leur préférence pour les statues, les jets d'eau, etc., rappellent cependant beaucoup l'industrie urbaine (Comparer VON STETTEN, *Augsburger Gesch.*, I, 120 et suiv.).

(18) [Sur les efforts des administrations municipales pour créer le placement ouvrier et l'assurance contre le chômage, voir plus loin, § 66. Très souvent, elles font entrer en scène, pour parer à l'extension du chômage dans leur territoire, des travaux de détresse publique]. *[Parmi les communes figurant à l'annuaire statistique des villes allemandes, il y en a eu, pendant l'hiver 1907-08, 28 ; en 1908-09, 58 ; en 1909-10, 35, qui ont organisé des « travaux de détresse publique ». Le total des

sans-travail occupés en 1909-10 a été de 12.000. Les frais des travaux de détresse se sont élevés, dans trente villes ayant fourni des indications à ce sujet, à la somme de 1.320.721 marks (*Stat. Jahrb. deutscher Staedte*, 1912, p. 119 et suiv. ; MATAJA, *Staedtische Sozialpolitik* dans la *Zeitschr. f. Volksw. Sozialp. Verw.*, 3, p. 564 et suiv. ; *Beitraege zur Arbeiterstatistik*, n° 2 ; *die Regelung der Notstandarbeiten in deutschen Staedten*, 1905)]. [La réglementation des conditions du travail pour l'exécution de travaux municipaux a été faite dans un esprit favorable aux ouvriers, et des travaux ont été attribués à des associations ouvrières, surtout par des villes anglaises, belges et françaises qui ont donné le bon exemple en allant de l'avant (Voir MATAJA, p. 577-587)]. *[Sur les progrès de ces questions en Allemagne (voir *Beitraege zur Arbeiterstatistik*, n° 6 ; *die Regelung des Arbeitsverhaeltnisses bei Vergebung oeffentlicher Arbeiten*, 1907)].

(19) [Le représentant du socialisme municipal en Angleterre est SIDNEY WEBB. Il insiste sur ce que la commune urbaine moderne offrirait surtout l'occasion d'apercevoir l'extension de l'activité publique et sur ce que le socialisme ainsi compris ne serait pas seulement l'avenir . mais constituerait déjà une tranche de l'actualité. On remarque en ce sens les entreprises de gaz et d'eaux, les exploitations de tramways, la construction de lavoirs, d'abattoirs, d'habitations ouvrières, et même, comme à Glasgow, l'installation d'hôtels meublés (MATAJA, *op. cit.*, p. 520-593)]. *[Le socialisme municipal a présenté dans les divers pays des variations considérables dans son développement. En Belgique, en France, en Australie, et dans l'Amérique du Nord, il n'a fait que peu de progrès. Les idées de l'école de Manchester, prépondérantes aujourd'hui encore dans ces pays, aussi bien que la composition des conseils communaux, et spécialement la dépendance de ceux-ci vis-à-vis des partis politiques, sont peu favorables à la communalisation d'entreprises économiques. Les pays où la municipalisation s'est développée davantage sont, par contre, l'Angleterre, l'Allemagne, l'Autriche, la Suisse et l'Italie. En Grande-Bretagne il y avait, en 1907, sur 752 usines à gaz, 270 ou 35,9 0/0 ; sur 405 usines électriques,

249 ou 61,5 0/0 ; et sur 312 entreprises de tramways, 175 ou
56,1 0/0 entre les mains des communes (*Schriften des Vereins
für Sozialpolitik*, 132, p. 109). En Allemagne, en 1907, sur
2.596 exploitations occupant 67.072 ouvriers, affiliées à la fédération professionnelle du gaz et eaux, il existait comme propriété des communes, 885 usines à gaz avec 39.198 ouvriers ;
1.086 usines d'eaux avec 9.549 ouvriers ; 93 entreprises de ca-
nalisation avec 1.855 ouvriers ; sur les usines d'électricité n'appartenant qu'en partie à cette fédération professionnelle, il y
en avait 60 avec 1.512 ouvriers ; soit en tout, par conséquent,
environ 5/6 de toutes les exploitations appartenant à la fédération professionnelle avec 3/4 des ouvriers assurés à celle-ci.
Au 1er avril 1907 on comptait 596 communes ayant leur propre
usine électrique ; en 1906, il existait 31,9 0/0 de la longueur totale des tramways en la possession des communes et 25,6 0/0
étaient exploités par celles-ci (Voir *Reichsarbeitsblatt*, 7e année, n° 3, 194). C'est dans les communes les plus importantes
que la municipalisation a été poussée le plus loin. Parmi les
villes au-dessus de 50.000 habitants dont s'occupe le *Statistisches Jahrbuch* des villes allemandes, il se trouvait en 1908, sur
77 villes envoyant des renseignements à cet égard, 72 ayant
leur propre usine des eaux ; sur 81, 64 ayant leur propre usine
à gaz ; 59, leur propre usine électrique et 36 leurs propres tramways ; enfin, sur 78, 47 possédaient leurs propres parcs à bestiaux et abattoirs (Voir *Stat. Jahrb. deutscher Staedte*, 18, 1912).
En Allemagne, la valeur des capitaux immobilisés dans les entreprises économiques municipales était évaluée, en 1908,
entre trois et quatre milliards de marks (G. JAFFÉ, *Die wirtschaftlichen Unternehmungen der Staedte, Zeitschr. f. Sozialwissenschaft*, 11e année, p. 430).

L'accroissement des entreprises économiques des communes
a amené une forte augmentation des ouvriers occupés par les
villes. Les communes comptent aujourd'hui parmi les plus
grands fournisseurs de travail. En 1903, il existait dans 57 villes
au-dessus de 50.000 habitants, 70.527 ouvriers occupés par les
communes (*Kommunale Praxis*, 5e année, p. 396). En 1907,

l'Office impérial de statistique estimait à 120.000 le nombre
total des ouvriers municipaux. En tête venaient Berlin, avec
17.893, et Hambourg avec 15.192 ouvriers (Voir *Beitraege zur
Arbeiterstatistik*, nos 9 et 10 ; *Die Regelung des Arbeitsverhaeltnisses der Gemeindearbeiter in deutschen Staedten*, II, 7 et suiv.).
La prévoyance à l'égard de ces ouvriers forme aujourd'hui une
branche particulière de la politique sociale municipale. Comme
pour l'État, on exige pour les communes que leurs entreprises
économiques soient, à l'égard des conditions du travail, des
modèles d'exploitation. Le nombre des communes qui ont fait
des efforts en vue de répondre à ces exigences est, en Allemagne, en voie d'augmentation (Voir P. MOMBERT, *Die deutschen Stadtgemeinden und ihre Arbeiter*, 1902 ; *Schriften der
Zentralstelle für Arbeiterwohlfahrtseinrichtungen*, fasc. 27 ;
*Pensions-und Relictenwesen der Arbeiter und niederen Anges-
tellten*, 1904 ; *Beitraege zur Arbeiterstatistik*, nos 9 et 10, 1908
et 1909 ; SILBERGLEIT, *Preussens Staedte*, p. 198 et suiv. ;
*ADICKES et BEUTLER, *Die sozialen Aufgaben der deutschen
Staedte* ; deux rapports, 1903 ; A. DAMASCHKE, *Aufgaben der
Gemeindepolitik*, 5e éd., 1904 ; H. LINDEMANN, *Stadteverwal-
tung und Munizipalsozialismus in England*, 2e éd., 1906 ; *Die
deutsche Staedteverwaltung, ihre Aufgaben auf dem Gebiete der
Volkshygiene, des Staedtebaues und des Wohnungswesen*, 2e éd.,
1906 ; *Arbeiterpolitik und Wirtschaftpflege in der deutschen Staedteverwaltung*, 1904 ; THISSEN-TRIMBORN, *Soziale Taetigkeit der
Stadtgemeinden*, 4e éd., 1910 ; Article *Gemeinden* dans le *Handw.
der Staatsw.*, 3e éd., vol. IV, p. 618 et suiv. ; *Schrift. d. Ver. für
Sozialp.*, 128-130, 132 ; *Gemeindebetriebe : Neuere Versuche
und Erfahrungen über die Ausdehnung der kommunalen Taetigkeit in Deutschland und im Ausland* ; *Kommunales Jahrb.*, édité
par H. LINDEMANN et A. SUDEKUM, 1re année, 1, 1908 et suiv.)].

§ 5.

La prospérité des villes italiennes est le fait du xive siècle,
de même que la prospérité des villes allemandes est celui

du xve. C'est à cette époque qu'Æneas Sylvius, devenu plus tard le pape Pie II, exprime ces idées, que nul peuple en Europe ne possède de villes plus propres et mieux aérées que le peuple allemand et qu'un roi d'Ecosse souhaiterait d'être aussi bien logé qu'un bourgeois moyen de Nuremberg ; il rend aussi justice à la liberté, à la sécurité, à la capacité défensive, particulières aux villes de l'Allemagne (1). Une telle prospérité n'est point dans l'habitude de *déchoir* soudainement (2) ; pourtant en vérité, Æneas aurait pu observer déjà de nombreux signes précurseurs et même le début de la décadence. En même temps qu'éclatait la guerre des villes de 1388, la croissance de la Hanse se trouvait entravée par l'Union de Calmar et par la fusion de la Pologne avec la Lithuanie. La guerre des villes de 1450, survient peu après la soumission au souverain, de Berlin divisé entre son Conseil et ses corporations (1442) ; elle est suivie bientôt de la paix de Thorn (1466), qui fit passer tant de villes prussiennes sous la domination polonaise.

L'importance relative des villes devait déjà forcément décroître en raison de ce que les avantages qu'elles avaient présentés jusqu'alors aux points de vue de l'éducation classique (3), des garanties légales, de la liberté commune, etc., avaient été étendus à toute la population par les progrès continus de la culture. Les mercenaires des villes, qui déjà avaient rejeté dans l'ombre l'institution des *Spiessbürger* (bourgeois armés de la pique), furent à leur tour surpassés par les armées princières, comme les murailles des villes avaient dû céder devant le perfectionnement de l'artillerie (4). C'est ainsi qu'en général, la centralisation rigide de la monarchie absolue, avec ses employés formés suivant le droit romain, prit le dessus sur le fédéralisme relâché des ligues de villes (5). Surtout depuis la Réforme et la contre-Réforme, l'ancienne puissance de l'Eglise était en majeure partie passée aux mains de la monarchie. Les évènements qui fortifièrent encore, en Allemagne, toutes ces raisons de la décadence des cités, furent la révolution apportée dans le commerce du monde par les grandes découvertes (6) et, à une époque ultérieure, par les ravages de la guerre de Trente ans. Jusqu'assez tard dans le xviiie siècle, les seules villes à peu près, dont la population et la richesse s'accrurent, furent les résidences des princes supérieurs. Il est donc compréhensible que la plupart des villes impériales eurent, non seulement au point de vue relatif, mais encore au point de vue absolu, une importance toujours moindre ; que beaucoup d'entre elles perdirent même leur immédiateté vis-à-vis de l'Empire et que la plupart des autres devinrent de plus en plus dépendantes (7). Ces changements ne revêtirent pas seulement un caractère extérieur, mais influèrent aussi sur la mentalité. Les magistrats municipaux s'assimilèrent de plus en plus aux autorités princières, et le sentiment local, qu'ils fortifiaient autrefois en le partageant avec leur bourgeoisie, s'en trouva forcément affaibli dans la même mesure. On leur concéda souvent, avec intention, en bas, ce qu'ils avaient perdu en haut (8). Dans l'Electorat de Brandebourg, la confirmation par le souverain des membres du Conseil dans leurs pouvoirs, avait été introduite dès 1540. Elle se transforma, sous le grand Electeur, en une nomination de fait (9). Sous Frédéric Guillaume Ier, la subordination des villes à l'autorité du commissaire local du souverain, même pour les affaires strictement communales, fut poussée si loin, qu'aucune construction municipale ne put être entreprise en dehors de son assentiment. L'autorisation royale devint même nécessaire pour toute dépense supérieure à six thalers ! (10). Lorsqu'en 1803, presque toutes les villes impériales furent médiatisées, aucune ne semble avoir élevé de protestations sérieuses (11).

La Révolution française a fourni la preuve que l'extrême démocratie est aussi hostile que l'extrême monarchie à la véritable indépendance corporative des villes (12). De nos jours, beaucoup d'Etats ont voulu éviter ces deux extrêmes. Ils ont en fait établi cette notion, que le patriotisme, l'ordre et la liberté ne peuvent véritablement vivre, que lorsqu'ils abandonnent un particularisme étroit pour s'élever à des conceptions plus générales (Vol. II, § 5) ; que, quand chez des hommes d'une maturité plus haute, l'intérêt pour un objet et la responsabilité de celui-ci deviennent la condition réciproque l'un de l'autre. L'élargissement de l'indépendance communale en découle, et c'est elle qui constitue la règle, surtout depuis l'ordonnance municipale prussienne de 1808 (13). Même les « limitations apportées à la commune vivante et périssable » devraient, en grande partie, ne constituer qu'une « protection par l'État, de la commune immortelle » (Dahlmann). Mais qu'on ne s'illusionne pas. Ce n'est point la propre force corporative des villes qui leur a valu cette amélioration de leur sort. C'est le changement seul des idées de l'Etat et du peuple en général. Ainsi, justement de nos jours, la mobilité constamment croissante de la population des grandes villes, toujours libre de s'établir ailleurs, a désorganisé les conditions sur lesquelles repose le plus nécessairement la véritable indépendance municipale (§ 174).

(1) Tacite, *De moribus Germanorum* ; sur Cologne, voir ch. 28 ; Augsbourg, une des plus riches villes du monde (41) ; Strasbourg comparée à Venise (28).

(2) Les grandes découvertes faites à Nüremberg commencent dès le xive siècle ; la filière métallique y a été inventée en 1321, les montres de poche en 1360. En 1575, Nüremberg a créé le gymnase d'Altorf qui fut, en 1623, transformé en Université. Le gymnase de Strasbourg, devenu université en 1621,

fut pendant longtemps, après la décadence de Wittemberg, le siège principal de la science protestante (BARTHOLD, *Gesch. der deutschen St.*, IV, 412).

(3) Sur les étroits rapports de l'humanisme de la Renaissance avec un renforcement des éléments urbains (Voir ROSCHER, *Gesch. der N. Œ. in Deutschland*, I, 34).

(4) Encore en 1551, la réaction catholique vint se briser contre les remparts de Magdebourg. En 1552, la surprise tentée par Henri II contre Strasbourg fut repoussée par les bourgeois eux-mêmes. Toutefois, leurs capacités défensives s'affaiblirent bientôt, ensuite de l'établissement de la paix perpétuelle. Le dernier exemple historique de l'initiative efficace d'une ville allemande fut la résistance de Stralsund contre Wallenstein, et, au besoin encore, le sac de Magdebourg, dont l'incendie « éclaira les yeux des protestants comme les lueurs de Moscou les regards des alliés » (MAURER). A Clèves, à cette époque, les villes de l'est du Rhin ne voulurent envoyer à celles de l'ouest aucune armée de secours, parce qu'elles se sentaient couvertes par leur garnison hollandaise. Après la guerre de Trente ans, le souci de la municipalité pour la garde des portes, pour les fortifications, etc., disparut complètement à Magdebourg, Berlin, etc. (SCHMOLLER, *Zeitschr. f. preuss. Gesch.*, 1873, I, 14, 29).

(5) Lors de la dernière diète hanséatique en 1669, il n'y eut de représentées, en dehors de Hambourg, Lübeck et Brême, que les villes de Brunswick, Dantzig et Cologne : celles de Rostock, Minden, Osnabrück, se firent représenter par les conseillers de Lübeck.

(6) La tentative de Charles-Quint en 1526, de confier à la maison de banque des Welser d'Augsbourg la colonisation du Venezuela, fut abandonnée en 1546. [Voir SCHUMACHER, dans la *Hamburgische Festchrift zur Erinnerung an die Entdeckung Amerikas*, 1892, 2ᵉ vol. et HABLER, *Beilage zur Allgem. Zeitung*, 1894, nᵒˢ 285, 286].

(7) Malgré les échecs des tentatives de soumission de la Suède contre Brême, en 1666, de l'archevêque de Cologne contre

Cologne en 1671, du Danemark contre Hambourg en 1685, on trouve pourtant, par exemple, qu'Erfurt perdit son indépendance en 1664, Magdebourg en 1666, Brunswick en 1671, Strasbourg en 1681. Au total, cette perte fut commune à plus d'une centaine d'anciennes villes impériales : de sorte que cinquante et une seulement jusqu'à la fin du xviiie siècle gardèrent leur liberté.

(8) La réaction violente en faveur de la domination patricienne, accomplie par Charles-Quint, en 1548, à Augsbourg, Ulm, etc., a contribué, d'une manière incalculable, à l'affaiblissement des villes en général. La répression de la révolte des paysans, etc., a aidé de même à l'affaiblissement de l'élément démocratique dans les villes. Depuis les débuts du xviie siècle, les postes de conseillers sont, de plus en plus, fréquemment conférés à vie, par cooptation, ou même, au moins indirectement, par nomination du souverain, tandis que les assemblées municipales se font de plus en plus rares. Par contre, les fonctions honorifiques, autrefois impayées, reçoivent désormais une rétribution régulière. Un fait caractéristique est constitué par le privilège de Saxe électorale de 1701, aux termes duquel le Conseil de Leipzig n'avait de compte à rendre ni à la bourgeoisie ni au gouvernement.

(9) Ordonnance de police de 1540 (Voir Mylius, *C. C. M. V.*, 1, 17 et suiv.).

(10) Depuis 1715 (voir Mylius, V, 1, 397 et suiv.). Les *comissarii loci* apparaissent dès 1658 (Mylius, IV, 3, 85).

(11) Voir Barthold (*Gesch. der St.*, IV, 502). Le développement s'est opéré en *France*, d'une façon très analogue. Dans ce pays, les villes ont perdu leur juridiction en matière d'affaires de commerce en 1563 ; dans tout le reste des affaires civiles, en 1566 ; dans presque toutes les affaires criminelles, en 1579 et 1580. Dès 1577, les autorités royales eurent, dans leurs attributions, toute la police en dehors des contraventions et ce dernier reste disparut aussi sous Louis XIV. Un règlement fut édicté sur les dettes des villes, en 1683 ; sur leurs procès, en 1687 et 1703 (Warnkoenig, *Franz. Rechtsgesch.*, 1, 568 et

suiv.). Lorsque Colbert prit aux villes la moitié de leurs octrois,
il introduisit en même temps une meilleure organisation de
leur gestion, de sorte qu'elles furent plus à l'aise avec la moitié
qui leur restait qu'elles ne l'avaient été antérieurement avec le
total (FORBONNAIS, *F. de F.*, I, 558). Depuis 1692, ce fut l'État
qui vendit les offices municipaux. Beaucoup de villes cherchèrent à parer ce coup redoutable en rachetant elles-mêmes
ces offices. Mais, bientôt, une détresse financière nouvelle fit
créer et vendre par l'État des offices nouveaux (TOCQUEVILLE,
L'Ancien Régime et la Révolution, p. 64 et suiv.). En *Angleterre*,
les « lettres d'affranchissement » des villes furent supprimées
dès 1683, sous le prétexte judiciairement reconnu qu'elles en
avaient encouru la perte en laissant s'introduire des abus. Les
« chartes » nouvelles continrent la clause que tout fonctionnaire
municipal pourrait être révoqué par le Roi. Jacques II voulut
aussi s'attribuer un droit discrétionnaire de nomination, mais
il fut contraint, en 1688, de l'abandonner totalement. D'ailleurs,
la vie des villes anglaises avait été, dès longtemps auparavant,
absorbée par l'État, malgré, ou plus exactement en raison de
la représentation, tout à fait disproportionnée dans sa force,
qu'elles possédaient à la Chambre basse. Depuis 1439, la constitution de la plupart des villes reposait sur des *charters of incorporation* spéciaux de l'État. Les affaires qui, autrement, auraient été du ressort des autorités municipales avaient été,
pour la plus grande partie, dévolues soit aux paroisses, soit à
la noblesse (*Gentry*) des alentours. Dans les villes même, on
avait organisé une cooptation qui rompait presque entièrement
tout rapport entre les droits des citoyens et leurs devoirs
(GNEIST, *Gesch. der engl. Kommunalverfassung*, I, 866).

(12) Pendant un certain temps, la France avait paru sur le
point de se décomposer tout entière en municipes. Mais contre
cette tendance prévalut bientôt l'hostilité foncière de l'extrême
démocratie contre toute indépendance de groupements historiques ou locaux. Sous le Directoire et plus encore sous Napoléon, les communes furent des institutions d'État dirigées par
un despotisme complet : le maire, sous l'entière dépendance du

préfet et du sous-préfet, de même que les membres de son conseil municipal, furent nommés et révoqués par les autorités du
gouvernement. Le conseil municipal demeura sans la moindre
puissance en tant qu'assemblée et ne fut, par suite, réuni qu'une
fois, sous la présidence du maire. Aux yeux de ces autorités,
« leur circonscription administrative n'avait qu'une mince im-
« portance ; les bonnes grâces des supérieurs tenaient lieu de
« tout, et ce n'étaient point les services rendus aux communes
« dans leur sage économie, le soin de leurs écolés, de leurs hôpi-
« taux, de leurs routes, qui les faisaient acquérir, mais les seuls
« services rendus à l'État par le zèle manifesté pour la cons-
« cription et, plus tard, par l'immixtion dans les élections légis-
« latives » (DAHLMANN). Une rganisation municipale très semblable fut introduite par beau ıp de princes de la Confédération du Rhin dans leurs États, ı mment en Bavière, en 1808-
1818 ; dans le grand-duché de ı. sau, en 1816 ; et dans la
Hesse-Darmstadt, en 1821.

(13) Le droit commun général de la Prusse (*Preussisches allge-
meines Landrecht*, II, 8), constitue, pour beaucoup d'objets déjà,
le précurseur de cette ordonnance municipale. Il pose tout au
moins comme une présomption le recrutement par cooptation
des conseillers municipaux (§ 122) et il co ède aux villes les
droits des corporations privilégiées (§ 108).

GRANDES VILLES

§ 6.

Toutes les particularités de la vie municipale se manifestent, non seulement avec le plus d'étendue, mais encore
avec le plus d'intensité, dans les villes κατ' ἐξοχήν (par
éminence), dans les *grandes villes* (1). Plus la cité est importante, plus elle suppose un vaste territoire, dont elle paie les
produits bruts avec des produits fabriqués, des services

personnels, etc. C'est pourquoi les grands centres véritables ne deviennent possibles que lorsque la division du travail atteint un degré plus élevé (2). Les grandes villes favorisent d'ailleurs cette division au plus haut point. Chez les peuples en progrès, elles constituent d'ordinaire, pour ce motif, la partie dont la croissance est la plus rapide (3). Bien plus, l'intense réciprocité d'effets entre leur grandeur et la centralisation de l'Etat, comme de toute la vie populaire, offre un caractère prédominant. Elle peut expliquer pourquoi, de façon si fréquente, lorsque le déclin d'un peuple a déjà commencé, la croissance de ses grandes cités continue pendant un certain temps encore (4). Mais c'est toujours beaucoup plutôt par l'immigration que par l'excédent naturel des naissances sur les décès (5). Les environs de beaucoup de grandes villes permettent de distinguer un cercle immédiat, où la force d'attraction de ces dernières cause une augmentation surprenante de la population rurale. Dans un second cercle plus éloigné, la grande ville produit « un effet, non plus d'amenée, mais de succion » (6). Cette tendance au déplacement a fait assez souvent naître, pour les provinces et pour leurs campagnes surtout, les inquiétudes les plus graves, relativement à leur dépopulation (7). Elle est la cause, dans les grandes villes, d'un mélange des âges et des conditions s'écartant beaucoup de la moyenne ordinaire du pays tout entier. Ce sont de préférence les classes de population les plus productives et les plus ambitieuses, en raison de leur âge, qui émigrent vers les grandes villes (8). Celles-ci ne renferment ainsi qu'un nombre relativement peu élevé d'enfants et de vieillards (9).

Ces considérations expliquent déjà beaucoup des *particularités* de la vie des grandes villes. Elles sont, aux points de vue intellectuel et économique d'une haute productivité (10). Elles inclinent aux progrès de toute nature, aussi bien en haut qu'en bas, tandis qu'à côté, les éléments conservatifs demeurent très rétrogrades. La criminalité y est élevée, parce que l'âge de l'énergie et de l'indépendance les plus grandes est en même temps le plus accessible à la tentation ; parce que, d'autre part, tous les éléments criminels de la société peuvent davantage espérer découvrir une retraite dans la cohue des grandes villes. Les célibataires émigrent plus volontiers que les gens mariés ou pères de famille ; aussi, le nombre relativement inférieur des mariages et des naissances, celui plus important des naissances illégitimes, enfin la durée moindre de la vie moyenne, tous ces phénomènes habituels dans les grandes villes, sont-ils étroitement liés avec l'immigration que régulièrement elles attirent (13). Le contraste entre la richesse et la pauvreté s'y accentue davantage, parce que le motif de jouissance ne permet qu'aux gens très fortunés presque seuls, de se déplacer vers elles, et que le motif de production n'y dirige d'ordinaire que ceux surtout qui sont pleins d'espérances, mais sans aucun avoir (14). Beaucoup de particularités de la vie des grandes villes coïncident avec celles du monde colonial. On trouve pourtant à côté des différences importantes, qui résultent de la densité de population, faible chez celui-ci, élevée chez celles-là. L' « agglomération », avec ses conséquences bonnes aussi bien que mauvaises est justement, en effet, le trait caractéristique le plus frappant et le plus durable des grandes villes. Elles ont ceci de commun avec les colonies, qu'une très importante partie des habitants s'y trouve séparée de ses anciennes racines domestiques et locales (15), et que pour ce motif, les choses individuelles et momentanées doivent forcément y prendre la première place. C'est d'un cœur léger que l'on arrive, comme l'on repart, dès que le but spéculatif de la migration se trouve atteint, ou vient à être abandonné (16). Dans ces

conditions, on voit disparaître ce sentiment d'aisance,
dont la force comme la faiblesse repose en grande partie
sur le contentement que l'on éprouve à vivre dans son assiette habituelle. L'homme dépourvu de sentiment ou
celui tout au moins qui n'ose le laisser paraître en face du
« monde » étranger, n'attache très vite de la valeur qu'aux
seuls objets universellement pratiques et tangibles : c'est,
pour le paresseux, la jouissance sensuelle; pour l'énergique,
le gain de son activité (17). Dans les jeunes pays de colonisation agricole, cet atomisme et ce matérialisme sont en
partie sans inconvénients, parce qu'ils se trouvent très
rapprochés de la nature extérieure et permettent facilement
de fonder une famille. Ces deux contrepoids manquent à
nos grandes villes. L'ambition sans trêve rappelant le *going
ahead* colonial, produit en outre, dans l'immense cohue
des hommes, une agitation au plus haut point exclusive,
non seulement de toutes les rêveries, mais encore du re-
cueillement intérieur périodiquement si nécessaire. Tout
repose sur l'individu, et pourtant il se forme sans cesse des
groupes dus au hasard, aux allées et venues, sans autre
durée qu'un moment, mais qui, dans l'éclair de leur existence possèdent souvent une force irrésistible (18). Comme
le sable mouvant dans la tempête, tantôt tourbillonne,
tantôt s'aplanit, ainsi le champ le plus libre est offert aux
alternatives d'anarchie et de césarisme (19). Le danger
principal, au point de vue de la morale comme de la police,
consiste en ce que l'individu se cache dans l'immensité de
la masse atomique, ce qui peut amener la suppression de
toute responsabilité et rendre la grande ville aussi peu sûre
que l'est, à son extrême opposite, le désert (20). La seule
panacée de toutes ces maladies sociales susceptible de
porter remède à ces dangers, consiste à relever, dans le
peuple, la religiosité véritable, celle de la morale. Si ce

moyen réussit, on peut célébrer les bienfaits des grandes
villes (21). S'il échoue, leur prépondérance devient justement l'une des causes principales qui précipite, chez les
nations trop mûres, la faiblesse de l'âge et la caducité (22).
Il vient alors assez souvent à l'esprit de maintenir les
grandes villes dans une sorte d'état de siège adouci, pour
pouvoir gouverner le surplus du pays dans la liberté et dans
l'ordre. On imagine, par exemple, de transférer de Paris à
Versailles le siège des pouvoirs publics. Mais ce ne peut être
qu'un palliatif tout au plus; (comparer § 172, 18) (23).

(1) C'est pourquoi RIEHL (*Bürgerl. Gesellschaft*, 216 et
suiv.), se réjouissait du recul récent des petites villes derrière
les grandes : celles-ci, seules, seraient capables de former la
bourgeoisie vraie, celles-là ne pourraient être que les capitales
béotiennes d'une bourgeoisie de pacotille.

(2) [En l'an 1600, aucune ville de l'Europe chrétienne ne
comptait plus de 200.000 habitants. Cent ans plus tard, Paris
et Londres avaient atteint le demi-million, et douze autres
villes, au moins 100.000 âmes (BELOCH). L'Allemagne possédait, en 1871, 8 villes seulement au-dessus de 100.000 ; en 1880,
14 ; en 1890, 26 ; en 1900, 33 ; en 1910, 48. L'Angleterre, en
1871, en avait déjà 18 ; en 1901, 40. La France, par contre, en
1872, 9 ; en 1891, 12 ; en 1911, 15 ; les États-Unis, en 1880, 20 ;
en 1890, 28 ; en 1900, 38].

(3) *[Plus l'économie sociale est développée, plus est importante la quote-part de la population totale qui habite les
grandes villes. C'est ainsi, par exemple, que les villes au-dessus
de 100.000 habitants renfermaient en Allemagne, en 1871,
4,9 0/0 de la population ; en 1890, 12,6 ; en 1910, 21,3 ; en
France, en 1861, 8,6 ; en 1886, 10,9 ; en 1906, 13,6 ; en Italie,
en 1871, 8,1 ; en 1901, 9,4]. Brooklyn et Chicago, qui toutes
deux possédaient, en 1880, bien audelà du demi-million d'habitants, n'étaient guère vieilles alors de plus de cinquante ans.
*[Les États-Unis comptaient, en 1850, une ville au-dessus d'un

demi-million d'habitants ; en 1908, 16 ; en 1880, une ville au-
dessus de 1 million d'habitants ; en 1908, 10]. La croissance des
villes est donc gigantesque, même dans les colonies, comme
déjà l'attestent, dans l'antiquité, Syracuse et Agrigente.
[AD. WAGNER, *Grundlegung der politischen Œkonomie*, 3ᵉ éd.,
1893, I, 590 et suiv. ; ROHR, dans le *Jahrb. f. Nat.*, 3ᵉ *Folge*, II,
111].

(4) Ce n'était certainement pas à une époque prospère que
Florence conquit toute la Toscane. A Naples, la lourde prépondérance de la capitale remonte à Charles-Quint, qui y réunit
tous les tribunaux du pays (REHFUES, *Gemaelde von Neapel*,
I, 28). A Palerme, on comptait au moins 20.000 personnes vivant aux dépens des plaideurs ; il fut même, entre temps, défendu aux villes de la province d'installer des abattoirs, afin
que le marché aux bestiaux de Palerme fut plus abondamment
pourvu (BARTELS, *Briefe*, III, 161, 390).

(5) La population de Londres, en 1696, ne dépassait pas
530.000 âmes (GREG. KING). Pendant la première moitié du
XVIIIᵉ siècle, elle s'accrut fort peu ; bien plus, il fallait un important afflux de l'extérieur pour combler les vides de la
grande mortalité. Depuis 1763, et encore davantage à partir
de 1780, il y a augmentation ; en 1796 commence l'excédent
régulier des naissances sur les décès, par suite d'améliorations
notables dans la police sanitaire. Les chiffres sont les suivants :
1801, 865.000 ; 1831, 1.427.000 (MACCULLOCH, *Stat. Account*,
I, 201) ; 1871, 3.254.260) ; *[1911, 4.522.961, et avec les faubourgs, 7.252.963. Selon BALLOD, (*Lebensfaehigkeit der staedtischen und laendlichen Bevoelkerung*, p. 49), Londres se trouve,
ainsi que Cologne et Magdebourg, au nombre des grandes villes
dont l'excédent de naissances est si considérable que leur population s'accroîtrait même sans l'immigration campagnarde.
Le chiffre d'habitants de Berlin, de 1841 à 1900, s'est augmenté de 522.800 par suite de l'excédent des naissances, et par
le gain dû à l'immigration, de 1.003.700 (*Stat. d. Deutschen
Reichs*, 150, p. 190* à 191*). Le chiffre des naissances de la
ville de Berlin a, depuis 1876, où il atteignait 47,17 0/00, subi

un affaissement ininterrompu et était, de 1905 à 1910, tombé à 24,45, c'est-à-dire au-dessous du niveau le plus bas du siècle précédent, soit 29,8 en 1814. Mais le chiffre des décès est encore descendu davantage, à 16,41 pour là période 1905-1910. Aussi, grâce à l'excédent de naissances de 82.648, la perte due à l'émigration à la suite de circonstances économiques défavorables, et s'élevant, pour la même période, à 51.539, s'est trouvée, non seulement compensée, mais remplacée par une augmentation finale de 31.109 (*Vierteljahreshefte zur Statistik des deutschen Reichs*, 1911, fasc. 4, 150 et suiv.]

(6) *[S. Schott, *Die grosstaedtischen Agglomerationen des deutschen Reichs*, 1871-1910 ; *Schriften des Verb. deutscher Staedtestatistiker*, fasc. I, 1912].

(7) Jacques Ier se plaignait, le 20 juin 1616, devant la Chambre étoilée, de ce que Londres était alors devenu *lien nostri corporis* (la rate de notre corps), par suite de l'enflure de laquelle les autres membres maigrissent. Si tous-affluent vers la capitale, il ne restera de la campagne qu'une solitude ; (*Opp.* Fol. 559 et suiv. ; Emerson, *How the great city grew* (1862), 42). En France, Paris au cours du xvie siècle, est estimé à 500.000 habitants (*Relaz. degli ambasc. Veneti*, I, 261). Son agrandissement, au delà d'une certaine limite, est défendu, en 1549, 1554, 1560, 1563, 1564, et, derechef, en 1672 : « *étant très difficile, que l'ordre et la police se distribuent commodément. dans toutes les parties d'un si grand corps* » (Delamarre, *Dict. de Police*, I, 95, 104). Déjà, Fr. Myron avait attiré l'attention de Henri IV, en 1604, sur l'accumulation de fabriques à Paris : « *Vous vous condamnez à leur bailler toujours de l'ouvrage ; si* « *vous n'en pouvez mais, gare à la sédition. Votre trône est sur* « *un tonnelet de poudre* » (Lazare, *Rues de Paris*, 48). En regard, citons l'éloge de Montchrétien : « *Paris, pas une cité, mais une nation, pas une nation, mais un monde* » (*Traicté d'économie politique*, 1615, p. 46). Une belle défense des grandes villes se trouve dans Davenant, *Essay on ways and means of supplying the war* (1695), 115. En Allemagne, où les grandes villes véritables ne se formèrent que beaucoup plus tard, Gasser leur

était, sans aucune réserve, favorable (*Einleitung zu den oekon. polit. und Kameralwissensch.*, 1729, introduction, 21, 14). Justi allait jusqu'à penser qu'il serait difficilement possible d'agrandir une ville sans conférer des avantages particuliers à ceux qui viendraient y habiter (*Ges. polit. und Finanzschr.*, 1761, III, 449 et suiv.). Par contre, Sonnenfels insiste de façon décidée sur les côtés fâcheux du système des grandes villes (*Grundsaetze*, 1705, II, 159) ; son traité sur le renchérissement dans les capitales (1769) se vit, pour cette raison, refuser par la censure de Vienne le permis d'imprimer. Les interdictions antérieures ont servi souvent de prétexte à des extorsions d'argent abusives (Sismondi, *Histoire des Français*, XXIV, 57).

(8) *[A Berlin on comptait, au 1er décembre 1900, 772.784 habitants nés à Berlin même, soit 40,91 0/0 et 1.116.064, ou 59,09 0/0 nés au dehors. Les Berlinois-nés forment donc encore les 2/5 de la population, ce qui doit être attribué à la prépondérance des classes les plus jeunes. Parmi les Berlinois-nés, on en dénombrait au-dessous de 16 ans, 54,1 0/0, tandis que parmi les Berlinois natifs de l'extérieur, on n'en comptait au-dessous du même âge que 8,7 0/0 (*Statistik des Deutschen Reichs*, 150, p. 157*, 170*)].

(9) Selon Schwabe (*Betrachtungen über die Volksseele von Berlin*, dans le *B. staedt. Jahrb.*, 1870, 130), il existe une personne au-dessus de 60 ans :

	enfants	adultes
A Berlin . . . . par	13,6	5,7
En Thuringe . . . . »	7 »	3,9 »
En Württemberg . . . . . »	7,8 »	4,2 »

*[Il existait dans l'Empire allemand, comme pour cent de la population aux âges ci-après :

	Dans les 33 plus grandes villes	dans le reste de l'Empire	dans l'ensemble de l'empire
au dessous de 16	30,5	38,0	36,8
16 à 30	30,1	23,4	24,5
30 à 50	26,4	22,6	23,2
50 à 70	11,1	13,1	12,8
70 et au-dessus	1,9	2,9	2,7

La forte proportion du groupe d'âge de 16 à 50 qui apparaît
dans les villes, et surtout dans les grandes villes, est principalement causée par l'immigration (*Stat. d. D. R.*, 150, p. 91*)].
La ville de Leipzig comptait, en 1871, 25,3 0/0 de 0 à 15 ans ;
53,1 de 15 à 40 ans ; 21,6 au-dessus de 40 ans ; les campagnes
du cercle de Leipzig, 36,3, 25,6 et 38,0 0/0 (HASSE, *Statist.
Wanderungen durch Leipzig*, 17). *[Il existait en 1900 (1901)
comme pour cent de la population aux âges ci-après :

Au-dessus de 15		de 15 à 40	de 40 à 60	60 et au-dessus
Berlin	25,7	48,8	19,6	5,9
Hambourg.	30,9	43,9	18,9	6,3
Empire Allemand . . .	34,8	39,5	17,9	7,8
Paris (1901)	18,8	48,8	23,9	7,9
France (1901)	26,1	38,8	22,6	12,5
Vienne	25,4	68,7		5,9
Graz	20,4	70,0		9,6
Prague	22,1	70,8		7,1
Autriche	34,4	58,4		7,2

Pour ce tableau, les calculs ont été faits d'après : *Statistik
des Deutschen Reichs*, 150, p. 90* ; BERTILLON, *Des recensements
de la population à Paris pendant le XIXe siècle et les époques
antérieures*, 1907, p. 9 ; *Œsterreichische Statistik.*, vol. LXIII,
fasc. 3, tableau p. 34 et suiv.].

(10) [A Berlin, la population se répartissait, en 1895, à raison
de 51,5 0/0, et en 1907, de 55,75 0/0 de personnes vivant de
leur industrie, y compris les indépendants sans profession,
d'une part ; et, d'autre part, à raison de 48,8 et de 44,25 0/0
de personnes dans la dépendance familiale des premières. Pour
l'ensemble de l'Empire allemand, les chiffres correspondants
étaient, en 1895, 46,85 et en 1907, 51,03 0/0 d'une part ; et,
de l'autre, 53,15 0/0 et 48,97 0/0 (G. NEUHAUS, *Die deutsche
Volkswirtschaft und ihre Wandlungen im letzten Vierteljahrhun-
dert*, 1911, p. 23). Sur le groupement professionnel dans les
grandes villes en particulier, voir WILH. STIEDA, dans le
Jahrbuch f. Ges. u. Verw., 11, p. 128-154)].

(11) Le contraste entre Stuttgart et le Württemberg est fort

t bien exposé par RUMELIN (*Reden und Aufsaetze*, p. 333 et suiv.).
La population des grandes villes est portée davantage à la fo-
lie et au suicide que celle du reste du pays (Voir PETERMANN,
Dresdener Anzeiger, 29 déc. 1880). *[Dans l'Empire allemand,
sur 10.000 personnes de la population civile ayant atteint leur
majorité pénale, c'est-à-dire l'âge de 12 ans et au-dessus, il en
avait été condamné pour crimes et délits contre les lois de
l'Empire, comme moyenne pour les années 1898 à 1902 :
120,9, tandis que cette même moyenne atteignait, dans 55 villes
au-dessus de 50.000 habitants, 152,4. Par rapport à la population, les chiffres les plus forts étaient ceux de Cologne, avec
230,1 ; Mannheim avec 227,5 ; Posen avec 214,3 ; Essen avec
209,4 (*Statistisches Jahrb. deutscher Staedte*. 14, p. 341). Les
faillites-déconfitures se produisent dans les grandes villes, qui
sont surtout le siège du commerce et de l'industrie, avec une
fréquence plus grande que dans le reste de l'Empire. En 1910,
on comptait pour les 47 grandes villes, où se trouvait le domicile du débiteur commun, 33,1 0/0 de toutes les faillites-déconfitures, soit sur un total de 10.783, un chiffre de 3.567, dont
508 à Berlin, 299 à Hambourg, 247 à Dresde, 177 à Leipzig,
157 à Münich. Sur les 2.396 demandes en déclaration de faillite-
déconfiture, rejetées dans l'Empire pour cause d'insuffisance
de l'actif à couvrir les frais, il y en avait 247, soit 10,3 0/0 à
Berlin ; 147 ou 6,1 0/0 à Hambourg ; 90 ou 3,8 0/0 à Dresde ;
71 ou 3 0/0 à Leipzig (*Viertelj. z. Stat. d. D. R.*, 1911, III,
p. 2-3)].

(12) *[A Berlin, sur 184.654 personnes immigrées en 1894,
24.366, soit 13,2 0/0 étaient mariées. En 1906, la statistique
accusait à cet égard les chiffres de 291.459 et 51.070 ou 17,8 0/0
(*Statist. Jahrb. der Stadt Berlin*, 21, p. 104-31, p. 124)].

(13) *[Dans la décade 1900-09, il y avait dans l'Empire allemand, sur 1.000 habitants, une moyenne annuelle de 8,1 mariages ; à Hambourg, 8,7 ; à Brême, 9,4 ; et à Berlin, 10,6. En
face de ces données, la natalité des grandes villes reste en arrière. Elle comportait, pour l'ensemble de l'Empire, 34,5 pour
1.000 habitants ; à Brême, 30,7 ; à Hambourg, 27,3 ; à Berlin,

25,4. Les naissances illégitimes formaient comme pour cent de l'ensemble des naissances, dans l'Empire, 8,61 ; à Hambourg, 12,92 ; et à Berlin, 16,92 ; à Brême seulement, 7,89 (*Statistik des D. R.*, 236, p. 16 et suiv.). La durée moyenne de la vie de la population s'est augmentée à Berlin, de 1876 à 1900, passant pour le sexe masculin de 29,12 années à 38,02 années ; pour le sexe féminin de 34,09 années à 43,93 années. D'après les tables de mortalité dressées pour la population de l'Empire, la durée moyenne de la vie probable était, pour la période 1871-1872, 1881-82, pour le sexe masculin, de 35,58 ; pour le sexe féminin, de 38,45 ; de 1891 à 1900, pour le sexe masculin de 40,56 et pour le sexe féminin de 43,97 (*Stat. Jahrb. d. Stadt,* Berlin, 27, p. 728-729 ; *Stat. d. D. R.*, 200, p. 26 et suiv.). A Paris, de 1901 à 1905, la nuptialité était de 9,8 pour 1.000 habitants, et pour toute la France de 7,8 seulement. Par contre, la natalité de Paris est moindre que celle de l'ensemble du pays. A Paris, on comptait, de 1901 à 1905, par 1.000 habitants, 20,7 naissances, en France, 21,6. Sur 1.000 femmes entre 15 et 50 ans d'âge on dénombrait dans la même période, en France, 84 naissances vivantes ; à Paris seulement, 61 (BERTILLON, *Des recensements de la population*, etc., 1907, p. 10)]. [Sur la fréquence des maladies infectieuses dans dix-neuf grandes villes européennes, comparer : *Statistique internat. des grandes villes*, 1876 ; J. KOEROESI, *Statist. d. infektioesen Erkrankungen* 1881-91 *in Budapest*, 1894, p. 28 et suiv.].

(14) Pour la situation des immigrés au point de vue économique, il est caractéristique qu'en ce qui concerne les occupations, les Berlinois-nés sont le plus fortement représentés dans les arts, la littérature, la presse, et le plus faiblement dans les professions que l'on désigne de préférence sous le nom de services personnels (SCHWABE, *op. cit.*, 48).

(15) A Berlin, le chiffre des immigrés atteignait, en 1864, 50,4 ; en 1871, 56,2 [en 1890, 59,3 ; en 1900, 59,1] 0/0 de l'ensemble de la population. A Buda-Pesth, en 1870, 63,3 ; à Paris, en 1872, 65,3 ; à Londres, dès 1851, 53,3. [Dans le canton de Bâle-ville, on a, par contre, observé que le chiffre des per-

sonnes nées dans la ville même croissait plus vite que celui des immigrés. En 1880, on comptait 34,8 0/0 de Bâlois-nés ; en 1888, 39,1 0/0 (BUCHER, *Die Bevoelkerung des Kantons Basel-Stadt*, 1890, p. 56)]. En Bavière, les grandes villes comptent aussi relativement beaucoup plus d'habitants nés à l'extérieur que les petites villes et les attirent aussi de régions plus éloignées (Voir MAYR, *Bayerische Bevoelkerung nach der Ortsgebürtigkeit*, 1876). Pour les communes rurales, la natalité au lieu même, croît avec leur importance, tandis qu'elle décroît pour les villes. Dans les villes « immédiates », on compte 46,7 0/0 de personnes originaires, dans les autres villes au-dessus de 2.000 habitants, 57,4 0/0, et dans les campagnes, 68 0/0. Dans ces trois séries de lieux la proportion des habitants nés en Bavière atteint respectivement 94, 95 et 98,4 0/0 (I, p. 9, 15, 26, 46). *[Le même phénomène se produit en Autriche. En 1890, sur 100 personnes habitant une même commune, il en était né dans la localité même : dans celles jusqu'à 500 habitants, 65,7 ; de 500 à 2.000, 73,5 ; de 2.000 à 5.000, 69,9 ; de 5.000 à 10.000, 55,6 ; de 10.000 à 20.000, 46,4 ; au-dessus de 20.000, 43,1 (H. RAUCHBERG, *Die Bevoelkerung Oesterreichs auf Grund der Ergebnisse der Volkszahlung von 31 Dezember*, 1890, p. 105)].

(16) Sur cette instabilité de la vie coloniale frisant la condition des gens sans patrie (*Heimatlosigkeit*), voir ROSCHER, *Kolonien, Kolonialpolitik und Auswanderung*, 3e éd., 1885, 73 et suiv. *[A Berlin, en 1906, on a dénombré 291.459 arrivants et 218.768 partants. Des constatations analogues ont été faites au cours des années précédentes (*Stat. Jahrb.*, 31, p. 123)].

(17) ROSCHER, *Kolonien*, p. 77 et suiv. Nos grandes villes sont, d'après l'expression de RIEHL, les « encyclopédies de l'actualité » ; « villes mondiales », elles pourraient même passer un trait de plume sur leur nationalité ; suivant lui (*Land und Leute*, 97 et suiv.), elles mettent de plus en plus en relief les différences seules qui séparent le riche du pauvre, l'homme « cultivé » de celui qui ne l'est pas.

(18) « Lorsque tant d'hommes s'entassent les uns sur les

autres, les individualités disparaissent facilement pour se fondre entre elles. L'air que l'on respire, les paroles que l'on entend, celles que l'on répète, font naître une foule d'idées qui ne reposent que peu ou point sur des faits. Mais ces idées, par la voie des journaux, des assemblées populaires, des conversations de brasserie, se propagent, s'enracinent au point de ne plus pouvoir être extirpées. Il se crée une seconde nature, toute de fausseté, à côté de la première, une opinion des foules, une superstition des foules. On se persuade de ce qui n'est pas ; on tient pour un devoir de n'en pas démordre, on s'enthousiasme pour des inepties et des absurdités » (Paroles du prince de Bismarck rapportées par Busch (*Bismarck und seine Leute*, I, 312).

(19) La démocratie extrême a des liens étroits avec la mobilité de la population. C'est ce que démontre l'exemple de Paris. Depuis 1792 jusqu'à la chute de Robespierre, la population fixe diminua, la population flottante s'accrut ; plus tard, ce fut l'inverse (A. Schmidt, *Pariser Zustaende*, III, 70).

(20) Les condamnés libérés de leur peine se réfugient de préférence dans les grandes villes. C'est ainsi que Paris, en 1836, sur un chiffre de 800.000 habitants au plus, comptait une «population vicieuse» de 63.000 personnes (Frégier, *Des classes dangereuses*, I, 2, ch. i), comprenant 1.711 anciens criminels placés sous la surveillance de la haute police, indépendamment de plusieurs centaines en rupture de ban (II, 3, ch. vii, 2). En Angleterre et dans le Pays de Galles, la « population notoirement criminelle » (*known criminal population*) atteint 134.323 personnes et, sur ce nombre, largement un cinquième, soit 29.531, habite Londres (*Quaterly Review*, CXXIX, 90, 108).

(21) C'est en considérant cette seule hypothèse que C. Curtius a pu appeler Socrate un *grandevilliste incarné* (*eingefleischter Grossstaedter*). C'est ainsi qu'il a pu faire l'éloge des habitants des grandes villes, en ce qu'ils réunissent tous les groupes sociaux pour les diriger vers les conceptions universelles de la patrie, et même de l'humanité (*Rede über grosse und kleine Staedte in Altertum und Gegenwart*, p. 369 et suiv.). Même à les

prendre individuellement, leurs habitants gagnent, à circuler dans leurs rues, de la vigueur et de l'énergie, de l'attention, de l'adresse, de l'habileté à tirer parti des circonstances, etc. Un excellent élément de l'armée peut être fourni par les habitants bien disciplinés des grandes villes : c'est ce qu'ont montré les dragons de Balaclava, originaires de Londres, le régiment de Sir H. Havelock, originaire de Glasgow, les volontaires de Vienne sous Radetzki, et plus récemment encore, tant de régiments allemands.

(22) Lorsque l'on réclame si fréquemment pour les grandes villes une représentation plus nombreuse dans les Parlements, en raison de leur culture plus élevée que celle de la généralité de la population, on confond la minorité certes très éclairée de leurs citoyens avec la moyenne souvent très grossière de l'ensemble de ceux-ci.

(23) C'est justement parce que, à Paris, l'indépendance communale était complètement disparue, que son réveil passager aux temps de Robespierre et en 1871 a produit des effets d'une horreur si terrible. L'ordre relatif qui a régné pendant le gouvernement de la Commune proprement dite, du 28 mars au 21 mai, a été attribué à l'action des vingt membres de l' « Internationale » qui formaient la majorité dans le conseil municipal.

§ 7.

Tous les inconvénients de l'existence des grandes villes s'aggravent notablement lorsque la population s'accroit plus vite que l'espace habitable à elle destiné. Cette *crise du logement* peut survenir aussi ailleurs que chez elles (1), mais pourtant c'est là qu'elle sévit de préférence ; la demande s'y élève en effet, avec le plus de rapidité, à cause de l'augmentation particulièrement forte de la classe populaire, tandis que l'offre y rencontre le plus d'obstacles, en raison du prix spécialement élevé du terrain (2, 3). A partir d'un certain degré d'étroitesse de l'habitation, le bien-être et la santé corporelle de l'homme ne sont pas seuls à souffrir (4). Bien plus, la pratique ou mieux l'éducation de toutes les vertus qu'embrasse dans son sens le mot « foyer », deviennent presque impossibles pour le commun. C'est pour les meilleurs sujets un malheur qu'ils ressentent avec une intensité aussi grande qu'est celle de la tentation et de l'abrutissement ininterrompus qu'éprouvent ceux d'une moralité inférieure (5). En dehors même de la défectuosité proprement dite de l'habitation, les déménagements répétés auxquels on est contraint, cette insécurité du nomade sans la liberté de celui-ci, aboutissent facilement à ce résultat, s'agissant du cadre extérieur de toute la vie familiale, de rabaisser une mentalité bourgeoise au niveau de celle d'un demi vagabond (6). La disparition de la maison familiale au profit de la caserne à locataires est déplorable, en ce qu'elle rend beaucoup plus difficile l'éducation des enfants et des domestiques, et affaiblit la valeur de la belle maxime *My house is my castle* (Ma maison, c'est mon château), (Vol. II, § 6) (7). Elle est pourtant difficile à éviter, parce qu'une grande maison revient généralement à bien meilleur marché que dix petites dont l'ensemble offre le même espace logeable (8). Au nombre des plus fâcheux effets de la crise du logement, se trouve la dépendance absolue où elle place le locataire vis-à-vis du propriétaire. Très souvent, le gain de celui-là le rive entièrement à la localité. Il court le risque en recevant congé, de rester un certain temps sans asile (9). Cette sorte de « féodalité du logement » (*Wohnungsfeudalismus*) est encore aggravée par le nombre relativement restreint des bailleurs. Elle produit des effets d'humiliation et de provocation d'autant plus considérables que les propriétaires sont souvent maléduqués, quelquefois

même dépourvus d'aisance, et que leurs changements répétés mettent obstacle à tout attachement personnel (10).
Devant l'importance toujours croissante de nos grandes
villes au point de vue absolu comme au point de vue relatif, une crise vraiment incurable des loyers y peut en fin
de compte empoisonner toute la vie populaire. Cette crise
est à ranger notamment, au même titre que les dégénérescences causées par la grande industrie et la Bourse, parmi
les causes principales de fermentation des erreurs socialistes (11). Du reste, on pourrait aussi parler de crise du logement dans les endroits même où, sans que sa commodité
diminue, son prix absorbe une proportion toujours plus
écrasante du revenu des locataires (12).

(1) Ainsi, par exemple, à la campagne, lorsque le bien
équestre (*Rittergut*) et le village constituent des communautés
de bienfaisance distinctes et que le possesseur du *Rittergut* s'est
efforcé d'établir dans le village de nombreux travailleurs dé-
gagés de son service (*Jahrb. f. Stat.*, 18, p. 316). Dans les localités stationnaires ou en décroissance, et principalement dans
les campagnes, ce sont principalement la malpropreté et l'in-
dolence des habitants, ainsi que l'infériorité de la police des
constructions et de la police sanitaire qui amènent la crise du
logement (SCHAEFLE, *System*, 3, II, 549). *[Sur les mauvaises
conditions du logement à la campagne et dans les petites villes,
(Voir *Jahresberichte des grossherzoglich-hessischen Landes-
wohnungsinspektors*, 1903 et suiv. ; voir aussi la *Wohnungsstatistik saechsischer Staedte nach der Erhebung vom* 1 *Dezember*,
1905 ; *Zeitschr. d. K. Saechs. Statist. Landesamtes*, Jahrg.,
53/54, 1907 et 1908)].
(2) [On a quelquefois attribué aux classes inférieures elles-
mêmes la responsabilité de l'insuffisance de leur logement, en
ce que, par négligence et manque d'ordre, elles feraient des
économies mal placées. Il reste pourtant certain que la cause
véritable de la crise des loyers doit être cherchée en ce que,

par suite des tendances modernes à la centralisation dans les villes, on a recherché sur un espace restreint, un nombre d'habitations plus considérable qu'autrefoist. Plus la population ouvrière est rejetée de côté et d'autre, plus la crise du logement se développe avec facilité, apparaissant également lorsque pour des gares, des docks, des rues nouvelles, des promenades publiques, etc., il a fallu démolir des habitations existantes. A Hambourg, en 1883-84, par suite d'annexions au périmètre douanier, on a jeté bas 500 maisons. Dans la même ville, pour le percement de la rue Empereur Guillaume, un nombre considérable de petits bâtiments de derrière et de boutiques qui abritaient chacun une famille, ont été rasés (Voir *Stat. d. Hamburg. Staates*, 16, p. 147 ; LEHR, dans le *Handw. d. Staatsw.*, vol. VI, 737)]. *[A Strasbourg, un percement de rues effectué en 1911-1912 a supprimé 139 maisons, et privé 900 familles de leur domicile].

(3) *[Le prix du terrain n'est pas seulement sous la dépendance de la demande, mais il varie aussi suivant le degré auquel les ordonnances sur les édifices permettent d'utiliser le sol. Pour l'évolution du logement en Allemagne, un fait a été d'une importance extrême : jusqu'au cours de l'avant-dernière et de la dernière périodes décennales du XIXe siècle, la législation en vigueur pour les bâtiments n'imposait d'autres limites que celles que commandaient leur sécurité au point de vue de la construction, de l'incendie et de la circulation. L'entassement systématique des étages les uns sur les autres qui, dans l'intérieur de la ville, peut trouver sa justification, fut ainsi étendu même aux quartiers extérieurs, et l'on reproduisit sur un terrain neuf tous les maux que l'accumulation des logements et des hommes avaient produit dans les parties anciennes de la cité. Les larges rues et les gros blocs de bâtisses aménagés sans aucun égard aux besoins de l'habitation de la masse populaire mirent de même en faveur la grande maison à locataires avec bâtiments sur cours en profondeur. Aussi l'époque du plus fort accroissement de ce genre de constructions fût-elle le dernier quart du siècle passé. Le rapport, au chiffre total de tous les

logements, de ceux situés au troisième étage et au-dessus, est
monté, à Berlin, entre 1861 et 1900, de 18,6 0/0 à 40,4 0/0 ; à Breslau, entre 1875 et 1900, de 26,8 à 31,1 ; à Goerlitz, entre 1885 et
1900, de 22,1 à 28,9 ; à Hambourg, 1875-1900, de 16,0 à 20,0 ;
à Hanovre, 1875-1900, de 20,2 à 26,2 ; à Koenigsberg, 1875-
1900, de 4,0 à 19,5 ; Vieux Leipzig, 1880-1900, de 33,9 à 37,4 ;
Nouveau Leipzig, 1890-1900, de 25,0 à 28,9 ; Magdebourg,
1886-1900, de 16,2 à 20,9 (chiffres donnés par L. POHLE, *Die
neue Entwickelung der Wohnungsverhaeltnisse in Deutschland in
den letzten Jahrzehnten*, 1905). La conséquence de cette évolution est un entassement extrême des hommes qui fait que l'Allemagne appartient aux pays dans lesquels le chiffre d'habitants
par maison est le plus élevé. En 1900, parmi les 33 plus grandes
villes, une seule, Brême, où s'est conservée la manière de bâtir
traditionnelle, la petite maison habitée par son propriétaire,
avait un chiffre d'habitants par maison inférieur à 10 (7,84) ;
13 villes avaient comme chiffre 10 à 20 ; 10 villes, 20 à 30 ;
8 villes, 30 à 55 ; et 2 villes au-dessus de 60 (Charlottenburg,
60,07 et Berlin, 77,0). Les chiffres pour 1905 montrent que,
dans la plupart des grandes villes, tout au moins par rapport
au nombre total des maisons, un recul du nombre des habitants
par maison est devenu sensible (EBERSTADT, *Handbuch des
Wohnungswesens*, 2ᵉ éd., 1910, p. 132). Dans les plus grandes
villes de la Suisse, en 1900, le chiffre par maison oscillait entre
11 habitants à Winterthur et 18,4 à Genève. Des chiffres très
faibles sont accusés par l'Angleterre et la Belgique où la préférence de la population pour la maison personnelle, en même
temps que le développement précoce des moyens de transport
et la différence de l'évolution du droit foncier par rapport à
celle de l'Allemagne, ont conservé la petite maison comme
forme prédominante du logement. Les districts urbains de
l'Angleterre avaient, en 1901, un chiffre moyen d'habitants
de 5,40 par maison ; Londres, de 7,93 ; Liverpool, de 5,55 ;
Manchester, de 4,99 ; Birmingham, de 4,84 ; Scheffield, de
4,80 ; Bristol, de 5,65. En Belgique, en 1901, le chiffre d'habitants par maison dans les villes au-dessus de 10.000 habitants

atteignait une moyenne de 5,5 ; à Bruxelles, sans les faubourgs, de 8,97 ; Anvers, 8,40 ; Bruges, 5,04 ; Charleroi, 4,67 (J. Fuchs, article *Wohnungsfrage* dans le *Hdw. der Staatsw.*, 3e éd., 8, p. 881). La différence dans le mode de construction entre l'Allemagne d'une part, l'Angleterre et la Belgique de l'autre, est exprimée clairement par les prix du terrain. D'après Pohlmann (*Die Vorbedingungen des englischen und des deutschen Einfamilienhauses, Jahrb. der Bodenreform*, 3, p. 94), en considérant des constructions semblables, la valeur de l'édifice par rapport au coût de son emplacement s'exprimerait à Berlin par 1 à 1 1/2 ; à Londres, par 2 1/3 à 1. A Berlin, le mètre carré de terrain à bâtir ayant atteint sa pleine valeur, destiné à de petits logements et situé dans un emplacement favorable, revient dans l'enceinte du chemin de fer de ceinture à 80 ou 90 marks ; hors de cette enceinte, dans les faubourgs limitrophes, et s'il s'agit de casernes à locataires, à 60 ou 70 marks ; à Hambourg, dans les districts de Hammerbrook et de Billwaerder, il atteint 50 à 60 marks ; à Münich, aux endroits les mieux placés des districts extérieurs, 90 à 95 marks, et, dans l'ensemble, 50 marks ; à Leipzig, districts extérieurs, 40 marks ; à Mannheim, 40 à 60 marks ; par contre, à Brême, avec la prépondérance des petites maisons, le mètre carré, dans les districts les plus favorablement situés, vaut 30 marks ; dans les districts moyens, 20 à 24 marks ; dans les districts extérieurs et les faubourgs, 12 à 15 marks. En Belgique, le prix du terrain pour les régions ayant atteint toute leur valeur dans les districts d'habitations ouvrières, s'élève, à Gand, à 10 francs ; à Bruges, à 8 francs ; à Liège, à 8 ou 10 francs (Eberstad, *Handbuch des Wohnungswesens*, 2e éd., 1910, p. 128 ; *Neue Studien über Staedtebau und Wohnwesen*, 1912)].

(4) L'expression allemande de *Gemach*, c'est-à-dire « commodités » qui désigne un appartement, est proche par le langage de celle de *Ungemach*, dont le sens est « incommodité ». [Aujourd'hui encore, d'après les enquêtes récentes les plus minutieuses sur les logements, il règne sur une partie d'entre eux, dans les grandes villes et même dans les petites, une situation

effroyable. Il existe dans quelques cités des logements qui ne méritent pas ce nom, mais plutôt celui de tanières, et qui, parfois, « ont plus de ressemblance avec une étable qu'avec une demeure humaine ». Sous ce rapport sont caractéristiques les chiffres indiquant la densité suivant laquelle les personnes habitent en commun, ainsi que la quantité d'individus obligés de vivre sous des combles ou dans des caves, qu'ils ne recherchent certainement que parce que leur situation financière ne leur permet pas de louer un logement plus commode ou plus sain. La densité de l'habitation en commun est exprimée le plus clairement par le chiffre moyen de têtes par pièce. Elle varie suivant le nombre des chambres qui constituent le logement, de telle manière que plus ce dernier en comporte, moins on compte d'habitants en moyenne pour l'une d'elles. Ainsi, par exemple, dans les logements ne comprenant qu'une seule chambre à feu, les chiffres moyens des occupants étaient les suivants] *[en 1900, à Altona, 3,52 ; à Berlin, 3,41 ; à Breslau, 3,44 ; à Chemnitz, 3,73 ; à Hambourg, 3,55 ; à Kœnigsberg, 4,10 ; à Magdebourg, 3,70. Par contre, dans les logements composés de cinq à sept pièces, les chiffres étaient : à Altona et Kœnigsberg, 0,99 ; à Berlin, 0,90 ; à Breslau et Chemnitz, 0,98 ; à Hambourg et Magdebourg, 0,93 (Voir POHLE, *op. cit.*). A Berlin, en 1875, 11,6 0/0 de toute la population habitait au quatrième étage et au-dessus ; en 1900, 19,32 ; à Breslau, en 1875, 7,8 ; en 1905, 19,82 0/0 (H. LINDEMANN, *Wohnungsstatistik, Schr. d. V. f. Sozialpolitik*, vol. XCIV, p. 273 ; FUCHS, *op. cit.*, 885). L'habitation dans les caves, tout au moins par rapport à la masse de la population, a rétrogradé : à Berlin, en 1875, 10,2 0/0 et en 1890, 7,7 0/0 de tous les habitants s'en contentaient, et aujourd'hui, il n'y en a plus que 3 0/0. A Hambourg, les chiffres étaient : en 1885, 6,7 0/0 ; en 1905, 5,9 0/0, mais toutefois le nombre absolu des personnes logeant dans les caves est monté de 31.436 à 45.684 (LINDEMANN, *op. cit.*, 272, 272 ; *Stat. Jahrb. deutscher Staedte*, 18, p. 440-441). C'est encore un signe de la crise des logements lorsqu'une très forte partie d'entre eux tous ne consiste qu'en une seule pièce à feu. En 1900, il se trouvait, dans les villes suivantes, à peu près moitié des logements et même davantage, aussi bien qu'une proportion presque égale de la population, répartis dans les catégories ne comportant pas de chambre à feu ou seulement une (les chiffres proportionnels pour la population sont indiqués entre parenthèses) : Berlin, 50,38 (43,64) ; Breslau, 47,53 (45,84) ; Magdebourg, 50,53 (45,84) ; Rixdorf, 58,80 (54,07) ; Halle, 47,68 (42,98) ; Posen, 50,93 (44,81) ; Goerlitz, 53,11 (44,70). (Voir projet de loi prussien sur l'amélioration des logements et leur création, 1904, p. 18, 19). Bien que depuis 1900, aussi bien le nombre de ces petits logements que celui de leurs occupants soit en recul par rapport au chiffre total, il faut cependant prendre garde que ces logements continuent toujours d'abriter une très grande partie de la population. A Berlin, il y avait, en 1905, sur un chiffre total de 524.441 logements, 249.457 avec une seule chambre à feu ; sur ces derniers, 677 ne consistaient qu'en une cuisine ; 34.000, à peu près, comprenaient uniquement la chambre à feu, et 188.000 environ comportaient, outre celle-ci, une cuisine sans autres dépendances. Sur l'ensemble de ces logements d'une pièce, il y en avait 58.935 occupés par 3 personnes ; 47.715, par 4 ; 27.120, par 5 ; 13.722, par 6 ; 6.117, par 7 ; 2.552, par 8 ; 1.345, par 9 jusqu'à 13 (W. HEGEMANN, *Der Staedtebau nach den Ergebnissen der Staedtebauausstellung in Berlin*, 1911, abh. 5). Dans les logements d'une pièce en général avec ou sans dépendances vivaient, en 1905, sur 2.040.148 habitants, 820.071 (*Stat. Jahrb. deutscher Staedte*, 18, p. 444). Un grand inconvénient pour les petits logements résulte de l'absence de cuisine, qui rend presque impossible une organisation ménagère bien dirigée. Ces logements sans cuisine sont relativement nombreux. A Berlin, en 1905, on en comptait 7 0/0 de la totalité, soit 49.758 abritant 68.336 personnes. Les chiffres correspondants étaient, à Breslau, 36,4 0/0, 41.645 et 140.570 ; à Chemnitz, 46,9 0/0, 27.461 et 97.758 ; à Goerlitz, 32,7 0/0 ; à Erfurt, 11,5 0/0 ; à Lübeck, 13,0 0/0 (*Stat. Jahrb. deutscher Staedte*, 18, p. 452). La santé, comme la morale, peuvent subir des atteintes lorsque plusieurs familles doivent utiliser des lieux d'aisances uniques. A Augsbourg, il n'y avait que 40,4 0/0 des logements pourvus de lieux d'aisances particuliers et à l'usage des seuls occupants ; à Münich, 54,2 0/0 ; à Nüremberg, 61,9 0/0 ; à Fürth, 35,4 0/0 ; à Essen, 36,0 0/0. Dans tout le reste des logements, il fallait partager les lieux d'aisances avec d'autres locataires (H. ROST, *Das moderne Wöhnungsproblem.*, 1909, p. 69). L'étendue du mal dans les villes est démontrée par le minimum d'exigences en ce qui concerne les logements familiaux, qu'il a fallu fixer très bas en raison de la situation existante. Dans le royaume de Saxe, la loi sur les constructions, du 1er juin 1900, a été complètée par l'introduction à l'ordonnance sur la législation locale en pareille matière. Elle stipule qu'un logement familial doit régulièrement comprendre au moins une pièce pouvant être aisément chauffée, une chambre à coucher et une cuisine, ainsi que les emplacements nécessaires à la conservation des ustensiles, du bois, etc. Les deux pièces destinées à l'habitation et au couchage doivent offrir ensemble une superficie d'au moins 30 mètres carrés. Si ce minimum d'exigences pour les logements nouveaux à construire est déjà fixé trop bas, quelle ne doit pas être la situation fâcheuse de ceux qui existent !] D'après BOECKH (*Berliner Bevoëlkerungsaufnahme von* 1875, 81), lorsqu'une ville ne dispose que de moins de 54 mètres superficiels par tête d'habitant et qu'elle comprend plus de 48 habitants par journal (environ 25 ares), un million par mille carré (environ 7,5 kilomètres carrés), la densité de la population est déjà trop élevée.

(5) « Il est facile de boire et de manger trop bien, mais difficile d'être trop bien logé. » (Disraeli). Hersmann appelle la crise du logement un mal chronique, qui démoralise ; la crise des subsistances, un mal aigu, qui fait mourir (*Staatswiss. Unters.*, 2e éd., 225). Le fait que beaucoup de locataires habitent ensemble chez un bailleur unique exerce une influence fâcheuse (71).

(6) *[Les baux des petits logements ne sont, en général, conclus que pour un trimestre ; dans les basses classes on rencontre souvent aussi la location au mois avec un égal délai de

congé. Le changement de domicile est le plus fréquent dans la grande masse inférieure de la population. Souvent ce n'est pas l'augmentation du loyer qui provoque le départ, mais l'espérance de trouver peut être à une autre place un logement meilleur. L'étroitesse, comme la tristesse des petits logements, dans les casernes à locataires, rendent difficile, chez les basses classes, l'éclosion d'un sentiment du pays natal. Sur 100 logements, il en existe, au 1er décembre 1905, comme ayant une durée d'occupation inférieure à un an : à Berlin, 28,7 0/0 du total ; à Düsseldorf, 37,4 0/0 ; à Kiel, 37,5 0/0 ; à Leipzig, 24,8 0/0 ; à Münich, 27,2 0/0 ; à Schoeneberg, 32,1 0/0 ; à Strasbourg, 25,9 0/0 (*Stat. Jahrb. deutscher Staedte*, 18, p. 450)]. Ce n'est pas un vain mot que ce dicton : « trois déménagements valent un incendie ». La fréquence des changements de locataires et de propriétaires compromet la stabilité de l'industrie (ENGEL, 7) ; la fréquence des changements d'école nuit à l'éducation de la jeunesse.

(7) [La situation est la pire dans les logements dits *surpeuplés*]. *[Sont considérés comme tels par la statistique urbaine allemande ceux à une seule chambre à feu occupés par six personnes ou plus ; ceux à deux pièces occupés par dix personnes ou plus. En adoptant cette échelle on comptait comme surpeuplés, en 1905 : à Berlin, 24.440 logements, soit 4,7 0/0 du total ; à Breslau, 6.876, soit 6 0/0 ; à Hambourg, 5.662, soit 3,1 0/0 ; à Koenigsberg, 4.630, soit 9,3 0/0 ; à Leipzig, 3.087, soit 3,5 0/0 : à Plauen, 3.660, soit 16 0 0/0 (*Stat. Jahrb. deutscher Staedte*, 18, p. 449)]. [Il est tout aussi funeste que les prix élevés des loyers incitent à prendre des co-locataires, en particulier des pensionnaires à la journée ou la nuit. Au point de vue moral, cet état de choses, où il n'est pas rare de voir plusieurs individus partager la même chambre, souvent aussi la même couche, où des femmes célibataires, séparées ou divorcées, acceptent des pensionnaires à la nuit, du sexe masculin ou même des deux sexes, produit des effets profondément nuisibles (BUCHER, *Basler Wohnungsenquete*, p. 154 à 180 ; voir dans cet ouvrage des informations remarquables sur les com-

pagnonnages à la nuit des ouvriers du bâtiment, italiens et tessinois)]. *[A Berlin il y avait, en 1905, 169.250 individus locataires de chambres ou y logeant à la nuit, formant 8,6 0/0 de l'ensemble de la population ; les chiffres étaient, à Breslau, 24.223, soit 5,4 0/0 ; à Dresde, 30.120, soit 6,1 0/0 ; à Hambourg, 62.207, soit 8,0 0/0 ; à Leipzig, 44.291, soit 8,9 0/0 ; à München, 43.175, soit 8,5 0/0. Dans quelques villes on trouve jusqu'au cinquième et même au quart des ménages prenant des locataires à la chambre ou à la nuit ; à Berlin, 19,6 0/0 des ménages ; à Breslau, 14,1 0/0 ; à Hambourg, 20,8 0/0 ; à Leipzig, 23,7 0/0 (*Stat: Jahrb. deutscher Staedte*, 18, p. 468-69). Le système de la sous-location présente d'autant plus d'inconvénients, que c'est principalement dans les petits logements que se rencontrent les locataires à la chambre ou à la nuit. A Leipzig, par exemple, il existait, en 1905, sur le nombre des ménages acceptant des sous-locataires, 51,2 0/0 occupant des logements de une à deux chambres à feu et 81,8 0/0 de une à trois (O. MEISSGEIER, *Zur Frage der Untervermietung in Leipzig, Stieda Festschrift*, p. 336)]. L'éducation des enfants souffre, dans les grandes casernes à locataires, non seulement de la fréquentation sans surveillance d'autres enfants très nombreux, mais encore de l'autorité supérieure du propriétaire, qui surpasse l'autorité paternelle. Il en est de même de la discipline des domestiques. Dans le système anglais où chaque famille occupe toute une maison, les domestiques n'ont que peu besoin de sortir, parce que le boulanger, le boucher, etc., livrent à domicile. Cela supprime l'absence prolongée des domestiques, leurs majorations de prix lorsqu'ils achètent, etc. (Voir J. FAUCHER, dans la *Berlinervierteljahrschrift*, 1866, 3, p. 142 et suiv., et, pour le contraste avantageux des villes anglaises, *op. cit.*, 1865, 4, p. 139 et suiv.). Dans nos casernes à locataires, l'entrée, la cour, l'escalier font souvent, de façon regrettable, à moitié partie de la rue. Pour peu que la construction n'en soit pas très solide, chaque bruit se propage d'un logement à l'autre. Leur édification même rabaisse facilement les artistes au rang d'« hommes de peine intellectuels » (V. EITELBERGER, *Kunst-*

historische Schriften, II, 185). La beauté de leur architecture constitue un problème difficile à résoudre. En effet, de pareils édifices doivent, pour utiliser pleinement le terrain, être élevés et vastes, mais ne peuvent, à cause de la commodité qu'ils ont à offrir, présenter de grands corps, de grands portails, fenêtres ou balcons. *[En Allemagne, l'activité des constructeurs s'est notamment efforcée dans un but d'utilité générale de créer des prototypes de maisons de rapport susceptibles de donner également satisfaction aux exigences de l'architecture. L'amélioration de notre manière de construire a, de même, été l'objet d'efforts suivis de succès de la part des Conseils de bâtiment institués par les autorités ainsi que par certaines organisations privées. (Voir *Schriften der Zentralstelle für Arbeiterwohlfahrtseinrichtungen*, fasc. 29 ; *Die künstlerische Gestaltung des Arbeiterwohnhauses*, 1906 ; voir aussi *Die Organisation und Taetigkeit der Bauberatungsstellen*, *Vorbericht für die Konferenz über Bauberatungsstellen am 6 Dezember 1910 in Berlin*, édité par la *Zentralstelle für Volkswohlfahrt*)].

(8) *[Le coût de la construction d'une maison n'est pas seul à déterminer l'élévation de son taux locatif. Avant toutes choses, il faut observer que la possibilité de tirer du terrain un parti plus intensif fait croître aussi les prétentions du propriétaire. Certaines économies qui résultent de la construction d'une grande maison de rapport comparativement à celle de plusieurs petites maisons, se trouvent, par suite, compensées. Ce serait naturellement toutefois une erreur de vouloir bâtir de petites maisons sur un terrain de grande ville d'un prix élevé. En dehors du bon marché du sol, les conditions nécessaires à la petite maison seraient une réduction des frais élevés d'établissement de la rue par la diminution de sa largeur, ainsi que des facilités plus grandes apportées dans la manière de construire. La lutte de la petite maison contre la caserne à locataires a suscité une série de publications considérables. Les principaux représentants des deux écoles rivales sont : R. Eberstadt (*Rheinische Wohnverhaeltnisse*, 1903 ; *Die Spekulation in neuzeitlichen Staedtebau*, 1907 ; *Handbuch des Wohnungswesens*

1910 ; *Neue Studien über Staedtebau und Wohnwesen*, 1912) ; et A. Voigt (Voigt-Geldner, *Kleinhaus und Mietkaserne*, 1905). Un exposé d'ensemble de la question a été fait par K. Keller, *DieFrage* « *Kleinhaus oder Mietkaserne* » *in Deutsch-land*, dans le *Bericht über den IX. Internationalen Woh-nungskongress*, 1910 (I, p. 519 et suiv.), qui contient aussi d'autres rapports sur l'étranger, par exemple celui de J. Fuchs, *Kleinhaus (cottage) oder Miethaus (block)* (II, p. 275 et suiv.). La grande maison de rapport n'a pas amené un abaissement du prix des loyers]. [Une statistique comparée du taux de ceux-ci dans différentes villes présente ce défaut, que le prix de la loca-tion ne représente d'ordinaire presque jamais le total des in-demnités diverses que le locataire doit acquitter pour l'usage d'un logement. (Buecher, *Basler Wohnungsenquete*, p. 197 à 221). On se plaint universellement de la montée des prix des loyers, qui résulte non seulement de l'augmentation de la de-mande, mais aussi des améliorations réelles apportées dans les logements]. *[De 1895 à 1910, le taux du loyer pour une chambre à feu est passé, à Breslau, de 152 à 172 marks ; à Hambourg de 181 à 187 ; à Leipzig, de 153 à 168 (*Stat. Jahrb. deutscher Staedie*, 17, p. 459 ; Fuchs, *op. cit.*, 887). Le prix annuel moyen d'un logement net d'accessoires atteignait à Leipzig, en 1895, 339,4 marks ; en 1905, 406,1 marks ; le prix moyen d'un loge-ment net, comprenant deux chambres à feu était, en 1895, de 252,5 marks ; en 1905, de 302,3 marks (Voir *Die Ergebnisse der Volkszaehlung vom Dezember 1905 in der Stadt Leipzig*, 3e partie, p. IX et X, 1908)].

(9) A Berlin, on calcule qu'il est nécessaire que 2 1/2 à 3 0/0 des logements restent constamment vacants, pour que la po-pulation ne soit pas embarrassée par des constructions, des réparations et des déménagements trop nombreux. (*Schr. d. V. f. Sozialp.*, 31, p. 201). *[Il faut se garder cependant de con-sidérer cette proportion comme normale dans toutes les villes. La composition de la population et sa croissance détermineront toujours si cette proportion des vacances de logements suffit ou non à satisfaire le besoin qu'on a de ceux-ci. En présence

d'une période économique ascendante, une proportion même
plus élevée ne signifie généralement pas qu'il existe une crise
sur le marché foncier. Il faut, en outre, observer que la demande
de petits logements est d'ordinaire plus forte que celle de
grands, de sorte que même si 3 0/0 de tous les logements sont
vacants, on peut en manquer de petits].

(10) *[Dans les villes où prédomine la grande maison de rapport, le nombre des propriétaires, en proportion du reste de la
population est restreint. D'après A. BARON (*Der Haus und
Grundbesitzer in Preussens Staedten einst und jetzt*, 1911, p. 37),
on compte, sur 100 ménages, comme propriétaires de maisons,
à Altona, 7,9 ; à Berlin, 3,6 ; à Breslau, 8,2 ; à Danzig, 8,1 ; à
Koenigsberg, 7,5 ; à Magdebourg, 9,5 ; à Stettin, 3,7. Les propriétaires des grandes maisons de rapport n'habitent pas, pour
la plupart, dans celles-ci, ni souvent même dans la commune
où elles sont situées. Sur 4.715 maisons à Charlottenburg, il y
en avait 1,874 habitées par leurs propriétaires ; on comptait
921 propriétaires n'habitant pas leur propre maison, mais établis cependant à Charlottenburg ; 1.148 demeuraient au -
dehors, dont une partie à l'étranger ; enfin 772 maisons avaient
des propriétaires impersonnels (*Soz. Praxis*, 21, n° 48, Sp. 1533).
Le changement de propriétaire est aussi fréquent ; à Berlin,
on a dénombré, en 1906, 1.772 propriétés bâties, soit 6,60 0/0
de toutes les propriétés, vendues volontairement (*Statist.
Jahrb. der Stadt Berlin*, 31, p. 65)*. En général, il n'est payé
sur les propriétés que de 5 à 10 0/0 de leur valeur, et c'est ce
qui fait que des gens n'ayant que de faibles ressources se trouvent en possession de maisons importantes, du revenu desquelles ils prétendent, dès lors, subsister. La propriété, en tant
qu'il s'agit de maison de rapport, est devenue un métier. Les
relations entre les propriétaires et locataires sont aujourd'hui
de simples contacts d'affaires. Bien que les locataires représentent la masse de la population, ils forment vis-à-vis des propriétaires, qui sont constitués en de fortes organisations, la
partie la plus faible. Ceci est surtout vrai à l'égard de la conclusion des baux. Le droit de louage, tel qu'il est prévu au nou-

veau Code civil allemand, assure, il est vrai, au locataire, comparativement aux anciennes lois locales, une protection plus étendue. Toutefois, comme la plupart des dispositions du Code civil sur le droit de louage ne sont pas d'ordre public, mais peuvent être modifiés par le libre consentement des parties, le locataire est généralement contraint de se soumettre aux conditions des baux établies par les syndicats de propriétaires (K. BASCHWITZ, *Die Organisation der staedtischen Haus- und Grundbesitzer in Deutschland* 1909, p. 144 et suiv.). Les propriétaires ont su étendre fort loin leurs droits vis-à-vis des locataires, comme le montrent les règlements de maisons annexés aux baux,] où, entre autres dispositions, le bailleur se réserve le droit de faire immédiatément vider les lieux, en exigeant quand même le paiement du loyer jusqu'à l'expiration normale du bail, si, par exemple, quelqu'un se rend aux cabinets d'aisances avec une lumière à flamme libre et sans lanterne ; si les enfants jouent ou se tiennent devant les portes de la maison, dans les cours, sur les escaliers et paliers ; si les domestiques font inutilement du bruit ; si on claque les portes, si on galope dans les escaliers, si les enfants crient dans la maison ou dans la cour, etc. Mais en dehors même de ces extravagances, le boutiquier par exemple, dont l'activité a fait produire un revenu élevé au magasin, se trouve vis-à-vis du propriétaire de celui-ci sous une dépendance beaucoup plus oppressive que le paysan du moyen âge vis-à-vis de son seigneur ; celui-ci n'avait pas du moins, en général, le droit de le contraindre à déguerpir si ses obligations, fixées une fois pour toutes, avaient été remplies (AD. WAGNER, *Allg. V. W. L.*, 3ᵉ éd., 478, § 207).

(11) Les concessions, à mon avis parfois trop larges, faites par Ad. Wagner au socialisme semblent, en grande partie se rattacher à ses observations sur la crise des loyers dans les grandes villes (I, § 352, 362). Mais il soutient cette idée parfaitement juste que presque tous les arguments en faveur de la propriété foncière privée s'appliquent beaucoup moins à la propriété urbaine qu'à la propriété rurale ; que notamment, la

constitution de capitaux par suite des seules circonstances et, sans mérite aucun, sans travail ni économie personnels, l'agiotage, l'absentéisme, avec leurs suites dangereuses pour la morale, se présentent beaucoup plus fréquemment dans la propriété urbaine.

(12) *[A Hambourg, pour la classe de revenus de 900 à 1.200 marks, le loyer prenait sur le revenu, en 1867-68 : 19,8 0/0 ; en 1873-74, 20,9 0/0 ; en 1881-82, 21,9 0/0 ; en 1890-91, 24,1 0/0 ; en 1900-01, 24,7 0/0. Par contre, pour la classe de revenu de 9.000 à 12.000 marks, on trouvait les chiffres correspondants de 15,4, 16,4, 16,1, 14,2, 13,1 0/0 (voir dans la *Reichsarbeitsblatt*, 1911, nᵒ 5, p. 366, un tableau d'ensemble des recherches actuelles sur le rapport des loyers au revenu, p. 365-70 ; EBERSTADT, *Handbuch*, p. 149-154 et FUCHS, *op. cit.*, p. 887-88)].

§ 8.

Les remèdes à la crise du logement supposent la distinction préalable et obligatoire entre la cause de la maladie et ses suites, ainsi qu'entre sa nature et ses symptômes. La cause réside dans le développement de la demande de logements au delà de l'offre. Il ne manque, dans nos grandes villes, ni de capitaux, ni d'esprit spéculatif dirigé vers la construction de maisons (1). Aussi est-il nécessaire d'attirer surtout l'attention sur la demande de logements, sur cette tendance exagérée et souvent maladive du peuple à abandonner le domicile d'origine pour émigrer vers les grandes villes. L'élévation des loyers n'est que la conséquence de cette cause : c'est une suite en elle-même favorable, parce que cette élévation, d'une part n'est pas un encouragement à l'affluence dans les endroits déjà surpeuplés, et parce que d'autre part elle pousse à des constructions nouvelles. Mais la spéculation sur les maisons et les terrains à bâtir est à son tour une conséquence de la montée des prix qui ne peut être d'avance exactement calculée (2).

[La dernière cause de la fâcheuse situation des logements réside dans le peu de satisfaction donnée par les règlements sur les constructions et par le lotissement des terrains à bâtir (3). — A. Il est donc d'une importance extrême de surveiller l'*aménagement convenable des nouveaux quartiers d'une ville en vue de la construction* (agrandissement, extension de la ville). Il faut s'appliquer à ce que les arrêtés sur les bâtiments imposent un plan approprié aux exigences sanitaires. Ce plan ne peut naturellement pas être le même pour toutes les villes et ne doit pas davantage valoir indistinctement pour les parties urbaines anciennes, les nouveaux districts extérieurs ou les faubourgs. Il s'agit bien plutôt d'établir un certain nombre de types, comportant des degrés différents d'utilisation du sol, et de suivre le principe général que la densité des constructions doit aller en diminuant du centre de la ville vers la périphérie (4). L'accroissement doit être dirigé plutôt en largeur qu'en hauteur et en profondeur. On y arrive surtout en aménageant des rues et des places spacieuses et en faisant de préférence en sorte que la ville ne grandisse pas à la façon d'un arbre, par l'adjonction de couches annulaires, mais suivant le mode d'une ruche d'abeilles qui essaime des colonies, afin d'empêcher le surpeuplement autrement inévitable du centre (5, 6). Les inconvénients des distances dans le sens horizontal sont le plus naturellement atténués par le perfectionnement des moyens de transport des personnes : fiacres, omnibus, tramways à chevaux, bateaux à vapeur fluviaux, enfin même chemins de fer à vapeur en souterrain ou en superstructure (7), et, pour les besoins ménagers, voitures de livraison. Non moins logiquement se joignent à tout ceci des mesures d'un autre ordre, tendant à écarter,

par des adductions d'eau, des canalisations, etc., les effets
sanitaires fâcheux d'une agglomération considérable d'individus. — B, Il n'est pas sans inconvénient d'adopter des
mesures constituant un *encouragement unilatéral à l'offre
de maisons* (8), ou même de tenter un abaissement des
loyers, en instituant une concurrence aux pratiques usu-
raires en matière de logement (9). Il serait d'un succès plus
certain de parvenir à la *régularisation simultanée de la demande*, en obligeant, par exemple, celui qui provoque une
immigration à pourvoir aussi au logement de l'immigrant.
Si l'on en arrivait à ce que tous les fonctionnaires de l'Etat,
des communes, des églises et des écoles reçussent une partie
de leur traitement sous forme de logements officiels, à ce
que toutes les entreprises particulières importantes lo-
geassent leurs ouvriers permanents, la crise des loyers
perdrait une grande partie de son acuité dangereuse. On
créerait ainsi, en même temps, une base excellente pour un
sain esprit de corps, aujourd'hui si vivement regretté, et
un grand pas serait fait vers la *solution de la question sociale* (10, 11, 12). On pourrait obtenir des résultats dans un
sens identique, en empêchant par des mesures de police la
persistance et plus encore l'édification nouvelle de logements malsains et surpeuplés, et en contraignant ainsi la
demande, soit à relever ses prétentions quant à ceux-ci,
soit à renoncer totalement à s'établir à l'endroit choisi (13,
14, 15). — C. Ce n'est pas seulement par des socialistes,
mais aussi par des économistes éminents, partisans même
du libre échange (16), que la proposition a été faite d'exproprier au profit de l'Etat ou de la commune, les
terrains convenant à la construction de maisons ; celles-ci
auraient ensuite été bâties et louées, soit par l'Etat ou par
la commune eux-mêmes, soit par des particuliers auxquels
le sol n'aurait été affermé qu'à long terme. Ce système au-

rait certainement l'avantage de réserver la plus value non
personnellement méritée de la rente du sol, non pas à des
spéculateurs individuels, mais aux représentants de l'utilité générale. Mais alors si l'immigration continuait, la fixation du prix des loyers et le choix entre plusieurs postulants
ne relèveraient plus désormais que de l'arbitraire administratif. La remise d'un pareil pouvoir aux mains de l'Etat
constituerait un grand pas vers la toute-puissance gou-
vernementale ou socialiste ; aux mains de la commune,
dont les écarts sont soumis au contrôle de l'État, elle
pourrait servir de base excellente à l'autonomie corporative. — D. Une compression directe exercée par l'Etat
sur les prix des loyers à la façon des lois contre l'usure atteindrait probablement, comme tout étouffement brutal
des symptômes d'une maladie, un résultat contraire à son
but : elle découragerait radicalement toute pensée de construction nouvelle. L'idée de peser indirectement sur les
prix par un relèvement de taxes sur les maisons de rapport
vacantes, serait un arrangement des plus avantageux, par
comparaison à une aggravation d'impôts frappant les
chômeurs (17). — E. Si l'on ne veut apporter d'*entraves* à
l'actuelle *liberté d'établissement*, comprise pour la plupart
comme exclusivement négative et individuelle, les remèdes
à la crise des loyers ne demeureront, en général, que des
palliatifs. Le droit de quitter le milieu où l'on a vécu jusqu'alors peut être un droit naturel de tout individu indépendant (18). Mais il n'entraîne pas encore pour n'importe
quel autre milieu l'obligation d'accepter l'émigrant. Malheureusement, pour nos grandes villes, l'idée s'est presque
entièrement perdue de leur personnalité propre constituant
un tout rigoureusement fermé. On peut vouloir vraiment
remédier à leur crise du logement parmi tant d'autres de
leurs maux, et non pas seulement, dans un accès de vanité

enfantine, se réjouir de leur croissance absolue et relative. Mais on devrait alors tout au moins supprimer les avantages positifs que des lois récentes confèrent à la population nouvellement immigrée et flottante, aux dépens de la population plus anciennement établie (19).

(1) Il existait à Vienne, à la fin de 1872, 19 sociétés de constructions ; dans le premier trimestre de 1873, 15 autres s'ajoutèrent et 66 concessions nouvelles furent accordées. Le capital-actions des premières était supérieur à 250 millions de florins. Une violente hausse des loyers ne s'en produisit pas moins (NEUWIRTH, *Spekulationskrisis*, 28 et suiv.).

(2) *[Le sol tient dans l'économie sociale une place à part sur laquelle ont fortement insisté les partisans de la réforme foncière (HENRY GEORGE, *Progress and poverty*, 1879 et suiv. ; A. DAMASCHKE, *Die Bodenreform*, 7e éd., 1912). La question de la formation du prix du sol a fait l'objet, pour une série de villes, de recherches approfondies. Un ouvrage fondamental est celui de P. VOIGT, *Grundrente und Wohnungsfrage in Berlin und seinen Vororten*, 1901. Un exposé plus vaste du problème, tenant compte des travaux parus sur les villes en particulier, a été fourni par K. v. MANGOLDT, dans son ouvrage : *Die staedtische Bodenfrage*, 1907. Voir aussi R. EBERSTADT, *Handbuch*, 2e partie, *Die Preisbildung der staedtischen Bodenwerte*, p. 68 et suiv. ; DU MÊME AUTEUR, *Die Spekulation in neuzeitlichen Staedtebau*, 1907 ; A. WEBER, *Bodenrente und Bodenspekulation in der modernen Stadt*, 1904 ; bibliographie plus complète dans J. FUCHS, article *Vohnungsfrage*, dans le *Handw. d. Staatsw.*, 3e éd., 8, p. 924 et suiv.].

(3) [Cette opinion est soutenue avec raison par RUD. EBERSTADT, *Staedtische Bodenfragen*, 1894 ; *Die staedtische Bodenparzellierung in England und ihre Vergleichung mit deutschen Einrichtungen*, 1908].

(4) *[Deux organisations surtout ont provoqué un revirement dans les opinions sur les agrandissements des villes. L'as-

sociation des architectes et ingénieurs allemands (*Verband deutscher Architekten und Ingenieure*), d'une part, a, dès 1874, lors de son assemblée générale, établi les principes des extensions urbaines, et, au renouvellement de 1906, pris position en ce sens. La Société pour la préservation de la santé publique (*Verein für oeffentliche Gesundheitspflege*), d'autre part, s'est occupée de la question en 1895, lors de sa vingtième assemblée annuelle. Un progrès essentiel a été accompli dans les aspirations réformatrices se manifestant sur ce terrain, grâce encore à la société allemande pour la réforme du logement (*Deutscher Verein für Wohnungsreform*) fondée, en 1898, comme Société pour la loi d'empire sur les logements (*Verein Reichswohnungsgesetz*). Quoique les plans d'alignement et les règlements sur les constructions continuent d'être, dans beaucoup de villes, conçus de façon purement schématique et de tenir un compte encore trop grand des intérêts des propriétaires de terrains, il faut, en général, pourtant constater un progrès. Les communes reconnaissent l'importance croissante du plan d'alignement et des règlements sur les constructions, non seulement pour l'aménagement urbain, mais encore pour les conditions des logements. Elles font, par là même, la part la plus large aux exigences modernes de l'édification des villes. Le nombre des communes faisant établir leur plan d'alignement, non plus par le géomètre, mais par des artistes éprouvés en la matière, est en augmentation. Certaines ont même créé des offices particuliers de l'extension urbaine (Münich, Leipzig, Dresde). Le principal objet de ces plans d'alignement est de réunir de façon convenable au point de vue social, les besoins divers auxquels les constructions doivent répondre. Les quartiers d'affaires, de fabriques et de logements ne doivent pas seulement être matériellement séparés l'un de l'autre, mais être, de plus, diversement traités au point de vue de la manière de les construire. Sous le rapport de l'air et de la lumière, il faut édicter des prescriptions différentes suivant que l'on envisage une situation existante requérant une amélioration, ou une situation future. La hauteur des bâtiments demande une graduation allant de l'intérieur de la ville à la périphérie. Des dispositions particulières fixeront la manière de construire, fermée, avec des bâtiments continus sur tous les côtés de l'îlot, ouverte, au cas contraire, suivant les régions (Réglementation des zones de constructions). Les quartiers extérieurs s'épanouiront dans le sens de la plus grande étendue possible. Le plan d'alignement sera dressé en ayant soin, dès le début, de ménager des espaces destinés à demeurer libres pour des terrains de jeux, des parcs et des promenades. Il faudra, plus que jamais, distinguer entre les rues trafiquantes et les rues destinées à l'habitation. Celles-ci, pour faciliter la construction de petites maisons, seront-établies aussi étroites que possible, et les frais de leur aménagement restreints. On englobera même les abords de la ville dans le plan d'extension urbaine, en les traitant dans le plus large esprit quant à l'étendue. Lorsque des annexions limitrophes seront impossibles, il sera bon, pour la réalisation du plan d'extension urbaine, de constituer des associations aux fins voulues entre les communes intéressées. La ville ne bornera toutefois pas son travail à des plans d'alignement et des règlements de constructions. Afin de maintenir à un niveau peu élevé le prix du terrain, elle s'assurera une influence déterminante sur l'ouverture des régions extérieures. La propriété foncière existante devra, autant que possible, se maintenir et s'accroître. La création de rues en temps utile assurera une réserve suffisante de terrains à bâtir. A l'égard de la mise en valeur de la propriété foncière, la commune ne procédera pas selon le point de vue de la pure économie privée : elle cédera, au contraire, le sol au prix le plus bas possible, et le mieux qu'elle puisse faire sera d'exclure la spéculation, en conférant le droit d'exploitation en propre, ou en se réservant le droit de réméré. Cette politique du sol devra être soutenue par la commune au moyen d'une politique sociale de circulation à tarifs très bas, facilitant tout d'abord la décentralisation populaire. Pour atteindre ce but de l'agrandissement de la ville, la commune aura besoin de l'appui de l'État, particulièrement en ce qui touche à la création de bases juridiques permettant de dresser des plans d'ali-

gnement et des règlements de construction (loi sur les aligne-
ments, loi sur les constructions) ; en ce qui a trait encore à
l'extension du droit d'expropriation aux fins d'établissement
des immigrants, à l'introduction générale d'une procédure de
remaniement pour les terrains à bâtir, à la faculté, en cas de
morcellement très considérable de la propriété ou de percement
de rues, d'exproprier aussi les immeubles adjacents (expropriation par zônes). Des lois sur les constructions, répondant aux
exigences de la construction urbaine moderne, ont été promul-
gués en Saxe (Loi générale sur les constructions pour le royaume
de Saxe du 1er juin 1900) et dans le Grand-Duché de Bade
(Ordonnance nationale sur les constructions du 1er septembre 1907). La loi saxonne sur les constructions donne, par son
§ 54, la possibilité de constituer des parcelles appropriées au
moyen d'une division nouvelle forcée des propriétés. Une disposition identique existe dans la loi badoise de 1908 sur les
rues des localités. Pour Francfort-sur-le-Mein, il a été promulgué, en 1902, une loi spéciale pour le remaniement des propriétés (*Lex Adickes*). Cette loi a été, plus tard, étendue à Posen et à Cologne. Pour Hambourg, c'est la loi du 30 décembre 1892 qui a édicté des prescriptions sur le remaniement des
propriétés. Pour Mayence, l'agrandissement de la ville a fait
l'objet d'une loi de 1895. — *Bibliographie :* R. Baumeister,
Stadterweiterungen, 1876 ; J. Stubben, *Der Staedtebau*, 2e éd.,
1907 ; Fr. v. Gruber, *Anhaltspunkte für die Verfassung neuer
Bauordnungen*, 1893 ; *Berichte des Ausschusses für oeffentliche
Gesundheitspflege*, 1893, 1894, 1895 ; F. Adickes, *Umlegung
und Zonenenteignung*, dans la *Archiv für soziale Gesetzgebung
und Statistik*, 6, p. 429 ; Article : *Staedterweiterungen, Zusam-
menlegung staedtischer Grundstücke und Zonenenteignung*, dans
le *Handw. d. Staatsw.*, 3e éd., 7, p. 780, 8, p. 1133 ; A. Kuester,
*Die Erschliessung von Baugelaenden und die Bildung geeigneter
Baustellen durch Umlegung der Grundstücke*, 1903 ; L. Her-
cher, *Grossstädterweiterungen*, 1904 ; L. Bauer, *Der Zug nach
der Stadt und die Stadterweiterung*, 1904 ; K. v. Mangoldt, *Die
staedtische Bodenfrage*, 1907 ; J. V. Bredt, *Die Zonenenteignung*

Roscher   7

und ihre Zulaessigkeit in Preussen, 1909 ; R. EBERSTADT, *op. cit., Schrift. d. Ver. f. Sozialp.,* 30-33, 1886-87, 94-97, 1901 ; *Denkschriften des Verbandes deutscher Architekten und Ingenieure* ; *Die Umlegung staedtischer Grundstücke und die Zonenenteignung,* 1897 ; *Denkschrift über Grundsaetze des Staedtebaus* 1907 ; *Neue Aufgaben in der Bauordnungs-und Ansiedelungsfrage, eine Eingabe des deutschen Vereins für Wohnungsreform,* 1906 ; *Bericht des II deutschen Wohnungskongresses,* 1911].

(5) RATKOWSKY, dans son ouvrage : *Die zur Reform der Wohnungszustande in grossen Staedten notwendigen Massregeln,* 1871, p. 76 et suiv., donne le conseil de n'accorder aucune exemption d'impôts pour l'édification de nouveaux étages ou l'adjonction de bâtiments dans les cours, etc., mais de réserver cette mesure pour les constructions neuves de la périphérie urbaine. On poussera tout particulièrement à la décentralisation de certaines autorités publiques et de certains établissements vers les nouveaux quartiers. Une mesure d'un même esprit fixera les heures des affaires pour les négociants, etc., de façon qu'ils n'aient plus besoin de demeurer dans le voisinage immédiat de leurs magasins. C'est ainsi que Londres a évité la crise du logement, grâce à la très grande influence exercée en ce sens par sa division en trois parties : la Cité, Westminster et les Docks. Il serait très heureux pour l'Université de Berlin de n'être pas située à proximité du Château royal, mais dans un quartier de la périphérie, comme à Paris le Quartier Latin. J. T. Danson donne le conseil d'installer les ouvriers par groupes à la campagne, dans le voisinage des stations de chemins de fer, d'où ils pourraient tous les jours se rendre le matin à la ville pour leur travail, et en revenir le soir ; des restaurants établis à proximité des lieux de travail pourvoiraient aussi à la garde des sacs qui seraient apportés. Les familles, au dehors, s'occuperaient de la lessive et des travaux agricoles faciles, etc. Qu'on ajoute à tout cela les beaux dimanches en famille ! (*Statist. Journ.,* 1859, p. 36, 2 et suiv.). *[Le mouvement en faveur de la cité-jardin tient compte de cette pensée. Il a pour but de créer des colonies constituées méthodiquement sur des terrains

à bon marché. Ceux-ci seraient maintenus à demeure dans le domaine direct de la collectivité, qu'elle soit l'État, la commune, la corporation ou toute autre. De cette façon, toute spéculation sur le sol et les terrains serait exclue pour toujours, et l'augmentation de valeur resterait assurée à la collectivité. Ce mouvement est parti de l'Angleterre, où également la première cité-jardin véritable a été créée à Letchworth, près de Londres. En Allemagne, on peut noter des cités-jardins à Hellerau, près de Dresde, à Nüremberg, à Carlsruhe, à Hüttenau, ainsi qu'une série de faubourgs-jardins, le tout reposant sur des principes identiques (Voir E. HOWARD, *Gartenstaedte in Sicht*, 1907 ; H. KAMPFMEYER, *Die Gartenstadtbewegung*, 1909)].

(6) Si c'est dans les vieux quartiers d'une ville que ce plan d'alignement amélioré doit être l'objet d'une exécution ultérieure, il en coûte à la vérité beaucoup. Les deux nouveaux parcs municipaux que Napoléon III a créés dans Paris ont coûté 1.190.000 et 3.400.000 francs ; l'agrandissement des bois de Boulogne et de Vincennes, 3.694.000 et 5.695.000 francs, tandis que leur entretien exigeait annuellement 628.000 et 350.000 fr. Parmi les vingt squares établis par Napoléon, le meilleur marché est revenu à 135.000, le plus cher à 320.000 francs. Au total, Paris a dépensé, entre 1850 et 1867, 18.600.000 francs pour ses aménagements de jardins (*Oest. Aussl. Ber. von* 1867, 4, p. 378 et suiv.). *[Le Central-Park, établi à New-York, de 1853 à 1863, a 340 hectares de superficie et a coûté à la ville, 21.121.145 mk. Dans les années 1895 à 1905, on a cherché, dans la partie sud de New-York, à rattraper le retard apporté jusque-là à l'aménagement de parcs. On a payé pour trois petits parcs de 4 hectares, 21.996.925 marks. On a subi par suite en 1905 pour 4 hectares, un prix supérieur à celui de 340 en 1863. (Voir W. HEGEMANN, *Amerikanische Parkanlagen*, 1911].

(7) A Berlin, les fiacres ont été institués en 1739 ; ils ont, en 1794, temporairement disparu, pour être, de 1815 à 1837, rétablis sous la forme d'un monopole, parce qu'on ne trouvait pas opportun, au point de vue de la circulation dans les rues, d'accorder sans plus de façon la liberté du métier (*Preuss. sta-*

tist. Zeitschr., 1865). On y comptait, en 1836 seulement, de 300 à 400 fiacres, et, en 1879, 4.584. Quant aux omnibus, il y en avait, en 1848, 19 ; en 1877, 182, indépendamment de 264 autres et de 227 tramways à chevaux. [La grande société par actions des tramways à chevaux de Berlin a ouvert son exploitation le 8 juillet 1873, avec la ligne Gesundbrunnen-Kreuzberg ; elle possédait, en janvier 1895, 44 lignes ; elle transportait, en 1875, 42.123 personnes par jour, et, en 1894, 360.505 (*Stat. Jahrb. d. Stadt Berlin*, 8, p. 166 ; 21, p. 286-88). Il faut encore ajouter à ces données, l'activité du tramway Berlin-Charlottenbourg, créé en 1865 et entretenant, en 1894, cinq lignes, puis celle de la Société nouvelle des tramways de Berlin, qui a porté, de 1877 à 1894, son exploitation à huit lignes], *[Avec la croissance de la ville, mais surtout depuis l'introduction de la traction électrique pour les tramways et la construction du métropolitain, le trafic a formidablement augmenté. A la fin de 1907, il y avait 99 lignes de tramways en service avec une longueur d'exploitation de 367 kilomètres. Les tramways transportaient un total de 362,6 millions de personnes, le métropolitain, 41,4 millions ; les chemins de fer intérieurs et de ceinture, 148,9 millions. En outre, un service d'omnibus comportant 41 lignes était en exploitation et acheminait 140,6 millions de voyageurs ; indépendamment de ceci, la circulation était assurée par 7.444 fiacres, dont 529 à traction mécanique (*Stat. Jahrb. der Stadt Berlin*, 31, p. 109-110)*. Grâce à ce perfectionnement des moyens de transport, une forte décentralisation de la population a été rendue possible. Un progrès essentiel, en ce sens, a été constitué, d'autre part, par l'introduction des cartes ouvrières mensuelles ou hebdomadaires à tarifs réduits. Toutefois, le développement opéré sous ce rapport en Allemagne est encore bien loin d'atteindre les conditions modèles qui existent en Belgique et en Angleterre (Voir Clemens Heisz, *Wohnungsreform und Lokalverkehr*, 1903 ; R. Petersen, *Die Aufgaben des grosstaedtischen Personenverkehrs und die Mittel zu ihrer Loesung*, 1908 ; G. Kemmann, *Der Londoner Verkehr*, 1909)].

(8) L'exemption d'impôt pendant plusieurs années pour les constructions nouvelles s'applique en Autriche indifféremment aux sols les plus propres à bâtir comme aux plus mauvais, au centre aussi bien qu'à la périphérie. D'après RATKOWSKY (*op. cit.*, 14), cette exemption a pour unique résultat de surélever le prix de tous les terrains à bâtir du montant capitalisé qu'elle représente. La déclaration d'exemption survenant brusquement produit les oscillations les plus nuisibles dans l'industrie du bâtiment : on attend qu'elle arrive, on se précipite lorsqu'elle a lieu, pour le plus grand enrichissement des briquetiers (17 et suiv.). *[Pour empêcher l'inutilisation improductive des terrains à bâtir achetés d'avance par les spéculateurs, les partisans de la réforme foncière recommandent d'appliquer l'impôt foncier d'après la valeur communément atteinte par le terrain. Parmi les 54 villes prussiennes comptant, en 1905, plus de 50.000 habitants, 31 avaient introduit ce mode d'impôt. Sur l'importance de ce dernier, voir A. DAMASCHKE, *Aufgaben der Gemeindepolitik*, 5e éd., 1904, p. 126 et suiv.].

(9) Très souvent à Londres, les associations qui se sont constituées dans le but de procurer aux classes les plus pauvres de bons logements, ont pu rémunérer leur capital, grâce à une administration pratique, au taux de 5 0/0, tandis que les capitaux engagés dans les chemins de fer, de 1851 à 1870, rapportaient difficilement au-dessus de 4 1/2 0/0 (*Quart. R.*, CXXXII, 277).

(10) L'Église, depuis fort longtemps, n'a pas ignoré ces principes, dont l'État s'est également inspiré pour le casernement de ses soldats. Il est vrai de la plupart des fonctions qu'elles sont exercées plus utilement à égalité de fatigue, lorsque leur titulaire habite le local où elles s'accomplissent et même, abstraction faite du gaspillage de forces produit par les allées et venues lointaines. Ceci est surtout exact à l'égard des fonctions qui exigent principalement de ceux à qui elles sont confiées, qu'ils soient constamment prêts à les remplir. Un État, qui reconnaît la nécessité d'assurer à ses fonctionnaires un traitement en rapport avec les circonstances, peut difficilement employer

le produit des ventes domaniales et même celui des emprunts d'une façon plus productive qu'en construisant, dans les villes à croissance rapide, des habitations pour fonctionnaires. Les indemnités de logement auraient bientôt fait d'être englouties par les propriétaires (ROSCHER, *Ansichten der Volkswirtschaft*, 3e éd., p. 363 et suiv.). *[Il y va donc du propre intérêt de l'État de diriger sa sollicitude vers le logement de ses fonctionnaires et ouvriers. L'Empire et la Prusse ont affecté à ce but des ressources considérables. L'Empire a, de 1901 à 1908, dépensé 33 millions de marks pour aider à la construction de logements pour les ouvriers et employés subalternes de ses exploitations. Sur ce chiffre, 24,6 millions de marks ont été confiés à titre d'avances à des entreprises de construction d'utilité générale ; 5,4 millions ont servi à l'acquisition de terrains à bâtir destinés à faire l'objet de concessions de droits d'exploitation au profit d'associations constructives, ainsi qu'à l'aménagement de rues. En Prusse, le fisc avait, jusqu'en 1907, construit pour les ouvriers et pour les fonctionnaires à petits traitements des exploitations et administrations publiques, 12.359 logements de fonctionnaires appartenant en propre à l'État. Il avait consenti des avances pour 13.684 logements d'associations. En outre, le fisc a encore encouragé la construction de 878 logements bâtis par des ouvriers, de sorte qu'au total 27.150 logements se sont trouvés préparés (EBERSTADT, *Handbuch*, p. 367 et suiv.).

(11) *[La création de logements par les communes au profit de leurs ouvriers et employés, en tant que la nécessité s'en fait sentir, ne présente guère d'inconvénients, à moins que la commune ne veuille satisfaire au besoin de logements particuliers dans une mesure plus étendue. Abstraction faite de ce que la commune ferait alors concurrence à l'activité privée en matière de constructions, le danger consiste] [en ce qu'elle exercerait, par là même, une force d'attraction encore plus grande sur les immigrants. Son intérêt est, au contraire, d'éloigner ces éléments qui sont incapables de payer l'impôt, et manifestent des prétentions fort grandes vis-à-vis de la bourse communale.

Le risque à courir est aussi, au point de vue local, trop considérable. L'ouverture d'une très vaste entreprise industrielle occupant de nombreux ouvriers pourrait amener la ville à construire des logements qui resteraient vacants, si un recul se manifestait dans l'industrie envisagée, ou si même elle fermait ses portes (*Arbeiterwohl*, 1897, p. 66)]. *[Une enquête a été faite par l'Office impérial de statistique sur la sollicitude témoignée par les villes allemandes à l'égard des logements (*Beitraege zur Arbeiterstatistik*, n° 11, 1910). Elle a embrassé 106 villes, tant au-dessus de 50.000 habitants que quelques autres moindres, qui s'étaient distingués sur ce terrain. Parmi celles-ci, 42 avaient édifié des habitations pour les ouvriers municipaux. La construction de petits logements à l'usage des classes moins fortunés en général n'a été entreprise que dans quinze villes. Parmi celles-ci, Fribourg-en-Brisgau avait édifié 66 maisons avec 222 logements ; Mulhouse d'Alsace, 35 avec 166 ; Düsseldorf, 20 avec 141 ; Strasbourg d'Alsace, 13 avec 134 ; Essen, enfin, 170 logements. Plus fréquente que la construction de maisons restant la propriété des villes est l'aide financière par elles apportée à l'activité constructive se manifestant dans un but d'utilité générale, tandis qu'elles fournissent des avances à bon compte ou des cautionnements. Au point de vue de la politique des logements, une mesure précieuse entre toutes est constituée par la remise de terrains sous la forme de concession du droit héréditaire de bâtir, notamment à Francfort-sur-Mein, ou moyennant droit de réméré à Ulm (H. v. WAGNER, *Die Taetigkeit der Stadt Ulm a. D. auf dem Gebiet der Wohnungsfürsorge*; 1903 ; v. BERLEPSCH-VALENDAS, *Bodenpolitik und Wohnungsfürsorge einer deutschen Mittelstadt*, 1909)].

(12) [Les sociétés de constructions édifient des maisons suivant deux systèmes : ou bien elles en transfèrent la propriété à leurs membres, ou bien elle la conservent d'une manière permanente pour louer les logements à leurs associés moyennant des conditions leur conférant presque un droit de possession]. *[Les *Building-Societies* anglaises étaient, à l'origine, des sociétés d'épargne. Leurs membres se réunissaient pour se prêter

une aide réciproque fondée sur l'épargne collective, dans le but
d'acquérir une maison]. La première *Benefit Building Society*
fut établie à Birmingham en 1835, et l'*Act for the regulation
of. B. S.* fut promulgué le 14 juillet 1836. Jusqu'en 1846, toutes
les associations de cette nature suivaient le *terminating principle*, c'est-à-dire que le lien social subsistait jusqu'à ce que,
par les versements et par la capitalisation, le montant à réaliser,
fixé généralement à 120 livres sterling par part, se trouvât
atteint et qu'une partie des membres pût alors recevoir des
maisons, l'autre partie touchant des intérêts capitalisés. Depuis, la plupart des sociétés ont été organisées d'après le *perma-
nent principle*, c'est-à-dire que la société continue de durer et
que ce sont seulement les membres qui en sortent isolément,
dès que le but se trouve atteint pour chacun d'eux. [La loi du
14 juin 1836, qui réglementait en droit ces sociétés, a été,
en 1874, remplacée par une loi nouvelle amendée elle-même
en 1875. C'est l'*Act to consolidate and amend the laws relating to
building societies* du 30 juillet 1874 et du 22 avril 1875. Aux
termes de cette loi, les sociétés inscrites sont astreintes à fournir
leurs bilans au *Registrar* qui les rassemble dans les *Returns*
pour les soumettre à la Chambre des Communes. D'après une
loi nouvelle de 1894, toute société doit indiquer, dans son arrêté de comptes annuel, le montant de ses créances hypothécaires. Le *Registrar* doit, sur la réquisition de dix membres de
ces sociétés, charger un inspecteur de comptabilité ou un agent
technique d'assurances de réviser les livres et de rendre compte
du résultat de son examen (*Soz. Pr.*, 4, p. 665)]. *[Il existait,
en 1906, 2.012 sociétés de cette nature, parmi lesquelles 1.964
avaient adressé des rapports. Ces dernières comprenaient
616.729 membres, dont les participations atteignaient
42.044.374 livres sterling (Voir article : *Baugenossenschaften*,
dans le *Hdw. d. Staatsw.*, 3e éd., p. 665)]. [Il faut distinguer de
ces sociétés celles qui ont pris naissance seulement à une époque
ultérieure, les *Land and building societies*, qui acquièrent elles-
mêmes le sol et bâtissent les maisons pour faciliter dans les
deux cas à leurs membres l'accession à la propriété. Ces der-

nières sociétés n'ont pas su se créer par leurs efforts une situation éminente : en 1906, on en comptait 118, parmi lesquelles 116 groupaient 13.874 membres. C'est le même principe de se tirer soi-même d'affaire qui sert de base dans l'Amérique du Nord aux *Building and Loan Associations* ; celles-ci facilitent également à leurs membres l'acquisition de maisons personnelles. Il doit en exister environ 5.326 avec 1.686.611 membres et plus de 646 millions de dollars de capital. (Comparer le *Hdw. d. Staatsw.*, 2, p. 666 et suiv.). En Allemagne, le mouvement en faveur des sociétés de construction ne se manifeste qu'à une époque relativement tardive, et les premières prennent naissance en 1869. Après que Schulze-Delitzch eût commencé de s'intéresser à elles depuis 1872, leur fondation s'accéléra, et, en 1888, on en comptait 28. Il est vrai que de 1869 à 1888, 46 sociétés de construction s'étaient vues contraintes de liquider]. *[C'est seulement lorsque la loi sur les sociétés de 1889 autorisa leur responsabilité limitée et lorsque également les ressources des caisses d'assurances contre la vieillesse et l'invalidité furent mises à leur disposition, que leur nombre s'accrût rapidement. En 1903, il en existait 491, en 1909 déjà 847, et en 1910, elles étaient parvenues à 1.056. Le chiffre de leurs membres s'élevait, en 1909, à 162.469, et le total de leurs responsabilités atteignait 51.701.078 marks. Parmi les 182 sociétés de construction affiliées à l'Union générale Schulze-Delitzch, il y en avait 136 avec 41.581 membres qui, depuis la fondation, avaient édifié 4.691 maisons d'une valeur de 86.999.369 marks. Parmi 193 appartenant à l'Union des sociétés de construction allemandes fondées sur le principe de la propriété collective, qui édifient exclusivement des maisons de rapport, on en comptait 188 avec 72.797 membres ayant bâti 2.543 maisons d'une valeur de 155,000.903 marks (*Zeitschr. f. Wohnungswesen* 10, n°s 4,5). Comme bailleurs de fonds pour les sociétés de construction viennent à côté de l'Empire et des États confédérés, en première ligne les caisses nationales d'assurances (*Landesversicherungsanstalten*). Aux termes du § 164 de la loi sur l'assurance contre l'invalidité, ces dernières sont autorisées à placer le quart de leurs fonds avec l'assentiment de leur conseil de surveillance, ou même la moitié avec le consentement des Unions de garantie, dans des entreprises profitant exclusivement ou principalement à la population assujettie à l'assurance obligatoire. Comme parmi ces entreprises se place en première ligne l'édification des logements ouvriers, les caisses nationales d'assurances ont, de façon croissante, prêté leurs capitaux moyennant un intérêt modeste à l'activité constructive se manifestant dans un but d'utilité générale. Jusqu'à la fin de 1910, les caisses avaient consacré aux logements ouvriers 320,1 millions de marks, dont 301,3 millions affectés à la construction de logements familiaux et 18,8 à celle de *homes* pour célibataires. Les sociétés de construction éprouvent certaines difficultés à emprunter sur secondes hypothèques lorsque celles-ci sont refusées par des caisses publiques. En Autriche, on a, pour en faciliter la construction, créé un fonds de prévoyance des logements, destiné à donner sécurité aux secondes hypothèques au moyen d'une acceptation de garantie (W. Vosberg, *Die deutsche Baugenossenschaftsbewegung*, 1911 ; J. Fuchs, *Das neue Wohnungsfürsorgegesetz*, dans les *Annalen für soziale Politik und Gesetzgebung*, 1911, I, *Jahrg.*, p. 94 et suiv.)].

(13) *[Même si l'activité constructive des sociétés augmente de façon très considérable, elle ne sera pourtant pas en mesure de satisfaire à elle seule le besoin de logements. La création de ceux-ci restera toujours, pour la plus grande partie, l'œuvre de l'entreprise de constructions privées. De très grandes difficultés sont rencontrées par cette dernière pour se procurer des capitaux. Les particuliers entrepreneurs ne possèdent, la plupart du temps, que peu de fonds personnels et sont obligés de payer des intérêts et des commissions très élevés pour obtenir de l'argent pour construire et pour contracter des hypothèques. En outre, en période d'ascension économique, l'argent destiné à l'activité constructive est, en général, impossible à se procurer, parce qu'à ces moments les banques hypothécaires voient s'arrêter le placement de leurs lettres de gages, et que les caisses d'épargne assistent à des retraits de fonds très importants. Les

institutions qui entrent en ligne de compte pour les premières hypothèques, ne refusent d'ordinaire de l'argent que dans le seul cas d'une forte tension du crédit. Par contre, les secondes hypothèques, même lorsque les circonstances favorisent le marché monétaire, ne peuvent être trouvées que sous des conditions onéreuses. Parmi les moyens qui ont été proposés pour remédier à ces difficultés, le plus accessible paraît être la fondation d'instituts municipaux de crédit en secondes hypothèques. Un grand nombre de communes ont déjà créé des instituts hypothécaires semblables. Ceux-ci servent principalement à favoriser la petite maison et la maison bourgeoise, et le prêt n'est pas consenti lorsqu'il s'agit de casernes à locataires. A côté de ces instituts municipaux de crédit en secondes hypothèques, il faudrait créer, d'autre part, des instituts hypothécaires publics et reposant sur des bases plus larges. L'État et avec lui également les provinces, les cercles et les syndicats communaux leur serviraient de soutien. Même au cas de tension monétaire, ces instituts pourraient se procurer les moyens d'exercer leur activité créditrice plus facilement et à meilleur compte que les banques hypothécaires et les caisses d'épargne. Quelques communes ont déjà pris les devants pour la fondation de semblables instituts municipaux de crédit, et, parmi elles, Düsseldorf, Magdebourg, Dresde, etc. Pour obvier aux difficultés des prêts sur les terrains concédés à titre de droit héréditaire de bâtir, on a proposé de fonder des banques spéciales pour cet objet. Une caisse municipale de prêts sur concessions en propre fonctionne déjà avec le plus grand succès à Francfort-sur-le-Mein (*Schriften d. V. f. Sozialp.*, 96, 1901 ; *Bericht über den II deutschen Wohnungskongress*, 1911 ; H. KAUSCHWITZ, *Die Baugeldbeschaffung für staedtische Wohnhausbauten in Dresden und Bautzen*, 1911 ; J. FEIG et W. MEWES, *Unsere Wohnungsproduktion und ihre Regelung*, 1911 ; A. POHLMANN, *Erbbaurecht und Kredit, Jahrb. d. Bodenreform*, vol. V, fasc. 4., 1909)].

(14) [L'idée de remédier, au moyen d'une législation convenable sur les logements, à la misère sanitaire et morale, a rencontré à l'époque moderne de plus en plus de succès. Cette lé-

gislation devrait comprendre à la fois des dispositions de droit public, par exemple sur le minimum d'espace de logement, sur l'obligation patronale de pourvoir à celui-ci, et des dispositions de droit civil relatives au contrat de bail, aux droits et aux obligations du bailleur, aux effets du non accomplissement des obligations de part et d'autre. La France et l'Angleterre ont pris les devants sous ce rapport, mais sans toutefois obtenir avec leurs lois, non cependant dépourvues de toute utilité, des succès bien éclatants. En Angleterre, on a institué dans les communes les plus importantes un droit d'expropriation pour les logements malsains, avec, comme corollaire, l'obligation d'affecter l'espace devenu libre, en totalité ou en partie, à des logements ouvriers (*Torrens Act* de 1868, modifié en 1879 et 1882 et 1885 ; *Cross Act* de 1875, 1879, 1882). Le *Public Health Act* de 1875 a introduit la surveillance et l'inspection des logements. On a cru apercevoir la raison du peu de succès obtenu, dans la composition des autorités locales, formées de propriétaires de maisons, et dans la circonstance que les fonctionnaires chargés d'appliquer les règlements, les *Medical officers of health*, et les *Inspectors of nuisances* se trouvent sous la dépendance de ces autorités]. *[Ce sont seulement les lois promulguées dans les dix dernières années du xixe siècle, le *Public Health Acts Amendment Act* (1890) et le *Housing of the Working Classes Act* (1890) qui ont amélioré la situation. La première loi a étendu la compétence des autorités sanitaires, la seconde a édicté des prescriptions sur l'assainissement des quartiers insalubres et a donné aux autorités locales la possibilité d'encourager la construction de maisons de rapport à l'usage des classes laborieuses]. [En France est en vigueur, depuis le 13 avril 1850, « la *loi relative à l'assainissement des logements insalubres*. Aux termes de cette loi, il peut être institué dans les communes où le conseil municipal l'aura déclaré nécessaire, des commissions chargées de rechercher et indiquer les mesures indispensables d'assainissement des logements et dépendances insalubres mis en location. Au nombre des membres doivent figurer un médecin, un architecte ou tout autre homme de l'art, ainsi qu'un membre du bureau de bienfaisance et du conseil des prud'hommes. Sont réputés insalubres les logements qui se trouvent dans des conditions de nature à porter atteinte à la vie ou à la santé de leurs habitants. Les logements malsains de cette nature peuvent être interdits à titre d'habitation, ou des travaux d'assainissement peuvent être enjoints aux propriétaires. Le peu de succès obtenu par cette loi est ramené à quatre causes : à son caractère facultatif ; à ce qu'elle ne considère que l'insalubrité du logement au point de vue de sa construction, de sorte que son surpeuplement laisse la commission désarmée ; à ce qu'elle n'a trait qu'aux logements en location, de sorte que de nombreux autres endroits servant à l'habitation ne peuvent être atteints par elle ; enfin aux lenteurs de la procédure et à l'insuffisance des moyens de contrainte. Le 1er décembre 1894 a été promulgué une loi relative à l'encouragement à la construction de maisons salubres et à bon marché. Dans chaque département peuvent être créés un ou plusieurs comités locaux, ayant pour mission d'encourager la construction de maisons salubres et à bon marché, susceptibles de recevoir des subventions à cet effet, d'ouvrir des concours d'architectes et de distribuer des prix. Il a été constitué auprès du ministre du Commerce et de l'Industrie un Conseil supérieur des habitations à bon marché. Des facilités sont accordées pour contracter des emprunts et des exonérations d'impôts consenties aux constructeurs d'habitations à bon marché (*Soz. Pr.*, 4, p. 204). En Belgique, une loi de 1889 a institué des comités de patronage provinciaux, qui, toutefois, n'exercent leur activité qu'à titre d'intermédiaires, notamment ce qui concerne l'édification de maisons ouvrières]. *[En Allemagne, on a déjà, lors de l'assemblée générale de la Société de politique sociale (*Verein für Sozialpolitik*), en 1886, réclamé l'intervention de l'autorité pour réglementer l'occupation des logements. Cette réclamation a été ensuite présentée surtout par la Société pour la préservation de la santé publique (*Verein für oeffentliche Gesundheitspflege*) qui a demandé que la législation sur les conditions des logements et leur occupation soit unifiée pour l'ensemble de l'Empire ou, tout au moins, pour chacun des États confédérés. Pour arriver à la solution de ces questions par l'Empire, il s'est fondé, en 1898, une société particulière pour la loi d'Empire sur les logements (*Verein Reichswohnungsgesetz*). Obéissant à cette impulsion, le Reichstag a formulé avec insistance des réclamations en ce sens près du gouvernement impérial, mais celui-ci a observé jusqu'à présent une attitude négative quant à la question de la création d'une loi d'Empire sur les logements. Les États confédérés sont eux-mêmes fort loin d'avoir tous pris des dispositions uniformes pour l'ensemble de l'État, en ce qui touche la surveillance des logements. C'est seulement dans le Grand-Duché de Hesse, à Hambourg et à Lübeck, qu'il existe des lois nationales particulières organisant celle-ci. Dans le Grand-Duché de Bade, l'ordonnance nationale sur les constructions de 1907 a toutefois édicté des prescriptions générales et réglementé cette surveillance : dans les communes au-dessus de 10.000 habitants, il est institué des inspections permanentes de logements. En Württemberg, une ordonnance du 21 mai 1901 a introduit la surveillance obligatoire des logements dans toutes les villes chefs-lieux de sous-préfecture et dans toutes les autres communes de plus de 3.000 habitants. En Bavière, l'ordonnance du 10 février 1901 prévoit, pour les plus grandes villes et les localités où la population est particulièrement dense, des commissions de logements particulières, auxquelles peuvent être adjoints des inspecteurs des logements. En Saxe, la loi sur les constructions donne aux communes la possibilité d'établir la surveillance ; mais parmi les grandes villes saxonnes, seules Dresde et Chemnitz avaient, en 1912, fait usage de cette faculté. En Prusse, une réglementation uniforme fait défaut sur la matière. Un projet de loi sur les logements a été déposé, en 1903, mais il a été retiré par le gouvernement. La plupart des villes de Prusse ne possèdent pas de surveillance organisée, des inspections sont seulement faites à l'occasion par les commissions sanitaires. C'est seulement dans les districts de Düsseldorf, Lünebourg, Münster et Coblence qu'il a été rendu des ordonnances sur les conditions des logements et leur occupation. Le meilleur système adopté est celui du Grand-Duché de Hesse, où chaque logement soumis à la surveillance doit être inspecté une fois tous les deux ans. En Hesse, ainsi qu'en Bavière, en Württemberg et dans le Grand-Duché de Bade, il existe, pour exercer la surveillance, des inspecteurs nationaux particuliers des logements, qui s'occupent également de la prévoyance à l'égard de ceux-ci (Voir *Die Wohnungsfürsorge im Reiche und in Bundesstaaten*, mémoire émanant du ministère d'Empire de l'intérieur, 1904 ; *Wohnungsfürsorge in deutschen Staedten* (*Beitraege zur Arbeiterstatistik*, nº 11, 1910)].

(15) [Pour l'application de dispositions législatives sur les logements, des *offices des logements* (*Wohnungsaemter*) et des *inspecteurs des logements* (*Wohnungsinspektoren*) sont indispensables. Les attributions des premiers ont été l'objet d'une série de principes élaborés par la Société allemande pour la préservation de la santé publique (*Verein für oeffentliche Gesundheitspflege*), (17e *Vers. zu Leipzig*, 1891, p. 58-61). Ils seraient subordonnés aux autorités administratives communales, et comprendraient tout au moins chacun un membre pris dans la profession médicale et dans celles touchant à la technique de la construction. A des époques déterminées, ils organiseraient une inspection des logements, aussi bien à l'égard de leur situation au point de vue construction, qu'à celui de leur occupation, en particulier de leur surpeuplement éventuel. Ils ne devraient fonctionner à titre d'institution obligatoire que dans les villes de plus de 25.000 habitants. On peut toutefois faire observer que des localités industrielles ayant une densité de population moindre, et même les campagnes souffrent de la crise des logements. La France et la Belgique possèdent, dans les commissions ci-dessus mentionnées, des offices des logements analogues. En Suède, les commissions sanitaires sont, aux termes des lois du 25 décembre 1874 et 6 novembre 1885, responsables de l'occupation des logements insalubres ; elles peuvent s'opposer à leur location et prescrire des améliorations. Comme organe de l'office des logements, il

faudrait créer un *inspecteur des logements* qui serait un employé salarié au courant de la technique des constructions ; des surveillants bénévoles, recrutés parmi la bourgeoisie par analogie avec le système d'Elberfeld pour l'assistance, seraient en effet insuffisants]. *[La surveillance des logements ne doit avoir aucun caractère policier, il faut qu'elle soit à la fois protectrice et éducatrice dans ses effets. C'est pour cette raison que la collaboration de l'élément féminin, à titre actif aussi bien qu'honoraire, est à recommander en ce qui la concerne. La ville de Halle-sur-Saale et le cercle de Worms-campagne ont attaché à leur office principal des inspectrices de logements. Pour servir de base à la surveillance de ceux-ci, il sera rendu des ordonnances spéciales, déterminant le minimum d'exigences quant aux conditions qu'ils devront remplir. Dans le but d'en faciliter aux locataires la recherche et de contrôler constamment leur marché, on a souvent adjoint aux offices des logements avec bureau municipal de location. Dans quelques villes, ces offices se sont transformés en organes de prévoyance locative (W. v. KALCKSTEIN, *Die im Deutschen Reiche erlassenen Vorschriften über Benutzung und Beschaffenheit von Wohnungen*, 1907 ; *Das Charlottenburger Wohnungsamt*, 1911)].

(16) Une théorie excellente sur la crise des loyers a été formulée par SCHAEFFLE dans son *System* (3, II, 475, 548 et suiv.). Il y recommande instamment que les terrains à bâtir, propriétés de la ville ou expropriés par elle, soient ou construits par elle-même ou donnés par elle à bail (555). *[K. v. MANGOLDT propose de combiner le droit d'expropriation avec une taxe d'extension urbaine. Tout le terrain situé dans la zone d'extension et généralement estimé comme devant être bâti dans l'intervalle de cinquante ans sera taxé dans le présent selon sa valeur actuelle. Puis, lorsque l'extension urbaine rendra l'expropriation nécessaire, la valeur généralement déterminée par la taxe d'extension urbaine, augmentée d'un supplément modéré, sera admise lors de l'expropriation, comme chiffre d'indemnité maximum (*Staedtische Bodenfrage*, p. 478 et suiv.)].

(17) Une opinion publique teintée de socialisme peut produire chez les propriétaires de maisons une inquiétude susceptible d'aggraver encore la crise des loyers. A Paris, les grèves multiples des ouvriers du bâtiment ont amené un renchérissement de 40 0/0, non seulement sur les logements nouveaux, mais naturellement aussi sur les anciens (LEROY-BEAULIEU, *Répartition*, etc., 193).

(18) Au moyen âge, l'essentiel, dans la liberté d'établissement, était la faculté de déguerpir. Aujourd'hui c'est la faculté de s'installer qui est devenu le principal. Ad. Smith appelle le refus d'admission d'un étranger une violation manifeste de la liberté naturelle et de la justice (*Wealth of Nations*, I, ch. x, 2, p. 219 bas).

(19) La loi fédérale pour l'Allemagne du Nord du 1er novembre 1867 interdit aux communes toutes taxes d'immigration, et non seulement ainsi celles que dicterait un esprit de chicane dans l'intention de barrer le chemin aux nouveaux venus, mais encore celles parfaitement justes dont ceux-ci devraient acheter le droit de profiter des augmentations du capital urbain constitués par les citoyens plus anciennement établis. L'exemption même d'un trimestre d'impôts au profit des immigrés (art. 8), dont les « liquidateurs » de terrains ont fait un si pernicieux usage, doit être mise au nombre des primes attribuées à la partie flottante de la population aux dépens de la partie sédentaire. ADOLPHE WAGNER (*Allg. V. W. Lehre*, 3e éd., II, 135, § 70) a exprimé fort justement cette idée que l'ère des chemins de fer n'aurait pas dû assister à la suppression totale des restrictions anciennes, mais à leur atténuation seule. [Il faut pourtant considérer au fond comme douteux, que l'amélioration des logements puisse justement accélérer d'une manière artificielle l'immigration urbaine. Ce n'est pas, en effet, la liberté d'établissement qui a causé la crise des loyers. Cette liberté n'était que la suite nécessaire des changements survenus dans l'économie, la conséquence de la généralisation des chemins de fer et des machines à vapeur. Un fait expérimental est que l'immigration, dans ces dernières dizaines

d'années, a été partout très importante, et même en présence de logements misérables. La cause de ce phénomène réside dans les circonstances économiques générales. Si, pour ce motif, on ne peut justement empêcher l'afflux des immigrants, l'intérêt général commande certainement de combattre la transformation des classes populaires en prolétariat, en maintenant celles-ci dans des conditions sociales aussi saines que possible].

PREMIÈRE PARTIE

Industrie au sens étroit

CHAPITRE PREMIER

DÉVELOPPEMENT DE L'INDUSTRIE EN GÉNÉRAL

§ 9.

L'*industrie proprement dite suppose* une civilisation déjà en progrès dans ses besoins comme dans ses facultés. Elle appelle notamment un développement de la production des subsistances qui crée un excédent sur les besoins du producteur lui-même. Elle demande un raffinement dans la consommation, à laquelle les produits domestiques accessoires ne suffisent plus (1). Ceux-ci sont d'ordinaire l'œuvre du personnel féminin de la maison, le travail principal demeurant l'affaire des hommes (Vol. II, § 7). Aussi semble-t-il bien qu'à titre de professions indépendantes se sont manifestés tout d'abord les métiers généralement trop durs pour des femmes (2, 3). Toute industrie suppose en outre une certaine densité de population sans laquelle on ne saurait songer à une division convenable du travail, ainsi qu'une certaine quantité de capital, à l'égard de laquelle en particulier les moyens de communication jouent un grand rôle. En effet, la division du travail entre la production brute et l'industrie au sens étroit commande toujours une certaine concentration de cette dernière, et impose de la sorte aux produits finis, comme aussi et plus encore aux subsistances et aux matériaux à transformer, toutes sortes de difficultés de transport. — C'est une opinion totalement erronée que de croire, comme surtout au xviiie siècle de si nombreux économistes (4), que la marche naturelle du développement des principales branches de l'économie sociale amène tout d'abord l'agriculture à la maturité ; puis ensuite, lorsque l'agriculture elle-même est pour ainsi dire parvenue à un état de saturation, que les forces nouvellement constituées par le capital et le travail affluent habituellement vers l'industrie ; puis enfin que le commerce extérieur forme le stade final. En réalité, la plupart des peuples ont suivi des voies différentes. L'agriculture, après avoir atteint un certain degré, toujours fort peu élevé d'ailleurs, est restée pendant des siècles immobile. Dans l'intervalle, à des places spéciales favorablement situées, le commerce extérieur et le commerce d'entrepôt sont devenus florissants. A ces débuts d'une vie urbaine supérieure s'est rattachée dans la suite la première industrie proprement dite. Puis, les villes à leur tour ont réagi sur l'agriculture en réveillant celle-ci de son sommeil prolongé et en ont provoqué la croissance grâce à leur création de forces de capital et de travail (5). Bien souvent, la « sainte nécessité » apparaît comme « l'éducatrice des arts ». C'est vrai tout particulièrement de l'industrie qui, de tout temps, s'est trouvée, plus que l'agriculture, éloignée de l'âge de Saturne, où la nature offrait ses présents sans contrainte (Vol. II, § 22) (6). [On peut admettre en gros, que le métier proprement dit, c'est-à-dire le travail professionnel de ma-

tériaux bruts, a été précédé d'une époque au cours de laquelle
l'ensemble des besoins industriels d'une famille a été essentiellement couvert par la préparation domestique de ces
matériaux bruts qu'elle s'était elle-même procurés. Dans
cet ordre d'idées se rangent les artisans qui, rassemblés au
moyen âge dans les domaines corvéables et les cloîtres
poursuivent un but immédiat de production pour leurs besoins personnels. A côté se développent de fort bonne heure
l'industrie à domicile et le système du débit, où l'on ne
vise plus à la satisfaction du besoin local et où l'artisan
tombe sous la dépendance du marchand, qui veille à l'écoulement de ses produits. A partir du XVIIᵉ siècle en Allemagne, cet aspect du travail devient plus fréquent. En
Hollande et en France à la même époque, en Angleterre à
partir du XVIIIᵉ siècle, et plus tard encore en Allemagne,
on assiste à sa transformation en fabrique, c'est-à-dire à la
réunion dans un seul lieu d'un très grand nombre de travailleurs.]

(1) Sur les hypothèses de l'industrie générale, voir B. Fran-
klin, *Interest of Gr. Britain considered with regard to her colonies* (1760), *Works*, éd. Sparks, IV.

(2) Chez les Bédouins, on rencontre des maréchaux-ferrants
et des selliers (Burckhardt, *Notes*, p. 37) ; chez les Touaregs,
on trouve de nombreux forgerons, hommes notables et universels (Barth. *R.*, I, 409). Dans la langue finlandaise, les mots
signifiant forgeron et tisserand sont d'origine indigène, ceux
dont le sens est tailleur, tanneur, peintre, tourneur, sont d'origine suédoise ; Ruehs, dans son ouvrage, *Finnland und seine
Bewohner*, 1809, conclut de là à l'âge plus ancien des premiers.
En Scandinavie, pendant longtemps, tout travail de matière a
été désigné par le mot signifiant « forger » et même le travail
intellectuel (Weinhold, *Altnord. Leben*, 92). L'ancienne *loi sa-
lique* ne mentionne, en dehors des ouvriers agricoles, que le

faber ferrarius et l'*aurifex* (xxxv, 6, comp. x, 26). La *Lex Angliorum et Werinorum* (V, 20) connaît l'*aurifex*, le *harpator*, et il est vrai également, les tisserandes en « frise ». La grande importance des « frises » au moyen âge, dont parle déjà la *lettre de Saint-Boniface* (42) se rattache à la prospérité commerciale du pays de Frise, à sa situation relativement favorisée par l'absence d'invasions, aux nombreux troupeaux de moutons de ses marécages (v. INAMA-STERNEGG, *D. Wirtschaftsgesch.*, I, 141 et suiv.). En Hongrie, encore au début du xixe siècle, les compagnons tisserands étaient un objet de mépris, « parce que ce métier ne convient qu'aux femmes » (CSAPLOVICS, *Gemaelde von Ungarn*, II, 70). Le mot du vieil anglais « weevster » pour désigner une tisserande est pourvu de la terminaison féminine *ster*. Le mot *weaver* est plus nouveau, et l'expression *female weaver* n'a été créée que tout récemment. En Allemagne, encore au xiie et jusque même au xiiie siècle, le tissage a été presque seulement une occupation domestique des femmes (SCHMOLLER, *Strassburger Tucher-und Weberzunft*, 359 et suiv.). D'ailleurs, de nouveaux métiers continuent toujours de se séparer du travail à la maison. Ainsi, par exemple, en Angleterre, aux débuts du xviiie siècle, chaque fermier était obligé de malter lui-même son orge avant de la vendre, mais, en 1785, tout ce travail était passé aux mains de malteurs de profession (MARSHALL, *Rural economy of Yorkshire*, II, 17). De nos jours encore, le tricotage des bas à la maison est en voie de disparaître.

(3) Le développement industriel a été grandement favorisé par le fait que le bien de famille rural (*Bauernhof*) constituait un bien clos (*geschlossen*), ou lié (*gebunden*), non susceptible de modification ou de partage entre successibles. Ceux qui n'étaient point héritiers étaient ainsi presque forcés de se consacrer à l'industrie (VOGELMANN, dans *Archiv.* de Rau, 4, p. 14).

(4) Comparer, vol. II, § 22. Par contre, STORCH, dans son *Cours d'Economie politique*, 1815, I, 8, ch. ii, a déjà admis, avec raison, que le commerce enrichit plus vite que l'industrie. De même le « capital » est devenu, en Angleterre, bien plus ra-

pidement puissant dans le commerce que dans la fabrique (voir HELD, *Soziale Geschichte*, 566).

(5) Le grand commerce d'exportation des laines de l'Islande à la fin du moyen âge a son origine, d'une part, dans le super-'flu de l'île en laine brute et en heures de loisir durant l'hiver ; d'autre part, certainement aussi dans le besoin intense de marchandises étrangères, que devait éprouver un peuple colonial relativement alors si cultivé au milieu d'une nature si avare (K. MAURER, *Island*, 409, 421 et suiv.) ; [E. BAASCH, *Die Islandsfahrt der Deutschen*, p. 58, 71 et suiv.]. — Aujourd'hui, le soutien le plus ferme de la grandeur industrielle de l'Angleterre est sa richesse en houille. Mais la défense d'Edouard Ier, de brûler à Londres ce combustible, parce qu'il corrompait l'air, a été renouvelée après lui et n'est tombée tout à fait dans l'oubli que sous Charles Ier. En 1620 encore, les fonderies de fer de Lord Dudley, fonctionnant au charbon de terre, furent détruites par la populace. C'est seulement en 1740, qu'à la suite de la cherté croissante du bois, la consommation de la houille passa à 17.000 tonnes annuellement, et à 22.000 en 1750. (MACCULLOCH, *Stat. Acc.*, I, 569, 579). C'est ainsi encore que l'industrie cotonnière saxonne date de la guerre de Sept ans, qui apporta des entraves à la fabrication du drap et de la toile et causa en même temps la rareté des cotonnades indiennes. [A. KOENIG, *Die saechsische Baumwollindustrie*, 1899 ; G. GROELLICH, *Die Baumwollweberei der saechsischen Oberlausitz*, 1911]. L'industrie française a reçu de la Révolution une impulsion puissante : les nécessités de la guerre appelèrent dans les ateliers une foule de savants, et beaucoup de découvertes furent faites qui eurent une fécondité durable.

(6) L'opinion émise par K. BUECHER dans son ouvrage *Ueber Entstehung der Volkswirthschaft*, 1893, p. 81 et suiv.), que la production salariée représenterait un échelon antérieur au métier proprement dit, ne peut se soutenir. Elle a été combattue, notamment par VON BELOW dans la *Historische Zeitschrift*, neue Folge, 50, et par W. SOMBART dans *Der moderne Kapitalismus*, 1902, p. 92.

§ 10.

L'industrie se rattache dans sa structure la plus intime à la vie de la cité, qui sans elle ne serait que très exceptionnellement en état de nourrir une agglomération d'hommes de quelque importance (voir ci-dessus, § 4, et vol. II, § 19 et suiv.) Les industries accessoires elles-mêmes, qu'on qualifie volontiers d'agricoles, prennent d'ordinaire naissance d'abord dans les villes, à cause du besoin restreint qu'on a de leurs produits et du prix élevé qu'ils atteignent. Elles émigrent ensuite vers la campagne, mais retournent finalement le plus volontiers à la ville lorsque leurs déchets viennent à y trouver un marché rémunérateur (1). [En outre, le développement industriel est placé sous la dépendance de la constitution agraire. Les régions de grande propriété sont industriellement moins développées que celles où la moyenne et la petite propriété occupent une place prépondérante. Les premières, en effet, ne manifestent pas un pouvoir d'achat et d'absorption des productions journalières égal à celui des secondes. En Allemagne, on peut observer que la Posnanie, la Prusse orientale et occidentale, la Poméranie, ainsi que le Mecklenbourg, dans lesquelles la grande propriété domine, ne témoignent que d'une industrie relativement peu importante]. L'industrie est en étroite réciprocité d'effets avec la liberté personnelle. Dès que la première se développe, s'affaiblit le principal soutien du servage, c'est-à-dire l'impossibilité de se nourrir où se trouvent, dans l'état agricole élémentaire, les non propriétaires du sol. D'autre part, c'est la liberté seule des classes inférieures qui crée les ouvriers habiles et laborieux en nombre suffisant aux besoins d'une importante industrie.

Les industries lés plus considérables, celles surtout qui travaillent pour la consommation en masse des produits usuels, ne peuvent trouver une base suffisante pour l'écoulement de leurs produits dans une condition des ouvriers qui serait servile, c'est-à-dire limitée au minimum nécessaire à l'entretien de l'existence (2). Si l'antiquité comme l'Orient, en dépit du degré supérieur du reste atteint par leur civilisation, ne sont jamais parvenus à un développement industriel vraiment remarquable, cela est dû, en grande partie, à ce que tous deux n'ont jamais entièrement renoncé à l'esclavage (3, 4, 5). Mais de plus hautes perspectives s'ouvrent encore au caractère civilisateur de l'industrie. C'est elle qui a fait naître la maxime, étendue progressivement ensuite aux autres branches de l'activité économique : « si c'est la dignité de sa fonction qui honore le roi, que ce soit le labeur de nos mains qui nous honore ». Ce sentiment de l'honneur, en même temps cause et effet de la puissance économique (6), favorise dans la vie d'un Etat l'ascension des éléments démocratiques, d'autant mieux que le travailleur industriel doit, bien plus que le travailleur agricole, avoir le souci d'un public dont il fait lui-même partie intégrante.

(1) REUNING, *Festschrift der 25 Versammlung deutscher Land-und Forstwirte*, 1865, p. 1714) ; H. CRUSIUS, *Die technischen Gewerbe in der Landwirtschaft*, 1885 ; LASPEYRES, dans la *Vierteljahrschrift* de FAUCHER, 1871, 2, p. 10, 16, 18.

(2) Dans les États esclavagistes de l'Amérique du Nord, le duc de Larochéfoucauld-Liancourt trouva souvent, au cours de son voyage de 1795 et années suivantes, des tables splendides avec de la vaisselle d'argent, etc., dans une chambre où la moitié des vitres des fenêtres manquaient depuis des années (*Voyage*, X, 2, p. 95).

(3) Un second motif qui se rattache à cette situation se

trouve dans l'antiquité comme en Orient, dans l'insuffisance relative des moyens de communication et dans l'insécurité du trafic. C'est aussi pour cette raison que dans l'antiquité, la proximité des matériaux bruts à utiliser est restée, par exemple, un motif plus décisif de l'établissement d'une industrie que dans les temps modernes. Sur l'économie publique en Grèce et à Rome, voir vol. I, § 47.

(4) A Rome, pendant longtemps, les artisans n'ont été jugés dignes de l'honneur de porter les armes que devant l'impérieuse nécessité d'une menace de guerre (NIEBUHR, *Roemische Geschichte*, III, 197, 254). Dans l'*antiquité*, les industries travaillant pour l'exportation sont, à peu d'exceptions près, des industries de luxe. A Carthage et Milet, on a fabriqué de belles étoffes de laine, en raison de la proximité des troupeaux de moutons à laine fine de la Lybie et de l'Asie-Mineure. Cos a tissé la soie (ARISTOTE, *Hist. anim.*, V, 19) ; (PLINE, *H. N.*, XI, 27). Amorgos a possédé des tissages de toile fine (ARISTOPHANE, *Lysistrata*, 150, *cum schol.* ; SUIDAS, s. v.). Il a existé à Malte une industrie capable de travailler trois années de suite à un vêtement féminin (CICERON, *Verr.*, IV, 46, 103). Le travail précieux des métaux, à Ægine d'abord, et plus tard à Corinthe, Ephèse, Athènes, les éventails et les trépieds d'or de Delphes (*Athen.*, V, 26, VI, 70); les poteries fines d'Athènes et de Corinthe, aussi de Mégare, de Samos et de Rhodes (PLINE, *H. N.*, XXXV, 46 ; CURTIUS, *Peloponnesos*, 1, 408) ont tout à fait le caractère d'industrie d'art (MOMMSEN, *Inscr. R. N.*, 3784, 3811). C'est encore Athènes qui a présenté le plus de ressemblance avec l'industrie moderne : une armurerie y occupe trente-deux ouvriers ; une fabrique de lits, vingt (DEMOSTH., *Adv. Aphob.*, I, 816) ; la cordonnerie y est florissante (POLLUX, VII, 89), et Socrate, par exemple, y puisait volontiers ses allusions. Il ne faut pas s'imaginer comme par trop restreinte l'industrie des anciens. Les Sybarites portaient principalement des vêtements de Milet (*Athen.*, XII, 519), Ægine et Tarente coopéraient à la fabrication des flambeaux, selon la phrase de PLINE (*H. N.*, XXXIV, 6), *Ægina superficiem, Tarentum sca-*

pos : Ægine fabriquait la partie supérieure, celle correspondant au degré de civilisation le plus élevé, Tarente la tige. Les cordonniers avaient donné naissance aux métiers séparés des *calceolarii, gallicarii, caligarii, solearii, crepidarii, cerdones, sandaliarii*, et il existait même un véritable *vicus sandaliariorum* indépendant (MARQUARDT, *Roem. Altert.*, 5, p. 2, 21). Il n'y a qu'à se remémorer l'histoire du verre à vitres, du savon et des livres, pour apprécier les progrès de la diffusion populaire réalisée par l'industrie moderne (Voir HERMANN, *Staatswirtschaftliche Untersuchungen*, 2e partie, 102 ; BUCHSENSCHUETZ, *Die Hauptstaetten den Gewerbfleisses im klassischen Altertum* ; BLUEMNER, *Die gewerbliche Taetigkeit der Voelker des klassischen Altertums*, 1869) ; [EDUARD MEYER, *Die wirtschaftliche Entwickelung des Altertums*, dans les *Kleine Schriften*, 1910)]

(5) En Orient, l'industrie possède avec celle de l'antiquité cette particularité commune de ne connaitre essentiellement que les deux extrêmes. Une industrie grossière y satisfait les besoins courants, elle est entièrement domestique ou tout au plus locale. A côté, une précieuse industrie de luxe travaille pour le dehors. C'est ainsi qu'en Chine sont surtout florissantes la taillerie de pierres, la sculpture sur ivoire, la confection d'objets incrustés et laqués, la fabrication de la porcelaine, la broderie et la parfumerie. Le Siam a son orfèvrerie et ses soieries, d'un fini achevé. Les industries du Kachmir, le papier, les tapis, les châles, les fins ouvrages de bois, de laque, d'acier, le sucre, l'essence de roses, y sont prospères pour des motifs analogues à ceux qui se rencontrent en Suisse : la situation alpestre y a longtemps préservé des guerres ; la population s'y est pressée de très bonne heure et a même rendu nécessaire une culture intense des plantes aquatiques ; le climat y est fort tempéré par comparaison à celui du Bengale. Hérat fabrique de précieux tapis de laine et de soie ; Yezd a ses étoffes d'or et ses armes ; Chiraz ses armes, ses émaux, ses objets d'or, ses miroirs, etc. L'importance du tissage des tapis en Orient est certainement due à ce que les peuples nomades sont obligés d'avoir

une préférence marquée pour ce genre de meubles (Comparer déjà le 2e livre de Moïse, 26, 36, 8).

(6) Au moyen âge, la décadence d'une ville en état de porter les armes s'accompagne, en général, de sa décadence industrielle (Voir WACHSMUTH, *Europ.*, *Sittengesch.*, 4, p. 523). En Flandre et en Brabant, l'industrie s'affaiblit lorsque les villes perdirent leur indépendance vis-à-vis du souverain (ANDERSON, a. 1331, 1380).

(7) En Grèce, les plus anciens tyrans, ces précurseurs de la démocratie, ont fait beaucoup pour l'industrie : citons Périandre, Pisistrate, Polycrate. Solon a institué des poursuites publiques contre l'oisif. Tout citoyen devait pouvoir indiquer ses moyens d'existence et faire apprendre un métier à ses enfants. Plus tard également à Athènes, les hommes d'État qui ont progressivement établi le régime de la démocratie pure, ou cherché à relever l'industrie : tels Thémistocle (DIOD., XI, 43) et Périclès (THUCYD. II, 40) ; Cléon, Eucrate, Cléophon, Hyperbole, Lysias, ont été eux-mêmes artisans. Par contre, une loi de l'aristocratique Thèbes portait que quiconque ne pouvait exercer de fonctions publiques, s'il avait depuis moins de dix ans, pratiqué un métier forain (ARISTOTE, *Polit.*, III, 3, 4 ; VI, 4, 4). Xénophon (*Œcon.*, 4, 2 ; *Memor.*, IV, 2, 22), et Platon, *De rep.*, VI, 495 ; IX, 590 ; *De legg.*, VIII, 846), étaient d'aristocratiques contempteurs de l'industrie.

§ 11.

Une importance multiple s'attache à la question de *l'ordre naturel successif des branches particulières de l'industrie*. Une roche dénudée qui s'effrite progressivement ne peut commencer par porter des arbres, mais se revêt d'abord de lichens, de mousses, etc. Puis sur la croûte de terre qui s'est formée par leurs débris apparaissent des herbes, des plantes herbacées, des arbustes, des arbres, et ce n'est que tout à fait à la fin que peuvent pousser les céréales ordinaires. Ainsi, certaines industries supposent certaines autres antérieures, sans que réciproquement les premières soient à leur tour la condition préalable de l'existence des secondes.

Chez les *peuples très primitifs* dont l'industrie ne produit que les seuls objets nécessaires à leurs propres besoins domestiques, la fabrication commence d'ordinaire avec des matériaux dont l'état brut s'approche de très près de la forme finalement projetée. Ainsi, par exemple, les toisons de moutons ont été portées avant les étoffes de laine. Sous ce rapport aussi, c'est aux dépens de leur civilisation que les pays tropicaux (Vol. I, §§ 36, 209) ont été spécialement « favorisés » par la nature. (1) Dans l'ensemble, les matériaux d'origine animale ont été travaillés antérieurement à ceux d'origine végétale. La mise en œuvre des minéraux n'est parvenue que très tard, en raison de ses difficultés techniques plus fortes, à acquérir une notable importance (2). On peut affirmer d'une façon très générale, que l'histoire a débuté par les métiers susceptibles d'être exercés en petit, avec une division du travail restreinte, et des capitaux modestes qu'il n'était pas, en outre, besoin d'immobiliser longtemps, l'écoulement des produits étant rapide et surtout à proximité (3). La loi de succession est encore plus clairement démontrée, quand certaines espèces de fabrication ne deviennent possibles que lorsque les progrès de la technique ont appris à triompher des résistances de la nature au travail de la matière première (4). Au xviiie siècle l'opinion s'était répandue que le développement « naturel » de l'industrie débute par une façon grossière et superficielle donnée aux matériaux bruts indigènes et destinée tant aux besoins du dehors que tout particulièrement aussi à ceux des consommateurs les plus pauvres de l'intérieur. Des progrès consécutifs auraient permis de passer à une fabrication toujours plus fine, s'adressant de plus en plus au public fortuné, jusqu'à ce qu'enfin le travail de matériaux bruts étrangers poussé à un degré d'achèvement supérieur, et en vue pour partie d'une réexportation lointaine, soit venu fournir l'apogée de la marche des choses. L'expérience démontre toutefois que cette suite prétendue « naturelle » des évènements n'est exacte que *là où un peuple très civilisé intervient dans des conditions primitives* pour en amener le développement artificiel. Il en est ainsi des colonies de métropoles riches et cultivées, comme du commerce d'un peuple raffiné avec un autre encore barbare et placé sous sa domination économique (5). On se trouve en tous cas, en présence d'un tournant significatif de l'histoire économique d'un peuple, quand il commence à exporter ses produits nationaux dans un état qui n'est plus tout à fait brut. Un pays producteur de grains fait généralement bien d'orienter son industrie d'exportation, tout d'abord vers la meunerie. En effet, la mouture, celle surtout perfectionnée, de même qu'avant elle le battage des gerbes, séparent de la matière première les parties qui, par rapport à leur poids, présentent la moindre valeur et sont le moins riches en résidus. La matière première en excédant devient ainsi d'un transport, non seulement plus facile, mais présentant encore des inconvénients moindres par rapport à l'équilibre de l'agriculture (Vol. II, § 43) (6).

(1) Les vases ont subi ainsi un développement progressif. Les premiers ont été des coquillages, des écailles de fruits, par exemple d'arbres à calebasses (Wappaeus, *Brasilien*, 1328) ou autres semblables, c'est-à-dire des produits naturels presque finis. Puis leur ont succédé des imitations en cuir, en fibres entrelacées, etc., ensuite en argile, enfin en métal (Klemm, *Allg.*

Kulturgesch., I, 188). Les indigènes d'Haïti utilisent des fruits naturels comme savons, des sections de tiges de bambou comme bassins et comme seaux, des lianes tressées comme cordages, des épines comme aiguilles, etc. (NICHOLLS, dans la publication de TOEPPEN, *Aus allen Weltteilen*, juin 1881, 267). Avant que les objets en caoutchouc ne fussent importés en Amérique, les Indiens possédaient déjà des pipes à fumer le tabac et des seringues en caoutchouc formées naturellement par l'écoulement et la coagulation de celui-ci autour de branches minces (WAPPAEUS, *op. cit.*, 1324). Les plus anciens tuyaux ont été faits avec des peaux d'animaux dont on avait recousu les ouvertures naturelles. Les cordes primitives des peuples nomades ont été confectionnées en crin de cheval.

(2) Le miel a précédé le sucre de canne. En Italie, le lin était encore inconnu aux temps de Pythagore (DIOG. LAERT., VIII, 1, 19). En Egypte, les momies ont été, aux débuts, enveloppées de laine de mouton ; les bandelettes de toile ont commencé seulement avec la douzième dynastie (YATES, *Textrinum antiquorum*, 1, 256 et suiv.). Parmi les matières colorantes, la pourpre des coquillages a été la première, l'aniline la dernière à acquérir une importance considérable. Pendant longtemps, les vitres de fenêtres, les couvercles de montres, ont été en corne au lieu de verre. Il est caractéristique que la langue primitive indo-germanique ne connaît point d'expressions pour l'industrie proprement dite des mines et fonderies. Elle en possède de même encore beaucoup moins de communes avec la langue actuelle pour désigner les minéraux, qu'elle n'en a pour les plantes et les animaux. Pour les bahuts du moyen âge, un des principaux articles du mobilier de cette époque, on a successivement employé depuis l'ivoire jusqu'au bois, depuis le cuir pressé jusqu'au carton. Ce n'est que très tard que le pétrole et le gaz d'éclairage, les vêtements, les tentures en verre ou en amiante, les plumes d'acier ont acquis de l'importance. (Comparer EM. HERRMANN, *Prinzipien der Wirtschaft*, 82, 86). En France, en 1788, sur la valeur d'ensemble de la production industrielle, on comptait 18 0/0 pour les produits minéraux,

34 pour les végétaux, 48 pour les animaux (TOLOSAN). Par contre, en 1812, les chiffres respectifs atteignaient, d'après CHAPTAL, 22, 42 et 28 0 /0.

(3) Voir RAU, *Ansichten der Volkswirtschaft* (1821), n° 4.

(4) Charlemagne et plusieurs de ses successeurs apposaient leur cachet au moyen de gemmes romaines, auxquelles on avait ajouté une invocation au Christ de protéger l'Empereur. Depuis Louis le Germanique, on imita l'antique sous la forme de la propre image du souverain (STUMPF, *Der Reichskanzler*, I, 1, p. 106 et suiv.).

(5) Gustave Wasa fit exporter les fers de Suède en Allemagne, d'abord sous forme de minerai, puis sous forme de fonte. Après qu'il eut fait venir d'Allemagne des forgerons, l'exportation de la fonte fut interdite en 1545 et remplacée par celle du fer en barres. Pendant les troubles qui survinrent sous ses successeurs, les fonderies et les forges déclinèrent, de sorte que jusqu'en 1604, ce fut presque seulement de la fonte qu'on pût exporter. Charles IX revint à la politique de Gustave Wasa, et n'autorisa qu'exceptionnellement l'exportation de la fonte commune. Dès lors, attirés par l'éclat belliqueux à cette époque de la vie populaire suédoise, vinrent bientôt des commandes de l'étranger en boulets, en canons, etc. Sous Gustave-Adolphe, forger des armures, des piques et des mousquets était devenu une industrie domestique des paysans dans bien des provinces : beaucoup d'entre eux payaient leurs impôts sous forme d'armes (GEIGER, *Schwed. Gesch.*, 2, p. 118 et suiv., 346, 3, p. 61 et suiv.). Dans l'État de New-Jersey, les fonderies de fer étaient florissantes avant la Révolution, tandis que les forges ne pouvaient soutenir la concurrence anglaise. Les principaux produits de l'État de Massachusetts étaient du mauvais rhum et du sucre, en raison de ce que l'Amérique n'éprouvait nul besoin de faire venir tout travaillés d'Angleterre, au prix d'un énorme détour, des produits bruts poussant à sa proximité immédiate. On citait encore parmi eux la potasse, les cordages, la toile à voile, les vaisseaux équipés, à cause des bois en excédent et de l'importance de la navigation ; les chapeaux gros-

siers dont les chasses aux castors toutes voisines fournissaient la matière ; le blanc de baleine, l'huile, etc., provenant des pêcheries (EBELING, 3, p. 469 ; 1, p. 315 et suiv.).

(6) Lorsque Humboldt se trouvait en Amérique, les Mexicains ne savaient comment débarrasser leur coton de ses graines, ce qui faisait baisser des deux tiers le prix sur place de la marchandise. L'invention de la machine à égrener, dite saw-gin, les sortit d'embarras. Depuis lors, même dans le sud des États-Unis, l'exportation du coton brut a pris un puissant essor, et à côté d'elle, la filature grossière est également devenue florissante. L'échelon suivant est représenté par la ville de Lowell de l'État de Massachusetts, où la fabrication des étoffes grossières est prépondérante. D'après STEINHAUS (*Russlands industrielle und kommerzielle Verhaeltnisse*, 1852, p. 243 et suiv.), les Russes exportaient la laine de leurs moutons généralement en suint, parce que le climat, l'eau, etc. en rendaient le lavage très difficile. [Les magnifiques gisements d'argile de la partie sud-ouest du Westerwald ont fourni pendant longtemps quantité de blocs bruts pour l'exportation. Peu à peu ensuite, la fabrication des pots à boire, des cruches à eau minérale et à eau-de-vie, des pipes à fumer, ont formé, en se développant, des branches d'industrie florissantes, ne travaillant pas seulement pour la consommation locale, mais trouvant aussi des débouchés en Autriche, Suisse, Hollande, Belgique, Angleterre, Norwège et Suède, et même jusqu'en Amérique (*Schr. d. V. f. Sozialp.*, 62, p. 383, 409, 440)].

§ 12.

Le développement de l'industrie se poursuit de façon différente dans les pays qui ne sont pas satellites d'un étranger très avancé en civilisation (1). Un intérêt capital s'attache à la question de savoir si *l'industrie précieuse des objets de luxe est la première à prospérer*, ou si c'est au con-

traire, celle des objets communs, travaillant pour les besoins de la masse. Le « bon sens » ferait pencher en faveur
de cette dernière opinion, mais l'expérience historique
prouve le contraire. La partie de la population désignée par
l'expression de classe moyenne est, chez la plupart des nations qui se sont développées d'une manière indépendante,
d'une origine beaucoup plus récente que la classe des
maîtres et celle des serviteurs. Elle n'acquiert, en général,
d'importance que lorsque les métiers sont devenus florissants, et justement grâce à leur essor. Il s'en suit que ces
débouchés proches et certains, dont chaque métier a besoin
pour se risquer, ne peuvent s'appuyer sur la consommation
de la classe moyenne. Les classes qui lui sont inférieures
sont trop pauvres et trop grossières pour apporter ici leur
aide : chaque maison, en effet, y produit encore elle-même
« par ses propres ressources » tous les objets qui lui sont
nécessaires. Aussi longtemps que le paysan russe n'a acheté
que « le sel et le fer », il n'a pu que se prêter fort peu aux
profits industriels (3). Aussi ne reste-t-il guère à l'industrie,
lorsqu'elle veut conquérir le marché intérieur, que la consommation surtout des riches et des aristocrates. C'est
pour ce motif que Colbert, en prenant des mesures pour
stimuler en France, les progrès des métiers, a surtout visé
les industries de luxe. (4) On a très mal à propos comparé
sa façon d'agir avec celle d'un particulier qui porterait des
galons d'or, des joyaux et des dentelles sans posséder au
préalable une simple chemise (5). Il existe encore aujour-
d'hui des peuples barbares, beaucoup plus adroits à fabriquer certains produits spéciaux d'une supériorité très-
grande, que d'autres plus nombreux et de bonne qualité (6).
Au surplus, le fait se répète-t-il en particulier souvent
qu'une précieuse production de luxe ouvre, pour ainsi dire,
la voie à une autre d'objets communs et en grandes masses.

Les arts de l'émaillerie, de la fonderie, de l'étirage, ainsi que le laminage en feuilles minces, ont tout d'abord employé les métaux nobles, puis ensuite le cuivre et l'étain (7). Les falsifications sont toujours et partout plus récentes que les marchandises loyales, et l'on a aussi commencé par faire des eaux-de-vie très fortes, des papiers de qualité supérieure et durable. Les dorures sont, avec le temps, devenues toujours plus minces, jusqu'à ce qu'enfin l'on ait inventé le vernis d'or tout à fait artificiel (8). On s'explique d'ailleurs facilement, que chez les peuples en décadence, qui ont perdu la plus grande partie de leur industrie, certains métiers de luxe puissent encore continuer longtemps de survivre (9).

Lorsqu'il s'agit de *travailler un produit brut étranger*, les peuples industriels d'une civilisation très avancée cherchent surtout à l'obtenir à l'état le plus brut possible. Leurs capitaux surabondants, leurs forces innombrables de travail et d'intelligence se font entre elles une concurrence si vive, qu'elles rendent désirable toute extension de leurs « coudées franches ». Leurs armateurs développent de plus en plus leurs services et baissent sans cesse leurs frêts, même lorsque les déchets ne sont pas, au préalable, séparés d'avec la marchandise transportée. Leur industrie perfectionnée sait exécuter les travaux préparatoires beaucoup mieux que d'autres pays, qui ne s'occupent principalement que de production brute (chap. VII). La même loi naturelle entre donc ici en jeu, qui dans le commerce proprement dit et à un degré de civilisation supérieur, simplifie toujours les transactions (§ 18). Les peuples, parvenus au plus haut degré de culture marquent, en général, un intérêt particulier pour le trafic avec ceux dont la civilisation est assez peu avancée, parce que c'est chez ces derniers que la matière première se trouve à meilleur compte et que les produits fabriqués atteignent le plus haut prix, tandis qu'il en est inversement chez les premiers (Vol. I, § 130). Lorsque par contre, un peuple industriel à demi développé seulement veut travailler une matière exotique, il agit au mieux en l'important, aux débuts, sous une forme presque achevée, pour qu'il ne lui reste à donner que la façon définitive (10). Cette règle souffre naturellement une importante exception lorsque le stade final de la fabrication d'un produit est d'une nature telle, que seuls des peuples d'une civilisation avancée sont aptes à l'entreprendre.

(1) Ad. Smith (*Wealth of Nations*, III, ch. iii), distingue fort justement les industries qui mettent en œuvre des matières premières venant de l'étranger, et qui sont filles du commerce extérieur, de celles qui perfectionnent des produits bruts indigènes et se trouvent, la plupart du temps, placées à l'intérieur du pays. Il appelle ces dernières « les plus naturelles », mais il doit confesser pourtant qu'elles sont en Europe, en général, les plus récentes.

(2) v. Haxthausen, *Studien*, 3, p. 569.

(3) Dans la France ancienne, un trône d'un éclat extrême avec le clergé et la noblesse de cour était presque tout, la bourgeoisie presque rien. Les paysans avaient été considérés par Jean Bodin (*De republica*, 1591, III, 8) comme un accessoire seulement du commerce des grains, de la boulangerie et de la boucherie ! Pourtant, d'une façon très générale, le peuple français possède, au point de vue productif, les capacités et les dispositions les plus étendues pour les métiers raffinés touchant aux sciences et aux arts. Colbert a dû tenir compte de cette particularité. Comme lui et avant lui, Henri IV avait introduit en France, à peu près seulement des industries de luxe. Peu de temps encore avant la Révolution, les ustensiles domestiques communs, etc., étaient extrêmement grossiers, mais ceux des riches étaient aussi beaux qu'à présent (Levasseur, *Histoire des classes ouvrières*, II, 374). Aujourd'hui de même, les Siamois

sont fort habiles au travail artistique de l'or et de l'argent, tandis qu'ils importent des cotonnades ordinaires (WAPPAEUS, 450).

(4) Chez les Germains, la fabrication des armes semble appartenir aux industries développées les premières ; elle était déjà chez les Vandales, aussi parfaite qu'estimée (PAPENCORDT, *Geschichte der Vandalen*, 261). La confection d'ornements métalliques ne l'était pas moins, comme en témoigne la vieille légende germaine de Wieland le forgeron (voir W. WACKERNAGEL, dans la *Zeitschrift für deutsches Altertum de* HAUPT, 9, p. 538 et suiv.). Il faut ajouter la production de vases en métaux précieux chez les Francs (LOEBELL, *Gregor von Tours und seine Zeit*, p. 405), ainsi que chez les Wisigoths (*Lex Visig.*, VII, 6, 3). Ces métaux, en effet, sont particulièrement faciles à travailler. En outre, à ces époques de droit fort précaire, elles représentaient une valeur très importante, facile à dissimuler et à transporter. Enfin, ils répondaient aux besoins particuliers du luxe au moyen âge, dont la forme la plus ordinaire, les grands festins et leurs suites, ne pouvait occuper l'industrie (vol. I, § 225). De splendides travaux en bronze se rencontrent dès l'époque des Ottonides. Parmi les présents adressés par Henri le Lion à la Cour byzantine apparaissent, en dehors des étoffes de laine et de toile, des ouvrages d'armurerie et de sellerie (*Chronique* d'ARNOLD DE LÜBECK, I, 4), ce qui permet de conclure pour ces industries à un développement relatif. Chez les Wendes est particulièrement ancienne la fabrication d'idoles en métal, parce que les peuples voisins, convertis au christianisme, ne pouvaient fournir de marchandises de cette nature (GIESEBRECHT, *Wendische Geschichte*, 1, p. 20).

(5) Les Indiens du Chili sont fort habiles à tresser le cuir, et généralement à tous les ouvrages confectionnés à l'aide seule des mains (POPPIG, *Reise*, I, 386). L'industrie du Bornou est fort adroite : des écorces de courges, peintes de façon fantastique, sont façonnées en plats ou en cuillers (ROHLFS dans les *Petermann's Mitteilungen*, fascicule complémentaire 25, p. 59). Les Bouriates se distinguent par leurs pièces forgées, spéciale-

ment par leurs motifs en argent plaqués sur fer (WAPPAEUS, *Asien*, 104).

(6) L'eau-de-vie a été obtenue d'abord par la distillation du vin, puis de la lie de vin, des grains, des pommes de terre, en dernier lieu même, des matières de moindre valeur encore. Les tentures artistiques veloutées par poudrage sont plus anciennes que celles simplement imprimées ; celles en toile ont précédé de même celles en papier. Au moyen âge, on cachetait avec de la cire naturelle ; au milieu du xvie siècle on s'est servi de cire à cacheter, et les pains à cacheter ne sont pas apparus avant la guerre de Trente ans. Les miroirs en argent sont venus avant ceux en verre, et les plus anciens de tous sont ceux en argent le plus fin. Le simple flottage en bûches du bois à brûler est fort postérieur au flottage des radeaux ordinaires de bois de construction (BECKMANN, *Beitr. z. Gesch. der Erfindungen*, 2, p. 583 et suiv., 553 et suiv. ; 3, p. 277 et suiv., 156). Les premiers graveurs sur cuivre ont été les orfèvres, auxquels l'art plastique est également en grande partie redevable de ses débuts : nous citerons les exemples de Ghiberti, Donatello, Brunellesco. Souvent, à leur époque, pour une fabrication, le passage à l'emploi d'une matière première à plus bas prix a eu pour effet d'étendre son marché et de provoquer en même temps un essor intellectuel. Lorsque l'ornementation des livres par les miniatures passa des moines aux peintres de profession, cet art commença par déchoir, mais bientôt, la sculpture sur bois, la gravure sur cuivre, etc., obtinrent plus qu'un simple succès. Il en fut de même quand les manuscrits sur parchemin qui, pour la plupart, avaient fort longtemps servi d'offrandes, cédèrent la place aux manuscrits sur papier à l'usage des savants. Une méthode nouvelle de travail est-elle inventée, on aspire souvent seulement d'abord à se rapprocher le plus possible des produits obtenus au moyen de l'ancienne : ainsi l'imprimerie a commencé par imiter les manuscrits. On apprend progressivement ensuite à tirer des forces particulières de la méthode nouvelle leur pleine utilisation (BECKMANN, *Beitr.*, 3, p. 304).

(7) (BECKMANN, I, 40, 56 et suiv.). Plus d'une industrie se

trouve fondée sur l'emploi de forces naturelles dont on ne savait primitivement se servir que pour des amusements. L'art de préparer les sorbets à la glace en est un exemple et les Chinois, de même, n'ont longtemps fait usage de la poudre à canon que pour des feux d'artifice. Les montres ont commencé par être des jouets (BECKMANN, 4, p. 200, 1, p. 313). En Perse, les télégraphes, les machines à vapeur, etc., ont été importés tout d'abord, non pas en raison de leur utilité, mais à titre d'amusement pour le Shah (BRUGH, *Reise*, 2, p. 301).

(8) Citons dans cet ordre d'idées l'industrie de la mosaïque à Rome et à Florence, celle de la verrerie à Venise. La chose est très frappante pour les travaux du cuir à Fez.

(9) L'industrie de la vallée de la Wupper a commencé par le blanchiment du fil de Hollande, depuis le xve siècle. Successivement ensuite y sont apparus le retordage et la rubannerie, puis, en 1736 les siamoises, en 1750 les taies de lit, les rubans dits fleurets et les étoffes moitié soie ; en 1775, les soieries, et enfin, depuis 1784, la teinture des andrinoples et la construction des machines. [Voir E. GOTTHEINER, *Studien über die Wuppertaler Textilindustrie*, 1903 ; A. THUN, *Die Industrie am Niederrhein*, 1879].

(10) Tandis que, par exemple, la draperie ne pouvait se maintenir à Bâle, une industrie importante d'apprêts et de teinturerie de draps bruts continuait de subsister, liée d'ailleurs à la richesse en capitaux, à l'essor commercial et à la culture générale bâloises.

§ 13.

La *classification* des branches de l'industrie peut être tentée, en partant de points de vue très différents. C'est ainsi que le technicien prendra la nature de la matière brute à travailler ou les procédés qui, pour chaque genre de travail, sont les plus importants. On peut distinguer des industries mécaniques et des industries chimiques, selon

que la forme ou la substance du produit naturel brut se
trouvent modifiées. On ne manquera pas de remarquer que
beaucoup d'industries appartiennent aux deux catégories,
notamment la fabrication du verre (1). Le statisticien ou le
directeur d'une exploitation industrielle emploieront,
comme point de départ, la nature différente des besoins
sociaux auxquels les industries doivent satisfaire. C'est
ainsi que l'exposition de Paris, en 1878, comprenait neuf
groupes et vingt subdivisions. [Les recensements industriels
dans l'Empire allemand ont séparé, en 1895, vingt-et-un
groupes, et, en 1907, vingt-trois, avec 128 classes et 330 espèces (2)]. L'économiste devra, en outre, tenir compte de
beaucoup d'autres points de vue, et ainsi par exemple, des
degrés divers suivant lesquels l'industrie emploie, pour
mettre en œuvre la matière première, le travail et le capital.
Il parlera de son « intensité », en distinguant derechef, entre
celle du travail et celle du capital (Vol. II. § 23). Il considé-
rera l'augmentation de valeur apportée au produit brut, la
fixation ou non de l'industrie aux lieux de ses débouchés (3);
l'importance des besoins sociaux auxquels elle pourvoit ;
la position économique et sociale qu'elle procure à celui qui
l'exerce, et notamment aussi quelle proportion de la population participe activement et passivement à chacune de ses
branches, etc. Toutes ces circonstances, en partie d'une
complication extrême, sont aussi soumises, selon les temps
et les lieux, à des modifications telles, que ce serait peine
inutile de chercher une classification économique des industries susceptible de s'appliquer partout. [De sérieuses
difficultés se sont produites pour trouver lors des recensements industriels, une répartition adéquate à leurs fins (4).]

(1) KARMARSCH, dans son *Handbuch der mechanischen Technologie*, examine successivement le travail des métaux, du bois, la filature et le tissage, la fabrication du papier, et enfin la verrerie et la céramique.

(2) Voici ces groupes : horticulture artistique et commerciale, industries de l'élevage et de la pêche ; — mines, fonderies, salines et tourbières ; — industrie de la pierre et des carrières ; — travail des métaux ; — industrie des machines, instruments, appareils ; — industrie chimique ; — industrie des produits accessoires forestiers, matières éclairantes, savons, graisses, huiles, vernis ; — industrie textile ; — industrie du papier ; — industrie du cuir et matières analogues ; — industrie du bois et des matières à sculpter ; — industrie des aliments et subsistances ; — industrie du vêtement ; — industrie du nettoyage, etc. ; — industrie du bâtiment ; — industrie polygraphique ; — industrie artistique ; — industrie commerciale ; — industrie des assurances ; — industries des transports, des hôtels et des débits ; — industrie de la musique, des théâtres et des spectacles (*Stadt. d. D. R.*, 213 (1910).

(3) En conformité de ce point de vue, RAU, dans son ouvrage *Ueber Zunftwesen* (p. 152 et suiv.) a donné une excellente classification des industries.

(4) [Le premier recensement industriel accompli sur le territoire du Zollverein allemand avec le concours de tous les États, a été opéré en 1861. Lors du recensement effectué quinze ans auparavant, en 1846, le Würtemberg, seul parmi les pays appartenant au Zollverein, avait refusé son adhésion. Le recensement industriel de 1846, qui n'avait à l'origine en vue que les fabriques et les petites industries exploitées selon le mode de celles-ci, mais fut étendu, en définitive à l'industrie tout entière, contenait deux tableaux. Le premier était relatif aux arts mécaniques, aux établissements et entreprises du commerce littéraire, à l'industrie commerciale, à la navigation, au transport des personnes et des marchandises, aux hôtels et débits, aux ouvriers et gens de maisons. Le second présentait, en sept groupes comprenant 195 classes, les établissements et

entreprises de fabriques. Le recensement industriel de 1861, qui fut entrepris partout avec les mêmes formulaires, contenait trois tableaux : un pour les artisans et les industriels, s'occupant principalement de pourvoir aux besoins de la consommation locale ; un pour les fabriques et les établissements industriels travaillant principalement pour le commerce de gros ; un enfin pour les industries du commerce et des transports, des hôtels et débits, des établissements et entreprises du commerce littéraire. Parmi ces trois tableaux, le premier comprenait 16 groupes avec 122 classes ; le second, 10 avec 165 ; le troisième, 5 avec 21. Pour l'Empire allemand, il a été procédé à ces recensements industriels aux dates des 1er décembre 1875, (rattaché au recensement de la population), 5 juin 1882, 14 juin 1895 et 12 juin 1907 (rattaché à un dénombrement général des professions). Les constatations ne furent pas chaque fois renfermées dans des limites précisément identiques aux précédentes et la classification elle-même fut modifiée. Le recensement de 1875 distingue 19 groupes comprenant 92 classes, 141 types et 3.000 dénominations diverses d'industries. Celui de 1882 adopta à ces égards les chiffres respectifs de 24, 96, 348 et 6.459. Enfin, celui de 1895, sépare 21 groupes, 109 classes et 263 espèces d'industries. Les exploitations industrielles elles-mêmes s'y trouvent réparties en petites et en grandes, selon qu'elles occupent les premières, de 0 à 5 ouvriers, les secondes plus de 5 (*Statistik des deutschen Reichs*, vol. 24, 25. Neue Folge, 6, 33)].

CHAPITRE II

EMPLACEMENT DES BRANCHES PARTICULIÈRES
DE L'INDUSTRIE

§ 14.

Les lois naturelles qui déterminent les emplacements
convenables pour les branches particulières de l'industrie,
n'offrent pas seulement au point de vue théorique la clef
de l'histoire et de la statistique tout entière de celle-ci.
Elles servent encore au point de vue pratique, aussi bien
à orienter les industriels, qui entreprennent de lancer
quelque chose de nouveau, qu'à diriger, en la matière, la
politique de l'Etat. En général, une industrie dont les débouchés ne sont pas limités aux lieux même de sa situation,
sera le plus avantageusement installée là où ses pareilles
ont accompli le plus de progrès. En effet, c'est en cet endroit
que l'on peut admettre la présence des plus grands avantages naturels ; c'est là que la population possède l'adaptation la meilleure, c'est là aussi que l'on trouve d'ordinaire
les dispositions les plus favorables à l'avancement des
arts. C'est pourquoi le simple fait de la prospérité d'une
branche de l'industrie à une certaine place constitue une
raison décisive pour y attendre la continuation de son essor,
même au cas où le motif initial qui l'a attirée serait venu à

disparaître. La fabrication florissante de l'agate à Birken-feld reposait à ses débuts sur la présence fréquente de pierres d'agate dans le voisinage ; pourtant, depuis 1834, la plus grande partie de la matière première est tirée du Brésil (1). Nous rattacherons à ceci un fait fréquent : une industrie prospère peut être contrainte par un accident quelconque d'abandonner le lieu primitif de son installa-tion ; elle ne recherche pas alors comme emplacement nou-veau le meilleur au point de vue absolu ; elle choisit, au contraire, celui qui se trouve le plus à proximité de l'ancien et offre avec lui le plus d'analogie, sans être cependant frappé des mêmes désavantages, ayant imposé son aban-don. Au moyen âge, en Flandre, les manufactures lainières ont ainsi émigré, à cause des troubles intérieurs, de Bruges vers Gand, puis de Gand vers le Brabant ; les industriels protestants, persécutés à Cologne se sont réfugiés à Elber-feld et à Crefeld ; les huguenots tisserands en toile, etc., de Normandie et de Bretagne ont passé en Dorset et en Sommerset ; les drapiers hollandais écrasés d'impôts sont venus s'installer à Limbourg, Liège et Aix-la-Chapelle. Ci-tons encore les fabriques nombreuses de Mulhouse, du Württemberg, du Vorarlberg, etc., qui furent fondées avec des capitaux suisses ; les fabriques de drap prussiennes dans les parties occidentales de la Russie, et celles belges transportées, après 1830, dans le Brabant septentrional hollandais.

Lorsque l'*organisation du travail* se trouve, pour un motif quelconque, *encore peu développée* dans une industrie, celle-ci doit chercher son emplacement principalement à *proxi-mité d'avantages de consommation*. Si *cette organisation du travail est plus avancée*, c'est la *proximité d'avantages de production*, qui sert de raison décisive. Cette loi correspond au fait que, dans les débuts de toute économie sociale, la

prépondérance est acquise à la production des consommateurs eux-mêmes ; plus tard seulement, lorsque l'organisation du travail se perfectionne un peu, c'est l'acceptation
des commandes qui prédomine ; enfin, à un degré de civilisation supérieur, les entreprises, au sens propre du mot,
jouent d'ordinaire un rôle d'importance toujours croissante et s'établissent de plus en plus à leurs propres
risques (Vol. I, § 195). De nos jours, nous ne considérons
l'offre et la demande que comme deux aspects différents
de la même transaction. Mais, à un degré de civilisation
inférieur, le sentiment du besoin précède régulièrement et
dépasse en intensité celui du superflu. La spéculation
qui prévoit le besoin latent, qui cherche à le susciter, qui
possède en attendant assez de capital pour patienter sur
l'écoulement de ses produits, ne se rencontre la plupart du
temps qu'aux degrés de civilisation supérieure (2).

(1) G. A. NOEGGERATH, *Die Achatindustrie im oldenburgis-
chen Fürstentum Birkenfeld*, 1876.

(2) Comparer ROSCHER, *Studien über die Naturgesetze,
welche den zweckmaessigen Standort der Industriezweige bestim-
men*, dans la *Cotta'sche Vierteljahrschrift*, 1865, II, 2, p. 139 et
suiv., et dans les *Ansichten der Volkswirtschaft*, II, 1 et suiv.
Voir antérieurement BIELFELD, *Institutions politiques* (1760),
I, 13 ; SONNENFELS, *Grundsaetze* (1765), II, 131 et suiv., 159 ;
BUESCH, *Geldumlauf* (1780), V, 26 et son bel ouvrage : *Schrift
über die Hamburger Zuckersiederei* (1790) ; CHAPTAL, *Sur le
perfectionnement des arts chimiques en France* (1808), sect. 3.

§ 15.

La première moitié de la loi que nous venons de citer se
vérifie à tous les degrés très inférieurs de la civilisation.
Les *débuts les plus anciens* de l'industrie travaillant pour

les transactions ont été, à peu près chez tous les peuples indépendants, favorisés par la proximité de débouchés abondants et certains. Ce sont, notamment, les villes sises avantageusement au point de vue commercial, qui ont été le siège de l'industrie la plus ancienne quant à son importance (1). Le trait longtemps caractéristique de cette dernière, en dehors des grandes places de commerce en question, est son éparpillement à peu près uniforme à travers de vastes contrées, coïncidant d'une façon précise avec une dissémination des débouchés non moins égale (2). Les précieux *articles de luxe*, en raison de l'extension relativement faible de leur marché, n'atteignent que fort tard, ou même jamais, un degré élevé dans l'organisation de leur travail (Vol. I, § 60). Leur production réussit donc de préférence dans les capitales grandes et riches. Pareille chose se produit à l'intérieur de presque toutes les villes importantes, où les magasins d'articles de luxe se pressent surtout dans le voisinage des palais des souverains, des hôtels et théâtres de premier rang, et généralement des habitants les plus riches et les plus distingués. Paris est la capitale de l'industrie de luxe pour la terre entière (3) ; de même, mais dans une mesure moindre, Londres, Berlin, Vienne, Madrid, Saint-Pétersbourg et Moscou jouent ce rôle pour le territoire propre de leurs États (4). La marche du développement se reproduit pour des industries nombreuses : celles-ci demeurent, en effet, presque exclusivement renfermées dans la capitale, presque aussi longtemps que l'usage de leurs produits est contraint de se limiter aux riches ; mais ensuite, lorsqu'elles commencent à livrer des articles à l'usage de la masse, elles transportent leurs établissements à des endroits où les avantages de production sont prépondérants. Des exemples en sont fournis par l'histoire de la fabrication des tentures, de la porcelaine et

des miroirs, par celle de l'ébénisterie de luxe, et d'une façon
particulièrement nette, par celle de l'industrie anglaise de
la soie (5, 6). La fabrication des chapeaux de luxe, des
châles, des voitures, celle de la pelleterie, de la passementerie et de l'orfévrerie sont principalement de même can-
tonnés dans les capitales (7). Mais, par contre aussi, la mercerie cherche le plus volontiers l'emplacement de sa production à proximité des avantages de consommation (8, 9).
En effet, elle ne se prête pas à une organisation du travail
très développée, parce que ses dépôts de vente doivent être
assortis d'une quantité considérable de petits objets de détail qui, pas plus au point de vue de leur production qu'à
celui de leur consommation, ne possèdent entre eux de
liaison bien grande. C'est également d'ailleurs pour ce
motif, que ses débouchés continuent, pendant un temps
fort long pour l'esprit de notre époque, d'être assurés par
le colportage. Enfin, l'obligation de se maintenir à proximité de leurs débouchés subsiste encore pour les branches
d'industrie dont l'organisation du travail est élémentaire,
en raison de ce qu'elles ne procurent à la matière brute
très répandue et difficilement transportable qu'elles
mettent en œuvre, qu'un surcroît de valeur d'une importance minime (10) (Voir plus loin, §§ 118, 120).

(1) L'industrie lainière anglaise était encore, sous Henri IV,
principalement concentrée à Londres. Dans la suite, elle émigra
successivement, en raison du meilleur marché de la vie, dans
les comtés de Surrey, de Kent, d'Essex, de Berkshire et d'Oxford, puis, plus loin encore, dans ceux de Dorset, de Wilt, de
Gloucester, de Somerset, et enfin dans le comté d'York, où l'at-
tiraient des avantages de production prépondérants. C'est également à Londres qu'eurent lieu la première fabrication du savon fin en 1521, des miroirs en 1557, la première impression sur
calicot en 1676. A un degré élevé de civilisation, les avantages

éminents d'un emplacement commercial n'ont pas toujours et absolument favorisé la prospérité de l'industrie. Ainsi, par exemple, la situation de Newcastle n'a incité d'une façon prédominante qu'à l'exportation de la houille, tandis que les agglomérations les plus importantes de fabriques se trouvent en Angleterre sur le charbon même, que l'on ne pouvait guère employer utilement d'une autre façon que pour ces fabriques.

(2) Le fer limoneux de qualité inférieure a fait autrefois, en bien des lieux où on le dédaigne aujourd'hui, l'objet d'une exploitation et d'une fabrication intenses : ainsi dans le Jütland, en Scandinavie, en Islande (WEINHOLD, *Altnordisches Leben*, 96 ; THARUP, *Daenische Statistik*, I, 52, 303). Aux derniers siècles du moyen âge, la Flandre et les pays du Bas-Rhin ont été les sièges principaux de l'industrie d'exportation des draps. Toutefois, dans presque toutes les autres régions de l'Allemagne, surtout dans le Nord-Est, où abondent les moutons, il a existé à côté, une industrie lainière locale (*Jahrb. f. Nat.*, 6, p. 228 et suiv.).

(3) Paris est, depuis de nombreux siècles, la capitale du plus centralisé des grands États européens. Il est précisément aussi, pour cette raison, la capitale du monde européen de la mode, et ceci, dès l'époque de François Ier. Des avantages considérables et absolus sont apportés, par la possession d'un semblable empire de la mode, à l'endroit ainsi favorisé, et par là même, des erreurs peuvent, de temps à autres, s'y transformer en des succès retentissants (Voir *Comptes rendus*, 1863, IV, 144 et suiv., 1864, II, 460). Rome avait, depuis le moyen âge, presque seulement une industrie de luxe à laquelle coopéraient sa situation de capitale religieuse, ses trésors et parfois aussi ses efforts artistiques.

(4) En Angleterre, les boutons de métal sont dorés à Londres, en moyenne trois fois plus fortement qu'à Birmingham (JACOB, *Consumption and production of the precious metals*, ch. XXVI). La plupart des plumes d'acier viennent de Londres et de Birmingham, mais les meilleures sont faites à Londres. Une situation semblable existe entre l'industrie des armes de Birmingham

et celle de Londres, entre l'industrie de la serrure de Wolverhampton et celle de Londres. En France, les montres de luxe sont, pour la plupart, confectionnées à Paris, celles ordinaires dans le Jura, le Doubs et l'Ain. Les fusils de luxe sont fabriqués à Paris, ceux destinés à l'armée à Saint-Etienne et à Tulle.

(5) En Angleterre, jusqu'en 1824, la *soie*, à cause de l'élévation des droits de douane sur la matière brute, était si bien l'apanage des classes riches que le meilleur remède aux crises de la consommation passait pour être la fixation d'une fête à la Cour. Aussi sa fabrication se trouvait-elle à peu près seulement domiciliée à Londres et ses environs, à la rigueur encore dans le comté de Somerset, à cause du luxe de la ville d'eaux de Bath, et jusqu'en 1800 à Dublin, en raison de la présence du Parlement d'Irlande. Lorsque la soie perdit en 1824, par suite de l'abaissement considérable des droits de douane, son caractère d'objet de luxe, les nouvelles et nombreuses fabriques s'établirent de préférence dans les régions qui offraient déjà aux autres branches de l'industrie textile des avantages de production si précieux. Par contre, l'industrie de la soie n'a guère d'importance, en Autriche, qu'à Vienne ; en Russie, qu'à Moscou, Saint-Pétersbourg et Varsovie. [H. DEUTSCH, *Die Entwickelung der Seidenindustrie in Œsterreich*, 1660-1840, (1909) ; H. KOCH, *Geschichte des Seidengewerbes in Koeln*, 1907].

(6) Aussi longtemps que les *tentures* en cuir, en soie, etc., ont été principalement un article de luxe à l'usage des riches, leur fabrication a été surtout liée à la présence des Cours : citons comme exemple les tapisseries de Raphaël, des Gobelins. Dans ces derniers temps, cette industrie se porte de plus en plus à proximité des lieux où s'opère l'impression. — Les fabriques de *porcelaine* se trouvent presque partout aux débuts dans le voisinage de la Cour du souverain, à Sèvres, Meissen, Berlin, Nymphenbourg, Cassel, Vienne, Londres et Saint-Pétersbourg. Lorsque la civilisation devient plus avancée, la prépondérance passe aux régions où abondent les riches gisements de kaolin en même temps que le combustible : Derby et Worcester, la Haute-Vienne, la Gironde et le Var, la Thüringe

et la Silésie, la Bohême. — Les *glaces* de grandes dimensions ne pouvaient autrefois, en raison déjà de leur fragilité, être, en général, étamées que non loin de leurs lieux de vente, à Paris, Saint-Pétersbourg, Venise, Saint-Ildefonse, etc. [Depuis le perfectionnement des moyens de transport et de la division du travail, des régions comme les départements de l'Aisne et de la Saône-et-Loire en France, du Lancashire, de Birmingham et de Newcastle en Angleterre, des montagnes de Bohême, des villes de Berlin, Francfort-sur-Mein et Aix-la-Chapelle en Allemagne, sont devenues des centres principaux de fabrication. Dès 1801, Nüremberg était un lieu de vente d'une certaine importance pour les glaces brutes, en même temps qu'un centre de production pour leur affinage. Les expéditions s'étendaient au Portugal, à l'Espagne, à la Russie, au Danemark, à l'Angleterre, à la Hollande, au Levant et à l'Union nord-américaine (ROTH, *Geschichte des Nürnbergischen Handels*, 1801, 2, p. 162). Aujourd'hui, la capitale de la production des miroirs au mercure, qui régente le marché mondial est, en Bavière, la ville industrielle de Fürth, où ne se rencontrent pas moins de trente-deux établissements d'étamage (SCHOENLANK, *Die Fürther Quecksilber-Spiegelbelegen*, 1888, 46)]. — En France, l'*ébénisterie d'art*, antérieurement à la Révolution, n'existait guère qu'à Paris. Depuis, les classes moyennes s'étant mises à utiliser ses produits, elle s'est répandue dans beaucoup d'autres villes (CHAPTAL, *Industr. Fr.*, II, 199). Elle est représentée, en Allemagne, en dehors de Berlin, également à Münich, Stüttgart, Mayence, Hambourg, Erfurt ; enfin, à Vienne et à Londres. *La confection en lingerie et vêtements* a été tout d'abord provoquée par de riches marchands ne faisant qu'un séjour temporaire à Paris, à Berlin, à Vienne ; elle a été plus tard en Saxe, dans le Vogtland, l'objet d'une imitation couronnée de succès. [J. FEIG, *Hausgewerbe und Fabrikbetrieb in der Berliner Waescheindustrie*, 1896]. BEIN, *Die Industrie des saechsischen Voigtlandes*, 1884, II, 401), etc.

(7) Paris, qui dès l'époque de Colbert, fournissait de *chapeaux* tout le monde de la mode, produit presque la moitié des cha-

peaux français. En Angleterre, les chapeaux sont fabriqués à
Bristol, Manchester, Liverpool, Glasgow, et surtout à Londres ;
en Autriche, à Vienne et Prague ; en Saxe, à Dresde, Leipzig,
Chemnitz ; [en Prusse, en 1907, sur 5.110 confectionneurs de
chapeaux de feutre et de casquettes, il en existait, à Berlin,
4.417]. L'Amérique du Nord exportait encore, aux environs
de 1800, toutes ses peaux de castor en Angleterre ; dans tout
le sud des États-Unis, il n'existait de fabriques de chapeaux
qu'à Baltimore (EBÉLING, *Geschichte und Erdbeschreibung von
Nord-Amerika*, 4, p. 401, 5, p. 414). Les chapeaux de paille,
qui n'avaient aucunement été, à l'origine, un article de luxe,
s'étaient répartis, suivant les avantages de leur production,
dans les régions riches en grains de Buckingham, Essex, Hert-
ford, de l'Argovie, du Tessin, de Fribourg, de la Toscane, ainsi
qu'à Venise et sur le sol crayeux de Maëstricht. Les chapeaux
dits « Panamas », dont Guyaquil exportait, en 1855, pour plus
de 830.000 pesos (WAPPÄUS, *Mittel-und Süd-Amerika*, p. 550
et suiv.), s'étaient développés, en raison des besoins du climat
et de la grande richesse locale en paille de palmier propre à leur
fabrication, sur la côte nord de l'Amérique du Sud. [En Allemagne, la fabrication des chapeaux de paille est, depuis 1882, en
recul marqué comme industrie à domicile, mais elle s'est aujour-
d'hui implantée de préférence en Alsace-Lorraine. Elle occupe,
dans ce pays, sur un total pour l'Allemagne de 8.946 ouvriers,
3.263 d'entre eux, contre 1.839 pour la Saxe et 1.636 pour la Bavière méridionale]. — En France, les châles fins sont, en général,
fabriqués à Paris, ceux de qualité moyenne à Lyon, ceux ordinaires à Nîmes. L'industrie des chapeaux de paille, autrefois
très prospère à Vienne, est, depuis 1840, en forte décadence,
parallèle à celle de la souveraineté viennoise en matière de
modes (*Œsterr. Aussl. Bericht von* 1873, 54, p. 36 et suiv.). Une
grande prospérité de la *pelleterie* se manifeste à Leipzig, où elle
occupait, en [1895 : 1.161 personnes du métier sur 3.443 pour
l'ensemble du royaume de Saxe, et, en 1907, 1.886 sur 4.643].
La région n'offre cependant pas d'avantages de production notables, et cette prospérité n'est que la conséquence, et non la

cause, de ce que Leipzig est le centre du commerce continental des fourrures. [BUDDEUS, *Leipzigs Rauchwarenhandel und Industrie*, 1891 ; J. H. HEIDERICH, *Das Leipziger Kürschnergewerbe*, 1897]. — Pour la *passementerie*, Paris en produit les cinq septièmes, ainsi qu'au moins les trois cinquièmes de l'orfèvrerie. Parmi les nombreux exposants de bronzes en France, en 1867, il n'y en avait qu'un qui n'appartînt pas à Paris (*Œsterr. Ausst. Bericht*, 4, B, p. 92, 103).

(8) La bimbeloterie est fréquemment l'apanage des grandes villes d'eaux, comme le montrent, en Angleterre, la *Tunbridge-ware*, et, en Belgique, les *ouvrages de Spa*. Les baigneurs fortunés tiennent particulièrement à rapporter un « souvenir ». Il en est de même pour les lieux de pèlerinage. C'est ainsi que la Mecque, avec la foule de ses pauvres visiteurs, a une production industrielle à peu près limitée aux cruches, pour l'eau sainte de Zemzem, aux suaires, aux coussins pour les innombrables malades ; il y existe également beaucoup de graveurs, parce que chaque pèlerin fait graver sur son cachet le mot « Hadji ».

(9) A Nüremberg, ROTH (*Gesch. des Nürnberger Handels*, II, 293 et suiv.) comptait déjà 414 articles différents de *mercerie*.

(10) Il en est ainsi de l'industrie des fours à chaux, de celle de la brique, de la poterie grossière, de la cidrerie, par exemple, dans le sud-ouest de l'Angleterre et le nord-ouest de la France, et de la plupart des fabriques d'engrais divers. Dans l'antiquité, il existait toujours pour la poterie commune une raison principale déterminant l'emplacement de sa fabrication, dans le fait que toutes les régions fortement exportatrices de vin devaient tirer de leur voisinage les récipients destinés à le contenir (MARQUARDT, *Roem. Altert.*, I, 166).

§ 16.

Les *avantages de production*, lorsque l'organisation du travail est plus avancée, décident de l'emplacement de l'industrie. Parmi eux figurent les services inimitables et intransportables que peut rendre un climat spécial. En dehors de ces derniers, les plus importants sont l'abondance de la matière brute, de la main d'œuvre humaine et surtout de ce qu'on appelle les capitaux. Il faut, à ce propos, établir une distinction entre le meilleur marché des prix en présence d'une qualité à peu près égale, et la meilleure qualité en présence d'un prix sensiblement identique. Lorsque les trois facteurs qui précèdent ne désignent pas le même emplacement de production, le facteur qui doit l'emporter est celui duquel la détermination du prix du produit dépend le plus (1). La proximité de la *matière brute* (2) possède, toutes choses égales d'ailleurs, pour le choix de l'emplacement, une importance d'autant plus grande que la perte de poids résultant de la fabrication, de la séparation des déchets en d'autres termes, est elle-même plus considérable. Ainsi l'industrie des métaux précieux est moins liée à la proximité de la mine que celle des métaux communs ; le tissage peut se trouver plus éloigné des centres de production de la matière première que la filature ; la fabrication de la dentelle au fuseau que celle de la toile à voile. L'abondance de la *main-d'œuvre* ne dépend pas seulement de la densité de la population et de la civilisation de la société, mais fréquemment aussi de ce que les hommes peuvent, en dehors de la branche industrielle dont il s'agit, avoir ou non encore d'autres occasions de s'occuper d'une façon lucrative (3). Sous l'idée de *capital* se rangent enfin, en dehors des circonstances générales dont dépend l'élévation du taux de l'intérêt usuel dans le pays, tout particulièrement encore deux espèces de capitaux particulières et essentiellement productives, les machines et les moyens artificiels de communication. Il faut y ajouter les éléments et les forces de la nature que requiert leur utilisation, notamment les chutes d'eau et les approvisionnements en combustibles (4, 5).

(1) D'après le livre de CHAPTAL, *l'Industrie française* (1819), (vol. II), la valeur de la soie brute, par sa mise en œuvre et par sa filature, augmente dans le rapport moyen de 15 à 23 ; ce capital est lui-même ensuite, par le tissage et la fabrication au métier ordinaire, à nouveau doublé, et même au moins triplé si l'ouvrage présente plus de finesse. Le travail sans teinture de la laine augmenterait la valeur du produit brut dans la proportion de 3 à 5. La valeur du lin brut serait triplée dans la toile commune. La fabrication du papier porterait la valeur du chiffon très fin au triple, celle du chiffon très grossier au sextuple. Toutefois, des tableaux de ce genre ne peuvent vraiment avoir d'exactitude que pour un degré de développement déterminé. Tandis que, d'une part, la plus grande habileté de la main-d'œuvre, et surtout le perfectionnement du machinisme diminuent l'augmentation de valeur de la matière brute par suite de sa fabrication, chaque progrès de l'éducation consommatrice, d'autre part, augmentant la prétention humaine à la qualité de la marchandise, doit forcément produire un résultat opposé (Comparer B. HILDEBRAND, *Jahrb. f. Nat.*, I, 249 ; VON SCHULZE-GAEVERNITZ, *Der Grossbetrieb, sein wirtschaftlicher und sozialer Fortschritt*, 1892).

(2) L'industrie espagnole n'a d'importance que presque seulement sur les côtes, parce que la mer y constituait autrefois, l'unique bonne route. La zone d'inactivité se rapproche d'autant plus du rivage que la valeur de la matière première est spécifiquement moindre. Le minerai de fer à 50 0/0 de teneur est susceptible d'un transport atteignant à peine deux kilomètres à dos d'âne, et cinq kilomètres en voiture, si une bonne route fait défaut (*Journal des Economistes*, janvier 1869, 65). En Angleterre, la fabrication de la laine (*Worsted*) est située en pleine région des troupeaux de moutons à longue laine.

(3) Le développement précoce de l'industrie de tant de contrées montagneuses dépend essentiellement du fait que la densité de la population y a, de bonne heure, atteint la limite où l'agriculture n'est plus susceptible d'aucun développement. Il faut encore y ajouter l'influence des mois d'hiver pendant les-

quels, enfermés et bloqués par la neige, les hommes n'ont plus que le choix entre l'ennui de la paresse ou la consécration à l'industrie de leurs heures de loisir. Ce genre d'ouvrages entrepris pour occuper celles-ci est d'ordinaire à bon marché (Vol. I, § 168). Dans l'Amérique du Nord, la supériorité dans le travail des États du nord-est tient en partie à ce que leurs ports sont les premiers à recevoir le flot considérable des émigrants.

(4) La concentration grandiose de la poterie anglaise dans le district de « Potteries » du Stafforsdshire repose sur la rencontre de trois avantages : un sol d'une infécondité effrayante pour l'agriculture, mais contenant, par contre, des gisements d'argile magnifiques autant qu'abondants en spécialités ; un excellent charbon de terre au-dessous ; enfin, depuis 1860, le génie de Wedgwood, originaire de ce pays même, qui fut nécessaire pour amener à leur pleine valeur ces richesses naturelles latentes. [K. V. Scherzer, *Weltindustrien*, 1880, 178].

(5) Lorsque les gisements de houille de l'Allemagne Moyenne seront épuisés, la Haute-Allemagne, grâce aux forces hydrauliques dont elle dispose, regagnera peut-être la supériorité industrielle qu'elle a perdu depuis le xvie siècle. L'emploi de l'électricité dans le machinisme pourra conduire à un résultat analogue.

§ 17.

L'*industrie du bois* a d'ordinaire son siège principalement dans les régions montagneuses riches en forêts. C'est aussi bien l'industrie grossière, dans les produits de laquelle la matière brute est prépondérante, que la sculpture fine, qui exige un travail important et difficile, sans toutefois dépendre beaucoup des variations si rapides de la mode dans les capitales. (1) Les contrées forestières proches de la mer se prêtent notamment à la construction de navires, surtout lorsque leur nature coloniale les oblige, en outre, à une exportation considérable, vers les pays d'une civilisation avancée, de produits bruts d'un grand poids (2). Plus le travail des *métaux communs* présente de finesse, plus il peut s'éloigner des lieux productifs de minerai et de combustible. Il en est inversement de la mise en œuvre initiale, où la place des hauts-fourneaux, etc., est le plus sûrement indiquée aux endroits où les gisements de minerai et le combustible se trouvent réunis. [Les emplacements de la métallurgie du fer se sont développés en partant du minerai. Les feux catalans étaient de façon constante établis à même sur les terrains miniers. Le transfert des fonderies vers les vallées, pour utiliser les forces hydrauliques à mouvoir les machines soufflantes et les marteaux, n'a pas eu le caractère d'un déplacement d'importance, les minerais étant toujours restés d'accès facile. C'est le développement seul de l'extraction houillère et les transformations de la technique, qui préféra successivement les minerais de teneur phosphoreuse moyenne d'abord, puis faible, et enfin élevée, qui ont apporté dans les emplacements des modifications qui ne sont pas à notre époque encore à jamais exclues. L'industrie des hauts-fourneaux de la Haute-Silésie se trouve aujourd'hui contrainte d'une manière inévitable de recourir au minerai étranger ; elle ne peut se procurer d'ailleurs celui-ci, que moyennant des frais très élevés de transport. En 1908, sur 1.155.881 tonnes de fer, ayant subi la fusion, cette industrie en avait tiré de l'étranger 702.634 tonnes. L'industrie des hauts-fourneaux rhénane-westphalienne s'était fondée, vers 1850, sur la découverte de mines de fer qui furent épuisées au bout de peu de temps. Aujourd'hui, le minerai, provenant de la région même, ne joue plus qu'un rôle très restreint. Successivement on s'est adressé aux minerais hollandais, espagnols et suédois. Sur 2.031.418 tonnes passées par les hauts-fourneaux en 1882, dans l'arrondissement minéralogique de Dortmund, 1.436.929 avaient été tirés de l'intérieur et 594.489 de l'étranger. En 1900, les quantités respectives ont atteint sur 5.917.726 tonnes, 2.858.153 de l'intérieur et 3.059.573 de l'étranger. L'avenir de la sidérurgie rhénane-westphalienne repose essentielle- ment sur la minette lorraine et le minerai anglais. Les usines tout récemment créées sur la côte maritime allemande, chantiers de Stettin, aciéries de Dantzig et de Rendsburg, hauts-fourneaux de Lübeck, Emdem, Brême, ne peuvent avoir en perspective pour leurs besoins de minerais, que ceux de la Baltique et des régions méditerranéennes. Pour la Baltique, les Etats exportateurs de minerai sont la Suède, la Norwège et la Russie. Les chantiers de Stettin tirent leurs minerais de leurs propres fosses sises à Graengesberg, sur des vapeurs leur appartenant, moyennant 3 marks à 3 1/2 marks par tonne. Les pays méditerranéens produc- teurs de minerai sont l'Espagne, le Maroc, l'Algérie, la Tunisie, la Grèce et la Russie méridionale. Le fret d'Es- pagne vers les ports de la mer du Nord atteint 5 ou 6 marks, vers les ports de la Baltique, 6 à 7 marks et celui de Poti à Stettin, 9 à 11 marks. La situation n'est pas aussi favorable pour les chantiers maritimes en ce qui concerne le charbon. A l'égard de la couverture des besoins de combustible brut, le bassin rhénan-westphalien constitue l'unique région industrielle qui possède dans son voisinage immédiat du charbon à coke de première qualité. Sur la mer du Nord, les charbons de la Ruhr rencontrent ceux de l'Angleterre et de la Belgique ; sur la Baltique se rejoignent ceux de la Silésie, de l'Angleterre et de la Ruhr (3).] Lorsque le mi- nerai et le combustible se trouvent séparés par de longues distances, c'est, toutes choses égales d'ailleurs, le calcul des frais de transport qui tranchera la question de savoir s'il est plus avantageux d'amener le premier auprès du second ou inversement. Plus la valeur spécifique du minerai s'élève, plus celui-ci peut facilement faire à cet égard des concessions (4). Les fabriques qui travaillent les *produits bruts d'outre-mer* ont tendance à s'établir à proximité des ports de débarquement de ceux-ci. C'est là que le fabricant peut lui-même acheter sa matière première, et par suite, choisir plus librement entre ses diverses sortes, tirer plus aisément avantage d'un niveau des cours exceptionnellement bas. Ses approvisionnements d'hiver lui immobilisent un moindre capital qu'à ses concurrents de l'intérieur et il n'a pas à supporter jusque sur les marchés de celui-ci les frais de transport des déchets (5, 6). Quelques industries se laissent guider dans le choix de leur emplacement par certaines *relations avec l'agriculture* encourageant la production. Ainsi, dans la plupart des pays, la fabrication de la toile continue à se localiser dans le voisinage immédiat des lieux où sa matière première est produite. Ce n'est pas seulement pour des raisons de transport, c'est encore bien davantage parce que les particularités du fil de lin ont conservé précisément dans cette industrie, pendant une durée fort longue, l'atelier domestique en face de la machine et de la grande fabrique (§ 30). Mais l'atelier domestique se rattache lui-même d'une façon d'autant plus naturelle à la culture du lin brut, que celle-ci, sans préjudice de tous ses caractères, se rapproche elle-même davantage de l'industrie urbaine que la plupart des autres branches de l'agriculture (7). La distillation de l'eau-de-vie se développe surtout dans le plat pays qui en fournit la matière première (8). Par contre, la brasserie, comme déjà au XVIᵉ siècle, conserve encore un caractère principalement urbain (9). Ce contraste s'explique pour la plus grande partie par des considérations de transport, mais jouant de différents côtés. Lorsqu'un poids très important de grain ou même de pommes de terre peut être ramené à un poids très faible d'alcool, 100 à 18-24, 100 à 7-8, on n'obtient pas seulement comme résidus les parties cendreuses de la matière travaillée, si importantes pour la statique de l'agriculture, mais cette matière fournit, en même temps, un excellent fourrage pour le bétail. Ces résidus ne peuvent d'ailleurs, en raison de leur volume considérable, être transportés bien loin. Dès lors, surtout en présence de la stabilité très grande de l'eau-de-vie, la distillerie peut, pour une région éloignée où abonde la culture des grains et des pommes de terre, être considérée comme l'un des moyens les plus efficaces de rendre transportable le superflu de la récolte. Il en est autrement pour la bière, qui ne se conserve pas aussi facilement que l'eau-de-vie, et qui ne laisse pas non plus, dans les résidus de sa fabrication, une quantité relativement aussi importante de parties cendreuses ou pouvant servir à l'alimentation du bétail ; de plus, la bière, à cause du volume d'eau considérable qu'elle renferme, ne se prête pas à un transport aussi commode, puisqu'elle pèse de trois à cinq fois autant que ses précieuses matières premières (10).

(1) Il en est ainsi dans beaucoup de vallées alpestres de la Suisse, de la Bavière, de la Haute-Autriche, du Tyrol et du pays de Salzbourg ; encore également dans la Forêt Noire et dans divers endroits de la région montagneuse de l'Allemagne Moyenne, surtout en Thüringe et en Bohême. Dans l'Oberland bernois, la disette de 1816-1817 a conduit la population à la sculpture sur bois (BOEHMERT, *Arbeiterverhh. der Schweiz*, I, 25). Le commerce des bois norvégiens a débuté aux XVIᵉ et XVIIᵉ siècles ; les Hollandais allaient acheter ce bois, mais ils le sciaient eux-mêmes chez eux. Peu à peu, leurs commissionnaires devinrent des spéculateurs indépendants qui, grâce aux nombreuses chutes d'eau, installèrent des scieries et furent, par ce

moyen, la cause de la fondation des villes de Laurvig, de Frederikshald, etc. A Christania, le travail de bois était poussé beaucoup plus loin que dans l'intérieur du pays, parce que la matière brute y revenait déjà plus cher (BLOM, *Statistik von Norwegen*, I, p. 233 et suiv., 246 ; THAARUP, *Daenische Statistik*, I, p. 367 et suiv.). En Suède, il existe une menuiserie en bâtiment très importante, pour les portes, les fenêtres, les maisons démontables complètes, etc. [Pour se rendre compte de la manière dont les portes confectionnées en Suède parviennent jusqu'à Mannheim et Carlsruhe, voir A. VOIGT, dans les *Schr. d. V. f. Sozialp.*, 64, p. 101].

(2) La construction des navires est florissante en Norvège. La Finlande exportait, depuis 1780, des vaisseaux construits sans ferrures et chargés de bois, vers tous les ports de la Baltique (BUESCH, *Geldumlauf*, 5, p. 33).

(3) [Voir COLIN ROSS, *Die Entstehung der Gusseisenindustrie an der deutschen Seeküste*, 1912, p. 57-70].

(4) Le minerai de cuivre extrait de la Cornouaille, de l'Irlande, et même de l'Amérique, est pour la plus grande partie fondu dans le pays de Galles. En France, à cause du régime douanier, c'est sous forme de minerai que le cuivre anglais entre en Normandie. En Allemagne, on rencontre, dans les fonderies, du minerai américain d'or et d'argent, par exemple dans le Harz. [Depuis des années, l'argent affiné en Allemagne provient pour parties égales de minerais indigènes et de minerais étrangers. En 1910, les premiers avaient fourni 174.092 kilogrammes, les seconds, 156.870 kilogrammes, et les résidus et déchets indigènes, aussi bien qu'étrangers, 89.041 kilogrammes]. Le graphite de Sibérie est, de la même façon, transformé, pour la plus grande partie, à Nüremberg, en crayons.

(5) Le port d'exportation de la matière brute présente, selon les circonstances, des avantages analogues. Venise, par exemple, a été, pendant huit siècles, le siège d'une industrie du bois en pleine prospérité. Les abondantes réserves de bois des Alpes méridionales étaient plus facilement transportables vers l'Égypte et le Levant, lorsqu'elles avaient été travaillées. Les

ouvriers du bois étaient si nombreux, qu'ils jouèrent un rôle
jusque dans les guerres vénitiennes (FILIASI, *Saggio sull'antico
commercio dei Veneziani*, vol. I ; DEPPING, II, p. 297 et suiv.)

(6) La *raffinerie*, pour toute la région du Rhin, a été longtemps presque entièrement concentrée en Hollande, et pour
celle de l'Elbe, à Hambourg. [Aux environs de 1690, il pouvait
y avoir à Hambourg quelque 8.000 personnes vivant du commerce du sucre, de la raffinerie et des métiers en dépendant.
En 1784, il existait 365 raffineries ; en 1790, il n'y en avait plus
que 298 ; mais en 1807, leur nombre était remonté à 428, occupant de 1.500 à 1.600 individus. Mais ce ne fut qu'une amélioration passagère. (Comparer AMSINCK dans *Aus Hamburg Vergangenheit*, 1e *Folge* (1886), 225, 226, 227)]. Lorsque les systèmes douaniers des pays de l'intérieur vinrent opposer une
barrière à ce cours naturel des choses, la raffinerie des pays du
Rhin reflua en majorité vers Cologne, celle des pays de l'Elbe
vers Magdebourg, par conséquent ainsi vers les points les plus
rapprochés possibles de la côte. En France, les raffineries de
sucre colonial sont principalement importantes à Bordeaux et
à Marseille. En Angleterre, les fabriques de sucre se rencontrent
surtout dans les villes par excellence importatrices du produit
brut, comme Londres, Southampton, Plymouth, Bristol, Liverpool, Leith et Hull. La fabrication du sucre de betterave offre,
quant au choix de ses emplacements, beaucoup de ressemblance avec la distillerie de l'alcool ; elle est contrainte d'avoir
sa matière première à proximité, et elle suppose aussi un développement remarquable de l'agriculture et une industrie assez
active. Il faut noter, en outre, sa répercussion extrêmement
énergique sur l'agriculture. En France, la fabrication du sucre
de betterave est presque entièrement limitée à la région du
Nord-Est. Le *tabac* d'Amérique a été, autrefois, l'objet d'une
industrie considérable, surtout en Hollande ; elle existe aujourd'hui à Hambourg et à Brême, qui sont les places principales pour son importation brute en Allemagne, et se rencontre
aussi en Mecklenbourg, en Oldenbourg et en Prusse Rhénane.
En Espagne, avant la Révolution française, le tabac se tra-

vaillait à Séville, entrepôt du commerce avec l'Amérique. En Angleterre, la *filature du coton* [(VON SCHULZE-GAEVERNITZ, *Der Grossbetrieb, ein wirtschaftlicher und sozialer Fortschritt*, 1892)], est presque entièrement concentrée dans le voisinage de Liverpool et de Glasgow, c'est-à-dire des ports les plus favorablement situés pour le trafic avec le principal pays de production du coton brut ; la proximité de l'Irlande et de ses richesses en lin s'ajoutait à cet avantage, en raison de ce qu'avant l'introduction des machines à filer le coton en Europe, on ne pouvait y donner aux tissus de coton la force nécessaire qu'au moyen d'une chaîne en fil de lin. Enfin, les environs de ces ports abondent encore extrêmement en autres avantages de production, grâce à leurs mines de houille et à leurs forces hydrauliques : la petite rivière de l'Irwell, qui traverse Manchester, fournit la force motrice à environ 300 fabriques. En France, avant la Révolution, l'industrie cotonnière se groupa principalement dans les régions de Rouen et de Montpellier, c'est-à-dire près des lieux de débarquement de la matière brute de l'Amérique et du Levant. En Espagne, l'industrie s'est portée sur la côte orientale de la péninsule. En Suisse, les filatures existent surtout en Argovie, où des forces hydrauliques très nombreuses s'associent à une population très dense de tisserands à domicile ; en outre, la situation est favorable à l'arrivée de la matière première, à cause de la proximité de l'endroit où la voie fluviale par excellence, le Rhin, quitte le territoire de la Confédération. Des raisons analogues ont fait qu'en Prusse, en 1861, sur 398.071 broches fines, 239.423 appartenaient à la province rhénane. La Moravie qui, en matière de tissage, se montre l'égale de la Bohême, ne possède presque pas de filature, parce qu'elle est placée désavantageusement pour recevoir la matière première. Avant la Révolution, la France ne possédait de *savonnerie* importante qu'à Marseille, à cause du voisinage de l'huile d'olive et des plantes soudières de l'Europe méridionale ; depuis la découverte de la soude artificielle, ces raisons ont été remplacées par la proximité du sel marin et du soufre de la Sicile. Il en a été de même de Trieste, et, en Espagne, des régions côtières méridionales et orientales. En Grande-Bretagne, les savons se fabriquent principalement dans les districts indigènes où abonde le bétail, ainsi qu'aux endroits où le trafic avec les pays d'outre-mer producteurs de graisses et avec ceux de l'extraction indigène de la soude brute est le plus intense. En *Hollande*, à l'époque de sa grande prospérité, les industries alors florissantes de la fonderie de blanc de baleine et de spermacéti, de la fabrication du borax, du camphre, du minium et de la céruse étaient liées à ses pêcheries de baleines et à son commerce avec les Indes orientales. De ce dernier dépendaient également ses tailleries de diamants, qui étaient soutenues par l'immigration des plus anciens joailliers de l'Europe, les juifs portugais, et par la modicité du taux de l'intérêt. [(*Aperçu du commerce et de l'industrie des Pays-Bas*), 1911].

(7) En Prusse, les provinces les plus riches en lin, la Silésie et la Westphalie, sont les sièges principaux de l'industrie de la toile. Il en est de même, en Espagne, de la Galice. En France, la région du nord est presque seule à se livrer à la culture et au travail du lin, et le département du Nord y entre à lui seul pour un tiers. L'Empire britannique n'a pu, pendant longtemps, les pratiquer tous deux que là où, par exception, vivait une petite population rurale occupée à un travail industriel accessoire, c'est-à-dire dans le nord-est protestant de l'Irlande, et dans le Yorkshire. De nos jours, où le lin travaillé en Angleterre provient, en majorité, de l'importation, les règles qui déterminent l'emplacement de son industrie sont les mêmes que pour les autres produits d'outre-mer. Environ deux tiers des importations ont, comme origine, la Russie ; aussi les plus grandes fabriques de toile se trouvent-elles près de la côte septentrionale, de Leeds à Dundee, et même à Aberdeen.

(8) [Sur 13.930 distilleries en Allemagne en 1910-1911, travaillant les pommes de terre ou les grains, on comptait 13.203 distilleries agricoles. Pour la fabrication de l'eau-de-vie avec des pommes de terre, passant à l'alambic aux lieux mêmes de leur production, viennent en tête, en Prusse, les provinces de Silésie, de Brandebourg, de Prusse orientale et occidentale, de Posna-

nie]. En France, la distillerie de l'alcool a ses principaux sièges dans les départements du centre et du midi, qui présentent un caractère beaucoup plus agricole que le nord-est. Dans les deux parties principales de la Grande-Bretagne, la distillerie de l'alcool se comporte de même, à peu près à l'inverse de la vie urbaine. La fabrication de l'eau-de-vie, autrefois si importante en Hollande, de même que les nombreux moulins à blé et à riz, étaient une conséquence de la position occupée par ce pays comme centre principal du commerce d'entrepôt des grains.

(9) La fabrication de la *bière* a eu, en Angleterre, ses sièges principaux à Londres, Liverpool et Edimbourg ; en Autriche, à Vienne ; en Bade, à Mannheim ; en Bavière, à Münich, Nüremberg, Kulmbach, Erlangen, etc. La brasserie a joui, autrefois en Hollande, d'une grande prospérité. [En Allemagne, la production de la bière comportait, en 1910, par tête de la population, dans les territoires soumis à l'impôt sur la bière, 74 litres ; en Bavière, 264 litres ; en Württemberg, 140 litres ; en Bade, 131 litres ; en Alsace-Lorraine, 64 litres].

(10) Au Brésil, la bière est fabriquée avec du malt et du houblon importés d'Europe (WAPPAEUS, 1430 et suiv.).

§ 18.

Les grandes et riches *capitales* offrent aux fins de l'industrie trois sortes d'avantages de production. De nombreuses matières premières y sont surtout à bon marché, parce qu'elles se présentent sous la forme de déchets d'une consommation humaine, qui se concentre précisément le plus dans les villes de cette espèce. Celles-ci ont par exemple, dans la plupart des pays, non seulement par rapport à la superficie qu'elles occupent, mais aussi au point de vue du nombre absolu de leurs habitants, de beaucoup la consommation de viande la plus forte (Vol. I, § 229). Il en résulte dès lors un avantage considérable pour toutes les industries dont la matière première consiste en peaux, en os et en cornes des animaux abattus. Les villes possèdent en même temps un choix particulièrement riche en ouvriers chèrement payés, il est vrai, mais très adroits. Elles sont ordinairement, en effet, le centre de tous les arts et de toutes les sciences et généralement de toute culture sociale un peu élevée. — Enfin le taux de l'intérêt y est, en général, assez bas (Vol. I, § 185). — Ce qui précède les désigne donc pour toutes les industries qui tablent surtout sur le capital et sur un travail faible quant à sa masse, mais supérieur quant à sa qualité. On observe de la façon la plus frappante l'effet de ces trois tendances, là où elles se rencontrent avec l'avantage de consommation examiné plus haut et qui enchaîne aux capitales les précieuses industries de luxe (1).

Il faut ranger ici l'industrie du *cuir*, en partant de la tannerie, pour laquelle la lenteur de la plupart de ses procédés opératoires est très importante, ainsi que, par suite, la longue immobilisation du capital avancé (2, 3). On arrive ensuite à l'industrie de la *corne* et des *os*, qui par exemple, en France a son centre à Paris (4). Pour le travail de l'*or* et de l'*argent*, les capitales ne se recommandent pas seulement à cause de sa nature d'industrie de luxe, elles s'imposent aussi parce que dans ces villes, les métaux nobles reviennent à un prix réellement un peu plus bas ; parce que plus encore le taux de l'intérêt y est moins élevé, avantage d'une particulière importance pour une matière si précieuse à mettre en œuvre ; parce qu'enfin la formation du goût s'y développe, même chez les ouvriers inférieurs (5). Sous ce dernier rapport, la fréquentation constante des collections publiques de tableaux et de sculpture, le passage journalier devant des magasins d'excellentes gravures, devant de beaux édifices, etc., obtient à la longue le succès le plus considérable, quoique la liaison des deux faits puisse rarement être établie pour chaque cas particulier (6). Dans la chapellerie et dans la mode, les ouvriers d'élite doivent avoir assez de goût et de métier pour pouvoir eux-mêmes porter avec grâce leurs propres produits (7). (M. MOHL). Il existe ici quelque analogie avec les raisons pour lesquelles les *instruments* de musique et de chirurgie, ceux à l'usage de la science, ainsi que les *machines* destinées aux transports et à l'industrie, [récemment surtout dans les branches se rattachant à l'électricité (8)], sont, abstraction faite des grandes métropoles industrielles, fabriqués de préférence dans les capitales (9). Les fabriques dites le plus volontiers « de produits *chimiques* », qui ont besoin relativement bien davantage de capital et d'intelligence que de travail ordinaire, réussissent encore particulièrement bien dans les capitales, lorsque la proximité de la matière première ne les oblige pas à rechercher les régions montagneuses, les gisements de sel, etc. (10, 11).

[Selon Sombart, les raisons pour lesquelles une grande ville apparaît à un entrepreneur comme avantageuse pour y établir le siège de son activité industrielle sont les suivantes : 1º la proximité des entreprises de commerce et de banque ; 2º la certitude d'y trouver des ouvriers d'élite ; 3º le voisinage des forces auxiliaires de la science et de la technique ; 4º l'offre de travail humain particulièrement à bon marché. Il ajoute cependant lui-même qu'une grande partie de ces raisons a perdu de son importance par suite de l'intensité croissante de l'utilisation des capitaux, et surtout des progrès de la technique des transports. Bien plus, à l'époque moderne, on peut observer que des industries notables quittent les grandes villes, parce que chez celles-ci, la rente du sol fait monter par trop le prix des terrains et que les forces qualitatives du travail surélèvent leurs prétentions. Dans la poursuite de l'essor de la grande

industrie chez quelques villes, comme par exemple Leipzig
et Dresde, on ne peut méconnaitre que ce ne sont pas toujours des mobiles semblables qui sont entrés en jeu. La
grande industrie a pris pour point de départ la matière première ou le produit auxiliaire, soit que ceux-ci fussent déjà
l'objet d'un travail passé dans les habitudes, soit qu'ils
dussent, pour la première fois, être mis en œuvre d'une façon nouvelle, aussi souvent que la matière première s'est
elle-même portée à la rencontre de ceux qui la devaient
transformer. Il est certain que les grandes industries actuelles n'avaient à l'origine qu'une étendue modeste,
qu'elles ont été établies comme petites industries, pour
donner satisfaction aux besoins locaux, et que leur accroissement a suivi la marche ascendante. de ces derniers. A
Leipzig et à Dresde, ce sont en première ligne les besoins
d'une population d'une énergie consommatrice considérable, et se pressant plus nombreuse qu'en d'autres endroits, qui ont été la cause originaire de l'établissement des
fabriques. Quelques-unes d'entre elles ont dépassé rapidement, d'autres avec plus de lenteur leur but immédiat, pour
arriver à fournir la région tout entière, puis des contrées
voisines plus importantes, enfin même des pays étrangers
et d'autres parties du monde. A Dresde, l'expérience des
choses industrielles, l'esprit d'entreprise, l'impulsion partie
de l'école des hautes études techniques, les forces dispo-
nibles du capital ont exercé une influence notable. A Leipzig, ce sont le commerce, les foires célèbres, spécialement la
librairie, les besoins de la cité universitaire et musicale,
qui ont déterminé le mouvement. Il faut encore signaler le
fait que l'existence d'une grande exploitation appelle pour
la satisfaction de ses besoins, celle d'exploitations nouvelles
et différentes. Ainsi, par exemple, certaines fonderies de fer
ne travaillent d'abord que pour des fabriques de machines;

avec lesquelles elles sont étroitement associées, puis elles acceptent des commandes d'autres fabriques de machines et finissent par devenir indépendantes, en produisant au delà des besoins de la consommation locale (12).]

(1) Aujourd'hui, à Berlin, les métiers vulgaires des cordiers, tanneurs, foulonniers, sont en recul relatif, tandis que les industries de luxe sont en progrès (Voir SCHWABE, *Volkszaehlung von* 1871, p. 79). [La première fabrique de savons de luxe a été, par exemple, établie en 1696, et en 1729, il n'existait pas plus de 9 savonneries avec 6 ouvriers ; en 1820, on en comptait 103 occupant 1.100 personnes. Elles ne produisent pas seulement les savons ordinaires pour l'usage domestique, mais aussi les plus chers et les mieux choisis, que vers 1870 on importait généralement encore de France et d'Angleterre. La fabrication du papier eut, à Berlin, des débuts si difficiles, qu'en 1794 il s'y trouvait seulement deux papeteries. Mais depuis 1860, on s'est tourné vers les articles fins et de qualité, et il s'est accompli de la sorte une révolution telle, que Berlin est devenu l'une des premières et des plus importantes places de production du papier de luxe (O. WIEDTFELDT, *Stat. Stud. z. Entwicklungsgesch. d. Berliner Industrie von* 1720-1890, p. 357-387)].

(2) L'élévation du taux de l'intérêt est la cause que l'Amérique du Nord, riche en bétail, produit du cuir bien meilleur pour la tige de bottes, etc., que pour les semelles (EBELING, 4, p. 403). La prospérité ancienne de la tannerie espagnole à Séville et Bilbao principalement, a été la conséquence des grandes richesses en cuir de ces places, entrepôts privilégiés du commerce avec l'Amérique.

(3) En Angleterre, la fabrication du cuir est surtout florissante à Londres. La chamoiserie seule, surtout, est prépondérante dans le Dauphiné, le Vivarais, ainsi qu'à Avignon, en raison de la proximité de la matière première. L'industrie du cuir est, en Allemagne, principalement représentée dans la vallée du Rhin, le duché de Bade, dans la Hesse Rhénane, etc.

[Hambourg est un des centres les plus importants de la fabrication du cuir de cheval]. Les sièges les plus notables de la tannerie et de la fabrication du cuir sont, en Saxe, Dresde ; en Mecklembourg, Rostock ; en Alsace, Strasbourg. Dans l'Amérique du Nord, la tannerie est particulièrement développée en Pensylvanie et à New-York.

(4) Le fabricant reçoit, en dehors des abattoirs et des équarissages, des os des cuisines, où ils se trouvent déjà un peu débarrassés de leur graisse. Celle-ci, dont la fabrique opère elle-même ensuite le blanchiment, rapporte plus que ne coûte l'achat des os. L'influence de l'origine de la matière première apparaît, entre autres, dans ce fait que l'Angleterre, en raison de la facilité plus grande de ses relations avec les Indes orientales, a longtemps possédé la supériorité sur la France pour les objets en nacre ordinaire. Le département de l'Oise fabrique entièrement les couverts à salade en corne et termine ceux en buis qu'il tire à demi achevés du Jura. Le fabricant de peignes parisien a, sur ses concurrents de province, l'avantage qu'il peut, en tout temps, se renseigner près des chimistes, des dessinateurs et des coiffeurs, en même temps qu'un commerce très important de modes lui facilite des débouchés.

(5) Il arrive souvent que de riches cités, ayant perdu une grande partie du champ lucratif qu'elles offraient au placement des capitaux et souffrant, par suite, d'une faiblesse déprimante du taux de l'intérêt, conservent longtemps encore une place importante dans l'industrie de l'or et de l'argent. Bruges en est un exemple vers la fin du xve siècle (ANDERSON, *Origin of commerce*, a, 1489). A Paris, il fut même institué, en 1548, un bureau de douanes spécial pour les matières d'or et d'argent de provenance flamande. En Allemagne, depuis la fin du xvie siècle et encore sous Frédéric-Guillaume Ier, Augsbourg a été le siège d'une industrie de l'argent des plus considérables (comparer NICOLAÏ, *Reise*, 8, p. 34).

(6) La création de l'Académie des Beaux-Arts à Paris, en 1664, et celle de l'École française de peinture à Rome, en 1667, ont été parmi les moyens les plus efficaces d'encoura-

gement à l'industrie d'art parisienne. Aujourd'hui encore, Paris et Lyon, Londres et Liverpool, Edinbourg et Birmingham, Vienne et Prague, Berlin, New-York, sont les centres principaux pour l'orfèvrerie. La prospérité du travail des métaux précieux à Pforzheim, Hanau, Genève, etc., est due partiellement au fait historique que cette industrie, originaire d'ailleurs, mais déracinée avec les huguenots, etc., a été, dans ces pays, l'objet d'une réimplantation artificielle.

(7) [A Berlin, la première fabrique de fleurs artificielles a été établie en 1776. Celle-ci, ainsi qu'une autre ouverte en 1782, subirent une débâcle au début du xixe siècle. La branche de métier disparut alors pendant plusieurs dizaines d'années à Berlin. Par contre, depuis 1870, l'industrie berlinoise de la fleur artificielle a battu la française, même sur le terrain de la spécialité célèbre de celle-ci, la fabrication des feuillages. Berlin accuse une exportation notable en fleurs décoratives, en plantes à feuillages, palmes, etc. Les fleurs funéraires imprégnées et inaltérables ont été inventées à Berlin, et la fabrication des fleurs en perles et filigranes a également son siège dans cette ville (WIEDFELDT, 206-207)].

(8) En Allemagne, dans 42 grandes villes, il existait, en 1907, 2.239 établissements de construction de machines électriques génératrices de courant, d'accumulateurs, d'appareils télégraphiques, de lampes, etc. Ils donnaient du travail à 92.475 personnes sur un total pour l'ensemble de l'Empire, de 5.391 exploitations analogues occupant 142.171 individus. A Berlin, c'est l'établissement de constructions télégraphiques de *Siemens et Halske*, fondé en 1847, qui a surtout servi de modèle à l'étonnant développement de la moderne électro-technique. En 1875, on comptait 26 exploitations avec 816 personnes et les chiffres respectifs étaient devenus, en 1895, 126 et 6.036 ; en 1907, 405 et 36.343.

(9) Les principaux centres pour les instruments de musique sont Vienne et Prague, ainsi que, en raison de la haute culture musicale, Leipzig [où l'on comptait, en 1907, 4.043 personnes sur 16.985 pour l'ensemble du royaume de Saxe, occupées à la

fabrication d'instruments de musique de toute espèce], Stüttgart [en 1907, 1.270 individus sur 5.080 pour tout le Württem-
berg], Paris, Londres. [Depuis 1880, Berlin a triomphé de la
concurrence de Vienne et de Leipzig par le bon marché, et de
celle de Paris par une sonorité plus grande. En 1907, la fabrication des instruments de musique y occupait 8.076 personnes].
En Russie, il existait, en 1849, 7 de ces fabriques, dont 6 à et
près de Saint-Pétersbourg. Münich est une place importante
pour la fabrication de couleurs à peindre et de pinceaux. Pour
les machines industrielles, Vienne et Prague, Berlin, Paris et
Londres, occupent, à beaucoup d'égards, un rang supérieur.
Viennent ensuite, mais avec une limitation aux besoins spéciaux de leurs alentours immédiats, une grande partie des
villes de fabrique les plus importantes. Trieste, par exemple,
construit des machines pour bateaux, Chemnitz et Mulhouse,
Rouen et Lille pour l'industrie textile, la province prussienne
de Saxe pour la sucrerie. En Angleterre, il est caractéristique
que les meilleures machines et parties de machines ne sont
nullement fabriquées dans la région de l'industrie de la quin-
caillerie. Aujourd'hui, la fabrication des machines a pris, à
Leeds, une place presque aussi importante que celle de la laine
(*Statist. Journ.*, 1858, 435). A Goettingue, trois industries
s'étaient depuis longtemps à ce point développées, qu'elles
avaient conquis le succès même sur les marchés et dans les ex-
positions de l'étranger. C'étaient la fabrication d'instruments
de chirurgie, celle d'instruments de physique, etc., et la peinture sur porcelaine. Cette dernière rattachait son origine au
luxe des étudiants, en têtes de pipe, en tasses, etc., servant de
cadeaux. Les deux premières tenaient la leur de ce qu'il se
trouvait presque toujours à l'Université un chirurgien ou un
physicien de premier rang, prêt à inspirer aux ouvriers des
idées nouvelles (avantages de production), et dont les élèves,
au moment de leur départ, désiraient se munir d'instruments
(avantage de consommation). A Giessen, la fabrication d'appareils chimiques a dû son impulsion à Liebig.

(10) La supériorité dans les industries chimiques est acquise

d'ordinaire à la nation, autrefois la Hollande, ensuite la France, qui, à l'époque de la génération immédiatement antérieure, a possédé les savants les plus éminents sur le terrain correspondant au point de vue scientifique.

(11) [La fabrication du *papier* est surtout à sa place dans les régions d'une richesse et d'une civilisation considérables. En même temps, en effet, qu'elles éprouvent grâce à la publicité et à la liberté de la presse, un besoin de papier des plus grands, la qualité et l'abondance de leur linge fournit les chiffons les meilleurs et les plus nombreux. Ces causes ont amené la prospérité remarquable de cette industrie, à Anvers d'abord, à Bâle également, avec le renom de son imprimerie, à Nüremberg dès le début du xvᵉ siècle, ensuite en Hollande où l'on constate aujourd'hui une diminution, et plus tard en Angleterre. En Allemagne, [les fabriques de papier, de carton, de pâte à papier, comprenaient, en 1885, des exploitations au nombre de 1.037 ; en 1896, de 1.319 ; en 1907, de 4.235 occupant 122.758 personnes (E. KIRCHNER, *Das Papier*, 1897, I, 35). Leurs centres principaux sont : 1º le sud du royaume de Saxe, coupé par la ligne Colditz-Bautzen ; 2º la moitié sud-ouest de la Silésie, limitrophe de la Bohême ; 3º le Harz ; 4º les provinces du Rhin et de Westphalie, et surtout la région allant de Neuss à Arnsberg et de Müllheim-sur-Rhur à Solingen. Il existe des centres moins importants qui sont : 1º la région de Düren, de Kirchberg à Zülpich ; 2º la partie orientale du Palatinat bavarois ; 3º en Bavière, les quatre régions, au sud de Nüremberg, autour de München, autour de Miesbach et près de Kempten ; 4º en Württemberg, la région du district de Plœchingen jusqu'à Süssen et sur les bords du Danube de Scheer à Sigmaringen ; 5º dans le duché de Bade, la région de l'Odenwald et celle d'Ettlingen à Wildbad, de Pforzheim à Bade (KIRCHNER, I, p. 52). D'après l'annuaire de la Société des fabricants allemands de papier (1910-11, p. 55), la production pour 1909 s'est élevée, pour 663 fabriques de papier et de carton, à presque un million et demi de tonnes, d'une valeur supérieure à 400 millions de marks. Il en résulterait que, depuis 1897, où les chiffres

étaient de 778.000 tonnes d'une valeur de 205 millions de marks, la production aurait approximativement doublé]. A l'étranger, les centres sont en suivants : En Autriche, la Bohême, la province de Basse-Autriche, la Styrie ; en Italie, la Toscane, Gênes, la Lombardie ; en France, les environs de Paris, les départements industriels du Pas-de-Calais, des Vosges, de l'Isère, puis de la Gironde, de la Charente et enfin les régions de la toile de la Normandie et de la Bretagne ; en Espagne, la Catalogne et la Biscaye ; en Grande-Bretagne, les environs de Londres, Bath, Oxford, Edimbourg, l'Athènes écossaise. L'importance de la fabrication du papier de luxe en Bavière est liée à la floraison artistique de ce pays.

(12) [SOMBART, *Der moderne Kapitalismus*, 2, p. 217 et suiv. ; SCHWARZSCHILD, *Die Grosstadt als Standort der Gewerbe*, dans le *Jahrb. f. Nat.*, 3e *Folge*, 33, p. 721 et suiv. ; JUCKENBURG, *Das Aufkommen der Grossindustrie in Leipzig*, 1912 ; STIEDA, *Gewerbe und Industrie in Dresden*, dans *Dresdens Entwicklung in der Jahren* 1903 *bis* 1909, 1910, p. 133 et suiv.].

§ 19.

De nos jours les *perfectionnements des transports et des machines* ont supprimé, pour bien des avantages que la concentration dans les grandes villes avait toujours offerts à l'industrie, leur contrepoids principal. Plus le travail des machines acquiert de prépondérance sur le travail à la main, plus la faiblesse locale de la moyenne des salaires ouvriers perd de terrain comme raison déterminante pour l'industrie dans le choix de son emplacement. Par contre, l'influence de deux particularités des grandes villes s'accroît : le taux de l'intérêt y est moins élevé ; elles offrent une facilité plus grande pour le choix des ouvriers aussi habiles que l'exigent les établissements de constructions mécaniques. Le perfectionnement des moyens de transport a fait perdre à la proximité de la matière brute et du combustible beaucoup de son ancienne importance. La région qui pourvoit à la subsistance des grandes villes se trouve, surtout grâce aux chemins de fer, puissamment étendue. Il faut voir encore en eux, la cause du nivellement rapide des différences dans le bon marché de la vie, dont l'influence sur le salaire est si forte, entre les capitales et les campagnes les plus reculées (1) (§ 79). Désormais, le fait que c'est dans les grandes villes que la division du travail peut être poussée dans tous les sens le plus loin possible, affirme son importance entière. L'isolement des fabriques les contraint à une recherche pénible de la clientèle : il leur faut visiter les foires, payer des voyageurs, faire de la publicité, après qu'elles ont non moins difficilement amené jusqu'à elles leur matière première. Toute rupture d'une pièce importante de leur machinerie suffit à les arrêter, ou les oblige à posséder en machines de réserve un capital improductif. Le groupement, au contraire, de vingt de ces fabriques attire bientôt à proximité des négociants qui rivalisent à leur procurer tous les services du commerce (2), des banquiers qui leur offrent le concours de leurs caisses, des constructeurs de machines qui s'intéressent spécialement aux particularités de l'industrie pratiquée dans leur voisinage (3). Une fabrique travaillant pour le marché mondial réussit d'ordinaire d'autant mieux, qu'il en existe auprès d'elle un plus grand nombre de semblables, mais ceci naturellement n'est exact que jusqu'à un certain point. Toutefois, ce point recule davantage à mesure que se perfectionnent les communications, que se développe le capitalisme, que s'abaissent les barrières internationales du trafic. Pour les inventions qui touchent à la pratique de l'économie sociale, l'atmosphère des grandes villes demeure favorable (4);

même abstraction faite de ce que chez celles-ci, l'inventeur
d'une idée se rencontre plus aisément avec celui qui est
susceptible d'en transformer le germe en une réalité con-
crète, et tous deux à leur tour avec celui qui peut fournir
le capital et le crédit nécessaire à sa mise en valeur économique. Il faut encore remarquer l'influence des capitales,
toujours croissante avec le développement des chemins de
fer, etc., sur les habitudes de consommation du peuple.
Tout ce qui précède explique pourquoi l'industrie proprement dite, constituée tout d'abord dans les grandes villes,
puis émigrée par suite du bon marché du travail, de l'abondance du bois, de la garde plus facile des secrets de fabrication, etc., vers des régions provinciales écartées, est
revenue récemment de plus en plus vers les premières (5).
Lorsque de nos jours en tous cas, l'on examine les avantages
industriels d'une contrée, la possibilité d'une concentration
urbaine se place en première ligne (6).

(1) C'est par là, notamment, que l'opinion de D. Hume sur
les migrations nécessaires de la suprématie industrielle (vol. I,
§ 263) se trouve vieillie. ADOLPHE WAGNER (*Zeitschr. f. Staatsw.*,
12, p. 346 et suiv.), assigne aux chemins de fer une influence à
la fois décentralisatrice et centralisatrice sur l'économie sociale. La première serait due à la facilité plus grande de l'exportation du charbon, qui diminue l'avantage des régions
houillères, la seconde à la facilité plus grande de l'importation
des grains, qui recule la limite de la possibilité de croissance des
grandes villes. Ces deux aspects d'un même développement
sont, en réalité, favorables aux grandes villes déjà existantes,
et ne leur sont contraires qu'en apparence. Elles sont, au même
moment, affranchies du besoin de la proximité aussi bien des
champs de blé que des fosses à charbon.

(2) C'est pourtant une imperfection que de voir les fabricants allemands se trouver, si fréquemment encore, en même

temps les négociants en gros de leurs propres produits (Voir C. Roscher dans le *Zittauer Handelskammerbericht von 1876*, p. 126).

(3) Sur le développement de la fabrication des machines à Zurich, conséquence de celui de la filature, etc. (Voir Meyer von Knonau, *C. Zürich*, 107 et suiv.).

(4) L'inverse se vérifie pour les inventions véritablement artistiques et scientifiques. Elles germent au mieux dans le calme, et s'atrophient si, prématurément, on les lance dans le tumulte du marché. [La fabrique d'une renommée mondiale d'appareils optiques et surtout microscopiques, de Karl Zeiss, à Iéna, est issue d'un modeste atelier fondé en 1846, dans lequel furent entreprises la construction et la réparation de tous les appareils scientifiques nécessaires aux Instituts de l'Université (voir Pierstorff, dans le *Jahrbuch. f. Ges. u. Verw.*, 21, p. 1 et suiv.)]. Combien souvent, par exemple, des dessinateurs allemands de modèles, venus à Paris, sont rapidement passés au nombre des favoris de leur genre ! Et inversement combien de dessinateurs parisiens réputés, transplantés autre part, ont vu, en quelque sorte, se flétrir leur fantaisie si riche jusque-là ! Les dessinateurs français de modèles, devenus sans travail en 1848 et appelés alors en Angleterre, retournèrent ensuite, pour la plupart, à Paris, « parce qu'ils ne pouvaient rien inventer là-bas » (Lessing, *Kunstgewerbe auf der Wiener Weltausstellung*, 1873, p. 232 et suiv.).

(5) Bodemer, *Die Industrielle Revolution* (1856), p. 30 et suiv. C'était, par contre, une opinion en son temps certainement bien fondée que celle de Sonnenfels, combattant le préjugé favori de l'absolutisme, de vouloir concentrer dans la capitale toute la vie populaire, même en ce qui a trait à l'industrie (*Grundsaetze*, 1757, 2, p. 159, 131 et suiv. ; *Abhandlung von der Teuerung in Hauptstaedten*, 1769).

(6) C'est une des raisons principales pour lesquelles un pays d'une richesse houillère considérable possède plus de perspectives industrielles qu'un autre d'une richesse égale, mais généralement disséminée, en forces hydrauliques.

CHAPITRE III

§ 20.

La fabrique constitue la note caractéristique et dominante de l'industrie moderne, comme le métier (1) forme
celle de l'industrie du moyen âge. Les *métiers* aspirent aujourd'hui pour rester de leur temps, à ressembler aux fabriques, tandis que dans les périodes antérieures, les *fabriques*, en tant qu'elles existaient déjà, possédaient avec
les métiers une ressemblance indéniable. Le mot *Handwerk*
(métier) apparaît déjà dans l'ancien haut-allemand sous
la forme de *Hantwerah*, et dans l'anglo-saxon sous celui de
Handveorc, avec le sens d'*opus manuum*. Dans le moyen
haut-allemand, *Hantwerc*, avec le sens d'*artificium*, se
place à côté de *Antwerc*, qui signifie machine. Toutefois,
ce dernier mot se fond peu à peu dans le premier. [L'expression *fabrica* signifiait, en latin du moyen âge, simplement
un *atelier*, une *forge*, ou encore une *loge* de maçon constructeur d'églises. Lorsque le mot *Fabrik*, obtint droit de cité
au xviie siècle, il n'avait pas toujours le sens de grande
entreprise, mais (v. SCHROEDER, 1686), tantôt celui de l'activité industrielle en général, tantôt celui des produits in-

dustriels eux-mêmes, quelque chose comme le mot allemand actuel *Fabrikat*. Pour la première fois en 1685, l'ouvrage *Entdeckte Goldgrube in der Akzise* décrit le système
de la fabrique comme consistant en ce que les fabricants
« édifient à grands frais de toutes grandes maisons, dans
« lesquelles ils entretiennent ensemble des trieurs de laine,
« des peigneurs de laine, des fileuses, des tisserands, des
« presseurs et même des facteurs. » Il appelle fabrique
(*Fabrik*)« une maison dans laquelle les objets manufacturés
« sont travaillés et entreposés. » Le *Deutscher Sprach-
schatz* de STIELER, en 1691, ignore encore le mot *Fabrik*
parmi les expressions allemandes, et le *Handlungs-Lexikon*
de ADRIAN BEIER, qui fut imprimé en 1722, après la mort
de l'auteur, présente *sub verbo : Fabric, officina, manufacture*, l'explication « un atelier, où une certaine espèce de
toutes sortes de marchandises est confectionnée ». Les savants caméralistes de la première moitié du xviii⁣ᵉ siècle,
comme Marperger, Gadebusch, Zinck, employaient l'expression *Manufacturen unf Fabriken* dans le sens d'industrie en général et désignaient fréquemment l'artisan
qui travaillait pour le compte d'un bailleur de fonds, du
nom de *Fabrikant*. A Zürich, le mot se trouve déjà employé
dans le mandement sur les fabriques de 1727, et JOHANN-
LEONHARDT FRISCH le cite dans son *Teutsch-lateinisch
Worterbuch* de 1741. Justi lui donne un sens étonnamment
restreint lorsqu'il dit qu' « on appelle *Fabriken* les travaux
pour lesquels on se sert du feu et du marteau, ou d'instruments analogues. LAMPRECHT, le premier, dans sa *Kameral-
verfassung*, admet en 1797 une acception voisine de celle
actuelle : il trouve, en effet, le côté caractéristique des fabriques et manufactures en ce qu' « elles travaillent la ma-
« tière première plus en grand, divisent les travaux de dé-
« tail nécessaires à la préparation des produits artistiques

« entre plusieurs ouvriers s'occupant constamment du
« même genre d'opération, emploient souvent des machines
« artificielles pour aider à l'ouvrage et écoulent leurs mar-
« chandises d'après les principes de la science et de l'ha-
« bileté commerciales »].

L'artisan travaille d'ordinaire en petit, et habituellement
sur commande de son employeur immédiat. Le fabricant
travaille en gros, et souvent en réserve, c'est-à-dire pour
une demande non encore formulée (2). Il existe aussi des
artisans qui peuvent difficilement ne pas travailler en réserve, comme les cordiers, les brossiers, les cloutiers, etc.,
mais ils combinent d'ordinaire avec la production de leurs
marchandises, la vente de celles-ci aux consommateurs en
détail. La fabrique, au contraire, éprouve le besoin indispensable d'une alliance avec le négociant (3). Dans le métier, la force personnelle de travail occupe le premier plan.
C'est pour cela même que le « maître » travaille personnellement au milieu de ses aides, et avec des instruments semblables aux leurs. Le fabricant au contraire, a bien moins
d s « compagnons » autour de lui que des « ouvriers » au-dessous de lui. Son instrument principal et favori est la machine. Dans les grandes exploitations, la place du patron
est à son comptoir, dans les petites, elle est à son atelier.
Dans les premières, le patron et l'ouvrier possèdent un
degré différent de culture, dans les secondes un degré égal.
Dans les grandes, le patron ne travaille qu'exceptionnellement avec ses ouvriers, en particulier lorsqu'il veut enseigner, tenter de nouveaux essais, garder le secret de ses
affaires, etc. Beaucoup de théoriciens anglais définissent le
concept *factory* (fabrique), en ce qu'un système de machines, dirigé par une même force centrale, en doit être la
principale caractéristique (URE). Les rapports de la grande
propriété et de la petite, en agriculture (Vol. II, § 47) sont

comparables à ceux de la fabrique et du métier. Dans la fabrique, un homme cultivé est pleinement occupé déjà par la seule direction supérieure. Dans le métier au contraire, cette dernière laisse au patron assez de temps encore pour participer à l'exécution immédiate, que son degré de culture générale ne lui permet d'ailleurs nullement de dédaigner (4). Les lois modernes sur la surveillance des fabriques donnent souvent de la notion de celles-ci une définition légale. [La loi suisse sur les fabriques, de 1877, contient cette disposition : « tout établissement industriel, dans le- « quel plusieurs ouvriers sont occupés en même temps, en « dehors de leur domicile et dans des locaux fermés est une « fabrique. » Cette définition n'est pas à l'abri de toute critique. Par plusieurs ouvriers, on peut, en effet, entendre aussi bien sept que vingt. En France, la loi de 1841, en Autriche, les ordonnances sur l'industrie de 1859 et 1885, celle de 1861 en Saxe, ainsi qu'une plus ancienne en Württemberg, précisent qu'un établissement comportant vingt ouvriers ou davantage doit être considéré comme une fabrique, tandis qu'en Italie, la loi de 1886 abaisse à dix le chiffre précédent. En Prusse, le règlement d'administration publique du 18 août 1853 donne pour reconnaître une fabrique cette explication qu' « elle ne comporte pas un enseignement ferme en vue de la formation générale de jeunes ouvriers se destinant à diriger une exploitation indépendante. » En Allemagne, l'ordonnance sur l'industrie de 1869 s'est abstenue de toute définition de ce genre. Les motifs de la novelle de 1878, contiennent pourtant cette remarque que « pour la plus forte partie des établissements industriels, l'application pratique de la conception qui précède ne provoquerait aucune incertitude. » C'est une opinion que LAND-MANN (*Gewerbeordnung für das Deutsche Reich*, 5e éd., 1907, II, 315) qualifie, non sans raison, d'un peu optimiste. Le

Tribunal fédéral, dans un arrêt rendu en 1898, à l'occasion
d'une infraction à l'ordonnance d'Empire sur l'industrie
dont la poursuite lui était déférée, s'est expliqué sur les
signes caractéristiques qu'il considère comme essentiels
à la conception de la fabrique. Il y fait figurer la grandeur
et l'étendue de ses locaux, le nombre de ses ouvriers occupés
de façon permanente, le mode surtout mécanique de son
activité, et ses principes en matière de division du travail.
Des caractéristiques moins essentielles de l'exploitation
d'une fabrique, mais que d'ordinaire on y rencontrerait
pourtant, seraient la production en masse, l'emploi de la
vapeur ou d'autres forces motrices élémentaires et l'exclusion de l'apprentissage. Peu importerait, d'ailleurs, l'objet
de l'exploitation. L'assurance allemande contre les accidents considère aujourd'hui comme fabriques les exploitations occupant au moins dix ouvriers. La novelle du 28 décembre 1908, modifiant l'ordonnance sur l'industrie, a laissé
de côté l'expression « fabrique » et employé à sa place celle
d'« exploitation occupant d'ordinaire au moins dix ouvriers »
(Voir LANDMANN, *op. cit.*, 6ᵉ éd., 1912, 2, p. 566 et suiv.)]
RUECKLIN, dans son ouvrage *Das neuzeitliche Handwerk*
(1880), définit le métier au point de vue technique, en ce que
le titulaire de l'exploitation dirige l'affaire en même temps
qu'il prépare le travail ; au point de vue économique, en ce
que le salaire de son travail, au sens étroit, forme une partie
essentielle de son revenu ; au point de vue social, en ce que
la possibilité s'offre à tout ouvrier capable de devenir lui-
même directeur d'une affaire (p. 40). Le métier, dans sa
période de prospérité relative, se rattachait étroitement à
la Cité comme à la Corporation. La fabrique, au contraire,
a joui dès l'origine, à l'exception de ce que l'on appelle les
droits industriels réels (*Realgewerberechte*), d'une liberté
relative, aussi bien dans le choix de son emplacement,

que dans l'extension de son activité. L'autorisation de
l'Etat, autrefois fréquemment nécessaire pour fonder une
fabrique, n'était alors en général refusée que lorsque des
privilèges ou des droits corporatifs venaient à son encontre ;
lorsqu'encore on craignait de déranger une branche touchant à l'alimentation ou de provoquer, dans le cas d'industries employant le bois, comme les verreries ou les por-
celaineries, une dévastation des forêts par trop forte (5).
C'est seulement à une époque toute récente que la situation commence à se retourner, parce que l'Etat désire exercer une surveillance plus étroite sur les grands établissements industriels, en raison de leur influence considérable
sur le bonheur et le malheur des autres hommes.

(1) Comparer le *Deutsches Woerterbuch* des frères GRIMM, I,
507 ; G. COHN dans le *Jahrb. f. Nat., Neue Folge*, III, 325.

(2) Dans cet ordre d'idées, un échelon vraiment très primitif
existe aujourd'hui encore en Norvège (BLOM, *Norwegen*, 1845,
I, p. 237 et suiv.) ; en Russie, où se rencontrent des tailleurs
ambulants occupant de trois à cinq compagnons. [ROB. GROSSE,
Das Wandergewerbe in Russland, 1904, p. 114 ; TCHERNJAWSKY,
Artelle, 1896, 23 ; THUN, *Landwirtschaft und Gewerbe in Mittelrussland*, 199] ; dans bien des régions des Alpes, par exemple
en Styrie (Cpr. ROSEGGER, *Aus meinem Handwerkerleben*, 1880).
A ce degré, on trouve des artisans qui, courant le pays, sans
posséder aucun atelier, et transportant sur leur dos leurs outils,
ne travaillent que dans les maisons de celui qui les commande.
En Russie, cette exploitation à demi-nomade joue, pour des
raisons climatériques aussi bien que nationales, un rôle d'une
importance particulière. [Un grand nombre de ces artisans ambulants s'occupent exclusivement de réparations, comme les
peintres d'icônes, les rémouleurs et les gagne-petit. D'autres fabriquent d'habitude sur commande certains objets nécessaires
au ménage du paysan, et généralement dans les exploitations
agricoles produisant elles-mêmes la matière première à mettre

en œuvre : tels sont les tanneurs de peaux de moutons, les tailleurs, les cardeurs de laine. Au point de vue technique, ces artisans sont restés fort en arrière et se servent d'outils des plus primitifs]. Un échelon ultérieur est constitué par l'artisan possédant un atelier à lui, mais travaillant principalement le produit qu'on lui livre à l'état brut et rigoureusement sur commande. On trouve ainsi des boulangers et des bouchers salariés. L'échelon final est constitué par le magasin. Ainsi l'emploi du produit du travail s'éloigne de plus en plus du travail lui-même (EM. HERMANN, *Prinzipien der Wirtschaft*, 236). Le métier acquiert de plus en plus un caractère capitaliste et devient, de plus en plus, semblable à la fabrique. L'ordonnance de police pour la ville de Vienne, en 1527, ne permet aux maîtres que par exception d'accepter du travail « à louage et à tâche ». Dans l'Électorat de Saxe, le règlement de taxe de 1623 ne prévoit, même pour les maîtres, qu'un prix à la journée, qui cependant, est légèrement supérieur à celui des compagnons, parce que ce sont les maîtres « qui tiennent l'outil ».

(3) L'ouvrage de v. SCHRODER, *Fürstl. Schatz-und Rentkammer*, de 1686, p. 91, appelle les boutiquiers « les sangsues du pays, qui sucent le sang des artisans ». De même, J. Moser, fervent ami des métiers, est un ennemi du petit commerce. Il insiste, entre autres, sur ce que pour la plupart des détaillants, l'effort et le talent sont beaucoup moins nécessaires que pour la majorité des artisans. Ainsi, par exemple, le commerce en détail du fer devrait être exercé par les femmes des forgerons, etc. (*Patriotische Phantasien*, 2, p. 37). La situation actuelle devrait avoir pour résultat final que le savetier, par exemple, n'apprenne rien en dehors du raccommodage de vieux (I, 2).

(4) [Mémoire de la Chambre de commerce de Leipzig sur les limites à fixer au commerce et à l'organisation des chambres de métier (J. FULD, *Fabrik und Werkstaette* dans la *Saechsische Archiv für bürgerliches Recht und Prozess*, 13, fasc. 8-9) ; O. WIEDFELDT, *op. cit.*, p. 414 ; *Gewerbeschau*, 30, p. 188, 221].

(5) MYLIUS, *C. Const. March.*, V, 2, 5, 10.

§ 21.

Lorsque le métier et la *fabrique* viennent à rivaliser sur
un terrain qui n'offre par ailleurs, aucun avantage spécial à
l'un d'eux, c'est à cette dernière que *doit forcément rester
la victoire*. Un fabricant, qui utilise autant d'ouvriers et de
capitaux que vingt maîtres de métier, peut porter l'organisation du travail et des emplois à un degré supérieur de
perfectionnement. Les comptables, caissiers, mécaniciens
et voyageurs de profession, ne se trouvent généralement
que dans les fabriques. Elles seules peuvent tenter des expériences plus en grand et se servir sur une plus vaste
échelle des circonstances générales du commerce. Tout ceci
ne va pas, il est vrai, sans entraîner l'inconvénient que chez
la plus grande partie des producteurs, le sentiment de la
responsabilité vis-à-vis du consommateur s'affaiblit, et
qu'en général la spéculation envahit facilement la profession. Le fabricant appartient aux classes sociales élevées,
et possède d'ordinaire pour cette raison, plus de connaissances et de relations que l'artisan. Ce dernier ne peut habituellement utiliser l'aide de la science que lorsqu'elle est
devenue le patrimoine commun de l'humanité civilisée (1).
Les déchets de la matière première, se produisant dans la
fabrique en masses plus importantes, on en tire chez elle
un parti incomparablement plus avantageux (2). Les grands,
justement parce qu'ils sont en vue, possèdent dans leurs
qualités pouvant leur procurer crédit, une notoriété plus
considérable que les petits. Dès lors, le fabricant peut, au
moyen de ce crédit, renforcer encore et multiplier par un
coefficient plus élevé ses capitaux déjà plus abondants par
eux-mêmes. Toutes les dépenses, comprises sous la dénomi-
nation de frais généraux de production, sont dans l'exploi-

tation en grand, relativement moindres. Ainsi, par exemple, un grand haut-fourneau constamment chauffé, qui produit autant de fer que dix petits, ne couvre pas une surface dix fois supérieure, ne contient pas non plus dix fois autant de briques, ne consomme pas dix fois autant de combustible (3). Il est vrai que la plupart des avantages de l'exploitation en grand pourraient également devenir accessibles aux petits par le moyen de l'association. Ceci se produirait même dans l'industrie, à cause de sa liaison moins étroite à son emplacement, avec plus de facilité que dans l'agriculture. Le métier pourrait alors mettre en valeur, avec beaucoup de succès, certaines supériorités inhérentes à l'exploitation en petit, notamment la sévérité plus absolue dans la surveillance des auxiliaires et l'économie plus stricte dans l'utilisation de la matière brute. Toutefois, ceci suppose toujours un progrès notable dans la voie de la concorde, aussi bien que du discernement et de la maîtrise de soi-même. Il est naturel que les avantages dont la fabrique dispose vis-à-vis des métiers croissent forcément avec son importance de façon non seulement absolue, mais aussi relative. Il existe cependant une limite, au point où l'entreprise devient par trop considérable pour être maintenue sous une direction efficace (4). Mais presque tous les progrès dans la division du travail, dans le perfectionnement des moyens de communication, etc., font reculer plus loin cette limite infranchissable (5-6). Une industrie quelconque parvenue à un haut degré de développement voit d'ordinaire sa croissance ultérieure se manifester bien plutôt par l'extension de ce qu'elle embrasse que par l'augmentation du nombre de ses entreprises (7-8-9).

(1) La fabrique nuit au métier surtout en ce que, étant difficilement capable de former des apprentis, elle recrute volon-

tiers ses ouvriers les meilleurs parmi les compagnons artisans.
Les serruriers, les forgerons, etc., sont accaparés par les fabriques de machines. La fabrique peut avantageusement employer des ouvriers n'ayant reçu qu'une formation très incomplète. Des jeunes gens pressés et des parents bornés ou avides peuvent ainsi se laisser aisément détourner de l'apprentissage d'un métier qui, plus tard, deviendrait rémunérateur.

(2) Les fabriques travaillant au charbon de terre peuvent, de cette manière, se procurer presque gratuitement leur éclairage au gaz. En France, les grandes *fabriques de pain*, avec une production annuelle de un million de kilogrammes, ont gagné 25 0/0 de leur capital, tout en vendant meilleur marché que les boulangers. Les frais de cuisson atteignaient par kilogramme, lorsque ces fabriques ne débitaient que 200.000 kilogrammes, 6 centimes 1/2, et sont aujourd'hui descendus à 3 centimes (*Jahrb. f. Gesch. u. Verw.*, 9, p. 1181).

(3) L'extinction et le rallumage d'un haut-fourneau peut, en Angleterre, coûter jusqu'à mille livres sterling (*Edin. R.*, 138, p. 353). [Dans la boulangerie, chez laquelle, en général, des raisons multiples parlent en faveur de la fabrique, l'économie de combustible n'est pas des plus minces. Quand elle est exercée à la façon d'un métier, le four, pendant qu'il est inutilisé, cède presque toute sa chaleur aux endroits voisins, et l'on est, par suite, obligé de le chauffer à nouveau durant la nuit. Ce que cela représente, les expériences de la boulangerie coopérative de Leipzig suffisent à le démontrer. Un four, à chaque chauffe successive, y consomme de 60 à 70 livres de charbon, tandis que le dimanche soir, lorsque l'exploitation a cessé pendant 12 heures, il en consomme le double. Les fours de construction récente n'ont besoin, pour les chauffes successives, que de la cinquième ou de la sixième partie de la quantité de charbon nécessaire lors du premier allumage. Il faut ajouter que le travail d'un quintal de farine exige environ 4 heures, celui de deux quintaux 7 heures, celui de trois quintaux 9 heures, etc. De sorte que, lorsque la production augmente, le temps nécessaire au travail de chaque quintal de farine diminue. En outre, on

doit signaler le rendement supérieur de l'exploitation mécanique. La boulangerie militaire de Leipzig, qui est une boulangerie fabricant du pain noir et possédant un moteur à gaz, une machine à pétrir, des fours à chauffage par circulation d'eau, système Wiegnorst, arrive à une intensité de production telle, que 12 heures de travail de chaque ouvrier correspondent à une fourniture de 1.200 livres. Dans une boulangerie coopérative de Leipzig, où en fait de machine il n'existe que la machine à pétrir, un ouvrier confectionne en 12 heures encore un peu au-dessus de 600 livres. Dans une exploitation ordinaire fonctionnant à la façon d'un métier, on table sur une quantité journalière de 300 livres seulement par compagnon. Enfin, il y a économie sur le capital d'exploitation, si l'on considère les forces de travail épargnées par la machine à pétrir. Le prix d'une machine à pétrir d'une capacité de production allant de 5.000 à 10.000 kilogrammes de pain atteint 2.500 marks. Le moteur à gaz nécessaire à l'exploitation peut coûter autant. Sa consommation annuelle de gaz comporte environ 3.000 mètres cubes. Par suite, on peut évaluer la dépense d'une exploitation utilisant machine à pétrir et moteur à gaz à 950 marks par an, soit 500 marks pour l'amortissement et l'intérêt du capital d'établissement (5.000 marks à 10 0/0) et 450 marks pour 3.000 mètres cubes de gaz à 15 pfennigs. En face de ces données, l'exploitation par le travail manuel des deux ouvriers que remplace à tout le moins une machine à pétrir, représente, avec un salaire de 20 marks par semaine, une dépense de 2.080 marks par an (Grieshammer) dans les *Schriften d. V. f. Sozialp.*, 63, p. 403 à 405 ; Arnold, *Das Münchener Baeckereigewerbe*, 1894, p. 37 et suiv.)].

(4) Des connaisseurs anglais affirment, qu'avec un agrandissement de la filature de coton au delà de 30.000 broches, on n'arrive plus à aucune diminution des frais généraux (*Zeitschr. f. Staatsw.*, 20, p. 435). Sur les limites de l'extension possible en Allemagne de l'exploitation travaillant en grand, comparer l'ouvrage de Ludwig Sinzheimer paru, en 1873, sous le titre précité.

(5) Au nombre des avantages les plus considérables de l'industrie anglaise dans sa lutte contre les autres industries a figuré pendant longtemps sa concentration intense et précoce dans des entreprises vraiment colossales. [En 1890, une filature anglaise de coton possédait une moyenne de 29.506 broches ; sa rivale allemande en avait, en 1895, une moyenne de 15.645, et, en 1901, de 25.400 en chiffres ronds. Un tissage de coton comptait, en Angleterre, à la même époque, un chiffre moyen de 431 métiers, en Allemagne, 279. Si, par conséquent, la filature de coton allemande de 1901 s'était approchée de sa concurrente anglaise de 1890, l'importance des tissages en Allemagne n'atteignait qu'à peu près les deux tiers de celle qu'elle avait en Angleterre. A la fin de 1899, en Allemagne, 44 filatures de coton, montées par actions, représentaient ensemble 1.949.141 broches, soit pour chacune une moyenne de 45.000. En 1901, en Angleterre, 76 filatures par actions accusaient les chiffres de 6.076.104, ou 80.000 comme moyenne individuelle (voir W. HASBACH, dans le *Jahrb. f. Gesch.*, 36, p. 1020). Tandis qu'en Angleterre, il faut considérer comme étant l'ordinaire le chiffre de 2.000 broches par paire de *self-actors*, en Allemagne, on arrive, avec des écarts individuels très notables, à celui de 1.300 à 1.600 comme moyenne. Cette quantité de broches est, d'ailleurs, servie par plus d'ouvriers que la quantité supérieure offerte par les machines anglaises (voir SCHULZE-GAVERNITZ, *Grossbetrieb*, p. 130)]. En Angleterre, la Société Barclay, Perkins, and Cᵒ, possédait, en 1849, dans ses caves, 120 foudres, parmi lesquels plusieurs d'une contenance de 3.600 barils ; dans un de ses bassins on pouvait installer une table servie pour 25 personnes. Une écurie de 150 carrossiers gigantesques traînait ses voitures de livraison. Ses impôts étaient autrefois montés, une année, à 400.000 livres sterling (SIMON, *Observations recueillies en Angleterre*, 1835, I, p. 123). A Birmingham, un fabricant de boutons détenait, en 1834, 10.000 matrices d'acier pour boutons de livrée ; un autre acquit une fortune considérable, rien qu'en confectionnant des yeux de verre pour têtes de poupée (Mc CULLOCH). [Dans l'industrie du fer brut,

les services rendus par le haut-fourneau se sont partout énormément développés. En Grande-Bretagne, la capacité de production de celui-ci atteint, aujourd'hui, trente fois celle d'il y a cent ans, et trois fois celle de 1860. En 1889, 447 hauts-fourneaux à côté desquels il en existait, d'ailleurs, 366 autres éteints, ont livré 8.456 millions de kilogrammes de fer brut. Dans les États-Unis de l'Amérique du Nord, la production a quadruplé depuis 1873, car elle atteignait cette année-là, par haut-fourneau, 6.346 tonnes anglaises, et, en 1890, 27.227. Mais, à cet égard, l'Angleterre et l'Allemagne ont marché du même pas, tandis que les États-Unis les ont largement dépassés. En Allemagne, la production moyenne d'un haut-fourneau atteignait, en 1899, 29.000 tonnes, et, en Angleterre, 29.600. D'après Juraschek, on comptait par haut-fourneau, en Angleterre, en 1890, 18.703 tonnes ; en Allemagne, en 1892, 23.027 ; aux États-Unis, en 1890, 27.227 ; en 1898, 58.290 (W. HASBACH, *Jahrbuch. f. Ges.*, 26, p. 1023). Cockerill, à Seraing, occupait déjà, en 1846, 4.200 ouvriers, et, en 1876, 8.750 (PECHAR, *Kohle und Eisen*, 86). Dès avant 1864, il existait à Augsbourg une filature de 95.000 broches, quand la rivale anglaise la plus considérable à l'époque en avait 80.000 (*Zeitschr. f. Staatsw.*, 20, p. 435). Il n'est pas rare de voir plusieurs établissements séparés au point de vue technique appartenir au même ensemble économique. C'est ainsi que la grande entreprise de P. Haas et fils comprend de nombreuses fabriques diverses sises en différents endroits (*D. Ausst. B.*, 4, p. 214)].

(6) [L'exemple le plus grandiose peut-être d'une concentration embrassant de multiples objets est offert par l'usine Krupp qui, en 1845 occupait 122 ouvriers ; en 1887, 45.000 ouvriers et employés ; en 1912, 70.000 ouvriers en chiffres ronds. Le charbon est extrait des fosses qui sont la propriété de l'établissement, et sa consommation annuelle s'élève à plus de 2 millions et demi de tonnes, dont 900.000 pour la seule aciérie d'Essen. Cela correspond par jour de travail à une arrivée d'environ sept trains de chemins de fer complets et à pleine charge. Plus de 7.500 machines-outils, 18 laminoirs, 80 presses hydrauliques, 430

générateurs, 550 machines à vapeur et presque 1.000 grues sont
mis en marche à Essen. A la place du marteau-pilon, autrefois
célèbre sous le nom de Fritz, qui possédait un poids de chute
de 50 tonnes, et contribua, pendant plus de 50 ans, à la renommée de la maison, se trouvent aujourd'hui de puissantes presses
à forger hydrauliques, dont la monstrueuse puissance de
5.000 tonnes peut être à peine conçue par notre imagination.
La fabrique d'acier fondu possède, aujourd'hui, plus de
80 presses hydrauliques, dont deux presses à forger, de chacune
4.000 tonnes et une de 5.000 tonnes, qu'Alfred Krupp avait
installée, dès 1893, pour son laminoir à plaques de blindage.
En fait de machines-outils et de machines de travail, l'aciérie
en renferme 7.200 qui produisent les objets pacifiques les plus
variés, mais aussi le matériel de guerre. Un chemin de fer
étreint l'ensemble de l'usine de ses 150 kilomètres de voies, relie
les ateliers séparés et assure les transports au moyen de 50 locomotives et de 2.400 wagons. Sur les trois champs de tir, propriétés de la firme et situés à Essen, Tangerhütte et Meppen, il
est annuellement tiré environ 30.000 coups, pour lesquels il est
employé 700.000 kilogrammes de projectiles. Dans le labora-
toire chimico-physique, où chaque coulée de l'usine est éprou-
vée dans sa composition et ses qualités, il est annuellement accompli environ 60.000 essais, dont l'exécution finale nécessite
plus de 500.000 opérations séparées. Aux besoins croissants des
aciéries, les forges existantes n'ont pu suffire à la longue. Les
forges installées, en 1896, sur la rive gauche du Rhin, vis-à-vis
de Duisburg, ont été agrandies en 1903 et années suivantes, de
sorte qu'aujourd'hui, en 1912, elles comprennent un jeu de
9 hauts-fourneaux, une aciérie Thomas, une aciérie Martin,
des laminoirs, une usine pour pièces de construction et de
ponts, en même temps que les services accessoires exigés. Les
forges Frédéric-Alfred sont ainsi les plus importantes de leur
espèce en Europe. Un port long de plus de 500 mètres forme la
voie nécessaire à leurs arrivages. Les bateaux du Rhin leur
amènent les minerais des armateurs de Rotterdam, aussi bien
que ceux des mines de l'Allemagne occidentale. Le long du

quai vertical, de puissants ponts roulants assurent le transport
du minerai vers les places de déchargement et les réservoirs.
Des ascenseurs l'élèvent de là jusqu'aux gueulards des hauts-
fourneaux pour y subir la fusion après mélange avec le coke.
Toutes les quatre ou six heures environ a lieu la coulée. Fort
heureusement avec les progrès techniques marche de pair le
développement grandiose des institutions de prévoyance ouvrière. La caisse auxiliaire de maladie, fondée en 1853, s'est
développée par l'adjonction d'une caisse de retraite pour les
veuves et les orphelins qui dispose, aujourd'hui, d'un avoir de
plus de 22 millions de marks. En outre, il existe une société
d'assurances sur la vie, qui facilite aux employés les contrats
de cette nature ; une fondation pour les ouvriers et invalides,
destinée à compléter les versements des différentes caisses et
possédant un capital supérieur à 7 millions de marks ; une assurance contre les accidents des employés et une caisse d'épargne.
Comme autres institutions prospères en faveur des ouvriers, il
faut citer l'économat d'Essen, le casino des employés, le casino
des maîtres ouvriers, une école ménagère, quatre écoles industrielles, une salle de lecture de plus de soixante mille volumes,
une bibliothèque scientifique professionnelle de cinquante mille
volumes, une société d'éducation, une clinique dentaire, un hôpital, etc. ; enfin, un *asile de vieillards*, où les ouvriers infirmes ou
retraités peuvent, près de leurs femmes, terminer leurs jours
(voir FRIEDR. C. G. MUELLER, *Krupps Gussstahlfabrik*, 1896 ;
D. BAEDECKER, *Alfred Krupp und die Einrichtung der Guss-
tahlfabrik*, 1912 ; *Krupp 1812-1912, zum 100 jaehrigen Bestehen
der Firma Krupp zu Essen-Ruhr*, 1912 ; au sujet d'une concentration analogue à Aix-la-Chapelle, chez la Société par actions
des forges de Rothe Erde, comparer W. RABIUS, *Der Aachener
Hütten-Aktien-Verein*, 1906)].

(7) En Allemagne, le chiffre moyen de quintaux métriques
de betteraves distillées par les fabricants de sucre s'élevait,
en 1836, à 2.080 ; en 1896-97, à 343.910 ; en 1909-10, à 362.100.
HASBACH, dans le *Jahrb. f. Ges.* (26, p. 1032, 27, p. 354), insiste
sur ce qu'en Angleterre, le métier serait, plus qu'en Allemagne,

fondu dans la fabrique ; qu'il existerait cependant, en Angleterre, comme en Allemagne, un mélange de petites, moyennes
et grandes exploitations ; que ce serait, par suite, une utopie
d'admettre la réalisation générale de l'idée que l'exploitation
en grand, suivant le mode de la fabrique, pourrait arriver un
jour à dominer la situation. En Autriche, pour la fabrication
de la bière, le nombre des brasseries a diminué entre 1860
et 1872, de 20,5 0/0, mais leur production a augmenté de
62 0/0. La plus grande d'entre elles, à Schwechat, brassait,
en 1871, 384.987 hectolitres (*Deutscher Ausst. Bericht von* 1873,
I, 280 ; *Œsterreichischer Ausst. Bericht von* 1867. Une situation
analogue existe dès la fin du moyen âge, en tant que celui-ci
connaît déjà les fabriques. Florence comptait, vers 1318,
300 *botteghe d'arte di lana*, qui fabriquaient annuellement
100.000 pièces de grosse toile d'une valeur de 600.000 florins
d'or ; en 1348, il n'en existait plus que 200 occupant 30.000 ouvriers et produisant de 70 à 80.000 pièces, mais d'une valeur
cette fois de 1.200.000 florins d'or (G. VILLANI, XI, 39, 43).
Vers 1427, on comptait 180 fabriques (*Decima IV*, p. XXIV).

(8) [Sur la forte prépondérance, en Suisse, des petites entreprises industrielles (voir WEGMANN, dans la *Zeitschr. f. Schweiz.
Stat.*, 27 (1891), et L. SCHUMANN, dans le *Jahrb. f. Ges. und
Verw.*, 20, p. 246 et suiv.). Parmi 3.776 établissements occupant 160.678 ouvriers, 23 seulement qui en font travailler
16.683 en tout, en groupent plus de 500 chacun, tandis que la
portion de beaucoup la plus forte se compose de 3.016 établissements avec 38.169 ouvriers au total, soit moins de 50 chacun.
Une répartition plus égale de la propriété foncière et du revenu,
qui est en partie une conséquence des institutions démocratiques, facilite l'existence des petites entreprises, en maintenant « un niveau moyen de besoins » et une demande corres-
pondante].

(9) [Dans les exploitations industrielles et commerciales de
l'Allemagne, dont le nombre atteint 4.059.919, travaillent (1907)
14,3 millions de personnes. Sur ce total, 271.000 ou 6,7 0/0 des
exploitations emploient, en outre, une force motrice, dont

l'importance atteint 8,8 millions HP, et 1.54 millions de kilowatts. En fait, la prépondérance est acquise aux exploitations moyennes et grandes, car 63,7 0/0 de tous les individus occupés dans l'industrie, 92,6 0/0 du total en HP, 92,9 0/0 des kilowatts leur appartiennent, c'est-à-dire ressortissent aux exploitations occupant de 6 à 50 et plus de 50 ouvriers. Le développement ultérieur tend manifestement, de même, à renforcer la grande exploitation, sans pour cela que la petite soit menacée d'une disparition complète. On compte encore, parmi les 14,3 millions d'individus occupés dans l'industrie, 5,4 millions appartenant aux petites exploitations occupant moins de 5 personnes. Au total, les petites exploitations ont, de 1882 à 1895, attiré à elles, 435.000 personnes et, de 1895 à 1907, 583.000. Mais les exploitations moyennes et grandes ont exercé une attraction plus considérable. Les premières se sont accrues de 1882 à 1895, de 1,06 millions, et, de 1895 à 1907, de 1.19 millions ; les secondes ont augmenté, de 1882 à 1895, de 1,43 millions, et, de 1895 à 1907, de 2,31 millions de personnes. La masse principale des petites exploitations se répartit dans les sept groupes industriels suivants : commerce, hôtels et débits, industrie des aliments et subsistances, industrie du vêtement, industrie du bois et des matières à sculpter, travail des métaux, industrie du bâtiment. L'augmentation est surtout sensible dans la partie industrie, y compris les mines et les constructions. Chez elle, les exploitations moyennes ont progressé de 19 0/0 à 25 0/0 du personnel industriel, les grandes de 26 0/0 à 45 0/0, tandis que les petites reculaient de 55 0/0 à 30 0/0. Une situation dominante a été acquise par les grandes exploitations, qui absorbent au-delà de la moitié de toutes les personnes occupées dans les groupes respectifs des mines, des pierres et carrières, des machines, des savons, huiles, etc., de l'industrie chimique, de l'industrie textile et de l'industrie du papier. L'industrie des pierres et carrières, ainsi que celle des savons, huiles, etc., ne sont passées que depuis 1895 à cette situation prépondérante de la grande exploitation. Celle-ci a atteint son développement le plus considérable dans l'indus-

tric textile, chimique et des machines, ainsi que dans les mines.
Sur les 29.033 grandes exploitations de la partie industrie, on
compte 586 exploitations géantes, c'est-à-dire occupant plus
de 1.000 personnes. Bien que celles-ci, d'après leur nombre absolu, ne constituent que 0,02 de l'ensemble des exploitations,
elles accusent pourtant, avec 1,4 millions d'individus, 9,6 0/0
de l'ensemble du personnel industriel. Leurs 2,8 millions HP,
ainsi que leurs 500.000 kilowatts, représentent 32 0/0 de toutes
les forces motrices. Ces exploitations géantes ont passé, de 296
en 1895, à 586 en 1907, et le nombre des personnes par elles
employées s'est accru de 562.628 à 1.378.886. Par exploitation géante, on comptait 1.901 personnes ,en 1895, contre
2.353 en 1907 ; 2.247,5 HP en 1895, contre 4.837,9 en 1907.
Les exploitations géantes possédaient par 100 personnes,
118,2 HP en 1895, contre 205,6 en 1907 (G. Schmoller, *Ueber
Wesen und Verf. d. grossen Unternehmungen*, dans *Zur Sozial-
und Gewerbe Politik*, 1890, p. 372 et suiv. ; Fr. Zahn, *Deutschlands wirtschaftliche Entwicklung*, dans les *Annalen d. Deutschen Reichs*, 1911, p. 161 et suiv. ; *Gewerbliche Betriebstatistik*,
dans la *Statistik des Deutschen Reichs*, vol. CCXIII et suiv.).

Personnel des exploitations par groupes d'industries, en 1895 et 1907

Groupes d'industries	Années	Exploitations	Personnes industriellement occupées par les exploitations et à l'intérieur de leurs emplacements			Par 100 personnes de chaque industrie on en compte du sexe féminin
			Au total	Sexe masculin	Sexe féminin	
1. Horticulture artistique et commerciale, inclus le tressage des fleurs et couronnes, les pépinières . . .	1907	36.595	119.758	86.146	23.612	28,1
	1895	27.944	74.991	57.860	17.131	22,8
2. Elevage (non compris l'élève des animaux agricoles de rapport) et pêche	1907	27.111	34.353	31.047	3.306	9,6
	1895	25.603	28.137	26.562	1.575	5,6
3. Mines, fonderies, salines et tourbières.	1907	6.079	860.903	840.203	20.700	2,4
	1895	6.446	536.289	519.609	16.680	3,1
4. Industrie de la pierre et des carrières	1907	52.435	770.563	686.135	84.428	11,0
	1895	53.047	558.286	505.970	52.316	9,4
5. Travail des métaux	1907	166.663	937.020	853.838	83.182	8,9
	1895	174.069	639.755	595.717	44.038	6,9
6. Industrie des machines, instruments et appareils. .	1907	108.477	1.120.319	1.066.513	53.806	4,8
	1895	102.559	582.672	568.392	14.280	2,6
7. Industrie chimique.	1907	11.133	172.441	144.033	28.408	16,5
	1895	11.541	115.231	98.928	16.303	14,1
8. Industrie des produits accessoires forestiers, des matières éclairantes, savons, graisses, huiles, vernis . .	1907	7.273	93.010	81.619	11.391	12,2
	1895	8.124	57.909	51.904	6.005	10,4
9. Industrie textile	1907	161.218	1.088.280	529.899	558.381	51,3
	1895	248.617	993.257	532.037	461.220	46,4
10. Industrie du papier	1907	21.234	230.925	151.439	79.486	34,4
	1895	18.709	152.909	105.159	47.750	31,2
11. Industrie du cuir et matières analogues	1907	54.043	206.973	181.601	25.372	12,3
	1895	51.567	160.343	148.749	11.594	7,2
12. Industrie du bois et des matières à sculpter. . .	1907	241.375	771.059	707.601	63.458	8,2
	1895	262.252	598.496	564.071	34.425	5,8
13. Industrie des aliments et subsistances.	1907	359.924	1.239.945	904.394	335.551	27,1
	1895	314.473	1.021.490	815.545	205.945	20,2
14. Industrie du vêtement	1907	732.650	1.303.853	684.254	619.599	47,5
	1895	802.673	1.224.621	710.270	514.351	42,0
15. Industrie du nettoyage	1907	138.285	254.995	115.562	139.433	54,7
	1895	118.282	165.983	65.839	100.144	60,3
16. Industrie du bâtiment	1907	232.654	1.563.594	1.543.222	20.372	1,3
	1895	230.837	1.045.516	1.034.877	10.639	1,0
17. Industrie polygraphique.	1907	20.152	208.852	162.501	46.351	22,2
	1895	15.090	127.867	106.934	20.933	16,4
18. Industries artistiques.	1907	12.605	30.178	27.056	3.122	10,3
	1895	10.187	19.879	18.163	1.716	8,6
19. Industrie commerciale	1907	1.088.298	2.063.634	1.271.779	1.855	38,4
	1895	777.495	1.332.993	932.035	400.958	30,1
20. Industrie des assurances.	1907	59.459	69.027	64.797	4.230	6,1
	1895	19.238	22.256	21.814	442	2,0
21. Industrie des transports.	1907	113.733	405.104	389.039	16.065	4,0
	1895	100.646	230.431	220.301	10.130	4,4
22. Hôtels et débits	1907	374.195	803.603	315.245	488.358	60,8
	1895	278.689	579.958	229.208	350.750	60,5
23. Industrie de la musique, des théâtres et des spectacles	1907	34.338	87.906	68.839	19.067	21,7

Développement des petites, moyennes et grandes exploitations industrielles de 1882 à 1907

Divisions industrielles		Nombre des				Par 100 exploitations il existe comme			
		petites	dont exercées par un seul	moyennes	grandes	petites	dont exercées par un seul	moyennes	grandes
		Exploitations industrielles				Exploitations industrielles			
Ensemble des professions (¹)	1907	3.124.198	1.446.289	267.430	32.007	91,3	42,2	7,8	0,9
	1895	2.934.723	1.714.35'	191.391	18.953	93,3	54,5	6,1	0,6
	1882	2.882.768	1.877.872	112.715	9.974	95,1	62,5	3,8	0,3
a) Horticulture, élevage et pêche	1907	49.200	17.547	3.970	146	92,3	32,9	7,4	0,3
	1895	39.698	22.462	2.571	52	93,8	53,1	6,1	0,1
	1882	30.673	17.582	1.483	30	96,2	55,1	3,7	0,1
b) Industrie, y compris les mines et les constructions	1907	1.870.261	994.743	187.074	29.033	89,6	47,7	9,0	1,4
	1895	1.989.572	1.237.349	139.459	17.941	92,7	57,6	6,5	0,8
	1882	2.175.857	1.430.465	85.001	9.481	95,8	63,0	3,8	0,4
c) Commerce et transports, y compris hôtels et débits	1907	1.204.737	433.996	76.386	2.828	93,8	33,8	6,0	0,2
	1895	905.453	454.540	49.271	960	94,7	47,6	5,2	0,1
	1882	676.238	429.825	26.531	463	96,1	61,1	3,8	0,1

(¹) Sans les industries de la musique, du théâtre et des spectacles.

Développement des petites, moyennes et grandes exploitations industrielles de 1882 à 1907

Divisions industrielles		Personnes occupées industriellement dans les				Sur 100 personnes occupées industriellement dans chaque division on en compte dans les			
		petites	dont exercées par un seul	moyennes	grandes	petites	dont exercées par un seul	moyennes	grandes
		Exploitations				Exploitations			
Ensemble des professions (1)	1907	5.353.576	1.446.286	3.644.751	5.350.025	37,3	10,1	25,4	37,3
	1895	4.770.669	1.714.351	2.454.333	3.044.267	46,5	16,7	23,9	29,6
	1882	4.335.822	1.877.872	1.391.720	1.613.247	59,1	25,6	8,9	22,0
a) Horticulture, élevage et pêche.	1907	96.378	17.547	40.820	16.913	62,5	11,4	26,5	11,0
	1895	70.091	22.462	25.853	7.184	68,0	21,8	25,1	6,9
	1882	51.437	17.582	11.422	4.559	76,3	26,1	16,9	6,8
b) Industrie, y compris les mines et les constructions	1907	3.200.282	934.743	2.714.664	4.937.927	29,5	9,2	25,0	45,5
	1895	3.191.125	1.237.349	1.902.128	2.907.329	39,9	15,5	23,8	36,3
	1882	3.270.404	1.430.465	1.109.128	1.554.131	55,4	24,1	18,7	26,2
c) Commerce et transports, y compris hôtels et débits	1907	2.056.916	533.996	889.267	395.185	61,6	13,0	26,6	11,8
	1895	1.509.453	454.540	526.431	129.754	69,7	21,0	24,3	6,0
	1882	1.013.981	429.825	271.170	54.557	75,7	32,1	20,2	4,1

(1) Sans les industries de la musique, du théâtre et des spectacles.

Développement des petites, moyennes et grandes exploitations industrielles de 1882 à 1907

Divisions industrielles	Augmentation ou diminution					
	des petites exploitations %	des moyennes exploitations %	des grandes exploitations %	des personnes dans les petites exploitations %	des personnes dans les moyennes exploitations %	des personnes dans les grandes exploitations %
Ensemble des professions (1) :						
1907 vis-à-vis de 1895	6,5	39,8	68,9	12,3	48,5	75,7
1895 vis-à-vis de 1882	1,8	69,7	90,0	10,0	76,4	88,7
a) Horticulture, élevage et pêche						
1907 vis-à-vis de 1895	23,9	54,4	180,8	37,5	57,9	135,4
1895 vis-à-vis de 1882	29,4	117,3	73,3	36,3	126,3	57,6
b) Industrie, mines et constructions						
1907 vis-à-vis de 1895	— 6,0	34,1	61,8	0,3	42,7	69,8
1895 vis-à-vis de 1882	— 8.6	64,1	89,2	— 2,4	71,5	87,1
c) Commerce, transports, hôtels et débits						
1907 vis-à-vis de 1895	33,1	55,0	194,6	36,3	68,9	204,6
1895 vis-à-vis de 1882	33,9	85,7	107,3	48,9	94,1	137,8

(1) Sans les industries de la musique, du théâtre et des spectacles.

§ 22.

La *différence* la plus essentielle entre le métier et la fabrique se présente sur le *terrain social* de la répartition des biens. Non seulement le nombre des compagnons occupant une situation dépendante est, par comparaison avec celui des indépendants, beaucoup plus considérable dans la fabrique (1), mais encore leur dépendance est beaucoup plus accentuée. Le grand contraste entre le patronat et le compagnonnage se déroule à travers l'histoire de tous les peuples supérieurs, et de la façon la plus évidente à travers celle des peuples germaniques. La fabrique est prépondérante du côté du premier, et le métier du côté du second. Il y a des autorités anglaises qui n'appliquent le mot *factory* qu'à des établissements comptant une moyenne de 500 ouvriers (2). Mais, pour la classe des artisans, l'avenir normal permettant à tout compagnon de capacité moyenne de se hausser jusqu'à la maîtrise ne peut se réaliser qu'avec un nombre de compagnons notablement inférieur à celui des maîtres (§ 42). Dans le métier, ceux qui travaillent ensemble appartiennent à la même condition sociale. Le maître lui-même a commencé par être compagnon et apprenti. Aussi les compagnons trouvent-ils dans leurs *perspectives d'avancement*, qui n'offrent que peu d'insécurité avec une bonne conduite, un stimulant d'une efficacité puissante et un frein moral remarquable. C'est surtout pendant la période prospère des métiers que la boutique isolée gardait un aspect si familial, et toute la corporation un caractère de confraternité si complet. En face, le propriétaire de fabrique est placé bien au-dessus de ses ouvriers. C'est par une exception brillante que l'un de ceux-ci peut se hisser à son rang (3). La formation d'un compagnon de métier embrasse toute son industrie. L'ouvrier de fabrique subit l'influence du développement de la division du travail. Il exécute au jour le jour la même petite parcelle de besogne et se trouve ainsi d'autant plus rarement capable de gravir un échelon parmi la multitude de ceux de son établissement (4). — A cette différence dans les perspectives d'avancement se rattache le fait, que le métier normal présente un danger si faible, la fabrique un danger si fort d'*augmentation du prolétariat-social*. Chaque classe d'hommes tend à s'accroître d'autant plus rapidement que, d'après les conceptions de son milieu, moins de moyens sont nécessaires à l'entretien d'une famille. Ainsi, un artisan ordinaire attendra, en général, pour se marier qu'il soit passé maître, et ceci suppose à son tour qu'il possède quelques capitaux. Les choses se passent, chez l'ouvrier de fabrique, d'une façon toute particulière. L'atelier, l'outil et la matière première lui sont fournis par son patron. Il n'a lui-même nul besoin de connaître à fond la production, ne lui consacrant que sa force personnelle dont l'éducation s'achève de bonne heure lorsque la division du travail est poussée très loin. Il en sait assez lors de sa vingtième année pour garder peu d'espoir de jamais s'élever beaucoup plus haut ; sa fiancée travaille aussi dans la fabrique, de sorte que le mariage ne va leur causer aucune augmentation de frais d'entretien. A quoi bon, dès lors et jusques à quand différer de jouir du bonheur d'être époux ? (5). Celui qui commence à mettre régulièrement de côté n'appartient plus au prolétariat. L'expérience démontre que les ouvriers de fabrique, lors même que l'élévation de leurs salaires les mettrait en situation d'épargner, ne sont cependant que *faiblement enclins aux économies* (6). Pour la majorité des hommes, ces dernières n'offrent un attrait considérable que lorsqu'elles peuvent faire l'objet d'un placement fructueux. Ceci se produit avec le plus de facilité et d'évidence lorsqu'on possède une affaire personnelle où l'on peut soi-même semer et soigner le grain mis en réserve et se réjouir tous les jours de sa croissance. Perspective immédiate en vérité pour les paysans, les boutiquiers et la plupart des artisans, mais combien lointaine pour les ouvriers des fabriques ! Les oscillations étendues de l'activité de celles-ci apparaissent au jugement d'un homme du commun d'un calcul trop difficile pour pouvoir l'inciter à une économie l'assurant contre elles (7).

Presque tous les progrès techniques dans le système des fabriques accroissent la *dépendance de l'ouvrier* vis-à-vis de son patron. Plus le nombre des ouvriers est grand, plus l'individualité rétrograde, chez l'ouvrier ordinaire tout au moins. Plus la division du travail s'accentue, plus acquiert de prépondérance la tête directrice qui tient l'ensemble réuni, plus il devient difficile, à l'ouvrier dont la formation est incomplète, de trouver une place autre part. L'augmentation de la puissance du machinisme et de l'ampleur des débouchés amène la supériorité croissante de celui qui possède le capital et le crédit. Dans la plupart des cas, on assiste à une lutte très inégale pour la formation des prix. La demande de travail émane d'un petit nombre de riches qui possèdent l'éducation commerciale, l'offre, au contraire, d'une masse inorganique considérable de prolétaires sans culture. En réclamant du travail, les premiers veulent s'assurer un gain, les seconds n'aspirent qu'à vivre. Les premiers peuvent attendre pendant des mois, peut-être même pendant des années, des circonstances plus favorables, les seconds n'ont rien pour subsister que leur salaire. Une dépendance si étroite, plus encore même, si exclusive, entre des êtres humains, doit invariablement constituer un danger moral . ...sidérable si, à l'exemple de ce qui existe entre parents et enfants, l'affection réciproque ne la vient point tempérer de ses rayons. Les relations entre patrons et ouvriers sont malheureusement de telle sorte que de semblables sentiments personnels paraissent à la plupart rejetés dans un lointain inaccessible. On se plaint toujours plus amèrement de ce qu'un si profond abîme sépare les patrons de leurs ouvriers. Ce n'est, dit-on, que sur le terrain du travail qu'ils acquièrent la notion l'un de l'autre ; leurs distractions, les livres qu'ils lisent, l'art qu'ils goûtent, leurs intérêts politiques et même leurs intérêts religieux constituent des mondes différents au point d'être l'un à l'autre incompréhensibles (8-9). On a souvent parlé de la rivalité d'intérêts entre le travail ouvrier d'une part, et d'autre part le capital et le travail directeur. Le meilleur moyen de l'apaiser est l'existence d'une classe moyenne nombreuse de petits possesseurs de capitaux, mettant eux-mêmes la main à l'œuvre, tels que les paysans, les artisans, etc. Ceux-ci font défaut à la fabrique, et les intérêts s'y opposent l'un à l'autre, avec une âpreté que rien ne voile. Les ouvriers sont presque contraints de contempler de très près l'éclat du patron et la distance qui le sépare de leur propre misère. Il en est d'eux tout autrement que, par exemple, des journaliers travaillant chez un grand propriétaire foncier. Si l'on voulait prétendre que les fabriques augmentent la misère en elle-même, on raisonnerait faussement. Mais, aux endroits où elle existe, les fabriques la concentren. d'ordinaire en des districts industriels surpeuplés, en des villes industrielles colossales, et permettent justement par là de la remarquer plus aisément. Les mécontents se convainquent de l'importance de leur nombre, et tout isolé s'enflamme encore plus au contact des autres. Il devient difficile, au moins en temps de crise, de remédier à la situation, puisque

des régions tout entières, que la même industrie fait vivre,
tombent au même moment dans la nécessité (10).

Toutes ces maladies qu'engendre le système des fabriques
peuvent être d'autant moins considérées comme incurables
que le passage du métier à la fabrique signifie, par lui-même,
un progrès de la production collective de l'économie sociale.
Elles offrent donc, moyennant une répartition convenable
de l'augmentation du revenu social, la possibilité non douteuse de servir à la fois les consommateurs à meilleur marché, d'enrichir les patrons et d'améliorer aussi la condition
ouvrière. Tout ceci se base sur un progrès certain de l'intelligence et de la moralité dans toute la classe industrielle.
On jugerait par exemple, de façon très fausse, en admettant
que le danger social de la fabrique s'accroît en raison directe de l'importance de celle-ci. C'est plutôt l'inverse,
parce que l'homme très riche peut être plus facilement généreux, et qu'en raison de sa richesse il est plus étroitement
surveillé par l'opinion publique. Jusqu'à présent, il est vrai,
on ne constate en ce sens que de faibles initiatives. La fabrique se trouve donc être le principal siège de ce que l'on
nomme la *question sociale*, cette grande énigme dont le défaut de solution, et plus encore la solution fausse constituent pour les peuples libres et d'une haute culture la menace la plus grave de débilité, de décrépitude et de mort
(Vol. I, § 78 et suiv.). Tandis que les artisans formaient autrefois le noyau de la classe moyenne, le riche fabricant
s'est aujourd'hui élevé au-dessus de cette dernière autant
que l'ouvrier prolétaire est descendu au-dessous d'elle. Le
métier possède une parenté spirituelle avec l'État de la fin
du moyen âge, ses classes, ses communes et ses corporations. La fabrique en possède une autre avec le « constitu-
tionalisme » moderne et son organisation censitaire reposant sur la liberté individuelle et l'égalité des citoyens. La

fissure abrupte que nous avons dépeinte correspond de même au danger principal de l'Etat « constitutionnel », à ce contraste de la bourgeoisie et du peuple, ou, comme disent les Italiens, du *popolo grasso* et du *popolo minuto* (11).

(1) La tendance du métier à ressembler de plus en plus à la fabrique, à mesure que la civilisation s'élève, se manifeste particulièrement en ce que, dans les grandes villes, le nombre des compagnons qui correspondent à un maître est régulièrement d'une importance plus grande que dans les petites villes ou même dans les campagnes. En Prusse, en 1861, on comptait, pour 100 boulangers en moyenne, 44 compagnons dans l'ensemble du territoire ; mais, tandis que la principauté de Hohenzollern n'en accusait que 22, leur nombre s'élevait, à Berlin, jusqu'à 78. Chez les bouchers, le pourcentage des compagnons atteignait 38 pour l'ensemble, 19 pour Hohenzollern, 61 pour Berlin. Le métier de ramoneur présentait, pour l'ensemble de l'État, 4 compagnons pour 3 maîtres, et à Berlin, 5 pour 1. Dans cette dernière ville, le nombre des donneurs de travail s'est accru, de 1867 à 1871, de 5,3 0/0, et celui des preneurs de travail, de 48,9 0/0, de sorte que à l'un des premiers correspondaient, en 1867, 4,3 des seconds, et, en 1871, 6,2 (SCHWABE, *Berliner Volkszaehlung von* 1871, p. 63). Lorsque la productivité d'un métier s'accroît, le nombre des compagnons augmente d'ordinaire plus vite que celui des maîtres.

(2) *Edinb. Rev.* avril 1849, p. 432.

(3) Sur 137 établissements de peignage de laine et d'impression de coton à Bradford, 3,5 0/0 seulement avaient été fondés par les riches, et 54 0/0 par des ouvriers sans ressources à leurs débuts (M. WIRTH, *Grundziige der N. Œk.*, 4, p. 22).

(4) Il existe à Mulhouse des fabriques où les manœuvres ne gagnent guère plus de 300 francs, et où certains dessinateurs se font annuellement 30.000 francs (WIRTH, *op. cit.*, 4, p. 75). Mais combien rarement un manœuvre deviendra-t-il dessinateur !

(5) Tandis qu'anciennement la plupart des villes importantes comptaient plus de décès que de naissances, elles
contribuent aujourd'hui régulièrement aussi à l'accroissement de la population. Il faut voir une des raisons principales
de cette transformation profonde dans le relâchement des
anciennes corporations. La perpétuation de la classe industrielle urbaine était, autrefois, l'œuvre presque exclusive des
maîtres, c'est-à-dire de la moitié supérieure de l'ensemble,
tandis que dans la vie des fabriques, la plupart des enfants sont
procréés par la partie inférieure de la population dont la situation est la pire, mais le nombre de beaucoup prépondérant. En
Suisse, le canton d'Appenzell-Rhodes extérieures, celui de
Glaris et celui de Zürich, présentent le nombre relatif le plus
élevé d'individus mariés, tandis que les cantons de Lucerne,
Unterwalden et Uri ont le plus faible. Dans le canton de Glaris,
presque 72 0/0 des adultes parviennent au mariage ; dans celui
d'Appenzell, plus de 70 0/0 ; Schaffhouse, 68 0/0 ; Zürich et
Vaud, 67 0/0 ; Lucerne à peine 43 0/0 (GISI, *Schweiz. Bevœl-
kerungsstatistik*, 34 et suiv.) ; (*Edinb. Rev.*, LXXX, p. 93 et
suiv.). Ce dernier ouvrage prétend écarter des fabriques le reproche d'accroître le prolétariat social, par ce motif que l'augmentation surprenante de la population des districts de fabriques proviendrait plus de l'immigration que de la procréa-
tion sur place. Ainsi, par exemple, en Angleterre, de 1831 à
1841, les dix comtés agricoles qui ont présenté le plus faible
accroissement de population, soit 5 1/2 0/0 seulement, avaient
cependant accusé un excédent de 10 0/0 des naissances sur les
décès. Par contre, les cinq comtés industriels offrant l'augmentation la plus forte, soit 26 0/0, avaient un excédent de naissances de 11 0/0 seulement. L'importance disproportionnée de
la nuptialité dans les villes industrielles s'expliquerait, en partie, par le nombre plus considérable des jeunes hommes que
l'immigration y a attirés. Mais c'est justement pour cela que
cette nuptialité ne cesse pas d'être un effet de l'essor des fabriques !

(6) Cochin adopte une division des ouvriers parisiens en

trois groupes : ceux qui placent à la caisse d'épargne ; ceux qui, pendant la morte-saison, au moment du terme de loyer, empruntent au mont-de-piété ; ceux que l'Assistance publique est obligée de secourir (*Acad. des Sc. m. et p.*, 1864, III, 249). En France, au 31 décembre 1837, 7 villes industrielles, comptant ensemble plus de 400.000 habitants, ne possédaient qu'un chiffre de 10.506.000 francs de dépôts à la Caisse d'épargne ; 14 villes non industrielles, n'ayant pas tout à fait 400.000 habitants, témoignaient d'un chiffre de 14.331.000 francs ; et 8 villes maritimes, d'une population d'ensemble à peine plus élevée, d'un total supérieur à 19 millions 1/2 de francs. [Dans le royaume de Saxe, qui, plus que d'autres États allemands, est développé au point de vue industriel, l'institution de la Caisse d'épargne jouit d'une surprenante prospérité. Le nombre des déposants est passé, de 1845 à 1909, de 57.707 à 3.095.550 et le chiffre des dépôts s'est accru de 8.072.000 marks à 1.620.820.000 marks au cours de la même période. Mais ceci pourrait être rattaché à l'augmentation de la population. La valeur moyenne d'un livret de Caisse d'épargne atteste plus clairement le sens de l'économie. Elle atteignait, en 1845, 139,8 marks ; en 1875, 356,5 marks ; en 1895, 381,9 marks ; en 1909, 523,6 marks, ce qui représentait par tête de la population, en 1845, 4,5 marks ; en 1875, 95,5 marks ; en 1895, 197,1 marks ; en 1909, 341,2 marks. Enfin, on comptait, en 1845, un livret par 31,18 habitants, et, en 1909, par 1,53 habitants (*Statt. Jahrb. f. d. Koénigreich Sachsen*)].

(7) La prospérité des affaires produit à Manchester plus d'augmentation des cas d'ivresse que des dépôts aux Caisses d'épargne. De nos jours, précisément, le bon marché sans cesse plus grand et la variété croissante des produits industriels, à côté du renchérissement des objets les plus indispensables à la vie, détournent l'ouvrier ordinaire de l'épargne d'une façon presque systématique (voir A. LANGE, *Arbeiterfrage*, 1875, p. 166, 182).

(8) NIEBUHR (*Briefe*, III, 242 et suiv.) recevait, dès 1829, d'un radical anglais, un pamphlet dans une 4ᵐᵉ édition stéréo-

type, dont la vignette représentait une femme horriblement laide, avec une couronne et une mitre. Elle s'occupait à remplir davantage encore une panse d'une informe grosseur, tandis que cinq enfants, affamés et en guenilles, criaient la faim tout à côté où se traînaient à terre dans un sombre désespoir. Des poésies très répandues de Mead, Gerald Massey, etc., flagellaient les *Mill-Lords* (*Mill* a, en anglais, le sens de fabrique), objets d'une haine plus violente encore que les mylords ; les machines à vapeur y étaient comparées au Moloch, qui, comme elles, avait l'intérieur rempli de flammes, dévorait des enfants vivants, etc. Le dédain de la personnalité humaine des ouvriers, du côté des patrons, est caractérisé par l'expression très usuelle de *millhand*, signifiant en anglais ordinairement « ouvrier de fabrique », mais littéralement « main de fabrique ». Les mauvais côtés des fabriques anglaises sont exposés dans les ouvrages suivants : GASKELL, *The manufacturing population of England* (1883) ; COOKE TAYLOR, *Factories and the factory system* (1844) ; Lord SHAFTESBURY, *Speeches upon subjects relating to the labouring class* (1868) ; ENGELS, *Lage der arbeitenden Klassen in England* (1845, 2e éd., 1890). Les côtés favorables sont présentés aussi, d'après les rapports des comités du Parlement, dans l'exposé fait à la Société de statistique de Manchester : *Analysis of the evidence taken before the factory committee* (1834) et dans URE, *Philosophy of manufactures* (1835).

(9) L'amélioration des rapports personnels de patron à ouvrier est à espérer tout d'abord là où la fabrique occupe un emplacement isolé dans la campagne. Dans ce cas, les changements de patrons et d'ouvriers ne peuvent être aussi faciles. L'avancement même des ouvriers à des places plus avantageuses à l'intérieur de la fabrique n'est pas rare, parce que le choix y est moindre. La misère dans laquelle les ouvriers peuvent éventuellement tomber doit toucher la quiétude et le point d'honneur même des patrons les plus durs, d'une manière bien plus sensible qu'au milieu de la cohue des grandes villes. Des gains élevés ne destinent guère l'ouvrier qui les habite, lorsque sa demeure est abjecte, qu'à une augmentation de ses

plaisirs du cabaret. Un haut salaire procure facilement à l'ouvrier des campagnes plus de joies domestiques (THORNTON, *Overpopulation*, 394 et suiv.). Malheureusement, ces fabriques isolées se trouvent, au point de vue économique, bien trop inférieures aux grandes métropoles industrielles, pour que leur exemple puisse servir de point de départ à une amélioration sociale et donner le ton à la société. Au point de vue social, dans la région du Bas-Rhin, on atteint un résultat favorable lorsque le patron condescend à parler avec ses ouvriers le patois bas-allemand (Voir THUN, *Industrie am Niederrhein*, I, p. 139).

(10) Les ouvriers de fabrique ne se placent pas, au point de vue de leur moralité personnelle, à un niveau particulièrement inférieur.

(11) Comparer SCHAEFLE dans le *Deutsches Staatswoerterbuch*, III, 483. Pendant la Révolution française, les ouvriers des fabriques ne jouent aucun rôle important, et ce sont les petits patrons et les compagnons qui composent le public du Palais Royal. C'était bien plus une poussière mobile, plus facile à remuer, mais aussi plus facile à contenir que les masses ouvrières organisées dans les fabriques (Comparer VON SYBEL, *Gesch. der Revolutionszeit*, I, p. 54).

<h2 style="text-align:center">§ 23.</h2>

Les *fabriques* ne peuvent exister dans une mesure importantes que *seulement à partir d'un niveau déterminé de l'économie sociale*, qui n'est pas d'ailleurs placé au plus bas. Dans l'antiquité, dont l'industrie s'est en général moins développée que chez les peuples modernes, les fabriques sont apparues relativement de bonne heure. L'esclavage, en effet, facilitait aux riches ce genre d'établissements.

C'est surtout dans le tissage que les produits les plus fins paraissent avoir été l'œuvre des fabriques. Il existait des tissages à Patras, où travaillaient deux fois autant de femmes que d'hommes, et le renom des mœurs y était déplorable. La teinturerie, pour des motifs techniques, n'était à peu près jamais confiée aux esclaves de la maison. Les neuf ou dix esclaves cordonniers de Timarque devaient payer par jour à leur patron deux oboles, et leur surveillant trois. Il est question de deux fabriques athéniennes, où les esclaves sont attachés à la maison ; l'une tisse des sacs, l'autre prépare des drogues. On mentionne encore un grand constructeur de navires, qui avait porté toute l'île d'Ægine à un haut degré de prospérité. A l'époque impériale, la ploutocratie et l'esclavage réunis causèrent la pléthore dans les industries d'art, et par suite, leur rémunération dérisoire. Elles restreignirent en même temps le développement des industries les plus indispensables à l'existence et l'on vit, par exemple, la farine coûter très cher par comparaison aux grains. Au temps d'Aurélien, un fabricant d'Alexandrie se vantait de pouvoir entretenir une armée avec du papier et de la colle (*exercitum se alere posse papyro et glutine*).

Le poète du haut moyen âge allemand Hartmann von Aue, dans son épopée d'*Iwein*, fait, aux vers 6187 et suiv., mention d'un tissage occupant trois cents ouvrières, dont la situation rappelle la plus noire misère que l'on puisse rencontrer de nos jours dans l'industrie. Il s'agissait d'ailleurs d'un gynécée de Cour princière et de ses esclaves. [On peut quelquefois établir l'existence, dans les domaines corvéables et dans les cloîtres du moyen âge, d'un rassemblement d'une troupe d'ouvriers assez importante. On constate alors qu'il ne s'agissait pas la plupart du temps de poursuivre un but industriel spécial, mais surtout de satisfaire les besoins des

communautés précitées en produits et travaux industriels].
Aux débuts des fabriques possédées par des particuliers,
on a remarqué à Tournai en 1365, une défense à tout
« usurier » de s'occuper de tissage. On cite en Angleterre
une mesure analogue dans l'ordonnance 2/3 de Philippe II
et Marie Tudor, ch. XI. Nüremberg et Augsbourg comptaient des fabriques, dès le commencement du xve siècle.
Le libraire-imprimeur de Nüremberg A. Koberger, mort
en 1513, était propriétaire de 24 presses, et occupait plus de
100 compositeurs, imprimeurs, correcteurs, enlumineurs,
relieurs, etc. (1).

[Les raisons qui depuis les débuts du xvie siècle, ont
poussé à établir des fabriques, ne peuvent être indiquées
en détail. Pendant la durée du régime des corporations, il
n'existait en général aucun moyen de réunir un grand
nombre d'ouvriers dans un même atelier industriel. En
effet, les règlements corporatifs limitaient fréquemment le
nombre des outils à employer, celui des produits dont la
fabrication était licite, et presque toujours celui des apprentis et compagnons que chaque maître pouvait entretenir près de lui. La manufacture à domicile ou système du
fonds de commerce (*Verlagssystem*), nullement générale,
mais toutefois fréquente, paraît avoir formé une phase de
transition. Bien qu'elle constituât un progrès, elle entraînait aussi des inconvénients. Il lui était impossible de conquérir droit de cité dans les branches de métiers dont les
produits étaient facilement transportables du lieu de production au lieu de consommation. Elle offrait le désavantage d'une surveillance très faible des ouvriers à domicile,
qui, abandonnés à eux-mêmes, manquaient pour la livraison des marchandises, de probité et d'exactitude. Elle rendait plus difficile l'introduction et la généralisation des
progrès techniques. Lorsque, à mesure de son développe-

ment, l'industrie créa des branches nouvelles, celles-ci ne consentirent point à se plier aux formes anciennes du métier ou de la manufacture à domicile et choisirent la fabrique. C'est ce qui se passa autrefois pour la papeterie, les verreries, les brasseries, les forges et fonderies de fer, de cuivre et laiton, et plus tard pour l'imprimerie, la blanchisserie de cire, l'amidonnerie, le travail du tabac, la torréfaction de la chicorée, le raffinage du sucre, la fabrication des machines, des tentures, des lampes, de la porcelaine, de la faïence, etc.... L'établissement de maisons de force et d'orphelinats depuis le XVIIe siècle, occupant leurs pensionnaires à des travaux industriels pour subvenir aux frais de leur entretien, pourrait à l'occasion avoir mis plus en lumière les avantages de l'exploitation en grand. Ceux-ci se manifestèrent en regard de la manufacture à domicile, essentiellement en ce que la surveillance des ouvriers fut facilitée par leur réunion, que l'introduction d'une discipline plus stricte maintint la régularité et la constance de leur travail et qu'enfin l'enseignement des progrès de la technique permit d'obtenir une capacité de production plus importante.

Dans certaines industries, notamment dans celle de la céramique, la fabrique « domaniale », appelée à l'existence par le souverain régnant ou par quelque autre haut seigneur, joue son rôle. On désire soutenir une industrie naissante, en acclimater une autre dans une branche ayant fait ses preuves à l'étranger, mais non encore admise dans le pays même. On veut, à la manière de la pratique mercantile, attirer de l'argent dans celui-ci. On y sent le besoin d'objets de valeur et très demandés, et on souhaite de le satisfaire à meilleur compte qu'il n'est possible en les tirant de l'extérieur. En dehors de l'initiative, de la libéralité, de l'esprit de sacrifice de seigneurs puissants et fortunés, l'octroi de privilèges assurant au fondateur, pour une série d'années, le monopole des profits de l'entreprise constitue un ressort essentiel au développement en grand de cette dernière. Par des exonérations d'impôts et de douanes, par des mesures favorisant l'importation des matières brutes, par l'admission de la liberté du commerce pour les produits, les gouvernements se sont partout efforcés, sur une plus ou moins vaste échelle, d'encourager la grande industrie dans son essor. Enfin, dans des cas très nombreux, la fondation de fabriques a été provoquée par la venue d'artisans habiles émigrés d'autres pays. En particulier, l'expulsion de France des protestants et leur installation aux endroits où ils trouvaient un accueil amical, en Hollande, en Suisse, en Allemagne, y a causé le développement de l'exploitation en grand dans l'industrie. Colbert pourtant avait su attirer des ouvriers étrangers et recueillir par là des avantages aussi grands que ceux que l'Angleterre s'est entendue à se procurer au cours du XVIIIe siècle. Néanmoins, les fabriques ne s'acclimatèrent que lentement en Allemagne. Dans un pays aussi développé aujourd'hui au point de vue industriel que le royaume de Saxe, on ne compte, sur 2.838 exploitations occupant plus de 50 ouvriers, que 50 seulement fondées antérieurement à 1801. Ce n'est qu'isolément qu'on peut démontrer l'existence dès le XVIe siècle, dans les villes de l'Allemagne du Sud, d'établissements exploités suivant le mode des fabriques. On trouve en 1573, une raffinerie de sucre à Augsbourg, en 1592, une tréfilerie d'or et d'argent à Nüremberg, en 1593, une savonnerie à Augsbourg, en 1649, une fabrique de bleu à Annaberg, en 1681, une manufacture de fil d'or et d'argent à Leipzig, en 1698, une autre du même genre à Augsbourg. C'est de l'année 1676 que datent les manufactures de soie et de laine fine à Neuostra, dans l'électorat de Saxe, qui furent créées par Jean

Daniel Krafft et les frères Span. Les Huguenots, immigrés en masse en Allemagne, à la suite de la Révocation de l'Edit de Nantes contribuèrent pour beaucoup à l'ouverture de fabriques de velours, de soie, de rubans, de tentures et autres et plus généralement à l'extension de l'exploitation en grand. C'est en 1686 qu'Abraham Valery commença de fabriquer le drap à Halle, occupant l'année d'après plus de 50 ouvriers et 300 fileuses. Un peu plus tard s'installe à Magdebourg la manufacture d'Electorat dite « jaune » pour les bas, la laine, les draps, les rubans et la soie sous la direction d'André, Pierre Valentin et Claparède ; elle rassemble 500 ouvriers. Le 12 décembre 1703, Frédéric-Guillaume Ier édicte une ordonnance portant qu'aucune manufacture nouvelle ne pourra désormais être établie sans concession préalable. Bientôt après s'ouvre à Berlin l'Entrepôt royal, grande fabrique modèle de draps, d'origine privée, mais passée ensuite aux mains de l'Etat. La métallurgie faisait déjà l'objet d'un développement considérable, sous la forme de l'exploitation en grand, dans le comté de la Mark. Depuis le milieu du xviiie siècle, il existait dans la Hesse-Cassel des forges et des aciéries, une fabrique de fer blanc, des fabriques de bleu et depuis 1776, une glacerie à Schwarzenfels. La fayencerie au xviiie siècle se manifestait aussi sous la forme d'exploitations dépassant fréquemment de beaucoup le simple métier. La porcelainerie a presque toujours gardé le caractère de la grande fabrique comme en 1710 à Meissen, en 1718 à Strasbourg, en 1751 à Berlin, en 1755 à Frankenthal, en 1762 à Hœchst sur le Mein. Par contre, en vieille Bavière, encore à la fin du xviiie siècle, les nombreuses tentatives de l'Etat pour créer artificiellement, au moyen d'avantages douaniers de primes et de monopoles, une industrie des fabriques ne réussirent pas à l'implanter (2).

Dans les pays étrangers à l'Allemagne, dans lesquels le régime corporatif avait été vaincu de meilleure heure ou bien n'avait jamais joui d'un prestige aussi remarquable, les exploitations en grand, susceptibles d'être considérées comme des fabriques, apparaissent beaucoup plus tôt. L'*Italie* manifeste, au xve et au xvie siècles une tendance centralisatrice, particulièrement dans l'industrie de la soie. Les établissements importants, ceux de 20 à 25 métiers à tisser, qui dans l'industrie privée n'apparaissent qu'isolément au xixe siècle, sont plus fréquents au xvie. D'une façon générale cependant, le système du fonds de commerce ou de l'industrie à domicile (*Verlagssystem*) prédomine encore. Mais on rencontre à Venise de grandioses établissements de l'Etat pour la fabrication de câbles de navires, de toile à voile et de matériel d'équipement.

En *France* Paris pouvait montrer au xviie siècle ce que l'on appelait des *lieux privilégiés*, où il était loisible à certaines personnes de se livrer à une industrie sans crainte d'être troublées par les syndics des corporations. Ces emplacements furent l'occasion du développement de quelques industries, comme celle de la miroiterie, de la draperie, de la poterie, de la toile cirée. A Amiens et à Tours, il existe depuis la fin du xvie siècle des fabriques de tapis. Des draperies et des fabriques de tapis, fondées d'abord en partie par Colbert, se rencontrent au xviie siècle à Sedan, Beauvais, Louviers, Aubusson et Carcassonne. En 1662, la manufacture des Gobelins est réorganisée à Paris ; en 1669, il s'ouvre à Abbeville en Picardie une fabrique de draps qui ocupe 500 ouvriers venus de Hollande (3, 4). Les fabriques d'un genre plus important deviennent plus fréquentes au xviiie siècle.

Dans les *Pays-Bas*, où le droit des guildes opposait également des barrières à la production, on écarta de bonne heure celles-ci. Les premières fabriques datent du dernier tiers du xviie siècle ; il se fonde en 1666 une fabrique de miroirs à Amsterdam, et en 1678, une fabrique de soie à Haarlem. L'immigration des huguenots français active le développement industriel, et l'on en vient à créer des entreprises en partie très vastes. Pierre Baille, occupe par exemple à Amsterdam 110 métiers ; la fabrique de soie de Jacques Van Mollen à Utrecht donne du travail à 500 ouvriers (5).

Pour l'*Angleterre*, une ordonnance du temps de Henri VIII en 1530 interdit à Oxford aux artisans étrangers d'entretenir à la fois plus de 10 compagnons étrangers : c'est une preuve que, à cette époque, on ne prête plus la main à la stricte application du droit corporatif. Néanmoins, les fabriques ne commencent à devenir nombreuses que pendant le cours du xviiie siècle sous l'influence de l'invention des machines. La machine à filer fabriquée par Highs en 1764, qui actionne en même temps 6 broches, peut encore être employée au domicile même de l'ouvrier fileur. Les perfectionnements inventés par Arkwright et Hargraves deviennent la cause de l'installation de fabriques. Arkwright ouvre la première, qui fut actionnée par des chevaux, en 1768 à Nottingham, et la seconde, où la force hydraulique servit à la propulsion, en 1771. En 1780 il y eut 20 de ces fabriques, et en 1790, 150. Lorsqu'on en arriva plus tard à remplacer la force hydraulique par la machine à vapeur de Watt, des tissages mécaniques s'établirent bientôt en Ecosse, et le triomphe du tissage en fabrique devint décisif en 1803, grâce à l'invention par Thomas Johnson de la machine dite *dressing frame* : un enfant pouvait désormais assurer le service de deux métiers. Le passage à la fabrique dans la métallurgie et la céramique, s'opéra de façon analogue (6).

En *Belgique*, on rencontre avant 1764 de nombreuses fabriques dans des domaines différents de l'industrie. Les plus grandes d'entre elles sont un tissage de camelotte à Tournai, avec 862 ouvriers, un tissage de toile au même endroit en occupant 800 et un tissage de laine à Malines avec 434 ouvriers. Toutefois, la plus grande partie de ces ouvriers travaille à domicile. Les établissements qui n'emploient leurs ouvriers que dans les locaux mêmes de la fabrique, sont une porcelainerie à Tournai, avec 200 ouvriers, un tissage de toile et de rubans à Ypres avec 130 ouvriers, et un tissage de soie à Ostende avec 102 ouvriers (7).

En *Autriche*, les privilèges corporatifs furent battus en brèche par les *franchises impériales (Hoffreiheiten)*, libérant des artisans isolés des liens des corporations. En outre, depuis le début du xviiie siècle, il fut concédé ce que l'on appella des *Privativa*, c'est-à-dire des privilèges par lesquels on rendait autant que possible indépendantes les fabriques de création nouvelle. La première de ces fabriques appelée à l'existence fut en 1709 celle d'un certain Adam Ignace Hoeger, pour l'extraction d'huile de grains de raisins. Dès le xviie siècle cependant étaient apparues des entreprises importantes, telles en 1668 la « fabrique et manufacture de soie » du comte Sinzendorf et en 1676, la manufacture établie à Vienne, sur l'emplacement du *Tabor* dans la Leopoldstadt, manufacture réunissant en elle-même le tissage de soie et de laine, la fabrication du verre et de la majolique, l'exploitation des produits pharmaceutiques et la confection d'ustensiles de ménage (8).

En *Russie*, jusqu'à l'époque de Pierre le Grand, l'activité industrielle est extraordinairement peu développée. Ce souverain énergique s'intéresse au même point à l'essor des métiers, auquel il veut aider par l'octroi de l'organisation corporative, qu'à l'acclimatement de l'industrie des fabriques, dont il délègue la direction au Collège des manufactures nouvellement institué. Ses efforts furent couronnés d'un succès véritable, au point qu'à sa mort, il aurait existé 100 fabriques de différentes sortes, dont quelques-unes occupant jusqu'à 300 ouvriers. Pour le pays, la création de ces fabriques était de la plus grande importance, en ce qu'elles introduisaient de nouvelles branches d'industrie, qui n'avaient pas été cultivées jusqu'alors, comme celles des tissus de soie, du papier, du verre, de la toile à voiles, etc. Elles servaient en même temps d'écoles pour l'ouvrier russe. Ce n'était point encore toutefois des fabriques au sens moderne, car les machines n'étaient employées que dans des cas extrêmement rares. Lorsque Catherine II arriva au pouvoir, on comptait en 1762, 984 fabriques ; l'année de sa mort, en 1796, leur nombre avait été porté à 3161. Il est vraisemblable que le sens du mot « fabrique » était à l'époque ancienne un peu plus étendu qu'à présent, et qu'il ne fallait pas toujours conclure de son usage à une grande exploitation. La majeure partie de ces fabriques, créées sous l'influence immédiate du gouvernement, reposait sur le travail forcé. Elles n'occupaient, en général, que des serfs seigneuriaux. Les fabricants faisant partie de la caste marchande se voyaient concéder le privilège d'acheter des villages avec leurs serfs, ou bien ces derniers leur étaient procurés par des nobles. Encore au début du xviie siècle, le nombre des ouvriers de fabrique non libres dépassait celui des ouvriers salariés. C'est de cette manière que prirent naissances les types de fabriques domaniales héréditaires (*Erbgutsfabriken*) ou possessoires (*Possessionsfabriken*). Les premières appartenaient aux nobles, qui y faisaient travailler leurs propres serfs. Les secondes étaient celles auxquelles le gouvernement accordait des subsides, tels que des emplacements, des terres ou des ouvriers ;

celles encore qui étaient construites au moyen d'avances par le gouvernement de capitaux remboursables ; celles enfin, dont les possesseurs obtenaient la permission d'acheter des paysans, bien que de par leur caste sociale ils n'en eussent point le droit. Ces fabriques ne disparurent que graduellement, et à leur place apparut, surtout après l'émancipation des serfs en 1861, la fabrique capitaliste (9).]

(1) ESCHINE, *Adv. Tim.*, 87 ; PAUSANIAS, VII, 21, 7 ; XÉNOPHON, *Cyroped.*, VIII, 2, 5 ; DÉMOSTHÈNE, *Adv. Olymp.*, 1170 ; DÉMOSTHÈNE, *Adv. Aristocr.*, 690 et suiv. ; POEHLMANN, *Uebervoelkerung der ant. Grosstaedte*, 38 ; VOPISCUS FIRMUS, etc., ch. III ; BECHER, *Polit. Diskurs*, édit. Zinken, 2, p. 1422 et suiv. ; OSKAR VON HASE, *Die Koberger*, 1885, p. 54 ; ROTH, *Gesch. d. Nürnberger Handels*, 3, p. 32 et suiv.

(2) [RUDHARDT, *Zustand von Bayern.*, 2, p. 178 ; ALB. KOENIG, *Die saechsische Baumwollenindustrie am Ende des vorigen Jahrhunderts*, 1899 ; WILH. STIEDA, *Die Anfaenge der Porzellanfabrikation auf dem Thüringerwalde*, 1902 ; WILHELM STIEDA, *Die keramische Industrie in Bayern waehrend des 18 Jahrhunderts*, 1906 ; H. TOLLIN, *Gesch. der franzoesischen Kolonie von Magdeburg*, 3 vol., 1886-89 ; OTTO WIEDFELDT, *Statistische Studien zur Entwicklungsgeschichte der Berliner Industrie von 1720*, 1890-1898 ; M. MOHL, *Ueber die württembergische Gewerbsindustrie*, 1828 ; A. THÜN, *Industrie am Niederrhein*, 1886 ; FR. G. WIECK, *Die Manufactur-und Fabrikindustrie des Koenigreichs Sachsen*, 1845.]

(3) [GEERING, *Handel und Industrie der Stadt Basel*, 1886- ; SIEVEKING, dans le *Jahrbuch f. Gesch.*, 12, p. 132].

(4) [FARNAM, *Die innere franzoesische Gewerbepolitik von Colbert bis Turgot*, 1878 ; LEVASSEUR, *Histoire des classes ouvrières en France*, 2e éd., 1901 ; GERMAIN MARTIN, *La grande industrie sous le règne de Louis XIV*, 1899].

(5) [O. PRINGSHEIM, *Beitraege zur wirtschaftlichen Entwic-

klungsgeschichte der vereinigten Niederlande, 1890 ; W. E. BERG, *De réfugiés in de Nederlanden na de herroeping van het edict van Nantes*, 1845 ; H. J. KOENEN, *Geschiedenis de nijverheid in Nederland*, 1856].

(6) H. DE B. GIBBINS, *Industry in England*, 1896 ; CH. BABBAGE, *Ueber Maschinen-und Fabrikwesen*, traduit de l'anglais en allemand par Friedenberg, 1833 ; [HASBACH, *Zur Charakteristik der englischen Industrie*, dans le *Jahrb. f. Ges.*, 26, p. 455 et suiv. ; H. HELD, *Zwei Bücher zur sozialen Gesch. Englands*, 1881 ; W. V. OCHENKOWSKI, *Englands wirtsschaftlische Entwicklung im Ausgang des Mittelalters*, 1879 ; W. CUNNINGHAM, *The growth of english industry and commerce during the early and middle ages*, 1890 ; W. CUNNINGHAM, *The growth of english industry in modern times*, 1892].

(7) [ARMAND JULIN, *Les grandes fabriques en Belgique vers le milieu du XVIII⁰ siècle*, 1903].

(8) [F. HALLWICH, *Die Anfaenge der oesterreichischen Grossindustrie*, 1892 ; H. RESCHAUER, *Gesch. des Kampfes der Handwerkerzünfte*, etc., 1884 ; HANS J. HATSCHEK, *Das Manufacturhaus auf dem Tabor in Wien*, 1886].

(9) [W. STIEDA, *Peter der Grosse als Merkantilist*, *Russische Revue*, 4, p. 105 et suiv. ; M. TUGAN-BARANOWSKY, *Die russische Fabrik in Vergangenheit und Gegenwart*, 1898 ; ANDR. BLAU, *La Russie commerciale et industrielle*, 1899 (ouvrage en russe) ; GULISCHAMBAROW, *Résultats du commerce et de l'industrie sous Nicolas Iᵉʳ*, 1896 (ouvrage en russe)].

§ 24.

Malgré l'essor des fabriques, la *vitalité* du métier, c'est-à-dire de la petite exploitation, demeure indéniable. Il faut il est vrai se garder, à ce propos, d'un jugement trop général. Il serait sans portée aucune, puisqu'aussi bien il est d'autre part impossible d'espérer satisfaire, par quelques

dispositions d'ensemble, tous les milieux de la petite industrie. On ne peut dresser un catalogue des métiers susceptibles de subsister encore et de ceux qui sont incapables de
supporter la concurrence. On n'affirmera pas avec certitude que telles branches d'un métier ont terminé leur rôle,
et qu'il est inutile de tenter quelque chose en leur faveur ;
que par contre, d'autres sont d'une nature telle, que les
encourager promet un succès. Les conditions des métiers
présentent à cet égard une diversité par trop grande. Un
métier, qui dans un certain endroit semble voué à disparaître, peut, si les conditions de lieu deviennent différentes,
parfaitement subsister encore. Nous devons seulement reconnaître qu'il s'accomplit, à l'intérieur du métier, une
évolution propre qui menace de le détruire. La situation de
la petite industrie n'est à cet égard, d'une façon générale,
nullement si défavorable qu'on se plaît souvent à l'affirmer.
Le métier reste toujours, pour ainsi dire, pavé d'or et nour-
rit fort bien son homme, quand celui-ci s'entend à son exercice. Il n'y a en vérité, que son aspect qui, par comparaison
à celui d'autrefois, se soit modifié de façon notable. Le terrain que la petite industrie a perdu d'un côté, elle l'a rega-
gné d'un autre. La fabrication des peignes, la clouterie, la
taillanderie, la casquetterie, la chapellerie, et quelques
autres encore sont disparues en tant que petites exploitations jusqu'à leurs plus misérables restes. La cordonnerie,
la tannerie, la ferblanterie, la tonnellerie, la pelleterie, peut-
être aussi la poterie, soutiennent encore une lutte à bien
des égards désespérée contre la concurrence de la grande
industrie. Mais d'autres professions comme la boulangerie,
l'épicerie, la boucherie, le métier de couvreur, la serrurerie,
le jardinage, la tapisserie, tout ce qui touche au bâtiment,
vraisemblablement encore la menuiserie, peuvent non seulement se maintenir, mais encore se considérer comme éta-

blies sur des fondations parfaitement saines. C'est qu'à la vérité, le champ de leur action est devenu tout différent d'autrefois (1).

Dans l'un des métiers traversant les circonstances les plus difficiles, la *menuiserie* en meubles et en bâtiments, ce sont, sans aucun doute, les machines modernes à travailler le bois, qui ont été en première ligne le signal de la révolution. Nous citerons les scies circulaires et à ruban, servant à diviser les planches selon les dimensions requises; les fraiseuses, qui découpent le bois suivant le tracé des lignes et contours, les machines à forer et à mortaiser, les scies à découper, qui font à l'intérieur d'une planche les entailles nécessaires, etc. A leur influence viennent s'ajouter d'autres causes. Le petit patron menuisier est, pour l'achat de sa matière première, réduit sans conditions à s'adresser au marchand de bois. Il n'a ni le loisir, ni les fonds nécessaires pour entreprendre de longs voyages, pour se mettre en relations immédiates avec le producteur ou pour acheter personnellement aux enchères à Hambourg le bois d'outre-mer. Il ne possède d'ordinaire pas davantage assez de crédit ni de capitaux pour se constituer les réserves importantes, dont il aurait cependant un absolu besoin, en raison de la lenteur du bois à sécher. En face de lui, les grandes entreprises de fabriques, riches en capitaux, entretiennent des rapports directs avec les négociants en gros ou avec les scieries et reçoivent leurs marchandises, par bateaux et wagons complets, à bien meilleur marché. Elles achètent même des coupes de bois et les font débiter dans les scieries. Le résultat est que le fabricant en gros achète ses provisions de bois au moins 10 °/₀ et assez souvent 20 °/₀ moins cher que le petit menuisier, qui est obligé de s'en tenir au négociant en bois. Enfin, le modeste ébéniste éprouve quelques difficulté à écouler sa marchandise. Tous ses pareils ne sont pas en situation d'installer une boutique de vente. La spécialisation s'étend fort loin, et il est impossible à l'acheteur de visiter un à un le fabricant de chaises, celui de tables, celui de lits, celui d'armoires, etc.... Il s'adresse de préférence au magasin, où il rencontre aussi un choix de tout, mais sous la dépendance duquel le producteur se trouve placé (2).

La *cordonnerie*, en tant que petit métier, souffre des transformations techniques apportées par l'époque moderne. Souliers et bottines peuvent être confectionnés par des appareils ingénieusement construits. La machine à coudre a donné naissance au piquage de bottines, qui s'est partout aujourd'hui développé en fabrique. Plus tard ont été introduits d'autres engins qui, au moyen de matrices, produisent semelles, talons et empeignes par centaines en quelques instants. Des machines différentes facilitent l'assemblage et la mise en forme de la base de la chaussure. Toutes ces courbeuses, coupeuses, perforeuses, etc., ne peuvent guère être possédées que par la fabrique de chaussures mécaniques. Sa capacité de rendement est étonnante. Une fabrique d'Erfurt, occupant 300 ouvriers, accuse une production hebdomadaire en chiffres ronds de 1.000 douzaines de paires de chaussures. Une fabrique de Pirmasens, qui confectionne toutes les sortes de chaussures, emploie 150 ouvriers dans l'établissement même et un nombre encore plus grand de piqueuses à domicile. Elle jette journellement sur le marché 400 paires de souliers pour adultes et 800 paires pour enfants. Aux Etats-Unis, les fabriques de chaussures, favorisées à leurs débuts par les besoins militaires aussi vastes qu'urgents de la guerre de l'Indépendance, encouragées plus tard par la guerre de Sécession, sont parvenues à un développement remarquable (3).

[La profession de *tailleur* en tant que petit métier, ne

souffre pas autant du fait de la machine que de celui de la force écrasante du capital. La machine à coudre peut être acquise aisément par chacun. La machine à boutonnières, celle à broder, qui coud les passements sur les manteaux dans la confection pour dames, la machine à repasser ont certainement une grande importance. Mais bien plus dangereuse est la concurrence des maisons de confection et des magasins d'habillement. Les premières font travailler à des prix surbaissés des ouvriers à domicile. C'est le célèbre *Sweating system* ou système de la sueur, système de l'intermédiaire, que les ouvriers sont contraints de subir parce qu'ils sont trop pauvres ou qu'ils ont appris trop peu pour prétendre à une vie indépendante. Les seconds écoulent au dehors, dans des circonstances analogues, les pièces de vêtements confectionnés. Ils s'adressent à la clientèle de la grande masse des consommateurs. qui n'attache d'importance qu'aux bas prix. Berlin possédait en 1894, 104 magasins de gros de manteaux pour dames et enfants, et 280 magasins de détail tenant cet article. Leur chiffre d'affaires d'ensemble a été estimé par un expert, en années moyennes à 80 ou 90 millions de marks, et en bonnes années, à 100 ou 110 millions. Le chiffre annuel de l'un des plus grands de ces magasins atteint 16 millions de marks; chez un autre, il est de 12 millions. et les magasins moyens et petits accusent un chiffre encore supérieur à un demi-million]. Un magasin de vêtements de Paris possède huit succursales en France et trois au Brésil ; le chiffre d'affaires de la Belle Jardinière atteint 12 millions en France seulement.

Le développement des fabriques de vêtements n'est pas moindre. A Berlin, en janvier 1895, il en a été fondé une dont les ateliers se composent de deux grandes salles ; chacune mesure 1.000 mètres superficiels et 300 personnes y peuvent travailler à leur aise. Les diverses machines qui s'y trouvent employées sont actionnées par la force électrique. Un établissement semblable existe à Erfurt pour la confection de manteaux pour dames. On est allé encore plus loin sous ce rapport dans l'Amérique du Nord et en Grande-Bretagne. A Chicago et à Glasgow, l'atelier des tailleurs fonctionne à la vapeur et les vêtements sur commande appartiendront bientôt, au dire des experts, au domaine de l'exception rare. Il faut citer, parmi les établissements les plus connus, le *Royal Army Clothing Depot*, à Pimlico près de Londres. On y confectionne les effets les meilleur marché comme les plus fins, et il en sort par semaine 11.000 vêtements, grâce au travail de 2.000 ouvriers. En face de ces maisons ne peuvent se maintenir, en tant que petits métiers, que les tailleurs qui établissent un commerce sur mesure. Ces derniers peuvent, en raison de ce que la diversité des tournures et des goûts conduit bien des personnes à ne porter que des vêtements sur mesure, compter sur une clientèle fixe et aisée. Ils continuent, dans les villes moyennes, de subsister avec succès. Les petits patrons sont un peu soutenus par les maisons qui, dans les dernières années, se sont établies un peu partout pour expédier des collections d'échantillons d'étoffes, en acceptant des commandes pour n'importe quelle quantité de drap par l'intermédiaire de la poste (4).

La *tonnellerie* a souffert des circonstances différentes, notamment de la diminution de son terrain de production, ainsi que de la transformation de l'économie domestique et de l'ensemble de l'organisation industrielle. C'est à peine si les machines ont trouvé chez elle leur emploi ; pourtant leur absence même ne saurait empêcher la supériorité, sur le métier, de la grande exploitation. Les achats de celle-ci sont faits à meilleur compte et sont de meilleure qualité ;

la division du travail est chez elle plus pratique et elle reste capable de satisfaire à la demande lorsqu'elle se produit brusquement. L'emballage en tonneaux est encore usuel pour des articles très nombreux, tels que l'huile, les drogues, le savon, les fruits, les légumes, les pommes de terre, mais le besoin se fait sentir d'un matériel moins cher remplaçant le tonneau en bois d'un prix comparativement élevé. La consommation domestique des récipients en bois, autrefois importante, a diminué. Les baignoires se font aujourd'hui en tôle et en faïence ; les cuviers à linge et les bacs à vaisselle sont aujourd'hui remplacés par des lessiveuses, et le seau en bois est supplanté par le seau en tôle. Les canalisations d'eau ont rendu inutiles une foule de récipients de tonnellerie, qui servaient à puiser, à transporter et à conserver le liquide. Les tonneaux à salaisons, à farine, à choucroute, à haricots dans lesquels chaque maison conservait ses provisions de bouche, sont devenues des raretés (5).

C'est suivant un mode légèrement différent que paraît s'être restreinte la sphère d'activité de la *poterie*. La porcelaine et la faïence ont depuis le début du xixe siècle, détrôné la vaisselle de terre cuite. La dureté de leur émail, leur finesse, la beauté de leur aspect en ont largement répandu l'emploi pour les besoins de l'art et du luxe. Pour les usages culinaires, les vases d'argile cuite méritent encore aujourd'hui de leur être préférés, mais pourtant le fer triomphe sur eux. La marmite en fonte semble plus pratique, parce qu'elle présente moins de fragilité et cuit plus vite les aliments. Une concurrence plus dangereuse que celle du fer a été faite à l'argile par les ustensiles de cuisine récemment apparus en tôle émaillée bleue. Ils ont fait notamment table rase des bouilloires et cafetières en terre cuite qui formaient autrefois, comme accompagnant constamment l'ouvrier de fabrique, un article confectionné en masse par la poterie (6).

Si dans les cas précédents, ce sont des industries concurrentes qui tranchent le fil des jours d'un antique métier, ce sont, dans d'autres cas, par exemple dans la *pelleterie*, les variations de la mode et des habitudes qui jouent leur rôle. Dans nos compartiments de chemin de fer bien chauffés, la fourrure est inutile. Les églises et les autres édifices publics sont aujourd'hui munis de calorifères. Aussi, la partie du costume, qui autrefois semblait indispensable, la fourrure, est-elle devenue un article de luxe. C'est d'une manière analogue que la *sellerie* a été atteinte, depuis que la victoire des chemins de fer a fait disparaître de la route la voiture de voyage, dont l'aménagement constituait autrefois pour ce métier son occupation principale. La fabrication même des voitures est devenue l'affaire de la grande industrie (7).

Les changements dans l'organisation de l'économie mondiale, en même temps que la supériorité acquise à la grande exploitation par la force du capital et la puissance du crédit, peuvent devenir pour un métier une cause de pertes importantes. Un exemple en est fourni par la *tannerie* (8). Celle-ci était à l'origine une activité productive s'exerçant dans les limites d'une localité. Le tanneur achetait la peau chez le boucher et vendait le cuir au cordonnier, au gantier, au fabricant de courroies, au sellier de l'endroit. Aujourd'hui, le petit tanneur ne peut plus acheter chez le boucher local et se trouve contraint de s'adresser aux intermédiaires ou aux abattoirs. Le tannage en grand s'approvisionne chez eux en gros, en payant comptant avec 10.º/₀ de rabais. En outre, il arrive d'Amérique régulièrement sur les marchés, via Hambourg, Anvers, Cologne et Londres, des cargaisons de peaux, aux enchères desquelles le grand indus-

triel achète directement par lui-même ou par son commissionnaire. La science a d'ailleurs frayé des voies toutes différentes à la technique des procédés de tannage. Depuis 1860,
la chimie est devenue la puissante auxiliaire de la tannerie
et il est impossible de prévoir où cela conduira. En Autriche, existe depuis 1880 une station d'essai pour la fabrication du cuir. On a tout récemment sérieusement essayé
l'application de l'électricité au tannage. Cette méthode,
qui permet de tanner complètement en quatre jours et
quatre nuits au plus les peaux les plus épaisses, a été l'objet
d'une délivrance de brevet et se trouve déjà en usage en
divers endroits. On a inventé, en outre, un certain nombre
de machines. On possède maintenant des cuves à fouler,
des fouloirs à manivelle, des dévidoirs, des cylindres calan-
dreurs, des machines à passer les peaux, et avant tout la
machine à fendre le cuir, qui fend chaque peau dans sa
longueur et double ainsi la quantité de matière première.
Le bois de québracho remplace l'écorce de chêne. Ces procédés permettent aujourd'hui à la grande exploitation,
pour le tannage rapide, de terminer le travail à peu près en
cinq mois, tandis que la petite exploitation avec l'ancien
tannage en fosse a besoin d'un an et demi. L'artisan ne peut,
en outre, faire travailler son capital de façon aussi constamment répétée que le fabricant, ni vendre aussi bon marché
que lui. Une fabrique de cuir à Leipzig occupe 26 ouvriers,
est munie d'un outillage excellent comprenant tous les appareils et possède une machine à vapeur de 20 HP.; elle
opère le tannage des peaux en une moyenne de trois mois,
en employant les meilleurs procédés. Il est au surplus
remarquable que, tout au moins à en juger d'après l'exemple
du royaume de Saxe, ce n'est pas la grande exploitation
proprement dite, mais beaucoup plutôt une exploitation
moyenne tenue à hauteur du progrès, qui tend à acquérir

la prépondérance. En Saxe, on comptait, en 1849, 1052 maîtres tanneurs avec 645 compagnons, en 1861, 846 maîtres et 843 compagnons. Le recensement de 1882 avait constaté l'existence de 566 petites exploitations occupant au plus 5 ouvriers, en tout 1246 personnes, et d'autre part 43 grandes exploitations occupant plus de 5 ouvriers, en tout 1.146 personnes. Parmi ces grandes exploitations, il n'en était que 4 faisant travailler plus de 50 individus, 8 de 20 à 40 et les autres de 6 à 20 au maximum.

Nous avons eu affaire, dans l'étude qui précède, à des industries dont la vitalité semble prodonfément ébranlée et chez lesquelles la possibilité de maintenir la petite exploitation est des plus douteuses. Il existe d'autres métiers qui traversent des temps fort difficiles, mais qui, du moins, ont en partie trouvé de quoi compenser leurs pertes. La *ferblanterie*, par exemple, a assisté, peu à peu, au déplacement total du centre de gravité de sa production. Autrefois la sphère de son activité embrassait par essence la confection d'ustensiles domestiques ou culinaires en tôle, de lanternes et de lampes, de tôles décorées et de tôles pour l'emballage. La préparation de tous ces objets est maintenant devenue l'affaire de l'industrie à domicile ou de la grande exploitation en fabrique, avec direction surtout commerciale. Par contre, le ferblantier se livre aujourd'hui davantage au travail de bâtiment, qui demeurait à l'arrière plan autrefois. L'installation de gaz et d'eau, l'ornementation du bâtiment et les spécialités relatives à celui-ci appartiennent essentiellement désormais à son nouveau domaine. L'extension de l'installation électrique complète ses perspectives d'activité (9). La *serrurerie* à son tour s'est vue contrainte d'abandonner la fabrication des serrures, des garnitures de portes et de fenêtres, des cuisinières et des coffres-forts, des ustensiles domestiques et de cuisine. Ces marchandises sont passées dans le champ du commerce du fer, qui les reçoit, en général, des grandes exploitations. Par contre, la serrurerie a trouvé en partie, dans le réveil de la mode des objets en fer forgé, des débouchés rémunérateurs. Les jardinières, les pieds de miroir, les toilettes, les tables à fumer, etc., en fer forgé sont à nouveau plus en vogue. Nüremberg se livre à une exportation remarquable de ce genre de produits de la serrurerie d'art (10).

La *boulangerie* se trouve à notre époque en voie de subir une transformation qui aboutira peut être à sa séparation en boulangerie fine ou de pain de luxe d'une part, et de l'autre en boulangerie de pain ordinaire et en biscuiterie. La première continue, comme l'épicerie, d'appartenir à la petite exploitation. La boulangerie de conserve pourra tomber dans le ressort de la grande, bien qu'on ne fasse pas des expériences très encourageantes en ce qui touche du moins la fabrique de pain privée, c'est-à-dire en forme de société par actions. Une fabrique de pain, fondée à Berlin en 1856, n'a, au dire de son dernier directeur, jamais rémunéré convenablement son capital ; travaillant même à perte dans les dernières années, elle a cessé son exploitation en 1887. Il n'existe de même, à Paris, aucune fabrique de pain privée véritablement importante, à l'exception des maisons qui entreprennent la fourniture de magasins tels que le Bon Marché ou de la boulangerie qui approvisionne de pain les fameux Bouillons Duval. A Londres encore, les fabriques de pain n'ont pu relativement gagner beaucoup de terrain sur les exploitations moyennes. Les maisons J.-B. Stevenson, Feaist, Nevil, etc., sont à la vérité des boulangeries importantes, occupant peut-être, en moyenne, 200 ouvriers, mais quant à leurs bénéfices, tout ne semble pas aller pour le mieux. La méthode de cuisson suivant la-

quelle on fait lever la pâte au moyen de l'introduction
d'acide carbonique, ou système « Dauglisch », n'a pas rencontré la vulgarisation qu'on lui prophétisait. Les boulangeries administratives pour les hôpitaux ou les armées,
ainsi que les fabriques de pain coopératives ont mieux fait
leurs preuves. Les premières ont eu pour elles la précision
absolue de la quantité à fournir et la livraison en peu d'endroits, et si possible en un seul. A Paris, la « boulangerie
centrale de l'administration générale de l'Assistance publique », fondée dès le milieu du XVIIe siècle, approvisionne
aujourd'hui de pain l'ensemble des hôpitaux de la capitale,
soit environ 35.000 personnes. Elle opère elle-même sa
mouture, possède 13 paires de moulins à blé et 2 paires à
seigle, 13 fours et 9 pétrins mécaniques avec un personnel
d'exploitation de 41 hommes. La boulangerie militaire de
Leipzig fonctionne avec six fours système Wieghorst, au
nombre desquels deux fours à étage, c'est-à-dire ayant
2 tôles de cuisson placées l'une au-dessous de l'autre et qui,
bien entendu, sont chauffées séparément chacune ; 30 soldats, boulangers de profession, et un pétrisseur mécanique
assurent une production journalière de 24.000 livres de
pain. Les boulangeries coopératives, qui sont fondées, soit
par des sociétés de consommation dans l'intérêt de leurs
membres, soit par des ouvriers boulangers comme sociétés de production proprement dites, existent à plusieurs
exemplaires dans certaines villes allemandes, comme par
exemple Leipzig, Magdebourg et Lübeck, et obtiennent
un succès variable. A Paris, une entreprise de ce genre a été
exploitée de 1874 à 1884 et a clôturé par un déficit. Celles
de Berlin ont obtenu aussi peu de résultats. Par contre, de
brillants exemples sont ceux des boulangeries belges de la
Maison du Peuple à Bruxelles et du Vooruit à Gand, cette
dernière débitant, par jour, 30.000 kilogs de pain. On peut

citer quelques cas de fabriques très importantes de biscuits et de gâteaux secs. L'une d'elles à Paris fait travailler 600 ouvriers ; à Londres, une biscuiterie en occupe 3,000 et transforme, par semaine, 3 à 4.000 quintaux de farine de froment en 120 sortes différentes de biscuit atteignant une valeur annuelle de 300.000 livres sterling (11).

Dans la *boucherie*, la petite exploitation se maintient également. Elle a besoin du travail manuel et les machines-outils sont chez elle d'un usage à peu près inconnu, à moins qu'on ne veuille considérer comme telles les poulies destinées à soulever les morceaux après abatage. Le secours des machines n'est exigé que pour la conservation de la viande au moyen de la glace, que les abattoirs livrent aujourd'hui aux chambres frigorifiques. Par contre, la préparation des saucisses est susceptible d'employer beaucoup d'appareils mécaniques et se trouve fréquemment organisée en grande exploitation. La saucisse est plus fine et plus régulière lorsqu'elle est confectionnée à l'aide de machines et la propreté est plus grande. Les réserves peuvent se compléter plus rapidement et les commandes s'exécuter de même. L'abatage s'est remarquablement développé suivant le mode des fabriques à Chicago ; il est vrai qu'il se trouve lié à l'exportation de la viande dont l'essor n'a pas été moindre (12).

Il résulte des considérations qui précèdent que toute une série de causes ont déterminé la crise actuelle du métier et que l'occasion de celle-ci n'a pas été partout la même. Tantôt ce sont les machines, tantôt le capital, tantôt la grande supériorité du commerce pour l'achat de la matière première, tantôt l'amélioration des procédés du travail, tantôt les changements dans les goûts et les besoins du public, tantôt enfin la transformation radicale de l'organisation mondiale économique, qui ont contribué à faire disparaître '⸱ ⸱etite industrie.

Sous l'..⸱pression de cet état de choses, on s'est plu à dire
que les jours du métier se trouvaient comptés, et qu'avec
le temps la grande exploitation l'absorberait complètement.
Cette manière de voir n'est guère justifiée par l'événement.
Il faut admettre bien plutôt qu'une coexistence des diverses formes d'exploitation, telle qu'elle se manifeste actuellement, formera longtemps encore la physionomie de la
vie industrielle. Chaque forme a justement des avantages
propres, emploie des forces différentes de travail, répond
à des exigences déterminées, de sorte qu'elles se complètent
réciproquement dans leurs effets. La fabrique, cause de
transformations en vérité remarquables, occasion dé
l'ébranlement des modes de production anciens, a triomphé
avec les progrès éminents des sciences naturelles, avec les
inventions et découvertes de notre époque, avec le bouleversement de l'ensemble de l'existence économique et sociale. Elle a le sens certain d'une phase de l'évolution et
non celui de la fin de celle-ci. Elle n'a pas de limites nettement accusées dans son activité et l'on peut continuellement observer des formations et des transformations nouvelles. Telle branche du métier paraît vouée à l'absorption
par la fabrique; telle autre reste, par contre, aujourd'hui
comme autrefois, indispensable à l'économie d'une cité et
continue de vivre sans inquiétude sous la forme de la petite
exploitation.

Les métiers les moins menacés par la concurrence des fabriques sont ceux dont les services doivent s'adapter à des
besoins locaux ou individuels variables dans chaque cas
particulier. Il faut ranger parmi eux les métiers de réparations, ceux encore de placement et de nettoyage, les services purement personnels du barbier, du coiffeur, etc., et,

dans les localités peu importantes, les métiers qui livrent à la petite consommation journalière des subsistances facilement périssables.

Il existe enfin des industries qui requièrent un capital d'exploitation modeste, mais une dextérité spéciale et surtout un sens artistique développé, tels que les industries d'art. Il en est d'autres qui peuvent travailler avec une matière première à si bon marché et ont employé si rarement la machine, qu'elles n'ont rien à craindre de la concurrence de la fabrique.

Les artisans, surtout ceux animés de l'esprit corporatif ne veulent pas se rendre compte des choses et éprouvent une tendance à attribuer leur situation, en partie peu satisfaisante, à la liberté industrielle. Ils oublient les transformations effectives survenues dans l'économie sociale et mondiale dont il a été précédemment parlé et qui ont causé la disparition de la petite industrie. Il est cependant clair qu'en face de causes économiques d'une influence si profonde, il n'y a pas beaucoup à espérer des brevets d'aptitude et des corporations. L'enchaînement corporatif, quels qu'en puissent être les bienfaits, ne peut davantage susciter la force capitaliste qu'éveiller l'intelligence commerciale nécessaires à la grande exploitation. Il faut donc aviser d'autres moyens. Ceux-ci consisteront en ce que, pour tout métier et dans chaque ville, on s'efforcera de découvrir les particularités des divers cas et de prendre des mesures en conséquence. Dans la menuiserie, on pourrait espérer sortir d'embarras, par la création d'une association professionnelle permettant à ses membres d'accéder aux services de machines fort coûteuses. Pour le métier de tanneur, on songerait à une coopérative de vente. Un moyen efficace à recommander pour la forge serait l'organisation de sociétés d'achat, qui procureraient le matériel auxiliaire,

aussi bien que le combustible. Comme mesures générales
susceptibles d'être prises en considération, nous citerions
volontiers la transformation de l'éducation industrielle, la
vulgarisation des petites machines motrices et la généralisation des syndicats. De cette manière, les progrès de la
technique, les avantages d'une meilleure instruction complémentaire et de l'éducation commerciale, la concentration
de capitaux, pourraient également profiter à la petite industrie. Mais il serait nécessaire que l'impulsion partît,
pour ces réformes, d'un *office central* servant d'intermédiaire à l'appui du gouvernement, et susceptible d'indiquer
la voie, suivant le besoin, à l'indispensable culture d'ensemble aux points de vue de la technique et de l'économie.

(1) V. STIEDA, *Die Lebensfaehigkeit des deutschen Handwerks,*
1897 ; H. GRANDKE, dans le *Jahrb. f. Ges. u. Verw.,* 21, p. 1031
et suiv. ; H. BOTTGER, *Das deutsche Handwerk,* 1898 ; B. HARMS,
Ist das deutsche Handwerk konkurrenzfaehig ?, 1900 ; W. STIEDA,
Die Entwicklungsmoeglichkeit des deutschen Handwerks, dans
Die deutsche Fortbildungsschule, 17, nos 21 et 22 ; *Schr. d. Ver.
f. Sozialp,* 76, p. 16 et suiv.; Rapports de BUECHER, HITZE,
PHILIPPOVICH.

(2) *Schr. d. Ver. f. Sozialp.,* 62, 64, 65, 68, 69.

(3) *Schr. d. Ver. f. Sozialp.,* 62, p. 1 et suiv., 63, p. 169 et
suiv., 64, p. 57 et suiv., 65, p. 23 et suiv.; M. SCHOENE, *Die
moderne Entwicklung des Schuhmachergewerbes,* 1888 ; FRANKE,
Die Schuhmacherei in Bayern, 1893 ; H. SCHNEIDER, *Die
Schuhmacherei auf der Weltausstellung in Philadelphia,* 1877 ;
Jahrbuch f. Nat., neue Folge 6, p. 552 et suiv. ; C. V. PAYGERT,
*Die soziale und wirtschaftliche Lage der galizischen Schuhma-
cher,* 1891 ; MENDELSON, *Die Stellung des Handwerks,* 1899.

(4) *Soziale Praxis,* 4, p. 249 ; *Œsterreichischer Ausl. Ber.
von 1867,* 6, p. 330 ; HERZBERG, *Das Schneidergewerbe in München ; Schr. d. Ver. f. Sozialp.,* 64, p. 397 et suiv., 65, p. 175 et
suiv., 145 et suiv., 68, p. 1 et suiv.

(5) *Schr. d. Ver. f. Sozialp.*, 63, p. 20 et suiv., 64, p. 365 et suiv.

(6) *Schr. d. Ver. f. Sozialp.*, 62, p. 167 et suiv.

(7) *Schr. d. Ver. f. Sozialp.*, 62, p. 112 et suiv., 67, p. 384 et suiv., 70, p. 2, 339, 456, 523 et suiv.

(8) *Schr. d. Ver. f. Sozialp.*, 62, p. 112 et suiv., 65, p. 1 et suiv., 66, p. 456 et suiv.

(9) *Schr. d. Ver. f. Sozialp.*, 62, p. 129 et suiv., 63, p. 135, 68, p. 245 et suiv.

(10) *Schr. d. Ver. f. Sozialp.*, 64, p. 93, 65, p. 79 et suiv., 70, p. 68 et suiv.

(11) *Schr. d. Ver. f. Sozialp.*, 63, p. 413 et suiv., 68, p. 136 et suiv., 70, p. 269, 282, 291, 456.

(12) [*Schr. d. Ver. f. Sozialp.*, 64, p. 31 et suiv., 62, p. 236 et suiv. ; *Jahrbuch. f. Nat.*, *Neue Folge*, 6, p. 537 et suiv.].

MANUFACTURE A DOMICILE

§ 25.

Un échelon intermédiaire entre la fabrique proprement dite et le métier est constitué par la *manufacture à domicile* (*Hausmanufactur*) travaillant pour le commerce. C'est ce que l'on appelle en Angleterre le *domestic system* en l'opposant au *factory system* et c'est ce que l'on nomme, en Allemagne, encore *Verlagssystem*, système du fonds de commerce, *Hausindustrie*, industrie à domicile. Elle est, en général issue, dans les villes de la fin du moyen âge, des métiers qui possédaient des débouchés fort étendus et qui déjà pour cette raison dépassaient d'ordinaire les métiers purement locaux. [Il faut la distinguer de l'activité domestique (*Hausfleiss*), ou de ce qu'on appelle l'industrie domestique au sens national, local ou traditionnel, qui est exercée par les paysans à côté de leurs occupations agricoles et avait originairement pour but de satisfaire leurs besoins personnels. C'est ainsi qu'aujourd'hui encore en Russie, en Scandinavie, en Hongrie, en Galicie, en Roumanie, les femmes travaillent le plus souvent à filer le chanvre et le lin, à tisser la laine, à tresser des corbeilles, à tisser des nattes, à tricoter des bas, à faire de la dentelle au fuseau, etc. L'Allemagne elle-même en offre un exemple avec la fabrication du fromage à la main à Gross-Gerau, dans le ressort de la Chambre de commerce de Darmstadt. Ces sortes d'activités manquent du signe distinctif de la vente par le commerçant, le fabricant ou l'intermédiaire. Toutefois, il arrive assez souvent qu'elles tombent sous la dépendance d'un commerçant, qui achète la marchandise pour la répartir, et fournit même la matière première et les modèles (1)]. Dans les villes du moyen âge, la vente directe de l'artisan au consommateur, ainsi que la direction et la représentation des maîtres isolés par la corporation, finirent, peu à peu, par devenir insuffisantes. Les négociants passèrent alors au premier plan. Ils n'avaient, il est vrai, possédé longtemps que le capital nécessaire pour visiter les foires et pour courir les risques afférents au recouvrement final de leurs avances. Mais plus tard, avec le développement économique, ils étendirent toujours davantage, selon le principe de la suprématie (Vol. 1, § 196a), le cercle de leur activité (2). C'est aussi à une époque ultérieure que les industries à domicile ont grandi, en des endroits divers, en franchissant les limites que la corporation fixait aux artisans isolés pour l'importance de leur exploitation. L'occasion s'en trouvait lorsque beaucoup d'entre eux recevaient à la fois des commandes de négociants animés d'un esprit d'entreprise. Plus souvent encore, ces industries sont issues d'un métier accessoire, au moyen duquel la population rurale cherchait à remplir ses heures d'oisiveté (3). [C'est à ceci que se rattache de façon fort étroite, la diffusion de la manufacture à domicile dans le but d'obvier à une crise locale. On désire assurer à une population campagnarde ou à celle d'un petit bourg rural une occupation à côté aidant à ses gains. Dans des cas semblables, la manufacture à domicile s'installe et grandit sur un terrain qui n'avait pas encore été occupé, ou ne l'avait été qu'accessoirement, et sur lequel il n'y avait eu jusqu'alors aucune organisation industrielle (4).] Ici, l'ouvrier ne quitte pas son logement, et peut ainsi joindre à ses efforts le travail de sa famille et même celui de quelques compagnons rétribués. Le placement commercial de la marchandise confectionnée est assuré par un capitaliste dont les connaissances sont plus étendues (5). Ce centre capitaliste d'un groupe d'industriels à domicile peut lui-même plus ou moins intervenir dans le travail. Il peut donner à l'ouvrage la dernière main, livrer aux ouvriers des modèles, des matières premières, des outils à titre d'avances, assumer au moyen de celles-ci certains risques, faire surveiller le travail par des intermédiaires ou « facteurs » (*Factoren*) allant et venant (V. *infra*, § 26, note 11). Tout ceci fait ressembler de plus en plus ce genre d'exploitations à la fabrique proprement dite, et les ouvriers qu'elles occupent aux salariés non indépendants (6). [Il est à remarquer que, dans certaines circonstances, il s'accomplit une régression, et que la cessation de l'exploitation en fabrique amène la formation de manufactures à domicile ; c'est une troisième façon pour celles-ci de se constituer, qui appartient exclusivement à notre époque. Les choses peuvent se passer de deux façons. Exceptionnellement d'abord, l'entrepreneur supprime sa fabrique. Plus fréquemment d'autre part, l'extension ultérieure de la production n'a plus lieu par la création de fabriques, mais se produit suivant le mode de l'industrie à domicile (7) ; au point de vue numérique, cette dernière parait, tout au moins en Allemagne, car les statistiques d'autres pays sont insuffisantes, assez faiblement représentée. Elle a reculé dans l'Empire Allemand pour la période allant de 1882 à 1907. Le nombre des exploitations a diminué, passant de 352.079 à 301.068 en 1895 et à 279.546 en 1907 ; celui des personnes qu'elles occupent a décru de 476.080 à 460.085 en 1895 et à 405.262 en 1907. Il ne fait aucun doute que beaucoup d'industriels à domicile, aussi bien hommes que femmes, ont cessé de se donner comme tels, lors des recensements professionnels. Les femmes surtout, qui ne se livrent à un travail industriel que comme profession accessoire, manifestent souvent quelque gêne à l'avouer. D'après les indications des entrepreneurs, il y avait en 1907, 482.436 personnes occupées au travail à domicile. La diminution des exploitations s'est probablement accompli sur les terrains où le travail manuel n'a plus été capable de soutenir la concurrence de la machine, particulièrement dans le textile. Par contre, les industries à domicile actuelles, notamment celles de la confection de vêtements et de linge, des cigares, de la broderie, de la fleur artificielle, ainsi que quelques autres plus anciennes, comme la cordonnerie, la menuiserie, le tressage de corbeilles, la sellerie, manifestent une augmentation prononcée. Il semble que la législation récente, protectrice de l'ouvrier, ait en partie, favorisé l'extension du travail à domicile. Cette législation sociale, bienfaisante en soi, a cependant produit de néfastes effets. On donne aux femmes et aux enfants, dont la durée du travail à l'intérieur de la fabrique est limitée, de l'ouvrage à faire à la maison, ou bien on les occupe, d'une façon générale, sans sortir de chez eux (8). En dehors des grandes villes, centres des capitaux, du goût et du luxe, où la fabrication de nombreux articles de modes

a été organisée, de tout temps, comme industrie à domicile,
l'espace où cette législation manifeste ses effets comprend
en Allemagne un territoire en grande partie continu au
point de vue géographique. Le foyer principal s'étend de la
chaîne de montagnes de Glatz, tout au long de la frontière
de Bohême jusqu'au Fichtelgebirge. Il comprend Liegnitz,
Breslau, Bautzen, Dresde, Leipzig, Zwickau, la Haute
Franconie, les Etats de Thüringe et le district prussien
d'Erfurt. Importants au point de vue de l'industrie à domicile sont, à la frontière occidentale de l'Empire, les districts
de Düsseldorf et d'Aix-la-Chapelle, la Lorraine et la Basse-
Alsace, le cercle württembergeois de la Forêt Noire. Les
métiers qui se prêtent d'une façon particulièrement remarquable à l'exploitation en manufactures à domicile ne ressortent pas, d'une façon précise, des statistiques existantes,
qui ne contiennent pas pour les années antérieures do
chiffres avec lesquels la comparaison puisse se faire. L'apparition de la manufacture à domicile semble, en général,
essentiellement influencée par les causes suivantes : 1º possibilité de l'emploi de la main-d'œuvre féminine ; 2º technique simple, permettant de travailler avec des outils peu
nombreux et peu coûteux ; 3º présence d'un sens artistique
ou de capacités particulières pour l'exécution des objets
tels que les instruments de musique, les tissus fins ;
4º grande facilité du transport des produits, afin de pouvoir
les faire parvenir commodément des lieux de production
chez le commerçant et des mains de celui-ci aux consommateurs.

Une transformation significative s'est produite dans
l'appréciation des caractères de la manufacture à domicile.
Lorsqu'en 1889, la société de politique sociale (*Verein für
Sozialpolitik*) institua la première enquête sur la situation
de l'industrie à domicile, qui fût malheureusement entravée

dès ses débuts, il existait peu de données susceptibles de servir de base à l'entreprise. Depuis lors, des recherches nombreuses ont été poursuivies, et ont permis de reconnaitre que le travail qu'on est porté à désigner comme industrie à domicile revêt une variété d'aspects multiple. C'est à peine si l'on peut, dès lors, espérer une définition universellement valable permettant de s'engager sur le terrain de la matière. La conception la plus ancienne, qui est notamment celle de Schmoller, auquel s'est rallié Stieda, considérait comme principal le fait de l'intermédiaire du négociant. L'industrie à domicile apparaissait comme une activité industrielle, s'exerçant à la maison, non sur commande de clients de la localité ou pour la vente locale, mais en général pour le commerce, pour l'exportation et surtout pour l'exploitation en grand. Le petit patron, mettant en œuvre chez lui ses propres matériaux, était considéré, dans l'hypothèse où il travaillait exclusivement pour un entrepreneur, comme un industriel à domicile aussi bien que celui auquel le commerçant confiait la matière première à transformer. Le capital occupait ici une situation dominante, en ce que c'était lui qui, dans son rôle commercial, dictait aux petits producteurs ou aux ouvriers salariés les conditions de leur travail. Held et Lexis insistaient de façon analogue sur la dépendance dans laquelle le travail industriel à domicile se trouve placé vis-à-vis du capital. Les industriels à domicile ne vendent plus leurs produits sur le marché, mais fournissent leur travail à un maître déterminé qui les rétribue. Le produit n'appartient à l'industriel à domicile pendant aucune phase de sa fabrication ; il ne vend que du travail et non pas une marchandise matérielle. Les maîtres, dont l'activité sert directement le commerçant et l'exportateur, et qui fournissent, par leurs propres moyens, à la dépense des matériaux à mettre en œuvre, sont désignés par Lexis comme entrepreneurs. d'industrie indépendants, qui n'appartiennent plus désormais à l'industrie à domicile au sens proprement dit. Sombart a continué cette théorie. Il décrit l'industrie à domicile, comme une entreprise de production dirigée par le commerçant, comme un aspect de la grande exploitation décentralisée, dans laquelle les ouvriers sont occupés dans leurs propres demeures ou dans leurs ateliers personnels. Des formes types de l'organisation de l'industrie à domicile sont, d'après lui, le travail à la maison qui est accompli isolément par les industriels à domicile, dans leur logement même, et le travail à l'atelier, dans lequel le travail se transporte du logement dans l'atelier, et où l'industriel à domicile prend à loyer, le cas échéant, des forces de travail à lui étrangères. Dans tous les cas, le commerçant et l'ouvrier industriel à domicile placé sous sa dépendance constituent une exploitation.

La loi sur l'assurance contre la maladie, du 15 juin 1883, a établi une distinction. Elle sépare, d'un côté, les industriels indépendants qui s'occupent, dans leurs propres ateliers et pour le compte d'autres industriels, de la fabrication ou du travail de produits industriels, c'est-à-dire ceux qu'elle appelle simplement industriels à domicile, ainsi que leurs compagnons. Elle range, de l'autre côté les industriels à domicile non indépendants. La loi modificative de la précédente du 10 avril 1892 a ajouté que devaient être légalement comprises parmi les industriels à domicile indépendants, les personnes se procurant elles-mêmes la matière première ou la matière auxiliaire et travaillant passagèrement pour leur propre compte. La loi sur les tribunaux industriels (conseils de prudhommes) du 29 juillet 1890 détermine la compétence selon que la matière brute ou demi-fabriquée est fournie d'ordinaire par le donneur de travail ou par l'ouvrier lui-même. Dans le premier cas, cette loi se sert des simples expressions d'ouvrier à domicile (*Heimarbeiter*), et d'industriel à domicile (*Hausgewerbetreibende*). Dans le second cas, elle parle des industriels à domicile se procurant eux-mêmes la matière brute ou demi-fabriquée. Elle se réfère, à cet égard, à l'ordonnance sur l'industrie (*Gewerbeordnung*), qui, dans son § 119, alinéa 2, fait mention des personnes qui « sont occupées, pour des industriels « déterminés, et en dehors des locaux d'exploitation de « ceux-ci, à la confection de produits industriels. » A ces personnes, la protection de la loi défendant le paiement des ouvriers en marchandises (*Truckverbot, Trucksystem, système du troc*), demeure assurée, même si elles se procurent elles-mêmes la matière brute ou auxiliaire. L'ordonnance sur l'industrie parle encore de ces personnes à un autre endroit, au § 136, où elles sont définies par les caractères suivants : « ceux qui, en dehors des locaux des fabriques, pour « les propriétaires de celles-ci ou leurs assimilés, confec- « tionnent les produits ou demi-produits nécessaires à leur « exploitation industrielle ou les leur débitent, sans faire « profession de la vente de ces marchandises aux consom- « mateurs ». La novelle du 26 juin 1897, modificative de l'ordonnance sur l'industrie, désigne ces personnes comme industriels à domicile. Telle est la manière adoptée par la législation d'Empire, pour distinguer entre les industriels à domicile indépendants et les ouvriers à domicile non indépendants.

On voit, par ce qui précède, que ni la science, ni la pratique, n'ont encore réussi à donner de l'industrie à domicile une définition irréprochable. Liefmann a, pour la caractériser, suivi une méthode toute nouvelle. Il voit, dans l'industriel à domicile, un « producteur pour le commerce » (*Verlagsproduzente*), qui conclut avec le commerçant ou le donneur de travail un contrat d'ouvrage. Cet industriel à domicile apparaît comme un sujet économique indépendant qui, sur la base d'un contrat d'ouvrage, confectionne des produits déterminés. A cette situation s'oppose celle du contrat de louage de services, au moyen duquel l'ouvrier non indépendant se met pour une durée définie à la disposition du donneur de travail, se place, en d'autres termes, sous la dépendance d'autrui. Dans le contrat de louage d'ouvrage, l'ouvrier indépendant entreprend de façonner un ouvrage ; il n'échange pas celui-ci, mais il reçoit le paiement du travail qu'il consacre à sa confection. Dans le contrat de louage de services, le sujet économique non indépendant loue sa force de travail, sans considérer si ce dernier donne ou non naissance à un produit. En appliquant ces principes à la broderie mécanique en Saxe, par exemple, le brodeur ou le possesseur de machine salariés, qui entreprennent pour un commerçant de broder une étoffe seraient des « producteurs pour le commerce ». A leur tour, les personnes qu'ils occupent, brodeurs à la machine, surveillantes, rattacheuses, etc., seraient à regarder comme ouvriers non indépendants sur la base du contrat de louage de services. Cependant, l'artisan ordinaire lui aussi, conclut avec son commettant un contrat d'ouvrage et pour ne pas le qualifier de « producteur pour le commerce », il est nécessaire de signaler la différence qui existe entre les deux, dans la personne de celui qui fournit le travail. L'artisan a le consommateur pour commettant ; par contre, le « producteur pour le commerce » a pour commettant un revendeur de son produit. Lehmann a très certainement et avec beaucoup d'ingéniosité reconnu pour essentiel un point longtemps considéré comme négligeable dans l'industrie à domicile. Mais la doctrine, pour définir la dépendance ou l'indépendance économique, se laisse guider par d'autres considérations. A son point de vue, le « producteur pour le commerce » qui vend au négociant est également non indépendant. La conception essentielle de Liefmann est que ce n'est pas un contrat d'achat, mais un contrat de travail, qui se conclut entre le commerçant et le producteur pour le commerce. Cette conception ne convient nullement à tous les cas d'industrie à domicile. Prenons, par exemple, l'industrie des instruments de musique du Vogtland dans le royaume de Saxe. On y rencontre des fabricants de violons qui travaillent alternativement, tantôt pour le commerçant, tantôt pour leur propre compte et à leurs risques. Ils s'efforcent en ce cas d'écouler chez divers marchands les violons confectionnés. Ils concluent, par suite, avec ceux qui leur prennent les instruments dans le but de les revendre, un contrat d'achat et non pas un contrat d'ouvrage.

A travers toutes les explications qui précèdent, on aperçoit comme un fil conducteur l'idée que ce qu'il y a de proprement essentiel dans l'industrie à domicile, c'est l'intermédiaire du négociant. On reste ainsi toujours plus avancé, si de nouveau l'on se rallie aux théoriciens anciens tels que Held, Lexis, Schmoller ou mieux si on ne les quitte pas. Schmoller définit l'industrie à domicile comme « une forme industrielle d'entreprise, dans laquelle le petit producteur ne vend pas directement au public, mais n'arrive à écouler ses produits qu'ailleurs, par l'intermédiaire du négociant ». Cette définition reproduit de la façon la plus claire et la plus intelligible les caractères de l'industrie à domicile. Il est facile à comprendre et c'est l'évidence même, qu'il faut établir entre les ouvriers à domicile des distinctions suivant leur manière d'écouler leurs produits. L'industriel dont l'activité s'exerce dans son domicile ou dans son atelier directement pour les besoins des consommateurs est un artisan. Qu'on l'appelle si l'on veut, bien que l'on

puisse imaginer chez lui de multiples transformations, un
« maître de clientèle » (*Kundenmeister*). Il peut à la fois travailler pour le consommateur et pour un commerçant ; il
peut exécuter des travaux suivant le besoin immédiat
s'il est tailleur, ou produire des marchandises en réserve
dans une mesure modeste s'il est menuisier. Dans tous les
cas, il est toujours susceptible d'être désigné d'après le
trait plus saillant de sa production, comme « maître de
clientèle ». En face de celui-ci se place l'ouvrier à domicile
qui confectionne des produits pour le négociant, pour le
revendeur, pour le marché mondial. Cet ouvrier à domicile
peut être désigné par les mots de « maître d'affaire » (*Ge-
schaeftsmeister*) pour exprimer l'élément impersonnel et im-
précis qui chez lui domine. A l'intérieur de l'industrie à domicile elle-même, il est permis de distinguer divers échelons
dans la dépendance (9). L'ouvrier à domicile est susceptible
d'être occupé dans l'exploitation en grand. Il reçoit les matières premières ou auxiliaires, et peut-être aussi des machines et des outils, en partie des mains du commerçant, et
il apparaît comme chargé de la livraison de produits demi
finis. Ce serait le travail à domicile, au sens de l'ordonnance
sur l'industrie. Mais il peut également s'agir de métier de
commerce (*Verlagshandwerk*), c'est-à-dire que le producteur
pour le commerce possède des outils et des ressources personnels et confectionne les marchandises entièrement dans
son atelier. La troisième forme serait le métier de commerce
sans exploitation. Elle se manifeste, lorsque l'industriel à
domicile livre des produits finis, tout en ne possédant pas
de machines ou d'outils personnels ou n'exerçant pas son
activité dans son propre atelier, mais en travaillant chez les
autres. Aux deux premières formes convient l'expression
de « maître d'affaire », en ce que l'on comprend par elle un
ouvrier exerçant son activité à domicile, par opposition à

l'artisan et à l'ouvrier de fabrique. Il faut d'ailleurs reconnaître que les deux expressions nouvelles n'épuisent aucunement toutes les modalités possibles et qu'entre elles deux viennent se placer plusieurs hypothèses, auxquelles elles semblent l'une et l'autre inapplicables. Ainsi, par exemple un tresseur de paniers, qui, pour écouler ceux qu'il fabrique pour son compte et à ses risques avec la matière brute qu'il possède personnellement, recourt aussi bien au négociant, qu'il vend en détail aux consommateurs en colportant sa marchandise, est tantôt maître d'affaire, tantôt maître de clientèle. Des conditions d'une nature toute spéciale se manifestent dans l'industrie des jouets de Sonnenberg dans le duché de Saxe-Meiningen. Le commerçant commande, d'après un modèle que lui soumet le petit fabricant, souvent plusieurs milliers de douzaines d'un animal en peau ou d'une poupée. Le petit fabricant, à son tour, commande chez les ouvriers en demi-produits, travaillant à domicile, les parties de marchandises nécessaires à la fabrication de l'objet entier, c'est-à-dire chez les pressiers, tourneurs, sculpteurs, confectionneurs de voix ou d'articulations, etc... Lorsque ces ouvriers en demi-produits, qui fréquemment occupent à leur tour des compagnons dans leur domicile, ont exécuté leurs commandes, le petit fabricant réunit les parties séparées. Au jour de la livraison, les marchandises complètement prêtes à vendre s'en vont chez le commerçant, contre paiement comptant immédiat. Ce dernier les emballe et les empile jusqu'à ce qu'elles puissent trouver leur emploi. Ces divers petits fabricants, modeleurs, ouvriers en demi-produits, sont personnellement d'une indépendance absolue, en ce sens qu'ils ne sont pas liés, ceux-là à un commerçant, ceux-ci à un petit fabricant déterminés. Ils peuvent avoir accepté de plusieurs des commandes et se charger de leur exécution. Mais ils sont au point de vue économique dépendants et subordonnés. Ils ne gardent pas, en effet, en main l'écoulement de leurs marchandises et ils ne confectionnent, en général, aucun objet susceptible de paraître sur un marché. Ils dépendent du capital, de la maison qui leur a commandé la marchandise ou le demi-produit. Ce sont tous des « maîtres d'affaire ». Dans les deux groupes, on peut, à nouveau, distinguer des indépendants et des dépendants. Ainsi, dans la broderie de rideau au tambour, qui s'exécute dans le Vogtland, le représentant-type du travail indépendant est le propriétaire salarié d'une machine à tambour. Il s'oblige, par son contrat d'ouvrage, à fabriquer une marchandise déterminée et il peut conclure des contrats semblables avec plusieurs commerçants à des termes de livraison divers. Les représentants-types du travail non indépendant sont le brodeur au tambour en fabrique, et avec lui la racommodeuse, la repasseuse, la calandreuse, la rattacheuse, etc. Tous sont au service de leur donneur de travail, ont près de lui rang de compagnon. La troisième catégorie d'industriels à domicile devrait selon Lielmann, également appartenir aux non indépendants. La situation est ici la même que dans le métier, où l'on distingue pareillement le maître de ses compagnons. L'expression d' « industrie à domicile » ou si l'on préfère le langage de la loi, de « travail à domicile », est toujours la plus caractéristique, parce qu'elle permet de reconnaître, en les opposant, l'occupation à domicile et celle à la fabrique ou à l'atelier. Le fait que certains industriels à domicile vont jusqu'à constituer des ateliers véritables ne constitue pas la règle, et ne pourrait pour cette raison, tirer à conséquence (10)].

(1) [BUECHER, *Hdw. d. Staatsw.*, 3, p. 926 ; BRAUN et KREJCSI, *Der Hausfleiss in Ungarn*, 1886 ; *Schr. d. Ver. f. Sozialp.*, 41, p. 115 et suiv. ; v. PAYGERT, *Die soziale und wirtschaftliche*

Lage der galizischen Schuhmacher, 1891 ; E. Schwiedland, *Vorbericht über eine gesetzliche Regelung der Heimarbeit,* 1896, p. 7 et *Jahrbuch: f. Nat.,* 3ᶜ Folge, 16, p. 529 et suiv.]

(2) [Pour des exemples types de l'évolution progressive du métier dans le tournage de l'ambre, la tonnellerie, l'armurerie, la chapellerie, le tissage, voir l'ouvrage de Stieda, *Litteratur, heutige Zustände und Entstehung der deutschen Hausindustrie,* 1887, p. 115 et suiv.]. Thun, *Industrie am Niederrhein,* 2, p. 12 et suiv.

(3) Le tissage de la laine existe chez le paysan dans la région de Lille, Cambrai, Douai. Les vieillards apportent leur aide et tous les jours de pluie, et plus encore la saison d'hiver, y sont consacrés. Mais à l'époque de la moisson, toute la famille s'occupe aux travaux agricoles. Dans les environs d'Amiens, encore en 1865, l'industrie campagnarde continuait d'être la principale ressource de la population (Reybaud, dans les *Comptes rendus de l'Académie des Sciences morales et politiques,* 1865, II, p. 410 et suiv.). En Russie, l'industrie de métier des paysans travaillant avec leur propre matière première et à leurs risques s'est transformée en manufacture à domicile. Voir à ce sujet, Thun, *Landwirtschaft und Gewerbe in Mittelrussland,* p. 161 et suiv. L'industrie à domicile de la laine dans le district d'Oparinski a été fondée, vers 1750, par un paysan qui avait fait son apprentissage dans une fabrique de Moscou (Stellmacher, *Beitrag zur Darstellung der Hausindustrie in Russland,* 1886, 29, 37).

(4) [Parmi les industries à domicile, en Allemagne, celle du filet dans les villages du Taunus, celle des crayons d'ardoise aux environs de Steinach dans le haut pays de Meiningen, celle de la broderie plate à Plauen, enfin la broderie en blanc dans la Haute Franconie témoignent de cette origine (*Cpr.* Stieda, *op. cit.,* 111, 112). En Autriche, par exemple, le tressage de paniers en Moravie, en Basse Autriche, en Bohême, à Königssaal près Prague, en Galicie à Rüdnick, le tournage de boutons de nacre en Bohême, à Tachau, ont été, de cette manière, introduits comme industries à domicile (Schwieland,

Die Entstehung der Hausindustrie mit Rücksicht auf Œsterreich, dans la *Zeitschr. f. Volksw., Sozialp. u. Verw.*, 1, p. 23)].

(5) Le tressage de paniers, qui s'exploite à l'ordinaire comme métier, revêt dans le Haut-Mein, à Cobourg, etc., le caractère prépondérant de la manufacture à domicile ; le « fabricant » y fournit la matière première, apprête le roseau, etc. (*Deutscher Ausst. Ber. von* 1873, 3, p. 596 et suiv.). Pour la fabrication des lames à Solingen, il fallait que les maisons de gros s'occupassent elles-mêmes du matériel, pour garantir aux ministères de la guerre la qualité requise. A Remscheid, il existe, en dehors de ce que l'on appelle les fabricants, ce que l'on nomme d'un autre côté les négociants en fabrique (*Fabrikkaufleute*), qui confient rarement des commandes immédiates aux ouvriers, mais s'occupent d'écouler la plus grande partie de leurs produits (*Zeitschr. f. Staatsw.*, 24, p. 591 et suiv.).

(6) Le célèbre ouvrage *Entdeckte Goldgrube in der Akzise*, paru en 1685, oppose à merveille les « fabricants » (*Fabrikanten*) hollandais aux « commerçants » (*Verleger*) allemands. Les premiers possèdent de grandes maisons, où tout, depuis le trieur de laine jusqu'au teinturier, se trouve réuni ; ils ont un fonds de commerce important, prennent beaucoup de peine et de souci, mais leurs ouvriers sont fort misérables (V. *supra*, §. 20) ; (C. ROBERTS, *The treasure of trafic*, 1641, p. 33 et suiv.). Vers 1760, les négociants de Manchester ont commencé à faire voyager des agents qui apportaient aux tisserands du fil de lin d'Irlande pour monter la chaîne et du coton brut à filer dans leur propre famille. Ceci constituait certainement un progrès dans la division du travail, en ce que désormais les tisserands se trouvaient dispensés de la peine de rechercher la matière première et la clientèle. Cette évolution fut, au début, fort avantageuse pour les petits tisserands, parce que l'invention des machines à filer, en 1738, fut de beaucoup antérieure à celle des machines à tisser, en 1785. Après l'invention du métier mécanique ou *powerloom*, ils se procurèrent celui-ci pour exploiter encore davantage la situation économique, le bon marché du fil et l'accroissement des débouchés pour les produits.

Une invention ou un perfectionnement supplantait l'autre. Celui qui ne pouvait suivre le mouvement se voyait finalement contraint d'abandonner la concurrence indépendante, non sans avoir, au préalable, dans un combat sans issue, sacrifié sa maison et son bien, transformés en ateliers et en machines. C'est ainsi que des hommes comme Arkwr'g' et l'aîné des Peel sont parvenus à se créer une situation presque princière, tandis que la foule considérable des moins adroits et des moins heureux passait au prolétariat des ouvriers de fabrique (Voir BAINES, *History of the cotton-manufacture in Gr. Britain* (1835), et la peinture de l'évolution dans l'ouvrage de KARL MARX, *Das Kapital*, p. 345 et suiv.). Dans les pays du Rhin, l'industrie du coton se trouvait encore, aux débuts du XIXe siècle, dans un état comparable à celui de l'industrie anglaise cinquante ans plus tôt. En Saxe, la fabrique de coton proprement dite n'a acquis de l'importance que depuis 1849. En Württemberg même, le système de l'industrie à domicile n'a été abandonné que pendant les années de crise suivant 1850 (*Zeitschr. f. Staatsw.*, 25, p. 561 et suiv.) ; sur l'évolution de l'industrie à domicile vers le système en fabrique (voir *op. cit.*, p. 576 et suiv.). A Aix-la-Chapelle il n'existait, en 1808, qu'une seule fabrique de drap qui réunissait toutes les opérations du métier. (THUN, I, p. 24). Sur la façon suivant laquelle, dans le pays de Wladimir, des chambres de fileuses ont souvent servi à passer de la manufacture à domicile à la fabrique (voir STELLMACHER, *loc. cit.*).

(7) [Un exemple en est fourni par la broderie dans le Vogtland saxon, en tant qu'elle s'exécute à la machine. En 1862, il n'existait, dans la ville de Plauen, qu'un seul établissement particulier pour la broderie avec 42 machines. Dix ans plus tard, on comptait 239 exploitations avec 907 machines à broder, et, dans tout le Vogtland, 404 exploitations avec 1.300 machines. Ainsi, la moyenne par exploitation ressortait entre 3 et 4 machines (BEIN, *Industrie d. saechs. Vogtl.*, 1884, 2, p. 394 à 397)].

(8) *Statistik des Deutschen Reichs, Erganz. z. 1. Heft*, 31. En

Autriche, il n'existe presque aucune partie du territoire sans manufacture à domicile, mais la statistique fait défaut. En Styrie, en Carinthie, en Carniole, la prépondérance est acquise au tressage de la paille, du bois, des paniers, tandis que dans les pays des Alpes domine la confection des objets en bois. La variété la plus grande de manufactures à domicile se rencontre en Bohême, en Moravie et en Galicie. En Suisse, 19 0/0 de la population industrielle, soit environ 100.000 individus, ressortirait aux manufactures à domicile, dans la cordonnerie, l'industrie de la soie, la broderie et la confection de la dentelle. En France, la manufacture à domicile la plus prospère est celle de l'industrie de la soie à Lyon et aux alentours ; puis viennent le travail de la laine, l'industrie de la dentelle, l'industrie des articles de Paris, le métier de tailleur et la cordonnerie. Le tissage de coton a rétrogradé comme manufacture à domicile. En Italie, la manufacture à domicile se répartit entre des branches fort nombreuses, principalement celles de la soie, de la paille et des dentelles. En Russie, environ 7 millions 1/2 de personnes ou 15 0/0 de la population se consacrerait à l'industrie à domicile ; il s'agit sans doute, en général, d'activité domestique seulement (STIEDA, dans la *Russische Revue*, 22, p. 195). La Belgique possède d'importantes manufactures à domicile dans l'industrie dentellière et la fabrication des armes ainsi que l'Angleterre, de son côté, dans le textile et récemment surtout dans l'industrie du vêtement (SOMBART, *Hdw. d. Staatsw.*, p. 426 et suiv.).

(9) [R. LIEFMANN, *Ueber Wesen und Formen des Verlags*, 1899 ; ALF. GENTZSCH, *Die sächsische Tamburgardinenstickerei*, 1910 ; H. DRESSEL, *Die Entwicklung von Handel und Industrie in Sonnenberg*, 1909 ; BR. ZEEH, *Die Betriebverhältnisse in der sächsischen Maschinenstickerei*, 1909 ; WALTER KURTH, *Die hausindustrielle Fabrikation kleinerer musikalischer Instrumente in Vogtland*, 1910 ; GERTRUD MEYER, *Die Spielwarenindustrie im saechsischen Erzgebirge*, 1911 ; SCHMOLLER, *Grundriss der allgemeinen Volkswirtschaftslehre*, I, p. 103, 1901 ; LEXIS, dans le *Handbuch der politischen Œkonomie* de Schoen-

berg ; HELD, *Zwei Bücher zur sozialen Geschichte Englands*, éd. G. F. Knapps, p. 671 et suiv., 1881 ; STIEDA, *Litteratur, heutige Zustände und Entstehung der deutschen Hausindustrie*, 1889 ; *Schr. d. Ver. f. Sozialp.*]

(10) [STUELPNAGEL, dans les *Schriften d. Ver. f. Sozialp.*, 42, p. 1-24. Sur les origines de la lingerie à domicile et son développement issu du commerce de toiles et des écoles de couture : (Voir dans le *Jahrbuch f. Ges. u. Verw.*, 20, p. 588 et suiv.). Sur l'industrie à domicile à Leipzig et aux environs (lanternes en papier, tapisserie, fleurs artificielles, parapluies, etc.), voir LEHR, *Die Hausindustrie in der Stadt Leipzig*, 1891.]

§ 26.

La *manufacture à domicile*, toutes choses égales d'ailleurs, *peut ne pas supporter la concurrence de la grande fabrique*, parce que, tout en ayant, en général, suivi le progrès du salaire à la pièce, elle est néanmoins restée en arrière, quant à la division et au groupement du travail (1). Celui qui, tour à tour, tisse et cultive son champ, atteindra difficilement la même virtuosité que s'il se consacrait à une seule de ces occupations. Le capital est, dans le système à domicile, très émietté, les machines coûteuses à peine possibles, et l'intelligence de l'entrepreneur en grand ne se rattache que par des liens très lâches à l'activité de l'ouvrier. Le travailleur à domicile peut être comparé à un outil existant à mille exemplaires, et l'ouvrier de fabrique à un rouage isolé d'une vaste machine (Bodener) (2). Il existe naturellement à ce point de vue des différences de degré. Plus le commerçant se met à ressembler au propriétaire de fabrique, plus l'industrie à domicile se rapproche elle-même de la plupart des avantages de celle-ci (3), qu'en général, tout métier tend à s'assimiler complètement. Les métiers qui, à cet égard, demeurent en arrière, ne parviennent qu'avec difficulté à se maintenir. C'est ce que démontre la décadence de l'industrie cotonnière des Indes Orientales. Depuis un millier d'années, elle avait poussé dans le sol national des racines des plus touffues. La proximité de la matière première et le faible taux des salaires ouvriers semblaient lui garantir une situation inexpugnable. Et cependant, même sur son propre terrain, elle n'a pu triompher de la concurrence des jeunes fabriques du Lancashire (4). Autrefois, on vantait justement le bon marché de la production des industries rurales accessoires. Depuis le développement nouveau du machinisme et du marché mondial, il n'y a plus là, dans la plupart des cas, qu'une apparence. En d'autres termes, ce bon marché est plus que compensé par une qualité moindre du travail (5). En Angleterre, les tentatives faites par le tissage à domicile, pour s'opposer à l'essor des grandes fabriques, en 1804 et 1806, n'ont qu'un intérêt de curiosité mélancolique (6).

Les *avantages sociaux et moraux* de l'industrie à domicile sont mis particulièrement en lumière par la belle industrie de la tabletterie dans les basses vallées de la Seine et de l'Oise. Une grande partie des commerçants à leur aise s'est élevée au-dessus du rang des ouvriers ordinaires, tout en continuant de travailler avec eux. Il faut ajouter à cet avantage la liberté domestique et la vie de famille paisible dont jouissent les ouvriers, même lorsque la femme apporte sa coopération au travail (7). On doit donc se réjouir beaucoup de la persistance d'une manufacture à domicile dont la vitalité s'affirme. Les mesures prises par les pouvoirs publics pour fortifier encore sa capacité de soutenir la concurrence (§ 58, 113 et suiv.) peuvent, suivant les événements, être l'objet d'une vive approbation. Le fabricant dont la fortune est modeste préférera, en général, la manufacture à domicile à l'exploitation en fabrique proprement dite, parce qu'elle exigera de lui moins de capitaux et parce que ces derniers ne seront pas immobilisés sous forme de machines d'une façon aussi irrévocable. L'ouvrier à son aise aura les mêmes préférences, parce qu'il se sentira moins assujetti (8). Par contre, le capitaliste dont la fortune est colossale tendra de plus en plus à créer des fabriques qui lui permettront d'une manière plus rationnelle et plus énergique de tirer parti de son avoir. Le prolétaire, qui d'un autre côté, ne peut faire aucune avance de matières premières, d'outils ni même de simple entretien, sera contraint de voir dans les fabriques son seul refuge (9). Il n'est pas rare, surtout à l'époque moderne, que le système à domicile soit menacé de graves dégénérescences sociales. La productivité et la faculté de développement que la fabrique, au point de vue absolu, possède à un degré plus haut, rendent tout au moins possible à cette dernière d'accorder à ses ouvriers un salaire plus rémunérateur qu'aux industriels à domicile. Et c'est précisément dans les branches de la manufacture à domicile que nous rencontrons les plus criants exemples de la misère ouvrière. Une dépression artificielle du salaire rencontrera chez elles, à cause de l'isolement des ouvriers, beaucoup moins de résistance que dans la grande fabrique (10). L'ouvrier, dans l'industrie à domicile, est exposé bien plus immédiatement aux effets des crises, en raison de ce que le capital de l'entrepreneur se trouve moins immobilisé. [Par suite de ce que l'institution des « facteurs » (commissionnaires) a été déviée de son but, par suite de l'apparition des intermédiaires et de ce que l'époque moderne à nommé le « *sweating system* », les ouvriers à domicile ont été souvent opprimés d'une extraordinaire façon et privés des fruits de leur labeur (11). L'industrie à domicile est portée à la surproduction presque encore davantage que

la fabrique proprement dite. Aux époques de demande intense, les « facteurs » n'ont souvent aucune envie d'augmenter les salaires ; ils préfèrent alors se contenter d'un
travail défectueux, ce qui nuit au bon renom industriel de
la contrée tout entière. La fraude sur la matière brute
confiée à façon est beaucoup plus difficile à empêcher que
dans la fabrique (12) ; il en est de même, d'un autre côté,
des abus du *trucksystem* (paiement des ouvriers en marchandises) (13). Les excès de travail des femmes et des enfants qui, selon toute vraisemblance, sont apparus tout
d'abord dans la manufacture à domicile, sont beaucoup plus
difficiles à abolir par l'influence de l'opinion publique et
l'autorité policière de l'Etat, que notamment dans la très
grande fabrique, que son importance fait mieux connaître
et rend par là susceptible d'une réglementation plus efficace. Le « chant de la chemise » et ses effroyables paroles :

Oh God, that bread should be so dear, and flesh and blood so cheap !

>   Se peut-il, ô mon Dieu, que le pain soit si cher
>   Lorsque coûtent si peu notre sang, notre chair !...

ont jailli de la manufacture à domicile (14). A de multiples
points de vue, il paraît fort à souhaiter que le système à
domicile et celui des fabriques puissent exister l'un à côté
de l'autre. Il en est ici comme du mélange de la petite et de
la grande culture : les grandes sont aussi le mieux en situation de faire des essais et des inventions nouvelles, qui assurent des progrès importants et profitant à tous. Les
grands propriétaires de fabriques ont un intérêt bien plus
durable à ouvrir des débouchés nouveaux, à en élargir
d'anciens, que de simples négociants, qui la plupart du
temps peuvent, sans beaucoup de difficultés, faire émigrer
leurs capitaux vers une autre entreprise.

(1) L'industrie à domicile est, elle aussi, naturellement susceptible d'atteindre un certain degré dans la division du travail. C'est ce qui se passe, par exemple, dans l'industrie des jouets. Tantôt une maison ne confectionne que les petits moutons, une autre que les petits chevaux, mais chaque ouvrier finit son objet. Tantôt c'est un ouvrier qui creuse la planche à former beaucoup d'objets différents, tandis qu'un autre les moule, qu'un troisième les peint, etc. La première manière est prédominante dans la région du lac de Gmunden, la seconde à Sonnenberg, Grünhainischen, etc. (HERMANN, *Prinzipien der Wirtschaft*, 298).

(2) L'exploitation en grands établissements industriels, même sans le secours des machines, abaisse énormément le prix de revient des marchandises. C'est ce que montre le bon marché des livres manuscrits au temps de Martial, dont le treizième livre des *Epigrammes*, les *Xenia*, qui remplit vingt-deux pages in-octavo dans l'édition de Deux-Ponts, ne coûtait que quatre sesterces et descendait même jusqu'à deux (environ quarante centimes) (*Epigr.*, XIII, 3, v. 118).

(3) Dans l'industrie de la bonneterie à Chemnitz, il fallait, au début, des ouvriers habiles pour apprendre les nouvelles méthodes et les enseigner. Plus tard, ils sont devenus de simples acheteurs, qui débutaient souvent par porter la balle, puis achetaient une petite voiture, arrivaient à posséder un cheval pour finir par devenir eux-mêmes « fabricants » (*Handelskammerbericht de* 1882).

(4) Aux temps du système à domicile, Chemnitz et le Vogtland, ainsi que la Bohême allemande, ont pu imiter l'industrie des cotonnades des Indes orientales bien avant l'Angleterre. Par contre, ce dernier pays comptait, dès 1815, autant de broches que cinquante ans plus tard le Zollverein, l'Autriche et la Suisse tous ensemble. La prospérité de l'industrie de la toile, en Irlande, tient certainement en partie à ce qu'elle est passée de fort bonne heure à la grande fabrique.

(5) Vers la fin du xviiᵉ siècle, les Hambourgeois rendirent à l'industrie allemande un grand service en faisant naître en Si-

lésie l'imitation des espèces de toiles françaises les plus réputées comme les rouennes, les bretagnes, etc. Il était alors possible à l'industrie de la toile d'avoir les sièges de sa direction commerciale à Hambourg, et technique en Silésie. Mais depuis que les Anglais ont, au plus haut degré, concentré la production tout entière dans le voisinage des grandes places de commerce, il est devenu non moins nécessaire ailleurs de réunir plus étroitement les divers membres de l'industrie. La crise qui a sévi en Flandre, au milieu du XIXe siècle, a été surtout la conséquence de ce que son industrie à domicile s'est trouvée dépassée par les fabriques étrangères. Des raisons analogues ont fait baisser d'un quart entre 1816 et 1825 le salaire des tresseuses de paille de Bedford et de Buckingham, tandis qu'auparavant elles avaient gagné, avec leur travail de tressage, exactement autant que leurs maris (THORNTON, *Overpopulation*, 26). A Zürich également, les tresseurs de paille succombèrent devant leurs concurrents étrangers, qui firent de ce métier leur profession exclusive. Dans le canton de Zürich, il existait d'une façon générale encore en 1834, environ quatre septièmes des industriels qui unissaient l'agriculture à leur profession, ce qui causait, dès cette époque, de grandes préoccupations pour l'avenir (MEYER VON KNONAU, *Canton Zürich*, p. 105 et suiv., 114).

(6) HELD, *Soziale Geschichte Englands*, (p. 442 et suiv., 694).

(7) C'est pour cette raison que Mirabeau préfère décidément les *manufactures séparées* aux *manufactures réunies*. Elles seraient plus avantageuses aux ouvriers, exigeraient moins d'avances, etc. (*Monarchie Prussienne*, II, 14 et suiv., 75). D'après un ouvrage de M. MOHL, *Aus den gewerbwissenschaftlichen Ergebnissen einer Reise in Frankreich* (1845), on trouvait, parmi les ouvriers qui s'étaient élevés à la condition de fabricants de boutons indépendants, quelques-uns n'ayant pas encore atteint l'âge de 30 ans. Dans le département de l'Oise, on comptait, sur cent trente « fabricants », à peine quatre qui n'étaient pas sortis du rang de simples ouvriers à domicile ; en général, ils se tutoyaient avec leur personnel ; leurs filles,

pendant la semaine, étaient vêtues presque toujours en pay-
sannes. Reybaud décrit, pour la contrée de Nottingham, une
situation en ce sens très favorable (*Académie des sciences morales et politiques*, 1862, III, 356 et suiv.). On trouve une image
tout en rose de la manufacture à domicile, en Angleterre, dans
GASKELL, *Artizans and machinery* (1836) ; il en est de même
pour la bonneterie de la région de Chemnitz, dans le rapport
de BOWRING (*Bericht über den deutschen Zollverein*, traduction
de Bueck, 1840, p. 86).

(8) Dans le tissage de coton du nord de la France, les ouvriers sont opposés à l'abandon du système à domicile, bien
qu'aujourd'hui, leur salaire se trouve diminué ; les patrons
sont du même avis, par crainte que le changement ne puisse
susciter des coalitions (*Zeitschr. f. Staatsw.*, 1869, 571). Le silence, et surtout la sévérité qui doivent régner dans les grandes
fabriques a, pour les intéressés, quelque chose de très pénible.
Dans l'industrie de la soie à Zürich, les ourdisseurs, les dévi-
deurs, les tisseurs qui travaillent en fabrique sont plus payés
que ceux qui emportent la soie à la maison pour la mettre en
œuvre. Et pourtant, on ne trouve en général, pour se résoudre
à la première manière, que les plus pauvres ou les ouvriers isolés (BOEHMERT, *Beitr. z. Fabrikgesetzgebung*, 1868, p. 62).

(9) Selon BODEMER, dans son ouvrage *Die industrielle Revolution mit besonderer Berücksichtigung der erzgebirgischen Er-
werbsverhältnisse* (1856), la misère chronique en règne dans le
Haut Erzgebirge ne pourrait être durablement guérie que par
le passage à la grande fabrique. Une démonstration analogue,
pour la manufacture de toile en Allemagne, a été faite par
ROSCHER, dans son ouvrage *Die Produktionskrise des hanno-
verschen Leinengewerbes* (*Goettinger Studien*, 1845).

(10) Remarques sur Solingen dans THUN, *Industrie des Nie-
derrheins*, 2, p. 89). [Dans la région du Fichtelgebirge, les tisserands à domicile fabriquant la marchandise commune, gagnent
en moyenne par semaine à peine au-dessus de 5 marks (*Schr. d.
Ver. f. Sozialp.*, 42, p. 48). Dans les environs de Leipzig, le tresseur de paniers, même avec la collaboration de sa femme, n'ar-

rive pas à gagner, pour une durée journalière de travail de 14 à 16 heures, plus de 800 marks par an (*Schr. d. Ver. f. Sozialp.*, 48, p. 29). En Silésie, le filet, pour une durée de travail de 14 heures, rapportait, en 1889, un salaire journalier de 35 pfennigs. Dans la fabrication des chapeaux de paille à Breslau, le gain hebdomadaire des ouvriers à domicile, payés à la pièce, atteignait de 3 mk. 50 pf. à 7 marks (*Schr. d. Ver. f. Sozialp.*, 42, p. 102-103). (Voir un rapprochement comparatif des salaires à une époque antérieure dans STIEDA, *op. cit.*, p. 80 et suiv.)].

(11) [La fonction de celui que l'on désigne sous le nom de *facteur* (*Faktor, Ferger, fattorino*) consiste à partager entre les ouvriers à domicile les ordres du commerçant, ainsi que la matière brute nécessaire à l'exécution de ceux-ci, pour grouper ensuite, après leur achèvement, les produits obtenus. Dans les transactions avec des individus nombreux, disséminés, pauvres et ignorants, cet intermédiaire, par lui-même bienfaisant aux débuts, peut aisément se transformer en parasite. Il exploite alors aussi bien l'ouvrier à domicile, sur lequel il opère pour son entremise des prélèvements exagérés, qu'il cherche également à surfaire à l'entrepreneur. Il a donné naissance à une espèce particulière, dans l'industrie de la soie à Lyon. C'est le système dit de l'atelier, dans lequel l'entrepreneur confie ses commandes à un maître industriel à domicile, qui, à son tour, occupe dans son atelier à lui des ouvriers dits *compagnons*. Cette maîtrise intermédiaire dégénère en *sweating system*. Le *sweater* est celui qui « salarie immédiatement hommes, femmes et en-« fants pour exécuter le travail et qui espère retirer un gain de « leur sueur (*by sweating*) ». Le *sweater* en petit continue de prendre part au travail ; le *sweater* en grand, qui occupe quarante à cinquante personnes, ne met plus la main à l'œuvre, obtient des prix rémunérateurs, se procure des forces de travail d'un bon marché extrême et empoche des gains considérables. Récemment, surtout dans la cordonnerie et dans le métier de tailleur, on a pu faire des constatations de ce genre, particulièrement en Angleterre, dans l'Amérique du Nord et en Austra-

Roscher   17

lie (Voir *Bulletin of the Department of Labor*, mai 1896 ; Sombart, *op. cit.*, 4, p. 423, 424 ; Schwiedland, *Hausindustrie
und Sweatingsystem*, 1896].

(12) Il en est de même pour les compagnons de métier qui
ne travaillent plus dans la maison du maître (Held, *Soziale
Geschichte*, 557). Dans la région au nord-est de Paris, on tisse,
sur des modèles parisiens et avec des fournitures parisiennes,
des châles, etc. ; le contrôle du poids donne lieu à des discussions très nombreuses, les bureaux de conditionnement des
laines n'étant possibles que dans les villes (*Acad. des Sc. m.
et p.*, 1865, II, 37). A Lyon, de même, on fraude énormément
sur la précieuse matière brute ; à Crefeld, on estimait, en 1850,
la fraude annuelle à 1/2 million de marks (Thun, *Industrie am
Niederrhein*, I, p. 95). Dans l'industrie à domicile, l'habitude
de tromper sur le fil favorise la faiblesse des salaires et réciproquement (Voir C. Roscher, dans le *Handelskammerbericht de
Zittau*, 1876, p. 61).

(13) Le *truck system* existe de façon très fâcheuse dans l'industrie à domicile de la ville thuringienne de Ruhla : Sax, dans
son ouvrage *Die Hausindustrie in Thüringen*, II (1884), n'y
fait mention d'aucune caisse d'épargne, ou caisse de maladie,etc.
ayant pu être établie par les commerçants. [Voir des exemples
caractéristiques pris dans diverses manufactures à domicile de
l'Allemagne dans Stieda, *op. cit.*, 87-90].

(14) C. Roscher, *op. cit.*, 265-276. [Stieda, *op. cit.*, 76 et
suiv. ; *Schr. d. Ver. f. Sozialp.*, 42, p. 83. Dans le comté de Glatz,
en Silésie, il existe une fabrication prospère de boîtes pour les
allumettes suédoises ; elle occupe des écoliers et même, assez
ordinairement, des enfants à partir de cinq ans]. Karl Marx
[parle avec colère, à propos du travail à domicile dans les villes,
des « taudis ouvriers » (*Arbeitslöcher*) où femmes, filles et enfants vivent surmenés d'ouvrage dans un air vicié. Il] avait
observé déjà, dans son livre *Das Kapital*, I, 466, que les lois de
protection du travail des enfants, etc., ont augmenté l'incapacité de soutenir la concurrence pour les fabriques modestes et,
plus encore, pour celles placées au degré le plus bas de l'échelle.

[Une expérience semblable est d'ailleurs faite en Allemagne, où l'on se plaint de plus en plus de ce que les enfants, qui, depuis 1891, ne sont plus admis dans les fabriques avant l'âge de 13 ans, sont occupés à l'industrie à domicile dans des conditions beaucoup plus défavorables (Voir à ce propos les communiqués officiels relevés dans le *Jahresbericht der Gewerbeaufsichtsbeamten*, 1892, 56 ; 1894, 370, 471)]. Dans la ville de Wolwerhampton, capitale de l'industrie du fer, dans celle de Willenhall, royaume de la serrurerie, dans celle de Sedgeley, centre de la clouterie et des chaînes, l'industrie à domicile occupe partout, sous la direction de commissionnaires, une situation prépondérante ; le manque de surveillance des enfants, les mauvais traitements à l'égard des apprentis, la saleté des maisons et des rues y règnent au moins autant qu'à Manchester. Il faut ajouter à ceci qu'il n'existe aucune régularité dans le travail : les maîtres « libres » s'adonnent à la paresse souvent trois et quatre jours par semaine et le reste du temps travaillent de façon immodérée, pour la rude oppression et la dégradation morale de leurs apprentis (Cpr. le *Children-Employment Report* de 1843, p. 195 et suiv.). Les ramoneurs anglais ont été jusqu'à contraindre des enfants de 4 ans, en les piquant avec des aiguilles ou en allumant de la paille, à grimper dans d'étroites cheminées ; puis lorsqu'ils avaient atteint l'âge de 7 ou 8 ans, ils les renvoyaient (HELD, *Soziale Gesch.*, 430). On peut songer, par analogie, au contraste entre le colportage et le grand commerce.

§ 27.

La manufacture à domicile peut se maintenir le plus longtemps dans les branches d'industrie les moins accessibles aux avantages de concentration de la grande exploitation. Ceci peut provenir de ce que les machines y sont moins susceptibles d'emploi, ou les débouchés moins capables d'ex-

tension ; de ce qu'encore le travail est nécessairement irré-
gulier, ou surtout fréquemment interrompu ; de ce qu'enfin
il existe d'autres obstacles qui barrent la route à des progrès
accentués dans la division du travail, dans la coopération.
Il en est ainsi, par exemple, déjà pour des raisons techniques, de la fabrication de la dentelle au fuseau. Ce genre
de travail, par sa finesse et sa mobilité, ne se prête à aucune
surveillance continue ; à son égard, le contrôle du patron
consiste bien plutôt dans l'acceptation ou le refus purs et
simples de la marchandise confectionnée par l'ouvrier (1).
En face de cette fabrication, la broderie non seulement s'est
maintenue à domicile, mais a été amenée à prendre une
extension considérable depuis la construction par Josué
Heilmann en 1828, de la première machine à broder. Tandis
que les produits de la broderie à la main étaient de purs
articles de luxe, généralement réservés aux riches, la broderie mécanique, tendant surtout à fabriquer à meilleur marché et par quantités plus grandes, parvint à établir des prix
assez bas pour permettre à des classes plus nombreuses d'en
aborder l'usage (2). Partout, la prospérité de la fabrique
est plus marquée pour les articles moyens que pour ceux
très grossiers, où la matière brute à plus d'importance que
le travail, ou encore que pour ceux très fins, qui servent au
luxe précieux et ne peuvent toujours être accessibles qu'à
un petit nombre de consommateurs (3). Tandis que l'industrie des cotonnades des Indes Orientales a péri si misé-
rablement, celle des châles du Cachemire, s'exerçant à domicile, a survécu de façon merveilleuse (4). Le système à
domicile, dans l'industrie de la soie, se maintient avec bien
plus de force et de durée que dans celle de la laine ou du coton (5). Son rôle continue d'être fort important dans les industries suivantes et pour les causes indiquées : dans les
articles, même de coton, soumis à la mode, grâce surtout à

la différence formidable entre la pleine et la morte-saison ;
dans la mercerie et principalement dans les jouets, grâce à
l'infinie variété des petits objets qu'il s'agit de confectionner (6) ; dans les produits de la paille et du bois, grâce au
bon marché de la matière brute, qui n'influe que fort peu
sur le prix de la marchandise fabriquée, la matière elle-
même pouvant être facilement acquise par des ouvriers
même dépourvus de ressources. Dans son ensemble, le travail des métaux est resté plus fidèle au système à domicile (7) que l'industrie textile, en raison notamment de ce
que les produits finis consistent, pour le premier, plutôt en
de petits objets de détail, pour la seconde, en masses considérables et constantes dans leur espèce. Lorsque la nature
du pays rend impossible à la plupart de ses habitants de
s'occuper exclusivement d'une branche unique d'activité, la
combinaison à domicile de l'agriculture et de l'industrie
peut demeurer une nécessité permanente (8). Le caractère
national prend lui-même ici une certaine importance. Les
mêmes motifs qui, en France, ont rendu la petite culture si
populaire (Vol. II, § 50) et l'art si essentiel dans l'industrie,
maintiennent dans ce pays la manufacture à domicile (9).
Au surplus et malheureusement, toutes ces exceptions à la
règle que la manufacture à domicile doit céder la place à la
grande fabrique se retirent dans un cercle toujours plus
étroit (10). La marche normale du développement veut que
la grande exploitation s'empare tout d'abord des stades
initial et final de la production intéressée. Quant aux stades
intermédiaires, les grands entrepreneurs, lorsqu'ils ne
peuvent encore tout concentrer chez eux, aiment avant tout
à conserver pour eux-mêmes les articles nouvellement à la
mode, tandis qu'ils commandent aux petits patrons à domicile ceux devenus courants depuis une époque plus éloignée. Ce sont, en effet, les variations de la mode que le

grand patron peut observer le plus facilement, allant même parfois jusqu'à les pressentir ou les déterminer ; c'est, en même temps, sur les objets les plus nouveaux que se réalisent les gains les plus considérables. En regard de ce qui précède, la filature dite salariée qui travaille pour les négociants en fils ou autres fabricants, mais non pour son propre compte (11), ne semble nullement constituer une forme actuelle de transition pour le passage à la fabrique. Elle ne comporte, au point de vue technique, aucun progrès dans la division du travail (12) ; et d'autre part, pour la production en général, le stimulant, comme le guide, les meilleurs, consistent à laisser entièrement supporter les chances de gains et de pertes par celui qui se trouve le plus capable d'influer sur la qualité de la technique.

(1) Il existe pourtant à Bruxelles de grandes fabriques de dentelles, qui réunissent dans une même salle une partie de leurs ouvrières, bien que la plupart de celles-ci travaillent dans leurs propres demeures. Mais on aperçoit tout de suite que ces ouvrières rassemblées travaillent, en réalité, chacune pour leur propre compte. Le principal avantage d'un groupement semblable à celui de la fabrique paraît consister ici dans la force d'attrait qu'il manifeste pour la visite de voyageurs désireux, en général, d'emporter un souvenir acheté sur place.

(2) [M. Zeeh, *Die Betriebsverhältnisse in der sächsischen Maschinenstickerei*, 1909].

(3) En Württemberg, l'industrie de la draperie à domicile s'est remarquablement maintenue par suite de sa limitation aux étoffes à dessins et des améliorations apportées à l'apprêt au foulage, etc. (*Zeitschr. f. Staatsw.*, 21, p. 458). Il en a été de même pour les petits couteliers vis-à-vis des fabriques, grâce à la supériorité de leur travail quant à la qualité et à la forme.

(4) D'après les indications du Musée des Indes à Londres, les

tisserands à domicile, dans les Indes Orientales, produisent encore sept cents genres différents d'étoffes de coton, pour la plupart soit tout à fait grossières, soit d'une extrême finesse. Un
fait qui contribue également à maintenir par endroits la manufacture à domicile, est que de nombreux Hindous, pour des
motifs religieux, ne consentent à porter aucune étoffe touchée
par les ciseaux ou l'aiguille (M. CHEVALIER, *Rapport* de 1877,
p. 396 et suiv.). Il existe aussi dans le Cachemire des ateliers
considérables. En général, un négociant avance environ un
tiers de la valeur du produit au maître ayant acheté d'un dessinateur le modèle, qu'il fait exécuter par des ouvriers le copiant
d'une façon toute mécanique. Le travail est de si longue haleine,
que la confection d'un châle fin occupe trois personnes pendant
une bonne année ; ceux tout à fait simples peuvent être achevés par deux hommes à raison seulement de six ou huit pièces
par an. Une influence particulière est ici exercée par la mode
qui exige pour chaque châle un modèle à lui propre (RITTER,
Asien, 3, p. 1186 et suiv.).

(5) On considère volontiers la filature de soie comme une
industrie accessoire de l'agriculture, qui n'occupe ceux qui s'y
livrent qu'entre le commencement de juin et la fin d'août.
Pour le tissage, à Zürich, à Lyon, à Saint-Etienne et à Londres,
celui qu'on appelle le fabricant se charge d'ordinaire de tout ce
qui concerne la préparation, ainsi que le conditionnement final ;
le tissage proprement dit s'exécute, en général, à domicile.
Dans l'industrie de la soie à Zürich, la matière première confiée pour plusieurs mois aux ouvriers à domicile, représente une
avance de nombreux millions, répartie sur le canton tout entier (BOEHMERT). Autour de Lyon, les métiers sont, d'ordinaire,
la propriété personnelle des petits *chefs d'ateliers* et la situation
est analogue à Coventry dans l'industrie rubannière. Par contre,
aux environs de Crefeld, les métiers sont, non seulement installés par le commerçant, mais encore surveillés par des contre-
maîtres qui vont et viennent. Dans la fabrique elle-même, il
n'est, en général, procédé qu'à la préparation des chaînes et à
d'emballage ; toutefois, les fabriques les plus notables possè-

dent aussi, pour l'apprêt, des établissements personnels, tandis que celles d'une importance moindre le font exécuter moyennant salaire. Il est donc possible ici, même à des capitalistes assez modestes, de devenir fabricants (Thun,', p.96). J. G. Hoffmann, *Nachlass*, p. 127 et suiv.), rappelle, à ce propos, qu'un quintal de laine coûte, en général, six fois autant que le même poids de coton, mais n'exige, pour être filé, qu'à peine un huitième du travail. La filature de la laine en grand requiert, par suite, un capital très considérable. Le tissu coûte, pour la laine, en moyenne seulement le double de la matière première ; il revient au triple pour le lin, et, pour le coton, au moins au décuple (Schmoller, *Kleingewerbe*, 474).

(6) Le tournage, à Saint-Claude, dans le Jura, s'exerce à domicile ; il confectionne, en effet, environ 3.000 articles différents (*Zeitschr. f. Staatsw.*, 21, p. 38). A Nüremberg, un magasin d'articles manufacturés, convenablement assorti, renferme plus de 14.000 numéros, abstraction étant même faite des différences de grosseur (*Zeitschr. f. Staatsw.*, 25, p. 599). A Sonnenberg, certaines firmes confient à leurs voyageurs jusqu'à 16.000 échantillons. En Bohême, l'industrie des jouets a pu, d'ailleurs, tout en conservant son caractère à domicile, faire ce progrès d'acheter en gros les couleurs, le vernis, la colle, etc. (*Œsterr. Aust. Ber. von* 1873, n° 47, 23 et suiv.). Dans l'Amérique du Nord, la ville de Cincinnati est une capitale pour la manufacture à domicile, et Lowell, avec ses filatures et ses tissages, en est une autre pour la fabrique en grand.

(7) A Birmingham et à Sheffield, L. Faucher, dans son livre : *De l'Angleterre* (1845), parle, pour cette raison, de démocratie industrielle. A Sheffield, des commerces de coutellerie indépendants ont souvent été commencés avec un capital de quelques shillings. A Birmingham, on trouve des maisons ne possédant guère que 500 à 800 livres de capital, d'autres entre 200 et 5.000 livres et qui entretiennent de trois à trente ouvriers. Beaucoup d'objets sont confectionnés à domicile moyennant salaire à la pièce, et les ouvriers les plus aisés se procurent eux-mêmes leur matière première. Il arrive souvent que des

individus dits *undertakers* servent d'intermédiaires entre le fabricant et ses ouvriers de l'extérieur. Les jeunes gens entrent en apprentissage chez les ouvriers ou chez les *undertakers* ; les femmes s'occupent du polissage et de l'empaquetage, etc. (Cpr. *Zollvereins-Ausst. Ber. von* 1851, 3, p. 168). Ce qui ne constitue nullement un trait à l'éloge de la situation, c'est que les négociants, commerçants ou autres intermédiaires réalisent souvent un gain des plus considérables. On a parlé, pour Birmingham, de 60 à 70 0 /0 d'escompte ; pour Willenhall et Wolverhampton, de chiffres plus élevés encore, tandis que l'escompte correspondant à Paris se tient rarement au-dessus de 15 à 30 0 /0. A Liège, l'industrie des armes fait exécuter la plupart de ses travaux proprement dits dans les villages des alentours ; la division du travail y est poussée très loin, de sorte que, par exemple, on ne fabrique à un endroit que des canons de fusil, à un autre que des baguettes, etc. Il ne reste, par suite, pour ce que l'on nomme la fabrique, que le montage et la négociation commerciale. En Prusse, la confection des armes à feu occupait, en 1882, indépendamment de 39 exploitations comptant plus de 5 ouvriers, encore 311 petits patrons. En Bohême, dans le district cloutier, le « maître », ainsi nommé, fournit l'atelier avec le charbon, souvent aussi les outils, et sert d'intermédiaire entre les producteurs et les négociants ; mais, pour le surplus, les compagnons travaillent pour leur propre compte, paient pour leur feu un loyer hebdomadaire, etc. (*Zeitschr. f. Staatsw.*, 21, p. 597). En Forêt-Noire, dans l'industrie horlogère, l'horloger proprement dit achète ses pièces isolées chez une douzaine de patrons différents, tels que les fendeurs, les tourneurs, les peintres de cadrans, les faiseurs de trains, fondeurs de roues, de cloches, les chaîniers, les faiseurs de sonneries, etc. (HUBBUCH, dans les *Schr. d. Ver. f. Sozialp*, 41, p. 88 et suiv.).

(8) Au Bengale, la chaleur contraint le paysan à garder rigoureusement la maison pendant quelques heures de la journée ; il serait, dès lors, obligé de s'adonner à la paresse, s'il ne s'occupait pas d'industrie. Dans le même sens influent les fréquents débordements du Gange ; sur la côte de Malabar, la sai-

son des pluies ; dans beaucoup de vallées de l'Himalaya, la neige (RITTER, *Asien*, 3, p. 835, 5, p. 789 et suiv., 6, p. 1241). En Suède, la longueur de l'hiver ne favorise pas seulement la sculpture des meubles, l'horlogerie, etc. ; elle offre encore tant d'avantages au tissage à domicile, que pendant longtemps, les fabriques de Gothembourg n'ont pu lui faire concurrence (FORSELL, *Schwed. Statistik*, 143 et suiv., 148). La situation est analogue en Russie. Si, dans son ensemble, la grande industrie féconde le travail par le capital avec plus d'intensité que la petite industrie, il faut comparer à ce phénomène celui que la culture intensive s'implante le plus tardivement sur un sol infertile, sous un climat rigoureux, etc. (Vol. II, § 34).

(9) A Paris, les grandes fabriques qui se développent en partant de l'industrie à domicile, ne peuvent se maintenir que lorsqu'elles font accomplir à la technique des progrès essentiels, lorsqu'elles sont, pour ainsi dire, des laboratoires d'industrie travaillant avec des ouvriers d'élite, sous la direction et la coopération immédiate de la science (*Acad. des Sc. m. et p.*, 1865, II, 435 ; cpr. *Revue des Deux-Mondes*, février 1865). Lorsqu'un ouvrier français a copié pendant trois mois le même modèle, il en demande un nouveau, pour ne pas lui-même « devenir une machine ». Les choses se passent de toute autre façon qu'en Angleterre (*Zeitschr. f. Staatsw.*, 21, p. 39). Cela tient à ce que, dans la langue française, le mot *artiste*, qu'il faut distinguer de celui d'*artisan*, désigne aussi bien la personne qui se consacre à l'art pour lui-même, que celle qui exerce un métier artistique. En particulier, la situation prospère de l'industrie française de la mode s'appuie principalement sur la circonstance que l'artiste et le commissionnaire, tous deux à Paris, se trouvent séparés du fabricant dans sa province, tandis qu'en Allemagne, c'est la plupart du temps un négociant unique qui réunit les trois caractères (THUN).

(10) HUBBUCH, *op. cit.*, p. 85 ; M. CHEVALIER, *Rapport de 1867*, p. 113 ; *Acad. d. Sc. m. et p.*, 1864, III, 480 et suiv.

(11) Il en est de même en Suisse de la rubannerie, en France de l'industrie des boutons, et dans beaucoup d'endroits de l'in-

dustrie de la soie. On peut faire reposer sur un principe identique le fait qu'en Russie, les étoffes de coton les plus fines sont confectionnées en fabrique dans les villes, tandis que les plus grossières le sont à domicile, comme occupation accessoire de la population rurale (STEINHAM, *Russlands industrielle und kommerzielle Verhältnisse*, 492 et suiv.).

(12) Dans le royaume de Saxe, il existait, en 1856, dans les filatures de coton travaillant pour leur propre compte, 347.198 broches fines ; dans les *filatures salariées*, on en comptait 181.708 ; dans celles filant aussi bien pour leur propre compte que moyennant salaire, 25.740 (*Saechs. statist. Zeitschr.*, 1856, 126). La Bavière et le Württemberg possèdent des filatures salariées d'environ 20.000 broches mécaniques pour le lin, parce que les femmes de ces pays attachent une grande valeur à la toile qu'elles tissent elles-mêmes, mais ne peuvent se procurer le fil à la main pour cet usage (*Deutscher Ausst. Ber. von* 1873, I, p. 530). Cette forme de la filature peut se comparer à l'ancien temps des moulins, où l'on ne travaillait que la matière première fournie, et pour le compte personnel du chaland. Plus on multiplie les tournants, en utilisant dès lors chacun d'eux seulement à certaines besognes, plus le meunier doit tendre à augmenter les masses à mettre en œuvre, qu'il ne peut, le plus souvent, se procurer qu'en faisant lui-même des achats spéculatifs (*Chemnitzer Handelskammerbericht*, 1864, 170). A l'époque de la prospérité des corporations, les rôles de Lübeck, par exemple, ont interdit pour plusieurs métiers toute forme ayant, avec la filature salariée, quelque analogie (WEHRMANN, 364, 400).

§ 28.

[La manufacture à domicile offre à l'entrepreneur des avantages notables, et l'on peut observer ainsi comment, parfois, poussent à son extension les circonstances générales

qu'une industrie traverse (Autriche) (1). En ce qui touche
les ouvriers, il faut prendre en considération le fait que la
liberté qui se dissimule sous l'industrie à domicile présente
pour beaucoup d'entre eux un certain attrait. Le désir de
travailler chez soi conduit bien des individus, même en
l'absence de tous autres motifs impérieux, à tourner le dos
à la fabrique. Quand, à domicile comme en fabrique, la
dépendance serait identique, l'illusion de l'indépendance
suffit pour faire accorder l'avantage à l'occupation industrielle à domicile. L'allégresse du travail s'augmente, lorsque l'industriel à domicile peut lui-même achever chaque
objet qu'il confectionne, comme cela se produit pour les
harmonica, à bouche ou à soufflet, et en général dans l'industrie des instruments de musique. Le travail, en général,
s'accomplit à domicile avec plus de commodité. Ce n'est
qu'en cas de nécessité pressante qu'il s'exécute avec une
hâte fébrile. A tout ceci vient s'ajouter le fait que l'industrie à domicile ouvre à de nombreux individus, dans une
situation précaire, une source certaine de revenus, quoique
souvent, il est vrai, peu abondants. Les personnes âgées,
celles du sexe féminin, les veuves qui ont ménage à tenir,
les personnes qui ne peuvent consacrer que quelques heures
par jour à l'industrie, toutes celles en un mot, à qui la fabrique n'offre point de place, se réfugient dans le travail à
domicile. Les avantages de celui-ci incitent en sa faveur
de deux côtés à la fois : les entrepreneurs se trouvent servis
par des forces à bon marché et d'une occupation commode,
une aide enfin est assurée aux sans-travail. Mais cet état
de choses s'est peu à peu transformé en tournant à l'oppression. On a cru longtemps que le sort des ouvriers à domicile était préférable à celui des ouvriers de fabrique ordinaires : les premiers, en effet, jouissent d'une liberté plus
étendue, ne sont pas assujettis à des heures de travail dé-

terminées, peuvent se livrer à des occupations domestiques ;
on a pensé qu'ils se trouvaient mieux à leur aise que les ouvriers de fabrique. Depuis un certain nombre d'années cependant, des monographies consciencieuses, consacrées à
des régions et à des branches d'industrie spéciales ont établi
que leur sort est souvent, sinon même généralement misérable. En dernier lieu, un congrès général pour la protection des ouvriers à domicile tenu en 1904, et plusieurs expo-
sitions du travail à domicile à Berlin et à Francfort-sur-le-
Mein, ont permis de réunir une documentation nombreuse.
Celle-ci s'est condensée en un véritable réquisitoire contre
la société qui, à l'époque actuelle, contemple tranquillement
un pareil état de choses. Les ouvriers ont commencé à se
dresser contre lui avec exaspération. Ils trouvent que cette
forme du travail comprime leurs salaires, complique leurs
organisations, rend illusoires les mesures de protection
et d'assurance en leur faveur, prolonge outre mesure la
durée de la tâche, provoque artificiellement, en période de
suractivité, une offre de forces humaines que jette sur le
pavé la période de marasme consécutive. Cette forme n'est
pas moins vivement combattue par les petits industriels,
pour des motifs de concurrence, et par l'autorité administrative pour des raisons de police sanitaire. On n'a besoin
que de penser aux vêtements et au linge (2), qui sont confectionnés dans les logements étroits, où éclatent des maladies contagieuses, telles que la scarlatine, la diphtérie,
le typhus, etc.... Il s'est accompli, dans ces dernières années,
un mouvement caractéristique en faveur de la limitation
de l'industrie à domicile dans presque tous les pays. En
Autriche, les syndicats de petits industriels ont tenté de
restreindre le travail pour le commerce, mais sans succès
véritable. En Belgique et en Hollande, en France et en
Suisse, les milieux ouvriers se sont agités contre le travail à

domicile (3). Les moyens préconisés et partiellement exécutés consistent dans la création d'ateliers centraux aux frais des entrepreneurs ou des ouvriers, ceux-ci devant, pour s'en servir, payer un droit de place (4) ; dans la soumission des exploitations industrielles à domicile au contrôle sanitaire et aux mesures publiques de protection des travailleurs ; dans la suppression du système des patrons intermédiaires, enfin dans la conquête d'une durée normale de travail. En Angleterre, une loi de 1895 frappe d'une pénalité les propriétaires d'ateliers et fabriques, sur l'ordre ou avec la permission desquels des parties d'habillement sont confectionnées, nettoyées ou réparées, dans des logements ou bâtiments dont un occupant est atteint de scarlatine ou de variole. En outre, une loi de protection de la santé publique, ainsi que la loi sur les fabriques et ateliers de 1901, organisent l'inspection officielle des logements des ouvriers à domicile. Les résultats de cette surveillance sont consignés dans le rapport annuel publié par le ministère de l'intérieur. Le nombre des ouvriers à domicile s'élevait en 1907 à 114.294 et en 1908 à 101.172. Les inspections ont porté, en 1907, sur 102.549 logements d'ouvriers à domicile et en 1908, sur 93.443. Elles ont eu pour résultat en 1908, 2.022 procès-verbaux pour insalubrité des locaux et 1.154 procès-verbaux pour contamination de ceux-ci, par suite de maladies contagieuses (5).

En Allemagne, la loi sur les ouvriers à domicile du 20 décembre 1911 a entendu protéger, contre l'insuffisance des emplacements destinés au travail, les ouvriers aussi bien que le public, lequel ne doit pas se servir d'objets confectionnés dans des conditions suspectes. Elle a, dans ce but, prévu l'inspection des ateliers. Ceux-ci doivent être organisés et entretenus de manière à mettre les ouvriers à domicile à l'abri des dangers menaçant leur existence ou leur santé. Pour empêcher que la fabrication, la manutention et l'emballage d'objets d'alimentation et d'approvisionnement ne puissent préjudicier à la santé publique, il est prescrit aux autorités de police compétentes de réglementer le mode de disposition de ces ateliers et magasins, ainsi que l'organisation de leur exploitation. Les pouvoirs restrictifs de ces autorités vont jusqu'à défendre l'emploi de certains locaux pour la fabrication d'objets destinés à l'alimentation et à la consommation. En outre, le Conseil fédéral est autorisé à interdire l'exécution par l'industrie à domicile de travaux présentant des dangers notables pour la vie, la santé ou la moralité des ouvriers à domicile, ainsi que pour la santé publique. Pour les branches d'industrie s'occupant de la fabrication d'objets destinés à l'alimentation ou à la consommation, les maisons qui distribuent du travail à domicile sont obligées, à des intervalles de temps convenables, de s'assurer par elles-mêmes, ou par leurs délégués, que l'organisation des ateliers demeure conforme aux réglements. L'obligation à la tenue de registres, pour les fabriques ou ateliers occupant des personnes à domicile, est imposée aussi bien par la loi anglaise de 1895, que par la loi allemande de 1911. Ces registres doivent contenir les noms des personnes auxquelles il a été remis du travail à domicile, ou par l'intermédiaire desquelles s'opère cette remise en dehors des ateliers de l'industriel. En même temps, les maisons ci-dessus doivent veiller à ce que le travail à domicile ne soit distribué qu'à des ateliers en mesure de fournir la preuve que leurs locaux répondent aux exigences sanitaires prescrites. On a résisté longtemps en Allemagne à cette innovation que l'on s'imaginait devoir mettre en œuvre un service fort étendu d'information et d'avertissement. Mais la peine à prendre n'est pas, en réalité, si grande pour la maison intéressée, puisqu'elle possède forcément un tableau des personnes qu'elle occupé à domicile, avec l'in-dication de ce dernier ; elle ne saurait autrement, en effet, livrer ses matières premières et ses modèles. Au total, l'or-ganisation nouvelle fait apparaître l'avantage d'offrir, grâce à l'indication des personnes, la possibilité de l'inspec-tion des logements et de leur police sanitaire. La diffusion des petites machines motrices, notamment de celles fonc-tionnant à l'électricité pour le tissage et la broderie, ne peut écarter complètement les défauts inhérents à la nature de l'industrie à domicile. La possession de machines comporte un risque : les inventions nouvelles les font vieillir, les pro-grès techniques amoindrissent leur capacité de rendement. Les périodes de chômage causent une perte d'intérêts pour le capital immobilisé. Dans l'exploitation en fabrique, l'en-trepreneur supporte la menace des pertes, et les compense au moyen de l'augmentation des gains en période favorable. Par contre, dans le travail à domicile, le risque se renverse sur l'ouvrier, en tant que propriétaire de la machine. Plus il est pauvre en capital, ne pouvant toujours se procurer la nouveauté, plus il est arriéré, ne comprenant pas toujours aussitôt la portée des nouvelles améliorations techniques, plus il est atteint par une tournure défavorable des événe-ments. L'industriel à domicile a donc le dessous-vis-à-vis de l'entrepreneur. Ce dernier, d'après la façon dont les gains se partagent, devrait supporter entièrement les risques. Il s'en décharge pourtant en partie sur l'ouvrier, sans qu'une élévation de son salaire vienne apporter à celui-ci une com-pensation (6).

Il est fort important que l'on ne se ferme plus à la néces-sité de l'institution de lois spéciales à la matière. On a cru pendant longtemps que leur mise en pratique présenterait trop de difficultés, en raison de l'impossibilité de soumettre à une inspection régulière toutes les petites exploitations.

Une ordonnance du 31 mai 1897 a toutefois réglementé pour l'Empire Allemand la confection à domicile de vêtements et de lingerie. On est arrivé ensuite à la loi du 20 décembre 1911, embrassant tout le domaine du travail à domicile. Cette loi prescrit l'affichage, dans les locaux des maisons donnant de l'ouvrage aux ouvriers à domicile, de tableaux et d'états de salaires. Il doit être remis aux ouvriers des livrets de salaires ou des feuilles de travail, indiquant la nature et l'étendue de celui-ci, ainsi que les prix et salaires établis à son égard. C'est toute autre chose d'entendre parler incidemment de fixations de ce genre ou de les avoir sous les yeux de manière qu'elles se présentent constamment à l'esprit. L'entrepreneur n'éprouve pas la tentation de les éluder, et l'ouvrier à domicile n'incline pas davantage à se prêter à une injustice, lorsqu'elle se trouve en contradiction directe avec les réglements qu'il a sous sa main. Il est à remarquer que par arrêté du Conseil Fédéral, il peut être créé, pour des branches d'industries et des régions déterminées, occupant des ouvriers à domicile, des *délégations professionnelles*. Leur rôle est de prêter leur appui aux autorités publiques et communales, au moyen de communications de faits et de rapports. Il consiste, en outre, à assurer dans leur district leur concours aux enquêtes sur les conditions industrielles et économiques des branches d'activité représentées dans leur sein. Ces délégations doivent délibérer sur les vœux et propositions ayant trait aux conditions précitées dans leur district, et provoquer toutes dispositions et mesures susceptibles de contribuer au relèvement de la situation économique des ouvriers à domicile. Elles ont enfin à s'informer du taux de rémunération convenable du travail et de celui atteint en réalité par les salaires, à formuler éventuellement des propositions d'entente sur une rétribution équitable, ainsi qu'à encourager la conclusion d'ar-

Roscher   18

rangements sur les salaires ou d'accords de tarifs. Ces délégations professionnelles sont composées d'un même nombre de représentants pour les industriels et pour les ouvriers à domicile, ainsi que d'un président et de deux assesseurs devant posséder les connaissances requises. Lorsque des ouvrières à domicile sont occupées en nombre supérieur, elles doivent également figurer dans la délégation. Le président et les assesseurs ne peuvent être ni industriels, ni ouvriers à domicile, et sont nommés par les autorités locales. Les frais sont supportés par celui des Etats confédérés dans le ressort duquel sont instituées les délégations.

En dehors de la protection de la loi, il ne faudrait pas négliger complètement les *mesures d'assistance par soi-même*. La formation de syndicats d'ouvriers à domicile, soit pour l'achat de matières premières, soit pour la vente de produits finis, ne paraît pas indiquée, bien que susceptible de libérer les ouvriers à domicile de la dépendance oppressive de l'entrepreneur. Il serait, en effet, difficile de faire reconnaître des efforts en ce sens, en raison de ce que les femmes et les enfants, supports de l'industrie à domicile actuelle, ne se laisseraient pas aisément organiser. Lorsque les prix d'objets de l'industrie à domicile sont déjà peu élevés, ou lorsque les produits de celle-ci ne sont susceptibles d'aucune plus-value, la formation d'un syndicat ne saurait également ouvrir que peu de perspectives].

(1) [Schwiedland, *Kleingewerbe und Hausindustrie*, 1894, 2 vol. ; *Vorbericht über eine gesetzliche Regelung der Heimarbeit*, 1896, p. 21 ; *Zweiter und Dritter Vorbericht über dasselbe Thema*, 1897].

(2) [*Ermittlung über die Arbeitsverhaeltnisse in der Kleider- und Waesche-Konfektion*, 1896 ; G. Dyhrenfurth, *Die hau-*

sindustriellen Arbeiterinnen in der Berliner Blusen-Unterrock-Schürzen-und Trikot-Konfection, 1898].

(3) [SCHWIEDLAND, *Vorbericht*, p. 14, 15].

(4) [Il a été ouvert un atelier central pour les tailleurs à Genève, depuis 1889. Les ressources à ce nécessaires ont été fournies par une loterie et par la société exploitante. Dans un local comprenant quatre chambres, travaillent régulièrement de 30 à 33 personnes, sur les 450 à 500 du métier à Genève. Chacune d'elles paie un droit de place de un franc par semaine et abandonne 3 0/0 de ses gains. En retour, elle a le droit de se servir des machines à coudre et de leurs accessoires. Il existe des ateliers centraux semblables à Lausanne, utilisés d'ordinaire par 17 personnes, et à Zürich, par 18 ou 20, sur 600 tailleurs travaillant à domicile. L'atelier central de Berne a été fermé en 1895 après une existence de 12 ans. On cite un atelier central pour l'écume de mer sculptée à Vienne (SCHWIEDLAND, 24-29)].

(5) B. WEBB, *Une nouvelle loi anglaise sur les fabriques*, dans la *Revue d'économie politique*, 1895, p. 735 et suiv. [*Summary of reports by local Authorities in respect of workshops, outwork, etc., in the year*, 1908 (1910) ; *Reichsarbeitsblatt*, 9, p. 109 et suiv.].

(6) [R. WILBRANDT, *Arbeiterinnenschutz und Heimarbeit*, 1906 ; R. WILBRANDT, *Die Weber in der Gegenwart*, 1906 ; *Les industries à domicile en Belgique*, édité par le ministère de l'Industrie et du Travail, 1904-1909, 10 volumes ; *Bibliographie générale des industries à domicile*, édité par l'Office du travail, 1908 ; HEISS et KOPPEL, *Heimarbeit und Hausindustrie in Deutschland*, 1906 ; KALISKY, *Die Hausindustrie in Königsberg in Preussen*, 1907 ; KOCH, *Die deutsche Hausindustrie*, 1907 ; P. ARNDT, *Die Heimarbeit in rhein-mainischen Wirtschaftsgebiet*, 1909-1911, 2 vol. ; LORENZ, *Die wirtschaftlischen und sozialen Verhältnisse in der schweizerischen Heimarbeit*, 1909-1910 ; THUERKAUF, *Verlag und Heimarbeit der Baseler Seidenbandindustrie*, 1909 ; F. BITTMANN, *Hausindustrie und Heimarbeit im Grossherzogtum Baden zu Anfang des 20 Jahrh.*, 1907 ; *Enquête sur le travail à domicile dans l'indus-*

trie de la lingerie, 1907-1911, 5 vol. ; G. MÉNY, *Le travail à domicile*, 1910 ; EMILE CHEYSSON, *Le travail des femmes à domicile*, 1909 ; DELPON DE VISSEC, *De la distribution du travail à domicile dans l'industrie de la confection parisienne*, dans le *Musée social*, 1908, *Doc. et Mémoires*, p. 80 et suiv. ; A. J. SUSZNITZKI, *Die Heimarbeitausstellung in Frankfurt-a-M.*, dans le *Jahrb. f. Ges.*, 33, p. 91 et suiv.].

CHAPITRE IV

LES MACHINES

§ 29.

La différence entre *l'outil* et la *machine* consiste principalement en ce que, pour cette dernière, la force motrice n'émane pas immédiatement du corps de l'homme, tandis que le premier ne constitue que l'armement ou le meilleur substitut d'un membre humain particulier (1). [Toutefois, l'idée de mouvement ne suffit pas à expliquer la nature d'une machine. Il faut bien plutôt appeler machine tout organisme servant à transformer du travail mécanique en une forme d'énergie identique ou différente et réciproquement. C'est ainsi que la machine à vapeur transforme de la chaleur en travail mécanique, la machine frigorifique du travail mécanique en chaleur, le moteur électrique du travail électrique en travail mécanique (KAMMERER).] Beaucoup de machines, par contre, peuvent en quelque sorte se comparer à un ouvrier complet (2). Dans leur ensemble, les outils sont naturellement antérieurs aux machines. Pour mouvoir ces dernières, on a employé le plus anciennement les plus grands animaux domestiques, puis l'eau, plus tard le vent, et en tout dernier lieu, la vapeur (Vol. I, § 42) (3, 4). [Dans la lutte avec la nature, l'homme a appris à en asservir les forces à son profit, et, par un lent, mais constant développement, à utiliser pour ses fins personnelles l'énergie de l'eau courante et de l'air agité. La vapeur inaugure à la fin du XVIIIe siècle une ère toute nouvelle de la civilisation. « Ce n'est pas un hasard qui a conduit à la machine à vapeur. L'âge de la houille devait inévitablement la faire naître comme le produit de la pensée de nombreux esprits. Papin, Savery, Newcomen, ont apporté les premières pierres, au moyen desquelles Watt a terminé l'édifice » (5).

Parmi les machines, il faut distinguer celles de force ou machines motrices, et celles de travail ou machines-outils. Les premières servent à rendre une force fournie par la nature apte à accomplir un travail mécanique quelconque. Au moyen des secondes, l'énergie disponible doit être employée à produire des formes de mouvement tracées avec précision, ou à travailler certains corps. Les machines à transporter sont des moteurs se mettant en mouvement eux-mêmes avec tout ce qui leur est attaché (6).

Il sera bon d'établir, en outre, une distinction entre les machines de métier et les machines de fabrique, dont l'importance économique diffère. L'outil de métier est, par sa nature, le soutien, comme le promoteur du travail de métier revêtant un caractère individuel. Ce n'est qu'au cours du XIXe siècle que la machine de travail ou machine-outil est devenue viable pour les fins les plus diverses. Elle peut être mise en mouvement au moyen, soit de la main, soit du pied, comme aussi d'un moteur. Elle représente en tous cas l'opposition du travail mécanique et du travail individuel. La machine-outil n'est en général qu'auxiliaire, et facilite la production sans approcher, pour le bon marché de celle-ci, de la machine de fabrique. Elle accomplit principalement des façons partielles, tandis que cette dernière permet d'obtenir des produits manufacturés. Il existe des machines de fabrique par essence, dont le prix d'achat élevé, non susceptible d'amortissement pour la petite industrie, ne permet l'emploi qu'à la grande exploitation ; tels sont, par exemple les marteaux compresseurs et les presses à emboutir. Il existe, en regard, des machines de métier par essence, qui, malgré les possibilités d'utilisation qu'elles présentent au plus haut degré, ne permettent pas, au point de vue technique, l'exploitation par moteur ; telles sont par exemple la machine à partager la pâte pour les boulangers, ou la tondeuse pour les coiffeurs. Certaines machines-outils, comme celles spécialement employées dans la verrerie, ou la machine à poisser le fil dans la sellerie, ne peuvent être pécuniairement avantageuses, que lorsque, dans les grandes exploitations, elles sont utilisées au moyen d'un moteur (7)].

L'indubitable *supériorité de la machine*, lorsqu'elle fait concurrence, toutes choses égales d'ailleurs, à la main humaine armée seulement d'outils, [peut se fonder sur des causes différentes. Elle travaille avec plus de précision et de rapidité et ne se trompe jamais. La supériorité de la machine à diviser la pâte vis-à-vis de l'instrument à diviser à la main se manifeste justement dans sa précision plus grande. Le boulanger divisant à la main ne réussit pas d'ordinaire à partager un bloc de pâte, même susceptible de peser 1,2,3 et 4 livres, en un nombre précis de 30 morceaux. La machine peut, au contraire, suffire pleinement à toutes les exigences. Si un bloc de 3 livres de pâte est débité, par la machine à diviser, en 30 morceaux, chacun de ceux-ci a exactement un poids de 50 grammes. Cette circonstance est extrêmement importante, car c'est sur elle que se fonde tout le calcul du boulanger. Si, en effet, la division d'un bloc à la main produit plus de 30 morceaux, c'est au détriment du public, si elle en produit moins, le désavantage est pour le boulanger. En outre, la machine travaille plus vite que la main, bien que la forme à donner fasse suite à l'activité de la première en tant qu'acte de travail manuel et par ainsi particulier, tandis que la division et la forme, dans le procédé à la main, se rattachent immédiatement l'une à l'autre. La pesée qui doit être fréquemment opérée de morceaux isolés, à laquelle le boulanger procède pour vérifier si l'outil à diviser choisi convient à la grosseur de marchandise à fabriquer, contribue à prolonger la durée du travail à la main. Cette pesée disparaît avec la machine. On ne peut, toutefois, se servir de cette dernière que pour de petits pains pesant au maximum 133 grammes 1/3 dont 30 représentent ensemble 8 livres. Son emploi est encore limité à la pâte de froment, parce que la pâte de seigle la boucherait avec trop de facilité. Dans un autre ordre de choses, la même quantité de fer brut que travaillait autrefois en 24 heures un four à puddler, soit environ 3 tonnes, est aujourd'hui affinée en 20 minutes par le convertisseur Bessemer. Les machines épargnent, en outre, à l'ouvrier un travail désagréable et nuisible à sa santé. Jusqu'à présent dans les hauts-fourneaux, le minerai, le coke et la pierre à chaux étaient, au moyen d'ascenseurs, conduits jusqu'au gueulard dans des wagonets à bascule. C'étaient des ouvriers placés sur le pont du gueulard qui renversaient ceux-ci dans le haut-fourneau. Ce travail est dangereux pour la santé, parce que malgré l'obturateur du gueulard, il peut s'échapper des gaz délétères. Aussi les ouvriers se refusaient-ils à ce service ou réclamaient une élévation de salaire. On est parvenu à inventer, tout d'abord en Amérique, le chargement automatique du haut-fourneau : les ascenseurs sont équipés avec des baquets qui se vident automatiquement à leur arrivée au gueulard.

Les machines rendent des services qui tantôt excéderaient

les forces de l'ouvrier, tantôt seraient pour lui trop délicats (8-9)]. La puissance supérieure des machines s'allie
souvent à une économie de matière considérable (10). Les
machines ne se fatiguent jamais, elles peuvent continuer
leur travail avec une persévérance ininterrompue et par
suite avec une uniformité à laquelle l'homme ne saurait
prétendre, telles les horloges. Comme elles exécutent les diverses copies d'un même modèle avec la similitude et la
précision les plus absolues, elles permettent de consacrer à
l'original des soins d'autant plus grands (11). Les machines
travaillent, en général, à meilleur compte que la main humaine, tout au moins lorsqu'elles sont employées dans les
fabriques et les grandes exploitations. [La machine a fait
baisser les prix avant tout dans les transports, l'habillement,
la fabrication d'ustensiles domestiques et la plupart des
articles d'industrie (12).

Dans une aciérie où le transport des blocs incandescents
exigeait à l'origine 23 hommes, la construction d'une grue
à blocs, avec tenaille dirigée, a rendu 7 ouvriers suffisants.
Les frais de propulsion ont ainsi diminué de 0,89 mark par
tonne à 0,44 mark. Le nettoyage à la main, en usage jusqu'ici pour les rails de tramways, est une cause de frais
s'élevant à 1,03 mark, par kilomètre de voie. Le nettoyage
récemment introduit au moyen d'une voiture de tramway
électrique, équipée avec un arrosoir, un gratte-rainure et un
aspirateur, a réduit la dépense à 0,28 mark par kilomètre.

On peut observer, dans le métier, que si l'emploi de la
machine décharge intellectuellement et physiquement celui qui travaille et remplace l'habileté humaine, il n'abaisse
pas le prix du procédé. D'autre part, il en est des machines
d'une façon analogue aux fabriques : jusqu'à certaines limites, les frais relatifs diminuent à mesure que leur grandeur augmente (13).] Le travail des animaux possède déjà

sur le travail humain cet avantage que sa force est plus grande et son prix moins élevé. Leur nourriture et leur logement peuvent être plus grossiers que ceux des plus grossiers des hommes ; leur vêtement est un pur présent de la nature ; leur jeunesse incapable de travail est relativement courte. Parmi toutes les forces mécaniques, la plus complète, la plus docile à l'homme, surtout à sa volonté, la plus exempte d'interruption (14) est la vapeur. [La manière simple d'utiliser la force hydraulique au moyen d'une roue à eau ou d'une turbine a subi, par rapport à la vapeur, un recul considérable. L'emplacement des forces hydrauliques n'est pas toujours propre à leur mise en valeur. L'industrie doit les prendre là où elle les trouve. On ne peut à volonté les accroître en un même endroit, comme la vapeur. Enfin, elles sont irrégulières. L'influence de la sécheresse sur l'ensemble des turbines de l'Allemagne a été une fois calculée pour l'année 1901. La force hydraulique susceptible de venir en ligne de compte a diminué cette année-là, pour toute l'Allemagne, d'environ 20 % ; dans l'Allemagne méridionale, ce fait s'est produit principalement pendant les premiers mois de l'année, dans les régions moyennes, pendant l'été et dans les régions septentrionales, pendant les derniers mois. En regard de ces inconvénients, l'avantage principal de la force hydraulique est son bon marché, non seulement quant au prix de revient de la source de force, mais encore si l'on fait entrer dans le calcul l'ensemble des frais d'exploitation, y compris l'intérêt et l'amortissement du capital engagé (15)]. La forme aujourd'hui la plus puissante de la grande industrie, la constitution de métropoles industrielles géantes, n'est possible qu'avec l'aide de la vapeur (16). L'augmentation croissante des machines à vapeur a le sens d'une surélévation de la maîtrise de l'homme sur la nature (17-18). La preuve en est fournie, rien que par la comparaison des galères à rames avec les bateaux à traction chevaline, les navires à voile et les navires à vapeur.

[Sous de multiples rapports, l'électricité paraît à l'époque moderne, supérieure à la vapeur comme force motrice. La machine à vapeur a été en son temps, à cause de sa souplesse aux exigences variées de son emploi, préférée aux autres moteurs, mais elle est aujourd'hui reléguée au second plan par le moteur électrique. L'électricité se laisse aisément dériver sur de longs parcours et transformer partout, suivant les besoins, en lumière, en son, en chaleur ou en travail mécanique. Il n'y a pas de pertes de forces quand la machine est au repos. La plupart des machines de travail marchent temporairement à vide, ou n'ont qu'un besoin de forces intermittent : tels les tours, les perforatrices, etc... Le moteur électrique se distingue par sa constante disponibilité pour l'exploitation ; sa mise en marche est instantanée et ne cause aucune perte de temps. Son maniement est facile et il ne requiert ni soins, ni surveillance spéciale celle-ci pouvant se borner à l'examen des coussinets et au remplissage d'huile. Le moteur électrique n'exige, en outre, que peu de place et peut être logé dans un espace restreint ; il a aussi pour lui de pouvoir fournir des forces différentes en quantité comme en espèce. « En été, c'est plutôt de la puissance mécanique qu'on lui réclame, en hiver, il sert davantage à la lumière ; le jour, il travaille dans les fabriques, la nuit, il éclaire rues et locaux. Tandis que l'époque de la vapeur a créé une concentration formidable des exploitations et des villes de fabriques, vomissant une épaisse fumée, l'électricité semble avoir pour rôle d'ouvrir la voie à une décentralisation, que la civilisation requiert avec instance » (REYER).

Des difficultés se manifestent en présence de l'élévation des frais de production de l'électricité. Tout d'abord il était naturel de tendre à utiliser les forces énormes des ruisseaux et des rivières à mouvoir les dynamos au moyen de turbines plus ou moins grandes. Dans toute l'Allemagne, la force susceptible d'utilisation de l'ensemble des cours d'eau s'élève à 1.425.900 HP, sur lesquels en 1905 on en avait déjà employé 237.100. De 1905 à 1910, 57.300 HP ont été d'autre part l'objet d'aménagements, de sorte qu'un nombre important demeure encore disponible. D'après une récente statistique de 1909, les Etats européens présentent à cet égard les différences ci-dessous :

	Puissance en HP pouvant être amenée aux aibres des turbines	Kmq
Allemagne	1.425.000	540.504
Grande Bretagne	963.000	313.844
Autriche-Hongrie	6.460.000	625.337
Suède	6.750.000	450.574
Norvège	7.500.000	322.304
Suisse	1.500.000	41.419
France	5.857.000	536.408
Italie	5.500.000	286.589

En proportion de leur superficie et à l'égard de leurs forces hydrauliques susceptibles de transformation en HP, l'Allemagne occuperait le dernier rang, la Suisse, le premier.

L'Allemagne a dès à présent aménagé 36 1/2 °/₀ de ses forces hydrauliques, tandis que la Suisse n'utilise, en chiffres ronds, que 2,5 /₀ des siennes. Il résulte encore des données qui précèdent que les forces hydrauliques, n'étant plus désormais immobilisées au point de vue géographique, mais au contraire transportables au loin, doivent nécessairement amener avec le temps des transformations et des déplacements de l'industrie. Les pays pourvus de chutes d'eau abondantes et multiples verront dans l'avenir s'accroître et se développer leur importance économique. Par contre l'Angleterre, qui sous ce rapport ne saurait se mesurer avec d'autres pays, pourra facilement se trouver en fâcheuse posture. « Celui qui ne compare que les forces de la vapeur voit la puissance de l'Angleterre à travers un verre grossissant » (REYER).

Une importance plus considérable que celle de l'eau est acquise au charbon en tant que source primaire de force, pour la production de la puissance électrique. L'eau existante ne peut être aménagée partout en stations génératrices, tandis que l'on peut aisément transporter le charbon là où on en a besoin. Le développement futur apparaît donc comme grandiose, lorsqu'il sera possible d'opérer sur la mine de charbon elle-même la transformation de l'énergie, pour envoyer le courant à haute tension obtenu aux distances les plus lointaines du pays. Le charbon brun, pauvre en carbone et coûtant peu, présentant pour l'exportation des conditions défavorables, attirera particulièrement ici l'attention. Sur les 1.978 usines d'électricité existant au 1er avril 1909, dans l'ensemble de l'Empire allemand, on en comptait 713 faisant exclusivement usage de la vapeur, 348 de la force hydraulique et de la vapeur, 177 de la force hydraulique seulement, 294 de moteurs à explosion fonctionnant au gaz, à la benzine, à l'alcool, au pétrole, etc., 446 enfin de diverses sources de force sans indication spéciale.

L'électricité a fait surgir une industrie nouvelle qui a pris pour tâche la fabrication des appareils servant à emmagasiner, conduire et transformer l'énergie électrique, comme les accumulateurs, les fils, les câbles, les transformateurs, les dynamos, les électro-moteurs, les lampes à incandescence et à arc, etc... En 1882, toutes ces exploita-

tions jouaient en Allemagne un rôle si minime, que le dénombrement des industries pour l'année en question ne les
indique pas d'une manière spéciale. En 1895, le recensement porte sur 1143 exploitations occupant 26.321 personnes et en 1907, sur 5391 avec 142.171 personnes. La valeur totale de la production annuelle a été, en 1898, calculée
dans la statistique officielle de la production à 228 millions
de marks. Ce sont aussi bien les usines d'électricité que l'industrie électrotechnique se rattachant à elles qui, parties
de débuts modestes, sont parvenues à une grandeur qui
provoque aujourd'hui l'étonnement. Le premier atelier industriel d'électrotechnique a été ouvert en Allemagne à
Berlin dans le voisinage de la gare d'Anhalt : il comprenait
peu d'ouvriers et son capital d'exploitation ne s'élevait
qu'à 6.000 thalers. En 1875, il existait 81 firmes électro-
techniques, occupant 1.157 ouvriers et employés, sur lesquels 600 appartenaient à la seule maison Siemens et
Halske. Le 19 avril 1883, la société allemande Edison pour
les applications de l'électricité fut fondée au capital de
5 millions de marks. Elle donna naissance aux Usines électriques de Berlin (*Berliner Elektrizitaeswerke*) actuelles, dont
les actions purent être émises le 20 mai 1884 au cours de 107.
Par la suite, la société Edison fût l'objet d'une transformation : elle devint, après avoir conclu une entente avec la
firme Siemens et Halske et porté son capital à 12 millions
de marks, à la date du 23 mai 1887, la Société générale
d'électricité (*Allgemeine Electrizitaels Gesellschaft*, en abrégé
A. E. G.). Celle-ci put désormais étendre d'une manière gigantesque le champ de ses opérations. En 1900, on comptait entre autres 65 lignes construites par elle, atteignant
en chiffres ronds une longueur de voies de 1.300 kilomètres.
Son capital-actions avait été élevé à 60 millions de marks,
auxquels il fallait encore ajouter 29 millions d'obligations

et 28 millions de réserves. La société qui lors de sa fondation, avait débuté avec un personnel de 6 individus, compte aujourd'hui 32.000 employés et ouvriers. Actuellement en Allemagne, l'ensemble de l'industrie électrique est dominé par trois grands groupes : 1° L'A. E. G. et l'Union ; 2° Siemens et Halske à Berlin, avec la Société par actions ci-devant Schuckert à Nüremberg, les deux groupes constitués en 1903 ; 3° le groupe qui s'est adjoint deux ans plus tard, formé des firmes Folten et Guilleaume à Müllheim-sur-Rhin et de la Société par actions ci-devant Lahmeyer, à Francfort-sur-Mein. Les usines spéciales existant à côté de ces firmes ont également cherché à entrer en connexion plus étroite (19-20).

(1) La charrue à traction animale, aussi bien que le fusil, sont des machines, tandis que la bêche ou la sarbacane sont des instruments. Le marteau correspond au poing ; la pelle, à la main tenue à plat ; la cuiller, à la main creuse ; le peigne, le rateau et les tenailles, aux doigts ; le couteau, aux dents ; le soufflet, aux poumons. Quel homme pourrait, avec ses dents, égaler le rat ; avec ses ongles, le pic ? Et pourtant quel rongeur pourrait se comparer à la scie ; quel oiseau, au foret ? (Voir RAU, *Lehrbuch*, I, § 125 ; M. CHEVALIER, *Heutige Industrie*, p. 12, ainsi que l'heureux développement de E. HERRMANN, *Leitfaden der Wirtschaftslehre*, p. 109).

(2) L'appareil à frapper la monnaie, dû à Uhlhorn « remplace, pour ainsi dire, la pensée humaine. Il veille au lieu de l'ouvrier, si celui-ci, au cours de sa monotone fonction, ne consistant qu'à jeter sans cesse les flans dans l'entonnoir placé au-devant de la machine, vient à s'endormir. Pour que, dans ce cas, la machine ne s'abîme pas elle-même par la frappe à vide des coins l'un contre l'autre, elle se découple automatiquement, dès que les flans s'épuisent. Mais c'est seulement la partie qui travaille de la machine qui se débraye, car le volant continue de tourner » (ENGEL).

(3) Jusqu'au xiie siècle, prédominent en Allemagne les moulins à main ou à cheval. Les moulins à eau ne se répandent, en Hesse, par exemple, qu'au cours du xiiie siècle et un peu avant sur le Rhin (ARNOLD, *Ansiedlüngen und Wanderungen*, 23, 593). L'utilisation de la force hydraulique pour les moulins à blé commence avec les derniers jours de l'empire romain, et cette utilisation s'étend, entre le xiie et le xviiie siècles, au broyage, à la meunerie, à la scierie de bois, aux mines et carrières. Pendant fort longtemps, on n'a su tirer de la force hydraulique qu'un parti insuffisant, soit 15 à 20 0/0, au moyen des anciennes roues en dessous. Dans les nouvelles turbines, le rendement s'est élevé à 80 0/0. [SCHMOLLER, *Das Maschinenzeitalter*, 1903, p. 9-10 ; G. W. DITTMER, *Die Lübeckischen Wassermühlen im 13 Jahrh.*, 1857 ; STIEDA und METTIG, *Schragen der Gilden und Aemter der Stadt Riga*, 1896, 8-9]. Le Royaume-Uni, avec le degré élevé de son développement, possédait, dès 1827, dans ses machines hydrauliques, suivant les expressións alors en usage, 1.200.000 « forces d'hommes », et, dans ses machines à vapeur, 6.400.000 (DUPIN, *Forces productives*, I, 19 et suiv.).

(4) Il faudrait véritablement inventer, pour chaque force motrice particulière, une forme spéciale de machine. C'est ce qui est arrivé pour la charrue, qui se distingue de la bêche et de la pioche d'une façon tout à fait correspondante à la différence qui sépare l'homme de l'animal ; la massive charrue à vapeur en est jadis restée à l'avant-dernier échelon (HERMANN, *Staatsw. Untersuch.*, 2e éd., 269 ; Cpr. REULEAUX, *Theoretische Kinematik*, 1875, p. 196 et suiv.).

(5) [KAMMERER, *Ueber den Zusammenhang der Maschinentechnik und Wissenschaft und Leben*, 1899, p. 9].

(6) LEXIS, dans le *Hdw. d. Staatsw.*, 3[o] éd., 6, p. 607.

(7) [GUSTAV MUELLER, *Handwerkszeug und Handwerksmaschinen*, 1906, p. 89, 100, 152, 158].

(8) [MUELLER, *Handwerkszeug*, p. 58 ; KAMMERER, *Schr. d. Ver. f. Sozialp.*, 132, p. 415 ; C. ERGANG, *op. cit.*, p. 137].

(9) Nous assistons, pour ainsi dire, à une matérialisation des légendes de géants comme de nains. Le grand marteau-pilon

de Woolwich peut, de son poids tout entier de 80 quintaux, frapper par minute 200 à 300 coups ; il peut aussi tomber assez doucement pour casser une noix. L'étirage de fils métalliques de très gros calibre, la fabrication de papier d'une longueur quelconque est impossible sans machines. A l'exposition de 1867 figurait du fil de coton dont une livre atteignait une longueur de 320 milles anglais (*Acad. des Sc. m. et p.*, 1867, III, 301). Une tricoteuse habile fait de 80 à 100 mailles par minute ; la machine à tricoter les bas, inventée par William Lee dès 1589, a permis tout d'abord 1.000 mailles en laine, 1.500 en soie (*Statist. Journal*, 1866, 539) ; le *métier circulaire* de l'exposition de 1867 en exécute jusqu'à 480.000 (CHEVALIER, I, c. XXIII). Au moyen de la presse rotative, 10 compositeurs et 5 imprimeurs peuvent fournir autant, qu'il y a 500 ans, 2 ou 300.000 copistes.

(10) Combien de papier l'imprimerie n'épargne-t-elle pas comparativement au manuscrit pour le même nombre d'exemplaires ! Les scies mécaniques pour le plaquage découpent jusqu'à vingt-quatre feuilles dans une planche d'un pouce d'épaisseur. Plus un marteau-pilon travaille le fer avec rapidité, moins on emploie de combustible pour l'opération.

(11) Dans l'impression sur coton, on a depuis 1785, remplacé les blocs de bois par des rouleaux en métal. Au lieu de travailler spécialement chacun de ceux-ci, on a commencé, en 1808, par graver le modèle avec beaucoup de précision sur un petit cylindre d'acier, au moyen duquel on le reporte sur un plus grand en acier doux. Puis, après avoir durci ce dernier, on procède avec lui à un nouveau report du dessin sur des cylindres en laiton en nombre quelconque destinés à l'usage immédiat. Aujourd'hui, une machine à imprimer peut opérer en plusieurs couleurs, plus de 12.000 aunes par jour, tandis que le travail à la main n'en livrait guère, en une seule couleur, que 3 ou 400.

(12) [J. MUELLER, *Handwerkszeug*, p. 99 ; G. SCHMOLLER, *Das Maschinenzeitalter*, p. 12 ; KAMMERER, dans les *Schr. d. Ver. f. Sozialp.*, 132, p. 419, 421 ; C. ERGANG, *Untersuchungen zum Maschinenproblem*, 1911, p. 126 ; DIEHL, *Die Sozialpoli-*

tische Bedeutung des technischen Fortschritt, dans le *Jahrb. f. Nat.*, 3° *Folge*, 36, p. 167 et suiv. ; MATSCHOSS, *Die Entwicklung der Dampfmaschine*, 1908 ; KULISCHER, *Die Ursachen des Ueberganges von der Handarbeit zur maschinellen Betriebsweise*, dans le *Jahrb. f. Gesch.*, 30, p. 32 et suiv.].

(13) [Une machine à vapeur coûte : pour 10 HP, 2.000 marks ; pour 25 HP, 4.000 marks ; pour 40 HP, 5.500 marks ; pour 60 HP, 7.500 marks ; pour 100 HP, 13.000 marks ; pour 150 HP, 16.000 marks (HAEDER, *Die Dampfmaschine*, 7° éd., 1903 ; C. MATSCHOSS, *Gesch. der Dampfmaschine*, 1901)]. C'est seulement la maçonnerie de soubasement qui, pour les grosses machines, est relativement plus coûteuse que pour les petites.

(14) A Lyon, les moulins à vent étaient si souvent détruits par la tempête, qu'il a fallu longtemps se contenter des moulins à eau, par ailleurs si incommodes. Tant que les Hollandais et les Flamands n'ont possédé à peu près que des moulins à vent pour la fabrication de l'huile, ils se sont plaints de ne pouvoir moudre, justement lorsque ce produit était cher et les fruits qui le donnent particulièrement bon marché, en raison de la persistance du calme de l'atmosphère. En regard de ceci, on peut citer une machine à vapeur du prix de 420 livres sterling ayant augmenté le rapport des 6.000 acres de terre du comte Ripon, de 6.000 livres sterling annuellement (WECKHERLIN). La force hydraulique est exposée à d'imprévisibles interruptions par la gelée et la sécheresse, et c'est pour y obvier que les fabriques saxonnes, par exemple, avaient installé, à titre de réserve, leurs premières machines à vapeur (*Sacchs. statist. Zeitschr.*, 1856, p. 129 ; 1859, p. 11).

(15) [*Bayerische Handelszeitung*, 1902, p. 46 ; G. ZOEPFL, *Nationaloekonomie der technischen Betriebskraft*, 1903, p. 31, 36].

(16) Un cheval vivant ne pouvant travailler à la longue avec toute sa force plus de 8 heures par jour, une machine à vapeur de 100 HP remplace au moins 300 chevaux. Il faut ajouter que la surveillance, et même l'achat, reviennent à meilleur marché, car beaucoup de machines anciennes fonctionnent depuis plus de 40 ans (URE).

(17) |L'accroissement de force de l'industrie allemande a évolué suivant les chiffres ci-après. Les mines et l'industrie comptaient en HP : en 1878, 1,25 millions pour la vapeur et 0,5 millions pour l'hydraulique ; en 1895, 3,4 millions au total, dont 2,7 pour la vapeur, 0,63 pour l'hydraulique, 0,05 pour l'électricité et autres sources ; en 1907, 8.808.405, dont 6,49 pour la vapeur et 0,862 pour l'hydraulique. En outre, 71.316 exploitations développaient 1.360.502 kilowatts].

(18) [En Prusse, l'accroissement a été le suivant :

	1879	1911
Machines à vapeur fixes	29.895	87.901
Machines à vapeur mobiles	5.442	31.051
Machines à vapeur pour la navigation intérieure et maritime	623	3.396
Force en HP des machines à vapeur fixes. . .	887.780	6.069.164
Force en HP des machines à vapeur mobiles. .	47,104	515.858
Force en HP des machines à vapeur pour la navigation intérieure et maritime	50.309	600.848

En Allemagne, le recensement industriel de 1907 a porté sur 271.000 exploitations ayant comme forces motrices 6,7 0/0 de toutes celles existantes. En 1895, ces chiffres étaient de 164.483 et 4,5 0/0. Sur le nombre qui précède, on comptait comme exploitations à vapeur, 73.839 (1895, 58.530) ; à eau, 49.925 (1895, 54.259) ; à vent, 17.933 (1895, 18.362) ; comme bateaux à vapeur, à voiles, barcasses, 17.429 (1895, 18.272). Les autres forces élémentaires, comme le gaz d'éclairage, l'alcool, le pétrole, la benzine, l'éther, l'air chaud et l'air comprimé, jouent un rôle essentiellement moindre. L'emploi de l'électricité s'est très fortement développé et se rencontre, en 1895, dans 2.259 exploitations ; en 1907, dans 79.304 (*Stat. d. Deutschen Reiches, neue Folge*, 113, 214). La répartition des moteurs entre les groupes d'industries les plus importants est la suivante :

	Nombre des exploitations avec moteur		Développement en HP	
	1895	1907	1895	1907
Mines, etc	1.787	2.583	995.069	228.476
Industries de la pierre et des carrières.	6.855	12.774	197.796	506.580
Travail des métaux. . .	9.429	19.784	142.141	443.349
Machines, instruments. .	6.943	18.824	184.821	1.370.727
Industrie textile , . . .	10.414	17.339	515.853	880.400
Industrie du papier. .	2.102	3.649	201.422	410.618
Bois et matières à sculpter.	18.914	37.899	203.235	408.025
Aliments et subsistances .	68.481	91.372	686.263	1.156.498

La vapeur arrive, en 1907, à occuper un rang essentiel dans les mines (1.979.591 HP) ; dans l'industrie des machines et instruments (1.128.969 HP) ; dans le textile (779.652 HP) ; dans l'industrie des aliments et subsistances (770.510 HP). Dans l'industrie du papier, la vapeur a triomphé de l'eau : 237.835 HP pour la première, contre 168.042 pour la seconde (chiffres en 1895 : 87.904 vapeur, 112.407 eau). De même dans l'industrie des bois et matières à sculpter, la vapeur a accentué sa pénétration : 264.363 HP vapeur contre 105.993 HP eau (1895 119.971 vapeur contre 75.696 eau). Le nombre des exploitations marchant au moyen du vent est très considérable dans l'industrie des aliments et subsistances, ce qui s'explique par la meunerie qui s'y trouve rangée : il atteint 17.097 contre 17.821 en 1895. L'électricité a surtout fait son entrée dans les mines avec 373.290.9 kilowatts ; dans l'industrie des machines et instruments, avec 260.845,2 kilowatts ; dans celle des aliments et subsistances, avec 141.292,2 kilowatts. Pour la Grande-Bretagne et l'Irlande, en 1907, on évaluait la puissance des machines à vapeur industrielles à 8 millions HP, celle des locomotives à 7 millions, celle de.la flotte marchande à 10,1 millions, celle de la marine de guerre à 3.500.000. Pour de plus amples renseignements sur la France, l'Autriche, l'Italie, etc., voir LEXIS, *Hdw. d. Staatsw.*, 3ᵉ éd., 6, p. 613].

.(19) [L'énorme puissance de travail développée par les 3,4 millions HP obtenus se laisse, en quelque sorte, deviner lorsqu'on égale l'unité de force mécanique HP, non susceptible de fatigue, à celle de trois chevaux vivants et la force musculaire d'un cheval à celle de huit hommes. Suivant cette évaluation, les 8.831.434 HP de l'industrie allemande représenteraient le travail de 185.460.114 personnes. Comme, chez tous les peuples civilisés, la force humaine coûte au moins le double de la force du cheval et le cheval vivant trois fois autant que le cheval-vapeur (REYER, p. 260), on peut mesurer facilement l'économie de frais réalisée].

(20) [KRELLER, *Die Entwicklung der deutschen elektrotechnischen Industrie*, 1903 ; *Schr. d. Ver. f. Sozialp.*, 107, p. 75 et suiv. ; FASOLT, *Die sieben grössten deutschen Elektrizitätsgesellschaften*, 1904 ; KOCH, *Die Konzentrationbestrebungen in der deutschen Elektroindustrie*, 1907 ; PLENSKE, *Das Elektrizitätsrecht und das Reichselektromonopol*, 1908 ; HOPPE, *Die Elektrizitätswerke im Lichte der Statistik*, 1908 ; C. MATSCHOSS, *Die Geschichtstliche Entwicklung der Allgemeinen Elektrizitätsgesellschaft*, dans les *Beitraege zur Gesch. der Technik und Industrie*, I, p. 53 et suiv., 1909 ; H. HASSE, *Die allgemeine Elektrizitätsgeselleschaft*, 1902 ; K. FÖRSTREUTER, *Die Bedeutung der Elektrizität für die Landwirtschaft*, 1911 ; F. HOPPE, *Was lehren die Statistiken der Elektrizitätswerke ?* 1903 ; C. MATTERN, *Die Ausnützung der Wasserkraefte*, 1906 ; H. SAENNICHSEN, *Die Vereinigung der Elektrizitaetsfirmen*, 1902 ; *Statistik des Verbandes deutscher Elektrotechniker ; Statistik der Vereinigung der Elektrizitätswerke* ; ZOEPFL, *Nationaloekonomie der technischen Betriebskräfte*, p. 11 ; H. LUX, *Die wirtsschaftliche Bedeutung der Gas-und Elektrizitätswerke in Deutschland*, 1898 ; E. REYER, *Kraft*, 1908, p. 77, 294 ; *Wirminghaus*, dans le *Hdw. d. Staatsw.*, 3ᵉ éd., 3, p. 927].

§ 30.

L'avantage du travail des machines est d'autant plus important que la confection du produit repose sur la répétition constante d'une seule et même opération. Il en est autrement lorsque la production exige une suite de mouvements variés, surtout quand ceux-ci, suivant la consistance individuelle de l'objet soumis au travail, doivent présenter entre eux une différence considérable (1). La machine se prête admirablement à la fabrication des tissus, parce que leur qualité dépend, avant tout, de l'égalité d'épaisseur et de retordage du fil. Sous la condition de l'excellence des procédés de préparation, la machine peut travailler beaucoup plus régulièrement que la main. Le tissage mécanique est d'autant plus indiqué, que le tissu offre plus de souplesse et que les fils se rompent ainsi plus rarement (2). Il faut d'ordinaire, pour les machines, plus de capitaux et en tous cas, plus d'immobilisation que pour les salaires. Aussi, leur achat n'est-il souvent avantageux que lorsque l'on peut compter sur un écoulement fort important des produits. Plus la machinerie est coûteuse, plus doit être étendu le débit qui la rend nécessaire (3). Les articles précieux de luxe conviennent faiblement au travail des machines (4). Celles-ci, en général, ne renforcent pas seulement la supériorité économique de celui qui les emploie, mais elles la supposent au préalable, à la fois quant à la matière première, (5) aux forces naturelles et aux connaissances générales (6). Pour les marchandises dont le prix résulte principalement du coût de la matière première et pour une très petite part seulement de celui du travail, une réduction vraiment importante de ce dernier élément par les machines

sera souvent incapable de permettre l'augmentation du débit
au degré que les frais mêmes de celles-ci rendent indispensable. Enfin, il va de soi que, lorsqu'il s'agit d'un travail
demandant une réflexion instantanée, ou d'une libre création de l'esprit, la machine ne peut jamais remplacer l'ouvrier (7). Un travail manuel menacé de concurrence par la
machine trouvera donc parfois son salut le plus sûr en émigrant sur le terrain artistique, offrant avec lui le plus de
parenté (8). Dans l'ensemble toutefois, il ne faut pas mé-
connaître que depuis peu le *domaine des machines*, aussi
bien que celui des fabriques, se trouve en voie d'accroissement relatif.

(1) En raison de ses inégalités de forme, de taille, de résistance. La machine à coudre produit pour la couture en surjet
autant que cinq mains de couturières, pour la couture ordinaire
autant que dix, pour la couture en cuir autant que vingt-cinq
(M. CHEVALIER).

(2) C'est ce qu'on peut constater le mieux pour le coton. Le
filage à la machine offre plus de difficultés pour la laine, celle-ci
étant moins fine et moins lisse et se crêpant davantage ; pour le
lin, à cause de l'inégalité de ses fibres ; pour la soie enfin, en
raison de la diversité des fils des cocons, qui, surtout à leur extrémité, deviennent beaucoup plus minces, de sorte qu'à cet
endroit il faut en réunir bien plus qu'autre part pour constituer
un fil. Le tissage à la main de la laine était un travail surtout
masculin, celui des autres étoffes de fil étant l'affaire des
femmes et des enfants. Dans l'industrie lainière, le drap convient beaucoup moins bien pour les machines et les fabriques
en grand que l'étoffe dite *worsted* ; le fil, pour rester propre au
feutrage et au nopage, ne doit pas être filé serré et se rompt dès
lors facilement dans le tissage mécanique. La navette, dans le
tissage du *worsted*, fait 160 « picks » à la minute, dans le tissage
du drap, seulement de 40 à 48 (*Statist. Journ.*, 1860, p. 5 et
suiv.).

(3) Ainsi le montre l'échelle des moyens de locomotion, la voiture de louage, l'omnibus, le tramway et le chemin de fer. L'éclairage au gaz, avec sa coûteuse machinerie, est avantageux lorsque sa demande est fort importante, comme dans les grandes villes, les fabriques, les théâtres, etc. Il le devient au plus haut point lorsqu'à ces circonstances de lieu viennent s'ajouter le bas prix de la houille et de larges facilités d'écoulement pour les cokes, le goudron, etc. Par contre, on traîne aujourd'hui encore avec soi, pour circuler à la maison, les ustensiles les plus imparfaits, tels que bougies, lanternes, enfin même falots d'écurie. Les presses rotatives conviennent aux journaux, bibles, publications populaires ; aux imprimeurs ordinaires, qui, pour se maintenir, impriment en même temps plusieurs ouvrages, elles reviendraient beaucoup trop cher.

(4) Tels les Gobelins et les châles de Cachemire. [Dans la broderie, la machine a pourtant opéré une transformation remarquable. Au début, les produits de la broderie à la main étaient de purs articles de luxe, réservés en première ligne à l'usage des riches. Lorsque la machine à broder vint à paraître, elle amena une baisse de prix et un accroissement de la production, en invitant par suite à une consommation plus large. La broderie à la main garda, dans son domaine, la confection de marchandises demandant une habileté manuelle artistique, tandis que la broderie mécanique trouva son champ d'occupation dans la fabrication d'articles de qualités simplement ordinaires et moyennes, sur des modèles d'une uniformité courante. Le perfectionnement ultérieur, qui se manifesta dans la machine à broder à la navette, plaça celle-ci à la tête du mouvement industriel de la broderie. C'est avec elle que commença la production en masse des dentelles brodées, en face desquelles la dentelle au fuseau ne peut plus se maintenir (Br. Zeeh, *Die Betriebsverhältnisse in der sächsischen Maschinenstickerei* (1909, p. 6, 25)].

(5) L'importance moindre de la machine dans l'industrie lainière tient en partie à ce que la matière première peut difficilement augmenter plus vite que la population, la viande cons-

tituant, pour une très forte part, la valeur du mouton. Le lin
et le coton sont, sous ce rapport, beaucoup plus susceptibles
de développement (*Statist. Journ.*, 1859, I et suiv.).

(6) Les nègres de la Jamaïque, auxquels on avait donné des
brouettes, ont commencé par mettre celles-ci, toutes pleines de
terre, sur leur tête (BRASSEY, *Work and Wages*, 141). Le pays
le plus cultivé au point de vue économique sera généralement
aussi le plus riche en machines. Au début du XVIIe siècle, ce
fut le cas des Pays-Bas (BORNITII, *De rerum sufficientia*, 1625,
p. 38, 110, 233).

(7) L'invention de la photographie a pu mettre dans l'embarras les copistes professionnels de la nature. Les portrai-
tistes et paysagistes véritables qui créent à son exemple et la
représentent pour ainsi dire avec plus de sincérité qu'elle n'en
offre elle-même à chaque instant, n'en ont éprouvé aucune
gêne. La situation est identique pour l'art de l'orfévrerie d'un
Benvenuto Cellini, comparé à l'estampage mécanique d'ornements dorés qui reproduit le même modèle à de multiples exemplaires. [Il est incontestable qu'une couture à la main, faite
avec soin par un tailleur de profession, est plus solide qu'une
couture à la machine qui semble pourtant plus régulière. Une
couture à la main bien conditionnée est aussi plus élastique
qu'une couture mécanique (G. MUELLER, *op. cit.*, p. 71). La machine à coudre les fourrures a permis de reconnaître que celui
qui la sert sans interruption doit s'appliquer davantage et
fatigue, par suite, plus vite que celui qui coud les fourrures à
la main (G. MUELLER, *op. cit.*, p. 78). Elle exige aussi de sa part
une habileté supérieure. L'apprenti fourreur, une fois apte à
confectionner une couture à la main acceptable n'est pas, en
général, autorisé avant la dernière de ses quatre années d'apprentissage à se servir de la machine à coudre les fourrures. Ici
c'est la couture à la machine qui est la plus solide, mais elle ne
peut être employée que pour les peaux fourrées les plus fortes,
comme la chèvre, la loutre, le castor, le musc. Les peaux légères
et tendres, telles que l'hermine, le petit-gris, la marmotte,
doivent être cousues à la main, parce que l'aiguille de la ma-

chine à coudre les fourrures pourrait les couper. Cette machine, tout compte fait, présente cependant une supériorité décisive sur le travail à la main].

(8) Des fileurs de coton de Suisse et du Vogtland saxon sont passés à la broderie (BEIN, *Industrie d. sächs. Vogtland*, 1884, 2, p. 272, 392). On verra souvent une industrie d'art populaire et s'exerçant à domicile, se maintenir à peine dans une région écartée, quand elle n'aurait besoin que de l'enseignement, etc. pour se rajeunir. C'est le cas dans divers pays de l'Autriche (Cpr. v. EITELBERGER, *Kunsthistor. Schriften*, 2, p. 305).

(9) Le rapport du Zollverein sur l'exposition de Londres de 1862, affirme par exemple, comme non douteuse, la possibilité de l'emploi des métiers à tisser mécaniques, même pour les étoffes de soie à dessins.

AVANTAGES ET INCONVÉNIENTS ÉCONOMIQUES DES MACHINES

§ 31.

La *valeur utile* du capital d'une nation dans son ensemble s'accroît par tout succès d'introduction ou de perfectionnement de machines. On n'a plus dès lors besoin, pour maintenir à son niveau la production, que de forces humaines inférieures en nombre. Il est très invraisemblable que celles ainsi épargnées demeurent désormais oisives. La société bourgeoise n'étant pas, en général, disposée à retraiter à plein salaire les ouvriers devenus sans emploi, la nécessité, aussi bien que le sentiment de l'honneur, les engage à chercher une nouvelle source de travail. Ce qu'ils produisent ainsi constitue, pour l'ensemble de l'économie nationale, un bénéfice net. Fort heureusement, cette nouvelle source

de travail se trouve, dans la plupart des cas, juste à côté
de l'ancienne, en raison de ce que les industriels entrepre-
nants emploient volontiers le capital qu'ils épargnent à l'extension de leurs affaires. Au point de vue de l'économie
privée, les bénéfices reviennent au propriétaire d'une machine, aussi longtemps qu'il continue de recevoir du consommateur les prix anciens, alors que ses frais de production se sont amoindris. La concurrence augmente-t-elle
peu à peu, de sorte que le prix de la marchandise en arrive
à descendre au niveau des frais actuels, l'avantage final
reste aux consommateurs qui peuvent désormais, moyennant une dépense identique, se procurer plus de jouissances
qu'auparavant (1). Si l'écoulement de la marchandise dont
le prix s'est abaissé, s'accroît en proportion exacte de la
diminution survenue, la *valeur d'échange* du capital national demeure stationnaire. Si, par contre, l'écoulement
atteint une proportion supérieure, sans pour cela faire diminuer celui d'une autre marchandise, cette valeur
d'échange s'élève. C'est ce que montre de la façon la plus
éclatante l'histoire de l'industrie cotonnière (2). A ce propos,
l'affirmation si souvent émise que les produits des machines,
malgré leur plus bel aspect, seraient moins solides que les
produits à la main, n'est aucunement fondée au point de
vue technologique. La régularité certainement plus grande
de la machine favorise beaucoup plutôt la solidité de ses
produits (3). Il est vrai que souvent, on a eu recours à une
matière première inférieure lorsque la production d'une
bonne qualité ne pouvait marcher de pair avec l'accroissement considérable de la facilité du travail : en ce cas, la
puissance spéciale des machines ne devait forcément créer
que des dehors trompeurs. Grâce au bon marché des produits mécaniques, chacun peut aujourd'hui renouveler
plus fréquemment ses effets, ses ustensiles, etc. Le besoin

de ce changement est devenu naturel chez les classes sociales qui n'avaient pas jadis à y penser. Il se peut, ici, que souvent la solidité du travail en ait véritablement pâti : mais c'est à travers toutes les classes de consommateurs, parce que l'industrie s'est précisément organisée en vue du plus grand nombre de ses clients.

Au total cependant, pour la production économique et pour l'ensemble des consommateurs, les avantages des machines offrent une prépondérance absolue. Les machines en France ont eu ce résultat, que « tout Français adulte a « sous ses ordres trois esclaves de fer, dont la nourriture « n'exige qu'un peu de combustible ». (LEROY-BEAULIEU).

(1) F. B. W. HERMANN s'élève contre l'opinion qui considère les chevaux, la vapeur, etc. comme accroissant l'effet du travail humain. Ils ne feraient que déplacer celui-ci et utiliser un capital sous une forme spécialement adaptée à certaines fins (*Staatsw. Unters.*, 2e éd., p. 261 et suiv.). L'augmentation de force en qualité et quantité ainsi obtenue au-delà des frais de production, profite d'ordinaire, au début, à l'entrepreneur, pour devenir, en fin de compte, le bien de tous. Hermann compare cet exemple avec ce qui se passe pour les brevets d'invention (1re éd., 212). Les machines, etc., qui, en même temps, ne multiplient pas le produit de façon remarquable, mais se bornent à diminuer les frais, comme la plupart de celles agricoles, se répandent lentement. Les bénéfices reviennent ici, en raison justement de ce que le prix du blé ne s'abaisse pas beaucoup, tout d'abord presque entièrement au fermier, et en fin de compte, au propriétaire du sol (2e éd., 374 et suiv.).

(2) [La consommation de coton brut de la Grande-Bretagne doit être aujourd'hui, en 1909, environ quarante-six fois supérieure à celle d'il y a 100 ans. La valeur de l'exportation de fils et d'étoffes, de retors et de bas, s'est élevée de 25,33 millions de livres sterling en 1846 à 110,44 millions de livres sterling en 1907, (*Hdw. d. Staatsw.*, 3e éd., 2, p. 684 ; A. OPPEL, *Die Baumwolle*,

1902 ; Sidney J. Chapman, *The Lancashire cotton industry*, 1904)]. La valeur du coton manufacturé anglais était évaluée, en 1766, à 600.000 livres sterling environ (Postlethwayt) ; en 1824, à 33 millions 1/2 (Huskisson) ; en 1852, à 61 millions 1/2 ; en 1873, à 104,6 millions ; en 1878, à 180,7 millions (v. Neumann Spallart). De façon tout aussi indiscutable, la valeur d'échange du capital des livres s'est augmentée par suite de l'imprimerie. Tandis qu'en 1328, la bibliothèque d'un avocat italien, composée de seize volumes, coûtait 3.979 francs de notre monnaie (Cibrario, *Economia politica del medio evo*), qu'une Bible manuscrite atteignait souvent 4 à 500 florins d'or, personne ne mettra en doute que nos bibliothèques publiques et privées d'aujourd'hui, les fonds de nos libraires, de nos bouquinistes, etc. n'aient ensemble une valeur marchande beaucoup plus élevée que les manuscrits du xive siècle. Il est vrai qu'on ne peut, en toute circonstance, imaginer un développement pareil. Si le prix des aiguilles à coudre venait à baisser de moitié, leur consommation n'en doublerait nullement, parce que la couture n'est pas un plaisir par elle-même et que ses produits n'éprouveraient pas une diminution de prix considérable du seul fait du bon marché des aiguilles. Mais, pour les objets de jouissance, on doit régulièrement s'attendre, lorsque l'économie nationale est saine, à ce qu'avec la réduction des prix marche tout au moins de pair l'extension des débouchés.

(3) La toile tissée à la main présente une grande irrégularité. Les sortes de fil employées à la confection d'une même pièce proviennent peut-être de plusieurs villages à la fois. Il faut ensuite, pour parvenir au tissage, le travail alternatif des hommes, des femmes, des enfants et des vieillards de la famille. D'après des essais nombreux (*D. Vierteljahrsschr.*, 1847, III, p. 106), les endroits les plus faibles d'un bon fil de lin mécanique atteignaient au moins moitié de la résistance des plus solides ; par contre, dans un bon tissu à la main, les extrêmes se présentaient sous ce rapport comme 2 à 7. Si l'on soumet un produit si inégal à des épreuves qu'en moyenne il pourrait supporter, les

endroits supérieurs à cette moyenne ne s'entament pas, tandis que ceux inférieurs se trouent.

§ 32.

La question de l'avantage des machines est beaucoup plus grave lorsqu'il s'agit de répartir la production, c'est-à-dire avant tout pour la classe des *salariés* (1). Dans les pays d'une civilisation avancée, où la division du travail poussée très loin oblige au choix d'une profession pour toute l'existence, il n'est presque aucune machine importante qui puisse se répandre sans que certains ouvriers n'y perdent leur gagne-pain accoutumé. Que d'habileté péniblement acquise devient désormais superflue ! Des paysans maladroits, des femmes et des enfants, vont désormais tenir la place de l'ouvrier instruit et vigoureux. La supériorité qui, jusqu'alors, était la sienne et constituait, pour ainsi dire, le plus fort de son capital, est perdue. [Il ne faut cependant pas oublier que trois quarts peut-être des forces en HP de la vapeur existant dans les pays civilisés servent uniquement aux transports, et remplacent ainsi les services de chevaux ou autres animaux de trait et les navires à voiles. Sur le dernier quart, non affecté aux transports, un tiers environ est employé à certains travaux relatifs aux mines, aux forges, à la construction de machines et aux divers usages des métaux. Ces travaux, même autrefois, étaient accomplis, non par les hommes, mais par les chevaux ou la force hydraulique (2). La force de la vapeur concurrençant immédiatement celle du travail humain à façon ne comporte peut être pas, en définitive, plus de 10 à 12 $^{\circ}/_{0}$ de la capacité productive de tous les moteurs à vapeur. Ce qu'il y a d'exact, c'est qu'un petit nombre de HP peut mettre

en mouvement des machines accomplissant un travail déli-
cat qui permettent de se passer d'un nombre plus grand de
mains humaines (LEXIS) (3), et que plus les inventions de ce
genre évoluent rapidement, plus la situation des ouvriers
est capable de devenir critique]. Les patrons eux-mêmes
sont susceptibles d'en souffrir, leurs vieilles machines per-
dant une grande partie de leur valeur par suite de l'invention de nouvelles et de plus avantageuses (4). On a pu parler
du « sisyphisme » des machines. Ce revers de la médaille
n'existe naturellement pas, dans les cas où l'industrie tout
entière, qui leur doit son impulsion, n'existait pas jusqu'alors
dans le pays. Il n'y a pas ici de vies humaines liées à la persistance d'une méthode imparfaite. Dans une île déserte,
les machines les plus productives elles-mêmes ne pourraient
faire aucun mal (5).

(1) En tant que consommateurs, les salariés ont part également aux succès des machines, et il est singulier que de nombreux économistes passent sous silence les avantages résultant
pour eux du meilleur marché des vêtements, etc.

(2) [Il en est ainsi des machines servant à l'épuisement des
eaux et à l'extraction, des marteaux à vapeur, des laminoirs,
des moulins qui, depuis longtemps, ne sont plus mis en mouvement par la force humaine (LEXIS, *Hdw. d. Staatsw.*, 3e éd., 6,
p. 609)].

(3) [Ceci s'applique notamment à l'industrie textile, dans
laquelle effectivement, pendant la période de transition, beaucoup d'ouvriers ont été en partie supprimés, en partie réduits
à des salaires inférieurs].

(4) Par mesure de précaution, on devrait, dans le calcul de
l'amortissement des machines, etc., évaluer non seulement
l'usure résultant de leur emploi, mais encore leur dépréciation
probable par suite des perfectionnements à venir.

(5) Les choses se passent de façon analogue dans toutes les

colonies des métropoles européennes. Pour des raisons identiques, parce que l'on pouvait plus aisément prendre des voies
différentes, parce que la division du travail n'avait pas frayé
celles-ci d'une manière aussi fixé, les nombreuses et extrêmement importantes inventions de la fin du moyen âge, comme
les moulins à vent, les tours, les moulins à forge paraissent avoir rendu peu d'hommes malheureux. Voir HER-
RENSCHWAND, *De l'économie politique moderne. Discours
fondamental sur la population*, (Londres, 1786). L'anglais
TH. MORTIMER, dans ses *Elements of commerce* (1772), p. 105
et suiv., déplore l'introduction de machines dans les pays
à population dense. Inversement, J. STUART MILL, par sa
théorie du fonds de salaires (vol. I, § 166), est amené à considérer celles-ci comme sans inconvénients, seulement dans les
pays d'une civilisation avancée, à formation nouvelle intense
de capitaux (*Principles*, IV, ch. 5, 2). Les économistes popula-
tionistes ont généralement considéré les machines d'un œil défavorable. [Frédéric le Grand s'était fait le champion du progrès technique en face de la routine des corporations. Mais dès
que la machine qu'il s'agissait d'employer travaillait à l'encontre de sa politique de peuplement, il se dévoilait son adversaire. Ce n'était pas la compassion pour le travailleur devenu
sans pain qui le poussait à cette attitude. La considération de
la capacité d'impôts de ses sujets le déterminait à faire front
contre les machines (CARL. ERGANG, dans les *Beitraege z. Gesch.
d. Technik und Industrie*, 2, p. 81-82, 1910)]. SONNENFELS,
dans ses *Grundsätze* (2, p. 141 et suiv., 147), n'approuve les
machines que d'une manière exceptionnelle, dans le cas d'un
commerce extérieur très considérable, tandis que l'éclectique
JUSTI, dans ses *Manufacturen und Fabriken* (1757) (I, p. 147),
émet assez délibérément l'espoir que les ouvriers dépossédés
par les machines trouveront toujours bien une autre occupation. Selon CANCRIN, *Œkonomie der menschlichen Gesellschaft*
(1845, p. 62), les machines ne rendent le peuple ni plus heureux,
ni véritablement plus riche, mais seulement les marchandises
meilleur marché et leur consommation plus étendue ; en outre,

elles augmentent la surproduction et la misère ouvrière. Le contraste le plus violent avec ces théories est offert par Mac culloch, qui ne fait qu'une masse des machines et des progrès des ouvriers en application comme en habileté ; aussi ne dit-il des machines que du bien, surtout à l'égard de ceux-ci ; neuf dixièmes des maux qu'engendre l'absence des débouchés doivent être attribués à l'immixtion de l'État (*Principles*, II, 4).

§ 33.

Il ne faudrait pas croire que les machines doivent diminuer la *demande de travail en général*. Elles ouvrent d'ordinaire le champ, d'un côté, à une demande nouvelle, pour le fermer, d'un autre, à une ancienne. Nous avons en vue tout d'abord la fabrication même des machines, qui a besoin d'ouvriers si nombreux, d'une formation spéciale et bien rétribués (1). Nous pensons ensuite au service de ces machines (2), ainsi qu'à la préparation de la matière première qui, pour elles, doit se faire avec beaucoup plus de soin et de régularité que pour le travail à la main. [Les moyens de transport modernes ont permis d'exploiter des richesses naturelles jusqu'alors inaccessibles. Ils ont ainsi, non seulement fait apparaître sur le marché des valeurs nouvelles très importantes, mais encore augmenté extraordinairement la masse de la matière brute à mettre en œuvre (Lexis)]. L'essor effectif qu'une industrie doit aux machines entraîne, en général, avec lui le développement d'autres industries qui, à les considérer d'une façon abstraite, peuvent en partie recevoir les forces de travail congédiées. Si une marchandise, par suite des machines, vient à baisser à la moitié de son prix antérieur, tous les consommateurs peuvent librement disposer de la moitié de ce qu'ils consacraient d'habitude à son achat. Il est vraisemblable qu'ils emploieront ces sommes de manière différente. L'un augmentera ses jouissances, un autre agrandira son commerce, un troisième constituera un capital en le plaçant à intérêt, c'est-à-dire, en général, encore productivement au point de vue économique. Dans chacun de ces cas, une nouvelle demande de travail doit prendre naissance, bien qu'en vérité sous des degrés différents.

[Le développement de la technique des machines s'accomplit, à l'époque moderne, dans un sens déterminé : on les construit en sorte que leur direction demande peu de forces de travail, mais intelligentes et payées par suite un haut prix. Ce développement a commencé dans les moulins; il est à peu près terminé dans les hauts fourneaux, les aciéries et les laminoirs. Par contre, il n'a pas encore atteint sa valeur dans l'exploitation des quais et des mines. Pour les premiers, il faut vaincre la difficulté que présentent les variations de grosseur des pièces à débarquer. Pour les secondes, il faut surmonter l'obstacle offert par l'étroitesse de l'emplacement. On s'efforce d'ailleurs d'établir les machines de façon qu'elles remplissent, non seulement leur but principal, mouvement d'extraction ou mouvement d'outil, mais encore qu'elles exécutent elles-mêmes tous les tours de main et opérations accessoires. Avec le temps, le nombre des manœuvres nécessaires se réduira sans cesse et ils seront remplacés par une quantité plus faible d'ouvriers de haute valeur, se montrant, en face des machines, de taille à les diriger comme à les servir (Kammerer)].

Il faudrait détruire à plaisir ou entasser sans emploi les richesses épargnées, pour qu'elles ne puissent servir de base à aucune demande nouvelle de travail : deux choses qui n'arrivent que rarement dans les pays à machines (3). Pourtant, à l'intérieur d'une même industrie, la force multiplicatrice de travail possédée par une machine a souvent produit un tel essor, que sa puissance d'économie de main-d'œuvre s'en est trouvée surpassée. Si, pour une quantité donnée de marchandise, les trois quarts du travail manuel jusque là nécessaire deviennent superflus et que cependant la consommation fasse plus que quadrupler; la demande de travail, en fin de compte, augmentera d'autant sous ce rapport (4). C'est pourquoi de nos jours, dans des Etats si nombreux, la population s'est accrue le plus, précisément dans les villes et provinces où les machines se sont le plus développées (5). Le salaire des ouvriers qui ont affaire à la machine s'est, à cause d'elle, fréquemment élevé ; en tous cas, il se tient en Angleterre par exemple, beaucoup plus haut que celui des ouvriers agricoles. Les enquêtes de 1864 y ont démontré que précisément dans les branches d'industrie les plus pauvres en machines, les ouvriers se nourrissent beaucoup plus mal que dans celles abondamment pourvues de ces dernières (6). [On peut dire, à l'avantage des machines, qu'elles ont pour résultat une augmentation extraordinaire de la productivité du travail humain, et que malgré le préjudice qu'elles causent à certains intérêts particuliers, leur introduction a le sens d'un progrès d'une importance générale extrême].

Un développement semblable ne peut naturellement pas être escompté sans réserves. Si ceux que l'invention de la machine favorise d'abord voulaient tout d'un coup consommer improductivement leur avantage calculé en capital, la machine pourrait diminuer de façon durable la demande de travail. Les frais de matière première ne permettent pas d'abaisser le prix des produits manufacturés dans la même mesure que la machine économise des salaires de fabrication. L'accroissement des débouchés dans une proportion identique ou même supérieure est-il cependant réalisable ? Cela dépend de la capacité des autres branches de l'économie, de parvenir à augmenter en contre-échange leur offre d'équivalents. Cela suppose un peuple utilisant ses possibilités d'épargne à la constitution de capitaux et se laissant pousser par la perspective de jouissances plus abondantes à une activité plus étendue. Et cela dépend toujours, en fin de compte, de la matière première à mettre en œuvre et des moyens d'existence des ouvriers. C'est donc la faculté de croissance de l'agriculture intérieure, ou du commerce avec l'étranger producteur de matière brute, qui décide de la réponse à la question qui précède (7). Si ces deux issues se trouvaient obstruées et que les machines continuassent toujours de croître, il ne resterait comme ressources aux nouveaux ouvriers dépossédés, que l'émigration, l'assistance publique ou le dépérissement (8).

(1) L'introduction de la filature mécanique du coton à Zürich fit surgir tout d'abord une foule d'ateliers mécaniques particuliers. Les forgerons, les fondeurs, les tourneurs, y gagnèrent un champ d'activité à peine soupçonné, ce qui bientôt également, améliora d'une façon visible les instruments agricoles. Ensuite apparurent des fabricants spéciaux pour les cylindres, les broches en acier, les cardes à coton, etc., jusqu'à ce qu'enfin des fabriques complètes de machines à filer s'installassent (MEYER VON KNONAU, *Der Canton Zürich*, p. 107 et suiv.).

(2) C'est une erreur de croire, comme SISMONDI le déplore, que souvent une marchandise ne diminuerait, par suite des machines, que de 10 0/0 de son prix, tandis que ces mêmes machines auraient privé de leur pain 98 0/0 des ouvriers (Cpr. *N. Principes*, VII, ch. VII et beaucoup d'autres endroits).

(3) L'accès de ces voies de refuge nouvellement ouvertes, a été grandement facilité aux ouvriers en ce que ce sont précisément les machines les plus efficaces qui coûtent en général le plus et qui, pour ce motif, ne se répandent qu'avec lenteur. La machine à vapeur, depuis son précurseur Savery en 1700, n'a gagné beaucoup de terrain en Angleterre qu'au bout de 68 ans

et sur le continent qu'au bout de 110 ans. La machine à tondre
le drap datait déjà de plus de 100 ans, que beaucoup de draps
étaient encore tondus à la main. [La machine à fendre le cuir
coûte sur place, à Londres, 15.000 marks et ne peut, rien que
pour cette raison, trouver accès dans beaucoup de tanneries
(*Schr. d. Ver. f. Sozialp.*, 65, p. 12)]. Les brevets d'invention eux-
mêmes servent à ce point de vue, en majorant artificiellement
le prix des machines nouvelles pendant de nombreuses années
(§ 165 et suiv.).

(4) C'est ainsi, par exemple, que les machines à tondre n'ont
aucunement diminué le nombre des ouvriers tondeurs, parce
que l'on s'est mis, de nos jours, à tondre aussi les gros draps, la
mousseline de laine et les étoffes de coton. Mais l'entreprise de
cette opération par de petits patrons indépendants en a beaucoup souffert. Ce travail est maintenant, en grande partie, devenu un accessoire des fabriques. [Le nombre des ouvriers des
deux sexes occupés en Angleterre dans les exploitations soumises à l'inspection des fabriques de l'industrie textile s'est
élevé de 907.230, en 1870, à 1.087.223 en 1907. La diminution
du nombre des ouvriers ressort, dans l'industrie anglaise de la
toile, des chiffres suivants : 1895, 161.019 ouvriers ; 1907,
151.143 ; et dans l'industrie de la soie : 1895, 35.882 ; 1907,
28.873. L'explication ne s'en trouve pas dans la diffusion des
machines, mais dans les circonstances critiques traversées].

(5) [L'introduction des machines commença tout d'abord,
dans l'industrie du fer en Allemagne, par rendre beaucoup de
manouvriers superflus. Au bout de peu de temps, l'extension
qui s'accomplit augmenta si fort la demande de forces de travail, qu'il fallut embaucher plus d'ouvriers qu'auparavant.
De 1871 à 1900, le nombre d'ouvriers occupés à la production
du fer brut s'éleva de 23.000 à 34.000 hommes (DIEHL, *Jahrb.
f. Nat.*, 36, p. 1911)]. En France, dans le département du Nord,
riche en fabriques et en machines, la population s'est accrue,
entre 1791 et 1911, de 447.910 à 1.961.780 habitants, tandis
que pour l'ensemble du pays, elle passait, pendant la même
période, d'au moins 26 millions à 39.601.509 habitants.

(6) Il existe des cas où des ouvriers, sans posséder un savoir-faire supérieur à celui de leurs collègues, mais grâce seulement à l'emploi d'une machine nouvelle augmentant leur production, sont arrivés à gagner annuellement 400 et 450 £. (Comte DE PARIS, *Associations ouvrières*, ch. 5). Dans les forges de la Mersey, les premiers ouvriers chargés de la conduite du marteau-pilon gagnaient annuellement de 700 à 900 £. Un coup maladroitement dirigé par eux pouvait, en effet, détériorer une pièce valant jusqu'à 2.500 et 3.500 £ (*l. c.*).

(7) C'est donc chez MACCULLOCH une doctrine erronée que d'admettre que le salaire, pour une certaine quantité de marchandises, diminue nécessairement dans une proportion moindre que le temps nécessaire à leur travail, par suite des perfectionnements des machines (Cpr. *Principles*, II, 4). Une augmentation de la demande de travail, susceptible elle-même d'élever les salaires, offre seulement une possibilité plus étendue, en tant que tout succès d'une machine accroît le revenu national. Selon l'opinion de SENIOR, les machines ne peuvent réduire l'ensemble du salaire du travail que dans le cas où elles absorbent des marchandises, qu'autrement les ouvriers auraient consommées, à un plus haut degré qu'elles n'en produisent. (*Outlines*, p. 162 et suiv.). Cette opinion ne considère que la possibilité ci-dessus. La demande réelle de travail, dans les limites de celle-ci, dépend de la volonté de l'entrepreneur et du consommateur. Le résultat le plus immédiat d'une machine économisant de la main-d'œuvre est toujours de faire rechercher moins le travail par les capitalistes que le capital par les ouvriers.

(8) Voir ROSCHER, *Ansichten der Volkswirtschaft*, 2, p. 208 et suiv. Par bonheur, ce danger n'est pas, dans la réalité, aussi menaçant que sur le papier. Si l'économie d'une nation demeurait, en fait, aussi désespérément stationnaire, on a peine à croire qu'elle garde un esprit d'invention et un penchant à capitaliser suffisants pour créer beaucoup de machines nouvelles. Longtemps avant qu'un semblable état de choses ne se manifeste, le salaire du travail aurait atteint son minimum, et

par là, le motif principal poussant à la construction de machines serait en même temps disparu.

§ 34.

L'effet social le plus fâcheux des machines est d'avoir, jusqu'ici tout au moins, *augmenté le prolétariat* aussi bien extensivement qu'intensivement, et *accentué le contraste entre le riche et le pauvre* dans les milieux industriels. Ici se répètent, dans une mesure encore plus large, toutes les remarques faites au § 114 de cet ouvrage. Les machines les plus puissantes, presque toujours aussi les plus coûteuses, ne sont, en général, accessibles qu'aux grands entrepreneurs. Rien ne peut fortifier davantage la supériorité de ceux-ci que leur emploi. Ce n'est que grâce à un régulateur aussi mécanique du travail, que l'aspect gigantesque de tant de fabriques modernes est devenu possible. Jusqu'ici, la population de tant de contrées riches en machines s'est accrue avec une rapidité considérable. Mais cette augmentation a porté, en général, sur les classes non possédantes et sans espoir d'améliorer leur sort, c'est-à-dire le plus souvent sur le prolétariat. La cause nécessairement provocatrice de ce fait a été l'aide apportée au travail par la femme et l'enfant (1). Une grande partie des machines exige pour les servir si peu de force humaine, qu'elles peuvent être actionnées par des femmes ou des adolescents, aussi bien que par des hommes faits. En de multiples circonstances, une main délicate et légère produit même, au point de vue technique, des effets préférables à ceux d'une main vigoureuse et rude. En présence de résultats identiques, le travail des femmes et des enfants, à cause de leurs frais d'entretien considérablement moindres, est plus avantageux pour l'entrepreneur. Au point pécuniaire, leur coopération est même pour les familles d'ouvriers momentanément utile (2). [En outre, le sexe féminin a gagné ainsi une indépendance économique, qu'il n'a pas encore obtenue dans les classes cultivées mais possédant peu (Lexis). On ne doit pas oublier qu'en définitive, la grande exploitation mécanique n'a pas été la seule cause de l'emploi des femmes et des enfants. Le travail à domicile qui s'exécute presque sans machines a su, de la même façon, tirer avantage d'une force de travail à bon marché.] Il n'échappera pas combien à la longue la limite infranchissable du minimum de salaire s'en trouve abaissée : l'homme peut désormais gagner moins et sa famille, c'est-à-dire la génération suivante d'ouvriers de fabriques, subsister quand même. Si dans leur ensemble les familles ouvrières utilisaient l'extension de leur champ d'existence à prendre l'habitude de besoins plus délicats, la situation pourrait se maintenir. Mais si elles ne profitent de l'occasion que pour augmenter davantage encore la masse populaire, elles se font à elles-mêmes la concurrence la plus active et comme conséquence, le salaire tombera tôt ou tard au-dessous de son minimum précédent. Ce résultat se produira avec une facilité d'autant plus grande, qu'il sera plus rare qu'un enfant, entré de bonne heure dans la fabrique, vienne ensuite à l'abandonner (3). L'expérience démontre, par malheur, que les ouvriers penchent au moins aussi aisément pour cette seconde alternative que pour la première. La perspective de ne jamais être obligé de nourrir sa femme et de n'avoir à se préoccuper de ses enfants que seulement pendant les premières années de leur vie, constitue la tentation principale du mariage prématuré (4).

Nous voyons le plus mauvais côté de cet état de choses dans la *destruction de la vie familiale*. Lorsque l'homme cesse de nourrir sa famille, le fondement le plus naturel et le plus certain de son autorité paternelle et conjugale se trouve attaqué. Les rêveries maladives de l'émancipation féminine prennent pour ainsi dire corps ; la femme vouée aux mêmes occupations que l'homme est indépendante comme lui, mais en même temps le nombre des unions libres devient formidable (5). Non moins funeste est la prompte indépendance économique des enfants, dont l'esprit, ni le corps, ne peuvent être mûrs pour la supporter. L'importance monstrueuse des cabarets, notamment, est avec la dissolution du lien familial, en rapport non seulement d'effet, mais encore de cause: Comment l'ouvrier s'attacherait-il à son foyer, si sa femme ne peut en prendre soin, obligée qu'elle est de passer tout le jour à la fabrique ? Lorsqu'aucune affection n'unit la famille, il n'y a que trop de chances que ses membres les plus faibles soient maltraités par les plus forts. L'égoïsme des parents s'accommmode manifestement le mieux de l'abandon des tout petits et tire son plus grand avantage de l'exploitation de ceux dont l'âge est un peu plus avancé (6). Cette division du travail ne correspond sûrement pas à un développement élevé : elle est foncièrement absurde (7). Du côté des patrons de fabrique, c'est un sophisme évident de prétendre que leur profit net dépend principalement, ou même exclusivement, de la dernière heure de travail (8). Mais ils ont pourtant, en réalité, un intérêt d'égoïsme au surmenage de leur personnel, en ce que leurs machines, bâtiments, etc., demeurent inoccupés pendant les pauses nocturnes et autres. Les machines ne peuvent, en effet, éviter que par un amortissement rapide le danger d'être dépassées par d'autres plus modernes, soit qu'elles fournissent le même travail en coûtant moins, soit qu'elles possèdent une puissance de production supérieure (9). — Les maux causés par les machines au point de vue sanitaire ont souvent été exagérés. Elles obligent cependant à une activité physique très spéciale, facile il est vrai, mais par là d'autant plus ennuyeuse, surtout comme dit Bacon « lorsqu'elle demande des efforts de doigts plus que de bras ». En dehors de ces inconvénients, il faut, en outre, tenir compte de la quantité considérable de blessures et d'accidents dont le travail mécanique offre l'occasion (10).

(1) [Dans les fabriques textiles de la Grande-Bretagne, assujetties à la loi sur les fabriques et ateliers, on comptait, en 1870, 548.697 femmes contre 385.533 hommes ; en 1907, 679.863 personnes du sexe féminin contre 407.360 du sexe masculin. C'est-à-dire que la proportion des ouvrières s'est accrue pendant cette période de 21,8 0/0, celle des ouvriers de 5,6 0/0. Il faut convenir que la machine fatigue davantage, parce qu'elle demande de la part de l'ouvrier, pendant la dernière heure de la journée, la même allure et la même attention que pendant la première. Le remède se trouve de lui-même dans la diminution de la durée de travail. La fréquence plus grande des blessures et des lésions est un effet du travail mécanique. Mais on peut affirmer qu'elle tend à diminuer d'elle-même, grâce à un souci plus développé des prescriptions préventives et une attention plus soutenue. Sur cent accidents, les origines étaient dans les proportions suivantes :

	1888	1898	1907
Moteurs, transmissions, machines de travail et autres appareils mécaniques.	22,3	21,8	21,1
Chaudières à vapeur, tuyaux de vapeur, vapeur en général	0,4	0,3	0,2
Chargements et déchargements, levage et portage	11,3	12,1	13,5
Véhicules et voitures.	5,7	5,3	7,0
Outils manuels et simples ustensiles .	6,7	6,9	6,9

Sur le travail des femmes et des enfants en général, voir plus loin, § 61].

(2) Après l'invention de la *Mule-Jenny*, le salaire d'une famille s'éleva rapidement de 30, jusqu'à 80 et même 100 shillings (BAINES, *Hist. of the cotton-manufacture*, ch. x).

(3) Sous un certain rapport, c'est une nécessité. Le travail à la machine exige une régularité telle que certaines personnes, qui le commencent seulement après l'âge viril, par exemple en Angleterre, l'abandonnent bientôt d'elles-mêmes ou sont renvoyées.

(4) En Angleterre, une des causes qui ont essentiellement contribué à l'accroissement considérable de la population des districts industriels a été l'emploi, par fileur, de quatre rattacheurs, métier auquel les enfants de celui-là étaient le plus naturellement propres. [De semblables expériences ont été faites dans l'industrie rhénane, à Crefeld et à München-Gladbach. Les familles ouvrières dont les enfants se trouvaient en bas-âge et incapables encore de travailler, étaient vouées à la misère chronique. Les familles dont les enfants étaient assez développés pour gagner 5 à 7 marks par semaine, voyaient leur situation à peu près assurée (THUN, I, 109)].

(5) Il y a eu des cas où, lors d'une crise des débouchés, la femme travaillait encore en fabrique, tandis que l'homme, restant à la maison, faisait la cuisine, gardait les enfants et raccommodait les bas (Cpr. ENGELS, *Lage der arbeitenden Klassen in England*, 179).

(6) On ne peut attribuer l'élévation de la mortalité infantile à Manchester, de préférence au travail des mères en fabrique, la ville étant, en général, malsaine (JEVONS, *Statist. Journ.*, 1870, 319). Néanmoins, il n'est que trop significatif qu'en 1841, par exemple, on a trouvé dans les rues 2.730 enfants égarés que la police a reconduits à leurs parents ; ce nombre s'est élevé d'autres années jusqu'à 3.000. En ce qui touche la façon dont sont traités les enfants dans les fabriques, des exemples ont établi que certains sont restés occupés depuis six heures du matin jusqu'au lendemain à dix heures dans la matinée. Pour les tenir éveillés, on leur donnait du tabac ou on leur faisait de temps à autre plonger la tête dans un baquet d'eau. Dans certaines fa-

briques de Normandie, « le nerf de bœuf figure sur le métier au nombre des instruments de travail » (VILLERMÉ, dans les *Mém. de l'Acad. des sc. m. et polit.*, II, 2, p. 414). D'après les *Reports of the commissionners appointed to enquire into the employment of children*, il y avait, en 1863-1866, dans la poterie, sur 27,432 ouvriers en général, 593 enfants de 5 ans et au-dessous, et 4,605 de 5 à 10 ans. Dans la fabrication de la dentelle, on employait de petites filles de 3 et même de 2 ans ; dans le tressage de la paille, quelques-unes de 3 ans, tandis que la plupart commençaient le métier à 5 ans (*Quart. Rev.*, avril 1866, p. 371).

(7) Par un aveuglement singulier, J. STUART MILL fait l'éloge, dans l'intérêt de l'émancipation féminine, de la collaboration de la femme, même lorsque les deux époux réunis ne gagnent pas davantage que l'homme à lui seul auparavant (*Principles*, II, ch. XIV, 5, IV, ch. VII, 3, V, ch. XI, 9). URE, dans sa *Philosophy of manufactures*, p. 19 de la traduction de Diezmann, se montre favorable au travail des enfants, parce qu'il en fait les égaux des hommes.

(8) Cette affirmation a été souvent émise pour combattre par son moyen la diminution du temps de travail (Cpr. KARL MARX, *Kapital*, I, 195 contre Senior). Il est manifeste qu'il s'agit ici d'un calcul arbitraire. Un boulanger qui gagne 10 0/0 sur sa fabrication, pourrait aussi bien attribuer son gain total au dixième pain qu'il cuit.

(9) Selon BABBAGE, *Economy of machinery and manufactures*, p. 349, la seconde machine construite sur le même modèle que la première revient au cinquième du prix de celle-ci (Cpr. K. MARX, *Kapital*, I, 393 et suiv.).

(10) [ADOLF WEBER, *Der Kampf zwischen Kapital und Arbeit*, 1910, p. 22 ; C. ERGANG, *op. cit.*, p. 142].

§ 35.

En présence de dangers semblables des *machines*, il ne peut être surprenant que chez les ouvriers manuels, des voix se soient souvent élevées en faveur de leur *suppression* complète (1). [Ce n'est rien moins que Goethe, qui, dans ses « années de voyages » (*Wanderjahre*), fait se plaindre la propriétaire d'une grande filature des soucis que lui inspire l'emploi croissant des machines à filer. « Le progrès des machines me tourmente et m'angoisse. Elles s'approchent comme l'orage, lentement, lentement. Mais elles ont pris leur direction, elles arriveront, elles atteindront leur but. On y songe, on en parle ; ni la pensée, ni les discours ne peuvent apporter de remède. Il ne reste que deux voies, aussi tristes l'une que l'autre. Ou bien embrasser soi-même la nouveauté et hâter la ruine, ou bien partir, emmener avec soi les meilleurs et les plus dignes, et chercher de l'autre côté des mers un destin plus heureux ».] Tant que dans l'économie nationale, en général, le travail demeura sans comparaison plus important que le capital, tant que les principales villes industrielles, en particulier, furent gouvernées par les corporations, l'autorité elle-même prit d'ordinaire, suivant les circonstances, des mesures énergiques contre les machines nouvelles (2). Plus tard, lorsque dans l'économie, le capital et l'intelligence supérieure devinrent toujours plus importants et plus indispensables, les pouvoirs de l'Etat cessèrent de prêter main-forte à la jalousie des ouvriers manuels. Au début du xixe siècle, en 1811 et 1816, le gouvernement anglais a souvent, lorsque la jacquerie des *luddites* avait détruit quelque machine de nouvelle invention, payé sur la caisse de l'Etat de quoi la remplacer (3). Cette jalousie se fit sentir longtemps encore par des persécutions privées et même par des soulèvements. Citons comme exemple, en Angleterre, encore en 1853, le fait que les *amalgamated engineers* (les mécaniciens fusionnés) se concertèrent pour cesser le travail, afin de limiter eux-mêmes l'emploi des machines dans la fabrication de celles-ci (4).

(1) En Saxe, la haine populaire fut très vive et s'accompagna d'écrits injurieux contre l'Électeur Auguste Ier qui avait adopté un procédé nouveau de fusion permettant d'économiser le bois (FALKE, *Gesch.*, 192). Les fileurs de laine de Somerset présentèrent, en 1776, une supplique pour interdire l'emploi de la Mule-jenny. Un peu avant, Lawrence Earnham avait inventé une machine à filer, puis l'avait lui-même détruite pour ne pas faire tort aux ouvriers (HELD, *Soziale Gesch.*, 590-604).

(2) [On a souvent affirmé que, vers la fin du XVIe siècle, à Dantzig, il avait été inventé un métier à rubans contre lequel se tourna la colère du Conseil de ville. C'est une légende qui n'a pas résisté à la critique moderne. Le métier à rubans, dit métier à la barre, est issu vraisemblablement d'une transformation du métier primitif *poussé* à la main que les Hollandais, à la fin du XVIe siècle, avaient apporté en Angleterre (*Dutch loom*, métier hollandais). Karmasch conclut d'un brevet délivré, en 1745, à John Kay et Joseph Stell, que ce sont ces personnages qui ont transformé le métier poussé à la main en métier à la barre. L'interdiction du métier à la barre, plus justement que du métier poussé à la main, se trouve dans l'Édit impérial du 19 février 1685, qui en défendit l'emploi dans tout l'Empire allemand. Elle fut renouvelée par Charles VI, le 9 février 1719. A Leyde, le métier en question fut, à la suite d'une révolte des navetiers, interdit par le Conseil de ville, tandis qu'en 1623, 1639 et 1661, une ordonnance des États Généraux l'autorisa, quoique de façon restreinte. Cologne défendit le métier à la barre en 1676 et la Prusse l'autorisa à partir de 1728 (C. ERGANG, *op. cit.*, p. 148-149)]. L'Électorat de Saxe le permit seulement, en 1765, pour les passementiers. Lorsqu'en 1589, M. Lee inventa la machine à tricoter les bas, la princesse électrice Élisabeth s'y montra opposée, parce qu'elle ôtait le pain à de nombreux individus (W. FOLKIN, *Hist. of the machine wrought hosiery and lace-manufactures*, 1866). En France, Henri IV protégea l'inventeur ; après la mort du roi, les tricoteurs à la main le réduisirent, derechef, à la misère. La Hol-

lande, pourtant éclairée, défendit, en 1633, les scieries à vent qui venaient d'être inventées (Cpr. LANCELOTTI, *L'hoggidi o gl'ingegni non inferiori ai passati*, II, 457 et suiv. ; BECKMANN, *Beitr. z. Gesch. der Erfindg.*, I, 126, II, 275). En France, on défendit sous certaines pénalités la fabrication des boutons mécaniques, (LEVASSEUR, *Hist. des cl. ouvr.*, II, 332 et suiv., 532 et suiv.). Colbert, lui-même, était l'ennemi des machines nouvelles, « entendant donner au peuple de l'occupation suivant ses facultés, afin qu'il puisse vivre à l'aide de son travail, mais non lui ravir ce qu'il gagnait autrefois ».

(3) Parmi les manifestations de la première heure d'une manière de voir si modifiée, il faut citer la protection accordée dans le Harz, en 1621, au premier fabricant de soufflets en bois contre la persécution des faiseurs de soufflets en cuir.

(4) (*Quart. Rev.*, oct. 1859, 503). C'est ainsi que Hargreaves, inventeur de la *Spinning-Jenny*, fut chassé du Lancashire par la jalousie des fileurs à la main et mourut dans la pauvreté. Le Conseil des prud'hommes de Lyon fit détruire le métier inventé par Jacquard, qui fût trois fois en danger d'être mis à mort. Le 21 juillet 1854, la Junte révolutionnaire de Barcelone promit la destruction des machines qui rendaient trop de bras superflus. Les tisserands de Bielefeld convinrent, sous peine de forte amende, de ne pas employer de fil mécanique (Voir *Zeitschr. f. Staatsw.*, 25, p. 575). [Mathias Stinnes, à Müllheim fit, en 1845, naviguer sur le Rhin un remorqueur à vapeur construit en Hollande. Les conducteurs de chevaux, intéressés au remorquage, ouvrirent, en 1848, un feu violent avec des fusils et même des petits canons sur le remorqueur qui passait et sur son équipage. (L. BERGER, *Der alte Harkort*, 1891, p. 271). Le premier moulin à vapeur construit en Angleterre, en 1786, fut incendié cinq ans plus tard, et le peuple manifesta, par des chants solennels dans les rues, la satisfaction qu'il en éprouvait (DIEHL, dans le *Jahrb. f. Nat.*, 3e Folge, 36, p. 194)].

§ 36

L'*imprévoyance d'une opposition de cette nature* contre les machines est prouvée par ses conséquences logiques. Celui qui se montre l'ennemi de tout dispositif rendant possible la réalisation d'un but donné moyennant une moindre dépense de travail humain devrait assurer tous les transports pàr des porteurs suivant des routes naturelles et condamner tout agriculteur à gratter la terre avec ses ongles (1). Les limites extrêmes à l'intérieur desquelles le salaire ouvrier, suivant les circonstances, est susceptible de se mouvoir sans jamais durablement les franchir, limites tracées par l'efficacité même du travail, doivent s'étendre en raison directe de la puissance des machines. C'est la seule explication possible des salaires plus élevés que les fabriques anglaises, par exemple, distribuent à leurs ouvriers, tout en vendant leurs produits à meilleur marché que sur le continent (2). — Ce serait une grave erreur de croire que les côtés fâcheux, si critiqués, de la grande industrie moderne, seraient impossibles sans les machines (3, 4), (§ 117). La régularité de celles-ci constitue un gros obstacle à tout mauvais traitement infligé par pur caprice aux faibles. Les machines réduisent l'inconstance et l'arbitraire des relations entre patrons et ouvriers, et en général, elles améliorent moralement celles-ci : elles sont, d'une part, un épouvantail pour les ouvriers récalcitrants à la besogne (5) ; elles obligent, d'autre part, le fabricant, même au cas de ralentissement de ses débouchés, à faire continuer encore un peu le travail, s'il ne veut laisser complètement improductif le capital qu'elles représentent et les laisser abîmer par la rouille, etc... Le riche fabricant sera plus aisément généreux que l'homme d'une médiocre fortune. Plus éminente est la situation qu'on occupe, plus on se voit exposé à l'éloge comme au blâme de l'opinion. Celui qui débute comme ouvrier devient souvent le patron le plus dur (6). On ne peut nier que les machines n'épargnent aux hommes beaucoup de travaux pénibles, insipides et malsains. Comparons seulement la surveillance d'un moulin à vent, à eau ou à vapeur, avec le misérable travail d'une esclave tourneuse de meule de l'antiquité, ou encore le matelot d'un navire à voile ou à vapeur avec le rameur d'une galère. Si, dans bien des cas, les machines n'ont diminué que fort peu ou même pas du tout la misère personnelle de l'espèce humaine, la cause en est uniquement à la maladresse sociale des hommes (7-8). Il en faudrait accuser la légèreté de la classe inférieure au moins autant que la dureté de cœur des classes plus élevées, ainsi que le fait que jusqu'il y a peu, presque tous les gouvernements ont favorisé davantage la grande industrie que la petite. [Les progrès accomplis par la technologie moderne dans les petites machines motrices ont rendu possible de mettre à la disposition des exploitations petites et moyennes, même dans l'agriculture, des forces à bon marché. Ils leur ont ainsi permis de compenser l'avantage acquis aux grandes exploitations dans un sens déterminé, et la vitalité du métier en apparaît sous un jour nouveau (9)].

Le tableau ci-après donne, pour 1907, la répartition des forces motrices en Allemagne entre les exploitations diverses, suivant leur importance mesurée au nombre des ouvriers occupés. On constatera que les petites exploitations n'ont pu s'attribuer que 7,7 °/₀ de tous les HP, et 7,5 °/₀ de tous les kilowatts (10).

Industrie, y compris les mines et le bâtiment.

Classe	Exploitations		Personnes		HP		Kilowatts	
	Nombre absolu	0/0	Nombre absolu	0/0	Nombre absolu	0/0	Nombre absolu	0/0
Exploitations occupant une seule personne	987.403	48,8	987.403	9,1	—	—	—	—
Exploitations occupant jusqu'à 3 personnes	687.832	34,0	1.534.756	14,1	405.119	5,1	58.334,0	4,3
4 et 5 personnes	146.999	7,2	644.575	5,9	204.509	2,6	43.631,4	3,2
Ensemble des petites exploitations.	834.841	41,2	2.179.334	20,0	609.628	7,7	101.365,4	7,5
6 à 10 personnes	93.670	4,6	695.941	6,4	287.483	3,6	62.840,4	4,6
11 à 50 personnes	82.433	4,1	1.830.195	16,8	1.177.333	14,8	148.849,3	10,9
Ensemble des moyennes exploitations	176.103	8,7	2.526.136	23,2	1.464.816	18,4	211.689,7	15,5
51 à 200 personnes	21.782	1,1	2.034.020	18,7	1.706.441	21,4	205.057,9	15,1
201 à 1.000 personnes	4.875	0,2	1.869.023	17,2	1.891.978	23,8	405.354,0	29,8
plus de 1.000 personnes.	548	0,03	1.277.788	11,8	2.289.064	28,7	436.411,1	32,1
Ensemble des grandes exploitations	27.205	1,3	5.180.831	47,7	5.887.482	73,9	1.047.823,0	77,0

(1) Pendant la guerre de Trente Ans, après la perte des animaux de trait, une grande partie des transports dut être effectuée au moyen de brouettes (Kius, dans *Hildebrands Jahrb.*, 1870, I, p. 33).

(2) Vers 1856, à Glascow, un fileur de coton pouvait difficilement, dans les anciennes fabriques, gagner plus de 20 shillings par semaine, dans les nouvelles pourvues d'une machinerie meilleure, il surveille, au lieu de 500 broches, 1.500 à 2.000 et se fait jusqu'à 35 shillings (Newmarch).

(3) Aux Pays-Bas, la *Belgicæ descriptio* de Guicciardini, p. 55, mentionne comme très répandu le travail d'enfants de 4 à 5 ans. En Angleterre, sous Charles II, l'antipathie des ouvriers drapiers de Norwich contre leurs patrons se manifesta violemment et même par des chants populaires. Les enfants de 6 à 10 ans auraient gagné dans ce pays, à tricoter des bas, 12.000 livres sterling par an en plus des frais de leur propre entretien (Chamberlain, *Present state of England*, 137 ; Macaulay, *Hist. of England*, ch. iii).

(4) Dans les fabriques de lainage, les mauvais traitements infligés fréquemment à l'enfance le sont par les fileurs vis-à-vis des rattacheurs, justement parce que la tâche des premiers n'est pas tracée de façon invariable par la machine. Ils se produisent surtout lorsque les fileurs veulent rattraper le temps perdu au cabaret en exécutant à toute vitesse un travail désordonné. Dans la région de l'Angleterre dénommée *Black-Country* (le pays noir), on rencontre peu de machines, et pourtant le pire travail des femmes et des enfants (Scherzer, *Weltindustrien*, 1880, p. 281 et suiv.). Il est question de la misère et de l'abrutissement des femmes de cette contrée dans l'ouvrage de Disraeli, *Sybil*.

(5) On cite des machines à peigner le lin, dans la ville würtembourgeoise d'Urach qui, d'ordinaire inutilisées, ne servaient qu'à ce but (Voir *Zeitschr. f. Staatsw.*, 7, p. 101).

(6) Selon Villermé, il existait dans les fabriques de coton françaises un cube d'air par ouvrier : de 20 à 68 pieds cubes

pour les filatures ; de 17 à 26 pour les tissages ; de 16 à 30 pour les salles d'impression. C'était certainement plus que pour une grande partie des ouvriers de métier ou travaillant à domicile (I, c. 147 et suiv.).

(7) Il est des cas où des ouvriers ont une affection telle pour leurs machines, qu'ils déplorent les négligences de réparations et le mauvais graissage, à la façon dont une mère se plaint de son impuissance à procurer un remède à son enfant malade (BRASSEY, *Work and Wages*, 150 et suiv.). Sur les avantages et inconvénients des machines quant au relèvement de la condition ouvrière (Cpr. v. MANGOLDT, *Volkswirtschaftslehre*, § 36).

(8) GARNIER (*Éléments*, 114) fait déjà, à l'encontre de Sismondi, qui préfère un pays peuplé d'hommes à un pays plein de machines (dans le même sens, G. FORSTER, *Morgenb.*, 1818, nᵒ 228), la remarque suivante : les machines ne consommant point de matières nécessaires à la vie, le manque d'hommes dans le dernier pays ne pourrait être que la conséquence d'une répartition défectueuse.

(9) [C'est une idée que WERNER VON SIEMENS particulièrement a exprimée dans ses *Lebenserinnerungen* (1892, p. 284). Il y expose que la répartition des forces et la baisse nécessaire du taux de l'intérêt réduisent de plus en plus la prépondérance des grandes fabriques sur le travail isolé. Les conditions que les machines de faible force doivent remplir pour influer sur le relèvement du métier sont : bon marché pour une puissance de 1 à 4 HP ; facilité d'être montées partout ; inexplosibilité et exemption d'une autorisation de police ; construction la plus simple possible pour ne pas rendre nécessaire un personnel instruit à les diriger ; pas d'incommodité pour les voisins provenant de bruit, d'odeur, de malpropreté, etc. ; emplacement restreint. Répondent à ces exigences les moteurs actionnés par l'eau (machines à pression hydraulique et machines à colonne d'eau), les moteurs à gaz, à pétrole et à benzine. Leurs rendements différents sont indiqués par l'échelle ci-dessous.

Le prix d'un HP pour une durée de 10 heures est le suivant :

Machines à eau . . . . 6,90 mk.
Machines à gaz . . . . 3,00 »
Petites machine à vapeur . . . . 3,75 »
Moteurs à benzine . . . . 3,20 »
Moteurs à pétrole . . . . 2,80 »
Moteurs électriques . . . . 2,23 »
Un ouvrier . . . . 25,00 »

Un ouvrier fournit par jour, c'est-à-dire pendant environ 10 heures, en tournant une manivelle, une force de 1 HP. Il faudrait donc 10 ouvriers pour disposer pendant chaque heure d'une puissance de 1 HP.

Bibliographie. — KNOKE, *Die Kraftmaschinen des Kleingewerbes*, 1887, p. 3 ; ROSCHER, *Ansichten der Volkswirtschaft*, 3e éd., 1878, 2, p. 101 ; F. REULEAUX, *Die Maschine in der Arbeiterfrage*, 1885 ; GROTHE, dans le *Jahrb. f. Gesch. u. Verw.*, 8, p. 180 ; STIEDA, dans le *Jahrb. f. Nat., Neue Folge*, 3, p. 226 ; E. CLAUSSEN, *Die Kleimmotoren und die Kraftübertragung von einer Zentrale*, 1891 ; A. SPRINGER, *Die Kraftmaschinen und deren Anwendung*, 1905 ; BAUER, *Die Sozialpolitische Bedeutung der Kleinkraftmaschinen*, 1907 ; NANSOUTY, *Le machinisme dans la vie quotidienne*, 1909 ; HAMMEL, *Der Elektromotor in Kleingewerbe und Handwerk*, 1910 ; ESWEIN, *Elektrizitätsversorgung und ihre Kosten*, 1911 ; L. GRATZ, *Kurzer Abriss der Elektrizität*, 1908, 5e éd. ; H. BRAUNS, *Der Uebergang von der Handweberei zum Fabrikbetrieb*, 1906 ; L. MASS, *Der Einfluss der Maschine auf das Schreinergewerbe*, 1901].

(10) Voir ZAHN, dans les *Annalen d. D. R.*, 1911, p. 169.

CHAPITRE V

ORGANISATION INTERNE DES MÉTIERS
AUX DEGRÉS INFÉRIEURS DE LA CIVILISATION

CONTRAINTES ET BANALITÉS

§ 37

[Les banalités étaient des prescriptions, par l'effet desquelles tous les habitants d'un territoire ou une partie d'entre eux se trouvaient contraints de s'adresser, pour satisfaire leurs besoins, à certaines places ou à certaines personnes. Les banalités atteignaient les consommateurs forcés d'acheter ou de faire travailler aux endroits qu'elles déterminaient. Aux débuts, le seigneur foncier était de préférence leur titulaire, mais elles appartenaient aussi au roi ou aux grands personnages. Lorsque leur origine n'était pas seigneuriale elles se rattachaient étroitement aux organisations militaires que l'on rencontre aux IX⁰ et X⁰ siècles. « En construisant des châteaux pour protéger le pays, on instituait aussi certains établissements destinés à la préparation des subsistances, dont l'usage exclusif était assigné par le droit au château même, à la colonie de marchands installée dans son voisinage, ainsi qu'à la région d'alentour, dont le château formait le refuge » (HOEHNE) (1). Les banalités se développèrent principalement dans la meunerie, la boulangerie, la brasserie, la distillerie, bien qu'il y eût aussi plus tard des teintureries, des pressoirs, des équarissages, des forges et des débits banaux. Ces professions ne devinrent des banalités, que lorsque celui auquel seul, dans un territoire, appartenait le droit, par exemple, de brasser la bière, put y interdire aux autres la fabrication de celle-ci, en même temps que son importation d'une provenance extérieure ; ou encore lorsque l'établissement d'un débit autorisa l'interdiction pour le titulaire de ce dernier, de se procurer ailleurs la boisson à servir.

Les banalités se laissent ramener, d'une part, au droit seigneurial d'assigner aux manses du domaine les conditions de leur production comme aussi la nature de leurs services et la manière de les fournir. Tout ce que le seigneur ordonnait ou imposait par la force était à propos, ceux qui lui étaient soumis ne pouvant faire autrement que de lui obéir aussi à cet endroit. Il faut, d'autre part, tenir compte de ce que c'était précisément le seigneur foncier qui, pour les besoins économiques de son domaine, créait des installations industrielles dont les frais de construction n'étaient pas de peu d'importance. Il était donc naturel, non seulement d'en permettre l'usage à d'autres, mais encore, pour augmenter les profits de l'entreprise, de rendre cet usage obligatoire. Les moulins, les fours, les brasseries, les pilons à huile, les pressoirs furent, en fait, dans beaucoup d'endroits, bâtis ou installés par le seigneur foncier local. Ces banalités furent, dans la suite, soit acquises par les villes du seigneur dont elles dépendaient, soit opposées par elles aux droits qu'il prétendait exercer. La cité s'occupa d'installations industrielles pour rendre service à ses ressortissants, et ceux-ci les utilisèrent d'abord volontairement, comme établies dans leur intérêt, avant de se trouver contraints de s'en servir.

Abstraction faite de l'excellence de l'intention primitive et en dépit des avantages offerts aux particuliers et à la communauté par l'établissement de certaines installations industrielles, leur vice fondamental se manifesta peu à peu. Il était, non seulement, dans la restriction de la liberté de l'industrie, mais aussi, dans l'impuissance à tenir compte du développement progressif de ses besoins. L'augmentation de la demande de produits ou de services trouvait les établissements, dont l'usage était forcé, insuffisants à y pourvoir. On n'en créait point de nouveaux, dont la productivité des anciens aurait souffert. La convenance qu'il y avait à l'origine à se servir d'installations très perfectionnées peut-être, pour leur époque, au point de vue technique, se changeait en l'amertume d'être contraint de satisfaire ses besoins incomplètement et mal, où moyennant un prix relativement élevé. On aurait pu se contenter mieux et à meilleur compte, si les banalités n'avaient pas exclu la libre concurrence. Le propriétaire d'une entreprise industrielle, frappée de banalité, est moins tenté que personne de faire preuve de scrupule. Il est assuré de sa clientèle, tandis que tout autre doit d'abord en conquérir une, grâce à la supériorité de ses produits, et veiller ensuite à ne pas la perdre. La législation ne suffisait pas à protéger les assujettis aux banalités. La taxe des services susceptibles d'être requis ne garantissait nullement de ne pas les voir surfaire. Lors même que le titulaire d'une banalité pouvait être tenu d'indemniser les assujettis subissant une perte par sa faute, les réclamations de cet ordre demeuraient toujours une affaire ennuyeuse et d'un succès incertain pour celui qui devait les présenter. Le système de la concession est peu susceptible de fonctionner en satisfaisant le consommateur, dans l'impossibilité où l'on se trouve de calculer, avec certitude, l'accroissement de la demande. Il est, pour cette raison, aussi peu facile, avec les banalités, d'entreprendre d'augmenter ou d'agrandir les établissements, de manière à correspondre aux besoins. L'intérêt du titulaire est, en général, opposé à celui de la masse. On a reproché, avec raison, aux privilèges banaux, d'entraver le commerce, d'empêcher l'essor de l'industrie, de faire renchérir les besoins vitaux les plus immédiats, et d'engager les privilégiés à fournir, malgré l'élévation des prix, des marchandises détestables ou des services défectueux (2).

En Prusse, le règlement sur les moulins du 14 décembre 1785, pour la province de Lithuanie, supprima, pour un temps et en partie, les moulins banaux. Dans tout le plat pays, ceux qui, jusque-là, avaient été les assujettis des moulins domaniaux devinrent libres de faire moudre à leur convenance. Par contre, dans les villes, le droit de moulin banal demeura en vigueur, et pour elles comme pour les campagnes, les banalités de malterie et de distillerie subsistèrent. Une commission instituée par ordre spécial de Sa Majesté, en date du 2 janvier 1803, émit, au cours de ses débats, l'idée que la suppression du droit de moulin banal serait désirable. Il n'y avait doute que sur la question de savoir si l'opération devait se faire en une fois ou progressivement. Ces aspirations donnèrent naissance, après que le décret du 30 janvier 1808 eût aboli les droits régaliens sur les moulins, à l'édit du 29 mars 1808, sur la suppression du droit de moulin banal, qui s'étendit à la Prusse Orientale, la Lithuanie, l'Ermeland et le cercle de Marienwerder. L'intention du grand homme d'état, Stein, était d'étendre cet édit au pays tout entier, ce qui pourtant ne put se faire. Le 1er décembre 1808, le droit de moulin banal ou l'autorisation s'attachant à la propriété d'un moulin de contraindre d'autres personnes à s'en servir, cessèrent, moyennant indemnité aux titulaires, d'être en vigueur dans les villes et campagnes de la Prusse Orientale et de la Lithuanie. Deux ans plus tard, l'édit du 28 octobre 1810 marqua la fin, pour toute la monarchie, des banalités de moulin, de brasserie, et de distillerie. A ces divérsé dits s'ajoutèrent la loi du 13 mai 1833, sur la suppression des contraintes et banalités dans la province de Posen ; l'ordre de cabinet du 23 mars 1836, sur la mise en vigueur de l'édit de 1810, dans les provinces nouvelles et reconquises ; et enfin, l'ordonnance générale pour l'industrie du 17 janvier 1845.

En Bavière, une ordonnance du prince-électeur de 1804 abolit « toute contrainte corporative des métiers de l'intérieur l'un envers l'autre ». Tout meunier put, en conséquence, moudre pour des habitants de ressorts de justice voisins sans que son collègue établi dans ceux-ci fût fondé à lui intenter une action. Une ordonnance spéciale de 1805 supprima les banalités de brasserie. Les brasseurs furent ensuite autorisés à débiter la bière et à concurrencer ainsi les aubergistes. Ils ne reçurent d'ailleurs aucune indemnité pour la perte qu'ils subissaient de la garantie de vente de leur marchandise. Les médecins et les chirurgiens eux-mêmes se virent enlever, en 1808, le droit exclusif de traiter les malades de leur domicile.

En Württemberg, la révision de l'ordonnance sur l'industrie, du 5 août 1836, s'exprima sur ce sujet aussi peu que sur les droits industriels réels (vénalité du droit d'exercer un métier), au sujet desquels on se borna à réserver l'avenir. Ce fut seulement la loi des 8 juin et 25 septembre de la même année qui répondit au vœu si souvent exprimé déjà de l'abolition des banalités, en abrogeant celles-ci par sa promulgation. — En Saxe, les transformations et les progrès multiples de l'indsutrie avaient modifié, peu à peu, les banalités que d'anciennes ordonnances de police avaient confirmées plusieurs fois. En fin de compte, ces banalités n'existaient plus que pour la banlieue des villes dans lesquelles avaient survécu des corporations, et seulement autant qu'elles se trouvaient expressément stipulées par les articles spéciaux à chacune de ces dernières. En 1838, les banalités de brasserie et de moulins furent supprimées par mesure générale. En Autriche, dès avant la Révolution française, l'empereur Joseph II avait aboli, le 19 mars 1787, les moulins banaux. En France, les banalités disparurent alors que la tendance était à peu près à toutes les suppressions, et naturellement suivant les principes de cette époque, sans aucune indemnité pour les titulaires.

Il faut rattacher aux banalités la *banlieue* (*Bannmeile*), qui a également ses racines dans le droit foncier seigneurial et s'appuie constitutionnellement sur le *Burgbann*, sur la juridiction du château. La banlieue (*Bannmeile*), la lieue (*Meile* = mille allemand de 7.420 mètres), du ban (*bann*), consistait dans le droit, pour les artisans de la ville, de ne pas tolérer dans une certaine étendue de plat pays autour de celle-ci, l'établissement de concurrents comptant y trouver des débouchés pour leurs produits ou leurs services.]

L'étendue de la banlieue était très variable. La ville de Chemnitz reçut, en 1358, le privilège que la région comprise dans un cercle de 10 milles (75 kilomètres) autour d'elle ne pouvait blanchir ailleurs qu'à Chemnitz, non plus qu'exporter ni lin brut, ni fil, ni toile non blanchie. L'ordonnance nationale saxonne de 1482 défend d'établir aucun métier dans un périmètre d'un quart de mille au delà des banlieues urbaines, sauf le cas où un village ferait la preuve de privilèges opposés ; dans un périmètre encore supérieur ne sont admis que les forgerons et les tisserands. La banlieue de Lübeck était fixée pour les forgerons, en 1594, à 1 mille seulement ; mais, dès 1563, les autorités demandaient que la limite fût généralement portée à 2 milles, ce qui fût consacré, en 1756, par un arrêté du Conseil. On admit même, en 1804, 8 milles pour des métiers spéciaux. En présence de la barbarie du moyen âge, ces restrictions pouvaient à peine être considérées comme effectives pour le peuple des campagnes. A cette époque de brigandages et de guerres, les capitaux industriels étaient le plus en sûreté derrière les murs de la ville. Dans un pays à population clairsemée, c'est seulement aux points de concentration urbaine qu'est possible cette division du travail et ce choix des ouvriers qu'exige l'industrie. Les métiers répondant aux nécessités journalières de l'existence étaient, dans les campagnes, permis pour la plupart. C'était le cas, en Hesse, aux termes de la réforme de police de 1526, des boulangers à domicile, des forgerons, des tailleurs, et des tisserands en drap pour dames. Le recès de la diète de Gandershein, de 1601, autorise les forgerons, les charrons, les savetiers et les tailleurs de campagne. Le décret prussien de 1602 interdit d'employer comme marguilliers de campagne et maîtres d'école, tous autres artisans que les tailleurs, tisserands, forgerons, charpentiers et charrons. En Saxe, en 1767, les avantages accordés au plat pays furent encore plus étendus (3).

[Au point de vue économique, l'institution des banalités avait le caractère d'une réglementation indirecte des prix. Elle coupait court à toute possibilité d'accroître l'offre par suite d'arrivages occasionnels de quelque marchandise. Les prix devaient, par suite, n'éprouver à l'intérieur de la ville que de faibles oscillations. Nul artisan urbain ne se voyait forcé de s'écarter des prix habituels, la concurrence ne l'y contraignant pas. La banlieue se rattachait à la contrainte corporative à certains égards. La surveillance de ceux demeurant hors de la ville ne pouvait, non seulement pas s'exercer avec la sévérité convenable, mais de plus, leur établissement à la campagne les dispensait aussi de participer aux charges municipales et corporatives (4).]

Lorsque plus tard, les raisons justifiant le fait vinrent à cesser d'être, et que la banlieue des villes ne put subsister que par contrainte, on s'aperçut des maux qu'elle entraînait et qui suivent toute atteinte antinaturelle à la liberté du choix professionnel et local. [L'égoïsme des artisans urbains tendait à ne tolérer d'industriels dans les campagnes en aucune façon en général, ou qu'en nombre limité seulement. Dès le début du xve siècle, ces efforts pour restreindre la concurrence se manifestèrent ouvertement, et l'on alla si loin que les compagnons, qui avaient travaillé dans les villages ou dans les limites du ban, durent abandonner tout espoir d'occupation chez un maître de la ville, et plus généralement ne purent occuper dans celle-ci une situation indépendante.]

Si, à une époque antérieure, on avait, en Allemagne, attaché une grande importance à attirer les paysans dans les villes et à libérer les serfs par un séjour d'une année dans celles-ci, le xve siècle marque le début de leur fermeture inquiète. Les droits de réception des nouveaux citoyens sont, en général, beaucoup plus élevés dans les temps postérieurs que dans les anciens. [A Francfort-sur-Mein, en 1378, le droit de bourgeoisie fut augmenté de 3 livres à 10 livres 4 schillings (BUCHER, *Bevolk. Frankfurts*, I, p. 348)]. On trouve, en 1497, une décision de la Hanse de n'accueillir désormais comme citoyen aucun étranger. A Nüremberg, Lübeck, etc., on réclame, depuis le xvie siècle, contre la concurrence des artisans des campagnes. L'ordonnance nationale saxonne de 1482 est précédée de plaintes des villes au sujet de la spoliation de leurs droits de brasserie, etc., par quelques prélats et nobles personnages. Les doléances des cités vis-à-vis des artisans des campagnes sont exprimées, pour la première fois, à la diète de Leipzig de 1500. [Les villes du Mecklembourg protestent, en 1512, contre l'augmentation du nombre de personnes du plat pays exerçant un métier ou un commerce, ce qui amène l'ordonnance de police de 1516]. La Faculté de droit de Tübingen émet, en 1531, l'avis d'une observation plus stricte des banalités. En Hanovre, c'est à la diète de 1563 que sont présentées, pour la première fois, des réclamations contre les artisans des campagnes et SPITTLER (*Hannov. Geschichte*, 1, p. 280) explique ce fait par la cessation des guerres privées qui les dévastaient. En Württemberg, on se plaint, dès le règne du duc Christophe (1550-1568). Il en est de même en Angleterre, sous Henry VIII, ainsi qu'en témoigne l'ordonnance 25, C. 18 de son règne (comparer aussi 21, C. 12)]. [La présence, d'abord isolée, de maîtres dans les campagnes, amène finalement la formation de corporations dans celles-ci (Cpr. FLEMMING, *Die Dresdener Innungen*, 1896, p. 153 et suiv.)]. SECKENDORF (*Add. zum Deutschen Fürstenstaate*, 1664, p. 169 et suiv.), ne tenait plus le droit de banalité des villes pour nécessaire. J. MOSER également, dans la défense qu'il lui avait consacrée, s'était vu contraint, par voie de conséquence (*Patriotische Phantasien*, 1, p. 32), d'accorder que, dans les derniers temps (1775-86), sa principale raison d'être, l'entretien des fortifications, avait cessé d'exister (5).

[La noblesse commençait à prendre goût à l'exercice des professions bourgeoises. Elle s'attachait à la brasserie, ou engageait les artisans à s'établir dans les campagnes. Il fallait réglementer la chose d'une façon générale. L'ordonnance nationale des frères Ernest et Albert, ducs en Saxe, de l'année 1482, contient déjà des dispositions « à cause de « la malterie, de la brasserie et des gens de ces métiers. « Nulle personne, quels que puissent être sa condition, son « rang ou son espèce ne peut, dans un village non spéciale- « ment autorisé à cet effet, attirer des artisans, les y mettre « chez eux, ni leur y faire aucun jour exercer leur métier. » Dans le Mecklembourg, l'ordonnance de police de 1516 statuait à son tour, après des plaintes multiples de différentes villes, au sujet de l'exercice illégal de la brasserie et de l'établissement à la campagne de tisserands, tailleurs, fourreurs, cordonniers et autres artisans, d'une façon très précise sur les banalités, ainsi que sur le permis de séjour pour les gens d'industrie. La noblesse et le clergé furent autorisés à brasser pour leur usage personnel, sans pouvoir fabriquer de bière pour la vendre. Les propriétaires campagnards, les meuniers, les marguilliers, et autres ruraux, avaient uniquement le droit de brasser, pendant la moisson, la boisson nécessaire à eux-mêmes et à leurs gens. Ils étaient tenus, de même que les aubergistes, d'apporter, pour les vendre à la ville, leurs produits, et d'y acheter leurs boissons, vêtements, chaussures, etc... Il ne devait être, dans les campagnes, toléré d'artisans que ceux qui s'y trouvaient établis depuis les temps les plus anciens. On n'en resta pas d'ailleurs à cette réglementation, et dans les actes de la Diète du xviie siècle, les incommodités dues aux villes ne cessèrent point.

Dans la marche de Brandebourg, il existait dans les villages ce que l'on appelait des places de métier (*Handwerkstellen*). L'année 1624 avait été choisie comme base normale et les maisons qui, à ce moment, étaient habitées par des gens de métier s'appelèrent « places de métier anciennes ». Elles étaient portées sur les cadastres, dont chaque cercle possédait un, et en dehors d'elles, il n'était permis à nul artisan de s'établir dans les villages. Frédéric-Guillaume Ier fit de même les plus grands efforts pour attirer les artisans dans les villes, lorsque les représentants de cette classe se trouvaient en surnombre. Dans l'électorat de Saxe par contre, le mandement du 29 janvier 1767 se montra plus tolérant. Toutefois, pour les charpentiers, maçons, tailleurs, forgerons, maréchaux, charrons, selliers et bourreliers, il n'autorisa dans chaque village qu'un seul maître. Il était interdit à ces maîtres de village de travailler pour la clientèle urbaine, et d'entretenir des apprentis non plus que des compagnons.

Dans l'électorat de Brunswick, l'ordonnance de 1776 sur la limitation du nombre des artisans des campagnes, pour le district de Lauenburg, confirmait une autre plus ancienne de 1702, aux termes de laquelle la noblesse était autorisée à entretenir sur ses terres des artisans pour la satisfaction de ses besoins personnels. Dans les villages, ne devaient pourtant être admis d'autres artisans que les forgerons, les charpentiers, les tisserands en toile, les charrons, les savetiers et les tailleurs. Dans la Haute Principauté de Bayreuth, le rescrit du 30 juillet 1746 sur la suppression des inconvénients dont les artisans se plaignent n'est pas moins sévère ; il ne faut pas laisser dans les campagnes s'établir, en nombre aussi considérable que jusqu'ici, des maîtres « qui briseraient les maîtrises établies dans les villes et bourgs de marchés et proprement seules à y tenir une place légitime ». Il est à peine aujourd'hui besoin d'expliquer, comme Leuchs le jugeait utile encore en 1848, que de pareils privilèges des villes vis-à-vis des campagnes ne peuvent se justifier en aucune façon. C'est par suite d'une anomalie, que le projet d'ordonnance sur l'industrie pour le royaume de Saxe, en 1858, voulait encore transporter, dans la réglementation nouvelle, la défense du moyen âge d'exercer des métiers dans les campagnes. Le § 40 suivant tempérait, à la vérité, la rigueur de ces principes par la voie de concessions du gouvernement. Mais cela restait une étrangeté, de faire dépendre de l'appréciation arbitraire des pouvoirs publics, ou de l'opposition de villageois bornés, l'établissement d'industriels dans le plat pays. L'expérience a, dès longtemps, fait justice de la singulière objection que la liberté des métiers dans les campagnes ferait déserter les villes. Bodemer avait pleinement raison d'affirmer que l'extension de l'industrie dans les premières augmenterait chez les classes rurales leurs prétentions à l'existence. Dès qu'elles comprennent que les objets dont elles ont l'habitude ne sont pas aussi habilement travaillés par les artisans du village, et que les boutiquiers qu'on y trouve n'ont pas un choix satisfaisant, elles apprennent, en général, à venir avec raison les chercher dans les villes. Quoiqu'il en soit, il fallut attendre l'ordonnance sur l'industrie de 1869, après que le bon exemple eût été donné par quelques législations, comme par exemple la badoise en 1862, pour voir uniformément cesser, d'abord dans la confédération de l'Allemagne du Nord, et plus tard dans tout l'Empire, la différence entre les villes et les campagnes au point de vue de l'exercice et de l'industrie et de son extension (6).

(1) [KARL KOEHNE, *Studien über die Entstehung der Zwangs- und Bannrechte*, dans la *Zeitschr. d. Savigny-Stiftung f. Rechtsgesch., Germ. Akt.*, 2, p. 172 et suiv. (1909) ; 28, p. 63 et suiv. (1907) ; KARL KOEHNE, *Das Recht der Mühlen bis zum Ende der Karolingerzeit*, 1904 ; Article *Bannrechte*, dans le *Staats- und Gesellschaftslexikon* ; Traités du droit privé allemand de EICHHORN, MITTERMAIER, MAURENBRECHER, etc. ; A. BENE-DIKT, *Der Zunftzwang und die Bannrechte*, 1835 ; J. G. HOF-MANN, *Die Befugnis zum Gewerbebetriebe*, 1841)].

(2) LOTZ, *Handbuch der Staatswirtschaftslehre*, 1838, II, 113 ; J. C. LEUCHS, *Gewerbe und Handelsfreheit*, 1848, 2e éd. ; INAMA, *Deutsche Wirtschaftsgeschichte*, 2, p. 297, 4, p. 41.

(3) ZOLLER, dans les *Mitteilungen d. Ch. Geschichtsvereins*, I ; *Cod. August.*, I, 11 ; WEHRMANN, *Lübecker Zunftrollen*, 100 ; MYLIUS, *C. C. M.*, I, 1,112 ; HAUBOLD, *Sächsisches Privatrecht*, 504 ; MASCHER, *Das deutsche Gewerbewesen*, 1866 ; F. TECHEN, *Etwas von den mittelalterlichen Gewerbeordnung, Hansische Ges-chichtsbl.*, 1898, p. 19 et suiv.

(4) STIEDA, *Enstehung d. deutschen Zunftwesens*, 98-100.

Roscher 22

(5) MAURER, *Städteverfassung*, 2, p. 753 et suiv ; SARTORIUS, *Gesch.*, 2, p. 691 ; BAADER, *Nürnberg. Polizeiordnungen*, 170 ; WEHRMANN, *Lübeck. Zunftrollen*, 96 et suiv. ; *Zeitschr. f. Staatsw.*, 16, p. 521 et suiv.; *Jahrb. d. Ver. f. Mecklenbg. Gesch.*, 57, p. 157 et suiv. ; FLEMING, *Dresdner Innungen*, 1896, 153 et suiv.

(6) H. BODEMER, *Zur Beurteilung d. Entwurfs einer Gewerbeordnung f. d. Königreich Sachsen*, 1859, p. 51 ; G. E. HEROLD, *Die Rechte der Handwerker und ihrer Innungen*, 1841, p. 42 ; L. KOEHLER, *Das württemb. Gewerberecht*, 1891 ; KAIZL, *Der Kampf um Gewerbereform in Bayern*, 1879 ; K. v. ROHRSCHEIDT, *Vom Zunftzwange zur Gewerbefreiheit* ; S. SCHWARTZ, *Gesetz über Bannrechte und Geverberechte mit Ausschliessungsbefugniss f. d. Königreich Württemberg vom 8 nov.* 1849.

§ 38.

[Un caractère particulier s'attache à ce que l'on a appelé les *privilèges réels* (*Realgerechtigkeiten*) ou encore les *privilèges de métiers*, impersonnels et d'assiette foncière. Ils apparaissent d'abord dans ceux dont l'exercice exige un bâtiment d'une disposition spéciale, comme les moulins, les forges, les boulangeries, etc. Nul ne pouvait pratiquer librement un métier de cette nature, à moins d'avoir acquis la place du titulaire actuel. On ne prenait pas garde à ce que le nouvel acquéreur fût capable d'exercer lui-même sa profession. Plus tard on assiste au développement de ces privilèges de métiers, dans ceux pour lesquels une parcelle foncière n'était point nécessaire. On aboutit ainsi à ce que presque aucun artisan ne pouvait s'établir avant d'en avoir acheté le droit à un autre. Ces droits réels ont de commun avec les contraintes et banalités le droit à une certaine production ou à une certaine vente, sur un territoire de limites précises. Mais ils s'en distinguent en ce qu'ils ont moins d'intensité. Les habitants d'un district rural, assujettis à une banalité, n'ont aucun autre moyen de satisfaire leur besoin, que de s'adresser au titulaire. Par contre, les habitants d'un territoire soumis au régime des privilèges réels peuvent pourvoir à leur besoin d'un produit industriel en le fabricant eux-mêmes, à domicile, ou en se procurant au dehors l'objet désiré. Le mauvais côté de ces droits réels consistait en ce que celui d'exercer une industrie, qui, devrait pourtant dépendre des connaissances et de l'habileté personnelle, était négociable et se transformait, suivant l'expression de J. G. Hoffmann, en une propriété de famille. La valeur vénale de ces privilèges était parfois poussée à un taux d'une élévation extraordinaire. L'auteur ci-dessus, dans son ouvrage *Interesse des Menschen und Bürgers bei den bestehenden Zunftverfassungen* affirmait, en 1803, qu'il existait en Prusse des villes où un privilège de boulanger se payait 2.500 thalers, et un privilège de cordonnier 1.200 thalers. Il croyait pouvoir évaluer l'ensemble des privilèges exclusifs de brasserie d'une seule ville à 800.000 thalers. Il admettait que le territoire prussien d'alors comptait, sur ses 8 millions d'habitants, environ 160.000 maîtres de corporations dans les villes. Si, sur ces derniers, un dixième seulement s'était vu contraint d'acheter des privilèges, et que la valeur moyenne de l'un de ceux-ci eût été de 1.000 thalers, leur total serait revenu à 16 millions de thalers. Le service des intérêts de ce capital d'acquisition, calculé y compris une prime pour risques, à 7 1/2 %, aurait donné un chiffre de 1.200.000 thalers, constituant la charge annuelle des consommateurs pour dédommager les industriels de l'achat de leur privilège.

L'existence de ces privilèges réels peut être démontrée partout en Allemagne. Ils ne sont, nulle part, devenus aussi considérables et aussi importants qu'en Bavière. La maxime « L'art ne s'hérite pas » (*Kunst erbt nicht*), qui était admise partout autrefois en Allemagne, garda sa pleine vigueur en Bavière jusqu'après la première moitié du xviiie siècle. Le Code bavarois de 1756 en excepta la brasserie, à cause des établissements qui lui étaient nécessaires. Cette dernière disposition se généralisa si bien, qu'on dût la considérer comme applicable aux possesseurs « d'installations et d'appareils industriels importants et précieux ». D'après le même code, le titulaire du droit personnel d'exercer un métier pouvait, avec le consentement de l'autorité, le céder à un individu au courant et agréé par la corporation. Bien qu'il n'y eût à acquitter qu'une taxe de récognition « modérée », ce fût là l'origine du développement de choses ultérieur. Le principe incontesté jusque-là de la personnalité et du caractère public du droit en question se trouvait, en effet, largement battu en brèche. Ces « cessions » ainsi nommées devinrent toujours plus fréquentes, et sans cesse s'accrut aussi le nombre des métiers considérés comme inséparables des établissements existants. En fin de compte, les corporations admirent le caractère réel de tout droit de pratiquer une industrie, pour lequel les autorités avaient, aux débuts, fermement maintenu le principe de la personnalité. Dans les dernières années du règne de Charles Théodore, entre 1777 et 1799, la plus grande partie des corporations se fermèrent au libre accès, et la nature réelle du droit d'exercer un métier fut universellement reconnue.

Le décret du 1er décembre 1804, relatif aux droits de cette espèce, marqua le début des réformes. Il posa en principe que ceux de ces droits, qui se fondent uniquement sur l'habileté personnelle, ne peuvent revêtir le caractère de privilèges réels ou d'une propriété aliénable. Seules, les industries dont l'exercice, par suite leur nature, est liée à des bâtiments spécialement agencés, comme les brasseries ou les moulins, peuvent, comme droits d'assiette foncière, faire l'objet de concessions. En dépit de toutes les recommandations, la mesure ainsi prise demeura incomplète. Les autorités continuèrent tranquillement de considérer les privilèges d'industrie comme saisissables, et de faire procéder à leur vente. La nouvelle loi sur l'industrie du 11 novembre 1825 parut n'apporter aucune modification à la manière de voir adoptée. Elle plaça toujours les droits impersonnels, « à nouveau limités à la seule étendue correspondante à la nature des choses, sous le titre et sous « l'égide de la propriété privée ». Elle fit preuve de tolérance à l'égard des droits réels et d'assiette foncière existant déjà comme tels. Les restrictions mises à leur aliénabilité furent réduites. A la longue, les abus qui se produisaient avec les privilèges impersonnels d'industrie finirent par peser trop lourdement. Une décision des Chambres agréée par le Roi imposa en 1856 l'obligation, même pour s'établir dans un droit réel ou d'assiette foncière nouvellement acquis, de vérifier sa productivité comme à l'ordinaire. Le résultat seul de cette épreuve devait décider de l'autorisation d'exercer le métier. Ce système affaiblit certainement beaucoup l'importance des droits réels. De leur rang de droits librement accessibles, ils tombèrent à celui d'un droit à une considération particulière, au cas où il aurait été trouvé indispensable de pourvoir à une place de maître devenue vacante. Toujours est-il qu'en Bavière, aux approches de 1860, il n'existait pas moins de 76.375 droits impersonnels d'industrie. Sur ceux-ci, on comptait 5.790 brasseries assises au foncier, 16.174 droits d'auberge, 39.080 métiers corporatifs, 14.930 métiers non corporatifs et 311 privilèges commerciaux ou financiers. La loi du 6 février 1868 les abolit d'une façon générale. Désormais chacun put d'emblée commencer l'exercice d'une profession. Les droits ne furent point rachetés. La possession d'un droit réel n'eut que cette conséquence, que son titulaire, s'il satisfaisait aux conditions personnelles prescrites, ne pouvait se voir refuser la concession nécessaire à l'exercice de son industrie (art. 11). C'est ainsi que disparurent, en Bavière, les droits réels, au grand étonnement des partisans d'un rachat. En Prusse, l'Edit relatif à la création d'un impôt général sur l'industrie, du 2 novembre 1810, posa en principe, que « dans les endroits où existent actuellement des « privilèges de métiers, non assis sur une parcelle foncière « et non indissolublement à elle attachés, mais inscrits tou- « tefois sur les registres hypothécaires, il devra être réglé « par les gouvernements une équitable indemnité au profit « des titulaires. » En Württemberg, il régnait encore, au moment des débats relatifs à la révision décrétée le 5 juillet 1836 de l'ordonnance sur l'industrie, la plus grande obscurité quant aux droits réels. Il est certain seulement qu'ils ne furent pas alors abolis, mais laissés aux titulaires avec permission de continuer leur métier (1).

(1) STIEDA, dans le *Hdw. d. Staatsw.*, 3ᵉ éd., 8, p. 116-18 et suiv.

PRIVILÈGES BANAUX ET CORPORATIFS

§ 39.

[L'origine des corps de métiers n'est pas encore pleinement éclaircie. L'idée de rattacher, en Allemagne, les corporations aux collèges romains a été l'objet d'un abandon définitif. Il est prouvé que les diverses formes sous lesquelles à Rome se présentaient les collèges ne permettent de reconnaître aucune parenté avec les communautés germaniques apparues dans la suite (1). Les théories mises en avant depuis, pour expliquer l'origine des corporations, n'ont pas l'avantage d'un assentiment unanime. Des rapports dont il est impossible d'apercevoir les détails ont manifestement existé entre les corporations et, d'une part, les guildes (2), d'autre part, l'organisation du personnel industriel servile des domaines corvéables, les offices seigneuriaux et les communautés féodales.

Les *guildes* (*Gilden*) sont des confréries (*Bruderschaften, fraternitattes*), dont les liens consistaient en droits et en devoirs et qui, à certains jours de l'année, célébraient des orgies solennelles. Elles témoignent, dès l'origine, d'éléments moraux et religieux, en rapprochant fraternellement leurs membres aux fins d'une aide réciproque. Le but qu'elles poursuivent est le soutien mutuel des frères et des sœurs dans la nécessité, la participation aux funérailles des membres défunts, la célébration de messes pour le repos de leurs âmes, l'entretien du luminaire sur les autels dans les chapelles et églises, etc. Les plus anciennes et les plus connues sont les vieilles guildes frankes, qui furent interdites par les lois impériales et les ordonnances de l'Eglise aux VIIIe et IXe siècles. Leurs membres se recrutent parmi diverses classes sociales. Des ecclésiastiques et des nobles, des artisans et des marchands, des personnes des deux sexes, se trouvent réunis dans leur sein. Wilda enseignait déjà, en 1831, que c'est à l'exemple de ces guildes que les artisans auraient fondé des associations libres. Sans doute une simple imitation des premières n'est pas précisément vraisemblable. Mais pourtant l'idée corporative qui, dans les guildes, s'ouvrit avec succès la voie, pourrait avoir exercé une influence sur les résolutions des artisans. La pensée qui conduisait à se grouper en associations pour favoriser le salut des âmes pouvait aussi devenir féconde lorsqu'il s'agissait de protéger la vie industrielle journalière.

Une certaine théorie admet que des artisans, de condition servile à l'origine, seraient parvenus peu à peu à la liberté et auraient, sur le modèle des divisions féodales dans les domaines de la grande seigneurie foncière, fondé des corporations. Cette manière de voir a beaucoup pour elle. Elle a été notamment soutenue par W. Nitzsch (3), dont Eichhorn avait été le précurseur, en signalant aussi à côté du système faisant dériver les corporations d'institutions romaines, leur origine féodale. Nitzsch fut suivi par un grand nombre de professeurs, parmi lesquels Arnold, Heusler, Gierke, von Maurer, Schmoller, Inama-Sternegg, Stieda, etc. D'après leur opinion, il n'y aurait eu d'artisans, à l'époque la plus ancienne, que dans les domaines corvéables. N'ayant pas la liberté de leur personne, ils auraient d'ordinaire été réunis en communautés sous les ordres d'un supérieur, le « maître ». Les artisans de ces domaines seraient, peu à peu, devenus artisans libres des marchés, tandis que leurs communautés se seraient transformées en corporations, apparues d'abord dans les villes. Cette conception n'a pas été soutenue par tous ses partisans avec une égale rigueur. Certains d'entre eux, en effet, ont admis que des corporations ont été appelées à l'existence par le fait d'artisans libres agissant dans un esprit d'association. Elle a d'autre part été combattue par von Below. Il estime que l'ascension progressive des artisans d'un état de servage à celui de liberté ne correspond pas à la réalité des choses. A supposer qu'il y ait eu des artisans de condition servile, ils seraient devenus libres tout d'un coup, et la formation des corporations s'expliquerait uniquement par la tendance à l'association. Il est, sans aucun doute, exact que les taxes et prestations, incombant aux artisans des villes, ne doivent pas être considérées, comme on le pensait autrefois, comme des signes de dépendance féodale, mais qu'elles s'expliquent naturellement d'autre manière. On ne peut, non plus, même isolément, prouver qu'une corporation, en apparence issue d'une communauté féodale, représente le développement d'un office industriel seigneurial, poussé jusqu'à la formation d'un organisme corporatif analogue. Toutefois, il ne faut voir, dans l'absence de raccordements possibles, aucune preuve qu'une influence, en ce sens, ne se soit pas exercée.

Von Below refuse d'admettre l'influence du droit féodal sur les corporations. Il a été suivi par Gothein, Keutgen, von Losch et combattu par Bücher et Ebertstadt. Celui-ci surtout, à l'aide des sources françaises, a rendu plus intelligible la marche du développement probable des corporations en Allemagne. Il fait dériver ces dernières d'une double racine, le *magisterium* et la *fraternitas*. L'office seigneurial des artisans a, par le stade du *magisterium* (maîtrise), évolué vers la corporation. Le *magisterium* poursuit un double but de fiscalité et de juridiction. Sous le rapport du premier, il sert à recouvrer les impôts en argent fournis, soit par l'office considéré dans son ensemble, soit par les artisans isolés. Ces impôts résultent d'une transformation des charges seigneuriales en prestations de sommes. Le côté de juridiction se rattache à la justice seigneuriale. Il a le sens d'une compétence pour toutes les causes, hormis celles des grands criminels où une peine capitale est en jeu. La justice est rendue avec le concours de compagnons artisans, source du développement ultérieur des jurés (*jurati*) de la corporation. Les revenus et taxes de justice profitent au *magisterium* et non pas au tribunal de droit commun. Au cours des temps, l'association des artisans acquit le droit de choisir elle-même le *magister* (maître) qui, à l'origine, lui était imposé. Ceci marque le début de la corporation proprement dite. Ses principes essentiels dériveraient de l'octroi, sous forme de charte, du droit corporatif, de l'existence d'organes statutaires et de l'exercice réel de ses attributions. Eberstadt voit une autre source des corporations dans la *fraternitas*, qui, à l'origine, est une institution purement privée poursuivant des fins spirituelles. Pourvue dans la suite d'un droit coercitif pour assurer sa situation financière, elle se transrorme peu à peu en corporation.

Les théories d'Eberstadt ont trouvé plus de contradicteurs que d'approbateurs. Keutgen surtout, refusant d'encourager tout essai de sauver l'origine féodale des corporations, aborde la matière avec une explication nouvelle. Il voit leurs débuts dans la réunion, par les autorités, des artisans pour en permettre le contrôle sur le marché. Ces offices d'artisans découlent de l'organisation de celui-ci. Suscités par la vérification des marchandises, ils fournissent, dans la suite, l'occasion d'un groupement en société et d'un établissement collectif dans les rues commerçantes, ainsi qu'auprès du marché, dans les quartiers urbains de son voisinage. A la tête des artisans se trouve un fonctionnaire du seigneur local, qui s'efface dans la suite, à mesure que l'augmentation de leur nombre permet d'établir des maîtres d'office qui s'acquitteront mieux de leur contrôle. Ces maîtres jugent et exercent la police, soutenus par une délégation du métier. Le fonctionnaire ministériel a la surveillance générale et perçoit certains revenus de sa charge.

Keutgen non plus n'a point réussi à faire généralement approuver son système. On lui a objecté que, par exemple, dans une ville telle que Cologne, on ne trouve aucune trace d'offices d'artisans et qu'on ne peut davantage y démontrer l'existence de réunions de ces derniers, sous la présidence d'un fonctionnaire. Il n'est pas non plus exact qu'ils se soient établis dans les rues aux alentours du marché. A Cologne, de nombreuses rues commerçantes sont vraisemblablement plus anciennes que le marché du faubourg du Rhin.

Enfin G. Seeliger, et avec lui Walter Muller, ont soutenu que les plus anciennes associations d'artisans seraient des offices de métiers d'origine seigneuriale, manifestement susceptibles d'être considérés comme précurseurs des corporations urbaines. Cette théorie se distingue des autres plus anciennes, s'appuyant sur le droit féodal, en ce qu'elle prend, pour point de départ, non plus les associations d'artisans serfs, mais celles d'artisans libres au point de vue économique, mais personnellement dépendants et obligés au cens. Elle tient compte de la conception d'après laquelle il s'agirait, dans les corporations les plus anciennes, de la réunion d'individus complètement libres, en ce qu'elle fait dériver du penchant à l'association, l'accroissement de la tendance à transformer les anciens offices d'artisans ou à fonder des corporations nouvelles.

Un système intermédiaire entre toutes ces théories acquiert ainsi beaucoup de vraisemblance. Ce n'est pas une circonstance unique qui a donné le branle à la formation corporative, mais les communautés d'artisans se sont développées en partant de différentes bases. Leur organisation, telle qu'elle apparaît dans le cadastre de Saint-Riquier, dans l'ancien droit municipal de Strasbourg, à Paris, à Trèves, à Hildesheim, ne peut avoir pour cause nécessaire une association libre en vue de l'exercice de l'obligation corporative.

Suites naturelles de l'augmentation d'activité de l'industrie, les origines des corporations s'expliquent, sans aucun doute par le concours de circonstances diverses. Comme le dit Inama, « leurs germes, issus principalement du sol ori-

« ginal de la vie urbaine, y ont été apportés par les nom-
« breux éléments populaires soucieux de s'y créer une exis-
« tence, et sont parvenus à un développement rapide dans
« l'air de la liberté municipale ». Eichhorn était déjà parvenu à ce résultat, que « l'institution des corps de métier a
nécessairement sa racine dans deux droits différents », mais
qu'il est impossible d'indiquer dans quelle mesure elle appartient à l'un ou à l'autre. On doit visiblement, d'après
Seeliger, Walter Müller, se représenter les artisans à des
échelons divers de la société. Il faut distinguer : 1° ceux qui
sont indépendants aux points de vue personnel et économique et qui, dans le haut moyen âge, sans doute assez clair-
semés, sont rarement nommés dans les sources ; 2° ceux qui
sont indépendants et libres au point de vue économique,
mais dépendants au point de vue personnel. Ils étaient
arrière-vassaux des seigneuries foncières et possédaient la
capacité de travailler pour vendre librement. Ils répondaient
aux *coloni* et *ingenui*, auxquels une parcelle de terre était
laissée pour la cultiver, et qui devaient en retour fournir des
services sur les terres seigneuriales. Des représentants de
cette catégorie sont fréquemment cités dans les polyp-
tyques de l'abbaye de Saint-Germain-des-Prés, de l'abbaye
de Saint-Remi de Reims, dans le cadastre de Saint-Riquier,
les cadastres de l'abbaye de Werden-sur-la-Ruhr, et dans
les autres sources du haut moyen âge ; 3° ceux qui, faisant
partie du personnel d'un domaine corvéable, ne sont pas
indépendants au point de vue économique, mais peuvent, par contre, au point de vue personnel, être libres
ou non libres, leur force de travail appartenant au seigneur.
Les sources dorment également sur cette catégorie des renseignements peu nombreux. Dans le plan qui fût, en
l'an 820, adressé à Gospert, abbé de Saint-Gall, pour la re-
construction du cloître, des emplacements d'ateliers sont

prévus pour des professions diverses, telles que cordonniers, selliers, fourbisseurs, rémouleurs, armuriers, tanneurs, orfèvres, tisserands, tourneurs, etc... Le réglement de l'abbé Adalhard de Corbie, de l'année 822, énumère les artisans d'après les chambres séparées dans lesquelles ils se livraient à leurs occupations : cordonniers, savetiers, forgerons, orfèvres, parcheminiers, charpentiers, maçons, etc. Par contre, les artisans mentionnés dans le capitulaire *de villis* de Charlemagne offrent déjà tous le type de la seconde catégorie ; ils étaient compris dans le personnel seigneurial, mais avaient la possibilité de travailler pour vendre librement. Ceux qui appartenaient à la troisième catégorie ne fournissaient pas durablement leurs services à leurs maîtres, mais chacun seulement pendant un temps déterminé. Ils se remplaçaient l'un l'autre, ce qui répondait à la règle que les serfs n'étaient, en général, obligés à une tâche que dans une certaine mesure.

On ne peut établir l'existence d'une organisation d'artisans corvéables. Mais on peut reconnaître des groupements de ceux-ci dans les arrière-vassaux et censitaires d'une seigneurie, placés dans une situation dépendante et sous l'autorité d'un maître. Il est incontestable que le personnel dépendant des grandes seigneuries foncières était réparti en divisions que des maîtres dirigeaient. La *Vita Gebhardi*, chap. xix, témoigne que dès le xe siècle, chaque métier avait un maître à sa tête. Cette organisation devait se rattacher à la perception des impôts dûs par les artisans. C'est au même besoin d'ordre que ramène l'établissement de ceux du même métier, dans les mêmes rues ou quartiers de la ville, comme on peut, dès la fin du ixe siècle, le remarquer dans celle de Centula, devenue plus tard Saint-Riquier.

Les offices de métiers d'origine seigneuriale sont les ancêtres des corporations. C'est d'eux que sont issus, par un développement continuel, les corps de métiers urbains. Aux xii° et xiii° siècle, ceux-ci ont des débuts qui promettent beaucoup et qui les conduisent à de grands succès. L'évolution est favorisée et influencée par toutes les circonstances qui dirigent généralement l'essor de la vie municipale, et avant tout par la tendance universellement répandue dès hommes libres à fonder des associations. Ce n'est pas seulement dans les milieux des vassaux et des gens de service que l'on fait l'expérience de la force du groupement, et lorsque des marchands se constituent en compagnies, pour mieux faire face aux risques d'un lointain voyage et aux inconvénients d'un séjour à l'étranger, pourquoi la pensée ne viendrait-elle pas à des artisans libres, de veiller à leurs intérêts professionnels et de se protéger contre les empiètements du pouvoir, en formant des associations eux aussi ?

Les xii° et xiii° siècles, époque de vie intense et de mouvement nouveau, témoignent, en général, d'une abondance et d'une activité de développement considérable. Le servage disparaît, la vie rurale recule devant l'animation variée qui règne dans les villes. Le peuple semble saisi d'un besoin de déplacement extrême. Les campagnes émigrent vers les cités et celles-ci à leur tour, à l'étroit sur le sol national, se portent vers l'étranger lointain. L'insécurité des routes est grande, et le marchand qui voyage court maints dangers ; mais, sous la conduite de cavaliers résolus, il s'avance, il achète à l'étranger des étoffes et des ustensiles qu'on ne trouve que là, et il les rapporte dans des régions qui les ignoraient encore. La beauté des formes qui se révèle ou l'utilité pousse à l'imitation, et l'industrie commence à déployer son essor, d'abord timide, puis perceptible davantage. La division du travail apparaît plus clairement elle aussi. Bref, il se manifeste, en beaucoup d'endroits, un élan qui permet, pour la première fois, de bien juger de la barbarie des temps anciens. Les villes et marchés nouvellement fondés font beaucoup, dans cette période, pour attirer les gens du dehors. Les droits municipaux garantissent la liberté d'établissement. Nul n'est contraint de rester à l'endroit où il s'est établi. S'il ne trouve point d'occupation, où s'il ne peut subsister que d'une manière insuffisante, il poursuit plus loin sa route. C'est un privilège essentiel qui s'affirme ainsi et qui fait une impression certaine sur les anciens serfs désireux de s'établir à la ville. Les cités facilitent, du reste, aux serfs et aux non libres cet établissement. La servitude et l'esclavage de la glèbe sont inconciliables avec les maximes du christianisme, comme l'a déjà prêché Arnaud de Brescia. Bien des seigneurs avaient déjà commencé d'adoucir le servage et de supprimer les charges féodales. Des artisans corvéables, devenus riches, avaient pu se racheter, et beaucoup d'autres se soustraire, par la fuite, à la contrainte exercée envers eux. Tout naturellement, ils prenaient le chemin des villes et celles-ci, prêtes à fournir leur protection aux fugitifs, firent reconnaître le principe que « l'air de la ville confère la liberté » (*Stadtluft macht frei*). Enfin, à cette époque, on édicte de nombreux privilèges directs en faveur du négoce et de l'industrie, de la fondation de marchés, de l'abaissement des barrières douanières et de l'abolition du droit de bris et de naufrage. Aux débuts du XIIIᵉ siècle, les villes concluent des alliances pour protéger les routes marchandes, se défendre contre le brigandage maritime et libérer le commerce de l'arbitraire des exactions et des douanes. C'est le temps où le travail commence à s'émanciper, au point de vue économique, des liens de la terre et du sol. Il n'a plus exclusivement pour objet l'agriculture ; il devient une force productive indépendante. Le séjour dans les villes procure l'avantage de la liberté per-

sonnelle, donne la sécurité des bases matérielles de l'existence et la possibilité d'acquérir la propriété foncière. Un
artisan en attire d'autres, et cet afflux est d'autant plus nécessaire que la population urbaine doit renoncer, peu à peu,
à produire elle-même les subsistances nécessaires à ses besoins et créer la contre-valeur des provisions qui lui sont
apportées du dehors. Tous ces faits montrent comment les
artisans, entraînés par le courant de l'époque, osent se risquer à leurs associations.

Il faut considérer comme une corporation véritable la
communauté libre des compagnons qui, néanmoins, comporte en même temps l'obligation d'en faire partie pour
tous ceux exerçant un métier identique, même si cette contrainte ne doit pas être tenue pour la fin première de l'institution. Les statuts corporatifs sont d'ailleurs, aux débuts,
très libéraux en général.

(1) STIEDA, *Entstehung des Zunftwesens*, 1876, p. 2, 3 ;
MERKEL, *Hdw. d. Staatsw.*, 1re éd., 2, p. 485.

(2) WILDA, *Das Gildewesen im Mittelalter*, 1885 ; HEGEL,
Städte und Gilden, 1891 ; PAPPENHEIM, *Die altdänischen
Schutzgilden*, 1885 ; NITZSCH, éd. Liesegang, *Die niederr-
deutsche Kaufgilde, Zeitschrift d. Savigny-Stiftung f. Rechts-
gesch.*, 13, p. 1-75 ; STIEDA et METTIG, *Schragen der Gilden und
Aemter der Stadt Riga*, 1896 ; C. NYROP, *Danmarks Gilde og
Lavsskraaer fra middelalderen*, 2 vol., 1899-1904.

(3) NITZSCH, *Ministerialität und Bürgertum*, 1859 ; NITZSCH,
Ueber die niederdeutschen Genossenschaften, dans les *Monatsber. d. Königl. Preuss. Akad. d. Wissenschaft, zu Berlin*, 1879 ; NITZSCH, *Ueber niederdeutsche Kaufgilden*, dans les
Monatsber. d. koenigl. preuss. Akad. d. Wissenschaft, 1880 ;
EICHHORN, *Rechtsgesch.*, § 312 ; *Zeitschr. f. geschichtl. Rechtsw.*,
2, p. 221 ; W. ARNOLD, *Das Aufkommen des Handwerker-
standes im Mittelalter*, 1881 ; M. BAER, *Zur Gesch. d. deutschen*

Handewerksämter, dans les *Forschungen z. deutschen Gesch.*, 24,
p. 236 et suiv. ; VON BELOW, *Zur Entstehung der deutschen
Stadtverfassung, Histor. Zeitschr.*, 58, (1887) ; VON BELOW,
*Ueber Revision der wirtschaftlichen Entwicklung der Völker,
Histor. Zeitschrift*, 86 ; VON BELOW, *Die Entstehung des Handwerks in Deutschland, Zeitschr. f. Sozial-und Wirtschaftsgesch.*,
5, p. 124 et suiv., 225 et suiv. ; G. CROON, *Zur Entstehung des
Zunftwesens*, 1901 ; R. EBERSTADT, *Magisterium und Frater-
nitas*, 1897 ; R. EBERSTADT, *Das französische Gewerberecht*,
1899 ; R. EBERSTADT, *Der Ursprung des Zunftwesens und die
aelteren Handwerkerverbaende des Mittelalters*, 1900 ; INAMA-
STERNEGG, *Deutsche Wirtschaftsgesch.*, 1879-1891 ; KEUTGEN,
Aemter und Zünfte, 1903 ; VON MAURER, *Gesch. der Städteverf.
in Deutschl.*, 1869-1871 ; WALTER MULLER, *Zur Frage des
Ursprungs der mittelalterlichen Zünfte*, 1910 ; G. SEELIGER,
Forschungen zur Gesch. d. Grundherrschaft, dans la *Histor.
Vierteljahrschr.*, 1905-1907 ; HENRY E. THOMAS, *Die Entste-
hung der Zünfte in Hildesheim*, 1908.

<h2 style="text-align:center">§ 40.</h2>

[Les premiers renseignements que l'on possède, avec documents à l'appui, sur des corporations ayant réellement
existé, remontent au xiie siècle. Les plus anciens statuts
corporatifs conservés sont ceux des tisserands en draps de
lit de Cologne en 1149, des cordonniers de Magdebourg en
1158, des drapiers en 1183 et des peintres en 1197 dans la
même ville, des toiliers de Brunswick entre 1156 et 1180.
Il n'est pas douteux qu'il ait existé en même temps qu'eux
dès le xiie siècle, dans les villes de Haguenau, Strasbourg
et Augsbourg, des communautés industrielles. Toutefois,
il est impossible, parce que c'est à l'occasion seulement
qu'elles sont mentionnées dans les statuts municipaux, de se
rendre nettement compte de leur caractère. Les relations

Roscher   23

qui parlent de corps de métiers du XIIIe siècle, sont plus substantielles. Des artisans d'espèces fort différentes se groupent désormais en corporations, et ce ne sont pas seulement ceux qui confectionnent les objets usuels nécessaires à l'entretien de la vie, mais ceux aussi qui exercent des professions telles que la pelleterie et le jardinage. Dans les villes de l'Allemagne du Nord, comme dans celles de l'Allemagne du Sud, la présence des corporations est établie. Les persécutions dont elles sont l'objet montrent que la tendance à les développer se généralise. L'empereur Frédéric II les interdit à la diète de Goslar et ne permit le maintien que des seules corporations de monnayeurs. Treize ans plus tard, Frédéric II renouvela de Ravenne sa défense de toutes confréries et corps d'état pour l'Allemagne. L'évêque de Worms, Henri, en 1233, suivit cette décision, en en exceptant toutefois les corporations des meuniers et des travailleurs du bois.

Le caractère des plus anciennes corporations est manifestement économique. Les artisans se groupaient en communautés, avec la pensée de défendre ainsi leurs intérêts professionnels. Tel paraît être le but principal poursuivi par eux. Toutefois, leurs associations se présentent encore sous d'autres aspects et répondent aussi à des aspirations différentes. Elles s'occupent de politique, fournissent le service militaire, se rassemblent pour le culte divin et développent leurs relations sociales. Toutes ces fonctions, qui frappent davantage les regards aux temps de la prospérité des corporations, et dont l'accomplissement est considéré, lui aussi, comme leur fin principale, n'apparaissent jusqu'en 1300, que d'une façon isolée et comme une simple ébauche, en quelque sorte, de leur grandeur future. Le fait que, d'après le plus ancien droit municipal de Strasbourg, les compagnons artisans habitent en commun, témoigne de l'existence d'intérêts de métiers qui ressortent clairement aussi, d'ailleurs, d'autres droits municipaux et documents corporatifs. Les pelletiers de Bâle attestent, en 1226, vouloir s'appliquer à leur industrie pour l'honneur et le profit de leur ville. Les boulangers de Berlin affirment en 1272, avoir fondé leur guilde « parce que l'homme ne peut sans pain, se maintenir en santé ». A Ratisbonne, l'ordonnance sur la fabrication du drap, en 1259, institue un tribunal composé de 12 juges, « afin d'obtenir dans les villes du drap de bonne qualité ». A Soest en Westphalie, l'ordonnance sur les tisserands de laine, de 1261, se place à un point de vue identique. Enfin, on insiste, dès le début, sur l'obligation corporative, c'est-à-dire sur la disposition qui contraint tous ceux exerçant le même métier de s'affilier à la corporation. Sur les 7 plus anciens statuts corporatifs, il y en a 6 qui mentionnent expressément ce principe. Le « rôle » des cordonniers de Würzbourg de 1128 est le seul qui laisse ce point en dehors de son texte. Il est manifeste que les artisans ont tout d'abord pensé à assurer les bases de leur existence. Ce n'est qu'après y avoir pourvu que se manifestèrent des besoins différents et plus vastes, surtout dans la mesure où certaines communautés particulières cessèrent de s'inquiéter d'intérêts spirituels et ecclésiastiques. La constitution même des corporations n'était alors que fort peu développée. Comme l'obligation corporative était une nécessité résultant des circonstances, on ne plaçait aucun obstacle sur le chemin du nouveau-venu.]

Pour exercer un métier, il faut entrer dans la corporation, parce qu'il n'y a qu'elle alors qui dirige effectivement celui-ci, le protège et en prend la responsabilité. Il n'est le plus souvent exigé, pour être reçu, que des choses intéressant la puissance et l'honneur de l'association corporative, c'est-à-dire une bonne réputation, l'intelligence de son art et un certain avoir permettant d'acheter le droit de jouir du

patrimoine commun. A Francfort-sur-le-Mein, on était au
XIVe siècle si libéral à cet égard, que le nouveau maître pouvait obtenir jusqu'à 2 ans de délai pour se constituer un
pécule et fournir sa cotisation pour la bannière à l'église et
le drap mortuaire. A Brême, le statut des savetiers de 1388
ne permet l'entrée à quiconque ne possède 8 marks et ne
paie un mark dont moitié au Conseil de ville, moitié à la
corporation. Il n'est qu'exceptionnellement question de
fermer celle-ci, comme par exemple à Lübeck, ou jusqu'en
1370, les orfèvres n'étaient autorisés qu'au nombre de 24 et
plus tard de 22. On tendait si peu, par principe, à cette fermeture, qu'il fallait que les artisans se fussent soulevés contre
le Conseil de ville pour que celui-ci, dans le but de punir les
corporations, limitât le chiffre de leurs membres. Ordinairement, elles aimaient à posséder un grand nombre de compagnons, parce que leur force politique s'en trouvait accrue. Les démarcations entre métiers étaient fort peu fixes,
de sorte qu'au besoin, plusieurs corporations pouvaient se
fondre en une seule. Tout ceci devait nécessairement grandir à la fois leur puissance politique et atténuer leur exclusivisme économique.

[Ce fait se rattache d'ailleurs au peu d'avancement de la
technique. L'orfèvre frappait aussi des monnaies ; le serrurier faisait le travail du forgeron ; le cordonnier entreprenait
le tannage. C'est ainsi que dans une même corporation, on
trouve à Nüremberg des teinturiers en noir, des teinturiers
du grand et bon teint, et des teinturiers en pastel ; à Münich, des tailleurs et des tondeurs de draps ; à Bâle, des
maçons, des plâtriers, des charpentiers, des tonneliers, des
charrons et des peigniers. Même des métiers n'ayant rien
à voir l'un à l'autre se trouvent réunis dans une seule corporation, comme à Ratisbonne, en 1244, les charpentiers, les
menuisiers et les maroquiniers. Jusqu'en 1300, les femmes

semblent n'avoir pas été exclues du droit d'en faire partie.
Du moins ne se heurte-t-on pas à une défense formelle de
les admettre, et on les trouve parfois mentionnées expressément en tant que membres corporatifs, comme chez les
charpentiers et pelletiers de Bâle. L'institution des apprentis et des compagnons témoigne d'un développement non
moins faible. L'existence des uns comme des autres est
démontrée, mais on manque de renseignements précis sur
leur condition vis-à-vis du maître. C'étaient de jeunes
hommes pour qui l'exercice indépendant du métier n'était
qu'une question de temps. Les compagnons ne formaient
point une classe particulière, et il est à croire qu'une durée
déterminée de compagnonnage ne constituait même pas une
condition préalable de leur établissement personnel.
Lorsque la spécialisation progressive des industries rendit
nécessaire une habileté plus grande pour l'exercice de leurs
branches isolées, la pensée d'un apprentissage, d'une
épreuve, etc., put prendre naissance. L'accroissement de la
classe des artisans, et la concurrence ainsi produite, firent
éprouver le besoin de perfectionner l'individu le plus possible dans son adresse manuelle. Il allait de soi de veiller
d'une manière opportune à inculquer au futur maître les
petits secrets de sa profession. Quant à lui, tous ceux exerçant le métier avec indépendance ne paraissent point avoir
prétendu porter son titre. On ne comprend, en général, sous
l'appellation de « maître » que celui qui est placé à la tête de
la corporation où l'installent, soit l'autorité, soit les
membres eux-mêmes. Ses fonctions consistent à surveiller
les compagnons, et, aux cas d'infractions commises dans
son ressort, à les dénoncer au comte, au bailli ou au Conseil
de ville. Le maître ne paraît pas avoir exercé de juridiction
proprement dite, mais plutôt avoir reçu, à titre de fonctionnaire subalterne, les pouvoirs lui appartenant. Parfois,

il était assisté dans ses fonctions par d'autres membres corporatifs, désignés du nom de *Pfleger* (curateurs), ou *Geschworene* (jurés). La corporation elle-même ne possédait non plus sur ses membres qu'un droit de juridiction très restreint et s'exprimant, en apparence, à l'occasion de ses assemblées dont l'usage existait au moins à Lübeck, Berlin et Schweidnitz. Le sujet des débats de ces réunions, qui se tenaient toujours en présence de membres du Conseil de ville, n'est pas indiqué par les sources. Ce n'est qu'incidemment, qu'il est question qu'on devait s'y occuper de tout ce qui pouvait, pour le métier, offrir utilité ou profit.

La police ancienne des industries présente un développement plus marqué que l'organisation interne des corporations. Elle est pénétrée de l'idée de prendre garde aux intérêts du consommateur. Elle se manifeste par les mesures les plus diverses, imposant certaines prescriptions à l'artisan pour se procurer la matière brute à mettre en œuvre et pour la bonne qualité de ses produits, projetant une réglementation des prix, tendant à faciliter au consommateur l'achat de la marchandise, n'accordant à l'ouvrier qu'un droit de gage restreint sur les objets à lui confiés, et instituant des peines nombreuses et sévères, vis-à-vis de quiconque transgressait l'ordonnance. Les corporations en tant que telles n'avaient affaire à cette organisation qu'autant que la surveillance de l'accomplissement des lois était dévolue aux maîtres, ce qui n'était pas rare.]

Quelle que fût la liberté des corporations à l'époque de leurs efforts vers l'unité, elles n'ont jamais pu acquérir de droits vis-à-vis des non adhérents qu'avec la permission de l'autorité municipale ou régionale. Partout, en Italie à Florence, Pise, Milan, en Allemagne à Lübeck, dans les colonies allemandes de Russie, à Riga, il n'y avait en vigueur que les statuts corporatifs approuvés par les autorités. Il est certain que l'influence de celles-ci au temps de l'apogée de la corporation alla diminuant. Le droit public des XIIe et XIIIe siècles contient de nombreuses dispositions sur la surveillance de l'industrie, appliquées par les organes municipaux ordinaires de la justice et de la police. Mais elles devinrent plus tard; lorsqu'on augmenta l'indépendance et l'autorité de cette dernière, partie intégrante des statuts corporatifs (1).

En Angleterre et en France, la surveillance de l'État s'étendit beaucoup plus loin qu'en Allemagne. Edouard III fit passer des *ward-representatives* (représentants de quartier) à Londres, aux corporations, le droit d'élire tous fonctionnaires municipaux et membres du Parlement (49, *Edw., III*). Mais il imposa à la corporation des tisserands de Londres, dont le nombre de membres était descendu de 280 à 80, une foule de francs-maîtres, et gagna le procès suscité à cette occasion. Le même souverain enjoignit d'ordinaire, sous peine d'emprisonnement, aux corps de métiers de Londres, de construire par corvée des maisons, du matériel de guerre, etc. Sous Henri II, dix-huit corporations furent punies à la fois, pour avoir omis leur versement annuel à la Couronne. Le droit de perquisition contre les artisans non affiliés ne fût jamais imparti aux corporations anglaises, que par permission spéciale des autorités, et la condamnation subséquente demeura réservée aux tribunaux. Au XVe siècle, une foule de prescriptions administratives destinées à protéger le consommateur furent appliquées par les juges de paix et les autorités municipales: ainsi les taxes, la délimitation des ressorts des métiers, etc. Pour admettre dans la corporation, on se contenta généralement d'un apprentissage de sept ans. Une codification importante fût entreprise en 1562, mais ses dispositions n'étaient plus observées au XVIIIe siècle que d'une façon beaucoup moins sévère. La confiscation maladroite des biens des corporations anglaises en vertu de l'ordonnance 1 d'Édouard VI, ch. XIV, renouvelant celle 37 d'Henry VIII, ch. IV, est davantage une entreprise révolutionnaire soudaine qu'un résultat de tendances longuement préparé (2).

En France, la persistance des corporations postromaines a contribué à ce que l'industrie conservât longtemps beaucoup de ses caractères féodaux. A ceci s'ajouta de bonne heure l'esprit national de centralisation, qui étendait rapidement à l'État tout entier, presque tout ce que la capitale avait vu s'accomplir. Ainsi en arriva-t-il, par exemple, lorsqu'après la peste de 1351, le roi Jean supprima en même temps le droit de défense des corporations, leur imposa un système de taxes, mais aussi leur donna la liberté d'entretenir autant d'apprentis qu'elles le désiraient (Ordonn., II, p. 350 et suiv.). A Paris, avant Louis IX, presque tous les métiers avaient un chef, qui conférait le droit de maîtrise, exerçait la police et percevait certaines taxes. Louis IX a commencé, en fixant, sous la direction d'Étienne Boileau, les bases de leur règlement, etc., à donner aux métiers une liberté plus étendue. Mais les pêcheurs et les aubergistes continuaient d'être placés sous l'autorité du sénéchal du roi, les métiers ayant trait à l'habillement et à l'ameublement sous celle du premier gentilhomme de la Chambre, les boulangers sous celle du grand panetier, les baigneurs, en 1427, sous celle du barbier royal (Ordonn. XIII, p. 128). Beaucoup de statuts s'expriment ainsi : *Nul ne peut estere,... se il n'achete le mestier du Roi.* Par exception, la Basoche, ou corporation des clercs du Parlement de Paris, avait le droit de conférer la maîtrise pour les métiers de savetier, chapelier, cuisinier et pâtissier. Après la répression de l'insurrection des Maillotins, en 1382, toutes les corporations furent pourvues de chefs nommés par le Roi, sans la permission desquels furent interdites toutes réunions n'ayant pas un but religieux (Ordonn. IV, p. 686 et suiv.). En général, les Capétiens, qui avaient à lutter contre les grands vassaux, favorisèrent les corporations, au contraire des Valois. Louis IX se montra bienveillant envers elles, mais exerça à leur égard une surveillance rigoureuse. Entre 1461 et 1481, les ordonnances contiennent, à elles seules, 61 statuts nouveaux ou revisés. Colbert vit, dans les corporations, de pures institutions d'État destinées à encourager l'industrie. A Paris, il n'en existait, en 1672, que 60, mais leur nombre, en 1691, était passé à 129 (3).

La prétention émise par les *autorités* de percevoir ici des impôts paraît aussi naturelle, qu'il était de leur devoir de protéger les consommateurs contre les abus d'exploitation de la contrainte corporative. Ce dernier objet se trouvait rempli par les foires annuelles et la suspension temporaire de cette contrainte qu'elles entraînaient. Leur efficacité était grande à l'endroit des métiers dont les produits, quoique mobiles par opposition à l'industrie du bâtiment, étaient destinés à un usage d'une certaine durée. Pour ceux dont les produits doivent se consommer frais, les *taxes* émises par les autorités répondaient aux mêmes fins (vol. I, § 114). Ces taxes, quels que soient leurs efforts pour distinguer entre les éléments fixes et ceux variables de la formation des prix (4), ne resteront toujours qu'un succédané très imparfait de ce que la concurrence vraiment libre pourrait obtenir. Elles ont presque inévitablement une forte tendance à relever aussi bien le prix moyen de la marchandise (5), qu'à en réduire la qualité (6). Lorsque pour une raison quelconque, cette concurrence vraiment libre vient à faire défaut (7), lorsque, notamment, l'industrie conserve quelque chose d'une fonction administrative ou même d'un monopole, il faut considérer la taxe appliquée d'une manière raisonnable et impartiale, comme le moindre de deux maux (8). L'État moderne prétendit traiter uniquement les corporations comme des organes de police industrielle, et sans tenir compte de leurs droits corporatifs spéciaux, les surveiller, les réformer et les abolir. Ce ne fût pas une simple rupture avec le moyen âge, mais plutôt une extension unilatérale des droits toujours reconnus à l'autorité, et

que la puissance étatique de la monarchie absolue vint à
concevoir autrement que ne l'avait fait jusqu'alors un
simple Conseil de ville (9). En Allemagne, les taxes de police
étaient l'objet d'une faveur extrêmement répandue ; Christian Wolff surtout, ainsi que le Grand Frédéric, s'en étaient
montrés partisans (Vol. I, § 114). Justi s'écarte de cette
opinion, et ne les trouve nécessaires que pour la viande, le
pain et la bière, parce qu'à leur égard, le prix de la matière
première apparaît clairement, que la préparation est très
simple, la vente absolument certaine et qu'à la rigueur
l'Etat lui-même pourrait s'en charger. Philippi approuve
l'absence, à Paris, de toute taxe sur la viande, et Reimarus
fait sensation, en 1788, par son mémoire couronné à Goettingue en faveur d'une abolition générale. [Depuis Adam
Smith a triomphé, en théorie comme en pratique, l'idée
que les taxes ne conviennent plus aux conditions de l'existence moderne. En Allemagne, l'ordonnance d'Empire sur
l'industrie de 1869, s'exprime au § 72 sur l'inadmissibilité
des taxes, en tant que principe dominant en général. On
ne les conserve que là seulement où la concurrence fait défaut où se trouve limitée, comme pour les valets de place et
commissionnaires, les voitures de place, les chevaux et
autres moyens de transport, les arpenteurs, les commis-
saires-priseurs, les ramoneurs dans leur district. Les taxes
émanant des aubergistes et des boulangers eux-mêmes ne
se sont conservées que fort peu. Pour prévenir tout abus de
la part de ceux-ci, il serait indiqué de généraliser la boulangerie au poids, sans toutefois adopter précisément le système dont l'idée a été soumise, en 1887, au Reichstag allemand. Les pains pèseraient un chiffre exact de livres, dont
le nombre, pour être compris de tous, serait exprimé par des
points. Les boutiques de boulanger afficheraient le prix par
livre et installeraient, pour le contrôle, une balance munie

de poids poinçonnés. Tout pain n'ayant pas le poids exact
devrait être coupé par la police (10).]

(1) H. A. MASCHER, *Das deutsche Gewerbewesen von der
frühesten Zeit bis auf die Gegenwart*, Postdam, 1866 ; *Samm-
lung derer saemtlichen Handwerksordnungen des Herzogtums
Württemberg*, Stüttgart, 1758 ; JOH. ANDR. ORTLOFF, *Corpus
Juris Opificiarii oder Sammlung von allgemeinen Innungs-
gesetzen und Verordnungen für die Handwerker*, Erlangen, 1804 ;
JOS. BAADER, *Nürnberger Polizeiordnungen aus dem 13-15
Jahrh.*, Stuttgart, 1861 ; C. WEHRMANN, *Die aelteren Lübeckischen
Zunftrollen*, 1re éd., 1868, 2e éd. revue, Lübeck, 1872 ; G. KORN,
*Schlesische Urkunden zur Geschichte des Gewerberechts, insbe-
sondere des Innungswesens aus der Zeit vor 1400*, Breslau, 1867 ;
OTTO RUEDIGER, *Die ältesten Hamburgischen Zunftrollen und die
Brüderschaftsstatuten*, Hamburg, 1875 ; OTTO RÜEDIGER, *Aeltere
Hamburgische und Hansastädtische Handwerksgesellendoku-
mente. Nachtrag zu dem vorhergehenden Werke*, Hamburg, 1875 ;
ED. BODEMANN, *Die älteren Zunfturkunden der Stadt Lüne-
burg*, Hannover, 1883 ; J. BRUCKER, *Strassburger Zunft-und
Polizeiverordnungen des 14 u. 15 Jahrh.*, Strasbourg, 1889 ;
HARTFELDER, *Die aelteren Zunftordnungen der Stadt Freiburg-i-
Br.*, 1879 ; PHILIPPI, *Die ältesten Osnabrückischen Gildeur-
kunden bis 1500*, Osnabrück, 1890 ; MONE, *Zunftorganisation
v. 13-16 Jahrh.*, dans la *Zeitschrift f. d. Gesch. d. Oberrheins*,
vol. XV ; OSK. KRAUSE et KARL KUNZE, *Die älteren Zunfturkunden der Stadt Greifswald*, dans les *Pommersche Jahrbücher*
vol. I, p. 99-169 ; vol. II, p. 111-159 ; ROB. KRUMBHOLTZ, *Die
Gewerbe der Stadt Münster bis zum Jahre 1661*, Leipzig, 1898 ;
VON LOESCH, *Kölner Zunfturkunden*, Cologne, 1908 ; WILH.
STIEDA und C. METTIG, *Schragen der Gilden und Aemter der
Stadt Riga bis 1621*, Riga, 1896 ; *Das Braunschweiger, Bre-
mische, Hildesheimische, Frankfurter, Leipziger, Mecklenbur-
gische Cod. dipl. Bradenburgensis*, et autres cartulaires.

(2) MADOX, *Hist. of the Exchequer*, I, p. 390 et suiv. ; SCHANZ,
Engl. Handelspolitik, I, p. 585 ; W. v. OCHENKOWSKI, *Englands*

wirstchaftsliche Entwicklung im Ausgange des Mittelalters, 1879 ;
J. E. THOROLD ROGERS, *Die Geschichte d. englischen Arbeit*,
trad. allem. de Max Pannwitz, 1896 ; W. HERBERT, *Hist. of
the twelve great livery-companies of London*, 1837.

(3) RAYNOUARD, *Hist. du droit municipal*, I, p. 125 et suiv. ;
WARNKOENIG, *Franz. Rechtsgesch.*, 1, p. 170 ; [R. DE LESPINASSE
et F. BONNARDOT, *Le Livre des métiers d'Etienne Boileau*, 1879 ;
DEPPING, *Règlements sur les arts et métiers de Paris, rédigés au
XIIIe siècle ; Ordonnances des rois de France de la troisième
race*, 1723 et suiv. ; GUSTAVE FAGNIEZ, *Etudes sur l'industrie
et la classe industrielle à Paris*, 1877 ; GUSTAVE FAGNIEZ, *Documents relatifs à l'histoire du commerce et de l'industrie en
France*, 1898 ; ÉTIENNE MARTIN SAINT-LÉON, *Histoire des corporations de métiers depuis leurs origines jusqu'à leur suppression
en 1791*, 1897, 3e éd., 1909 ; E. LEVASSEUR, *Histoire des classes
ouvrières et de l'industrie en France*, 2e éd., 1900 ; WILH. GAL-
LION, *Der Ursprung der Zünfte in Paris*, 1910 ; ERNST MAYER,
Deutsche und französische Verfassungsgesch., 1899 ; ERNST
MAYER, *Zoll, Kaufmannschaft und Markt*, dans la *Germanis-
tische Abhandlung* de Kon. Maurer, 1893 ; R. EBERSTADT,
Das franz. Gewerberecht, 1899 ; DELAMARRE, *Traité de la Police*, 1722 ; HUBERT-VALLERGUX, *Les corporations d'arts et métiers*, 1893 ; A. V. CHAPUIS, *Les anciennes corporations dijon-
naises*, 1906 ; OUIN-LACROIX, *Corporations d'arts et métiers*,
1850 ; J. P. MAZAROZ, *Hist. des corporations françaises d'arts et
métiers*, 1878 ; ANTOINE DU BOURG, *Corporations ouvrières
dans la ville de Toulouse*, 1885 ; L. MORAND, *Les anciennes corporations d'arts et métiers de Chambéry*, 1892 ; R. LEONHARD,
Ueber Handwerkergilden in Spanien, dans le *Jahrbuch f. Nat.*,
3e F., 37, p. 721 et suiv.].

(4) A Soest, on trouve une taxe du pain dans le droit municipal de 1120 ; on a plus de renseignements entre 1250 et 1280
(SEIBERTZ, *Urkundenbuch*, 1, p. 332 et suiv.) ; Taxes du pain
à Lübeck en 1255 ; Bâle, en 1256 ; Nüremberg, en 1286 ; Taxes
de la viande et de la bière (MAURER, *Städteverf.*, 3, p. 25 et suiv.).
On recommandait ces taxes surtout dans l'intérêt des pauvres ;

on confisquait volontiers pour eux le pain trop léger (J. GRIMM, *Weistümer*, 1, p. 150-156 ; 2, p. 254-284). A Dantzig il fallut, au XVe siècle, et encore aux XVIe et XVIIe, combattre la prétention des bouchers de vendre au morceau, c'est-à-dire sans tenir aucun compte du poids (HIRSCH, *Handelsgesch. von Danzig*, p. 310) ; c'était, par conséquent, le contraire le plus extrême de la taxe. A Erfurt, en 1264, la vente du pain et de la viande aux personnes de la ville comme à celles du dehors fût rendue entièrement libre (KIRCHHOFF, *Weistümer der Stadt Erfurt*, p. 264).

(5) Un essai remarquable pour établir une taxe au moyen d'une observation scientifiquement exacte a été faite en Saxe, en 1579 (FALKE, *Gesch. des Kurfürsten August*, p. 253). On trouve une description excellente des éléments mobiles et fixes d'une *taxe du pain* dans U. TENGLER, *Laienspiegel*, fol. 23 a. L'élément mobile est constitué par le prix du grain et la cuisson. En Angleterre, les taxes du pain, depuis Richard Ier, ont eu pour base une échelle mobile, *sliding scale* (SCHANZ, *Engl. Handelspolitik*, 1, p. 637). L'élément fixe se trouve dans le taux d'intérêt de l'ensemble, l'amortissement du capital fixe, la prime d'assurance, les salaires ouvriers, dans ce que l'on comprend sous la désignation de subsistance personnelle de l'entrepreneur et qui, autrefois à Berlin, pour la taxe sur la viande, s'établissait à 3 pfennigs par livre, et en Bavière, pour la taxe de la bière, à 1.002 florins par an pour le brasseur (RAU, *Lehrbuch*, 2, § 314). Ces derniers frais sont toutefois, dans les grandes exploitations, relativement moindres que dans les petites. Mais comment contrôler avec exactitude le boulanger, par exemple, sur la proportion d'eau contenu dans le pain ? (JUSTUS MOSER, *Patriotische Phantasien*, 4, n° 38). En France, on autorise une tolérance de poids. Comment encore contrôler le mélange qu'il opère de farines de diverses qualités ? Il est déjà bien difficile de déterminer rien que le prix moyen véritable du froment à un certain jour de marché, en tenant un compte exact des quantités vendues à des prix très différents, de la variété des sortes, des poids spécifiques, etc. (REUNING, dans *Archiv.* de Rau, *Neue Folge*, 6, p. 161 et suiv.).

(6) Les boulangers organisés en corporation, etc., se prévaudront immédiatement près des autorités taxatrices, de toute hausse du prix des grains, tandis que la masse inorganique du public ne remarquera que bien plus tard la baisse survenue : un courant d'opinion sur l'influence de celle-ci quant au prix du pain ne se forme ou ne l'emporte qu'avec beaucoup de lenteur. A Leipzig, la taxe du pain n'a été, du 29 mars 1593 au 7 février 1696, modifiée que cent quatre-vingt huit fois et, comme le répètent souvent les actes officiels « sur les pressantes instances des boulangers, etc. » Ce n'est que pendant les années d'une cherté extrême que la révision a lieu plus souvent : en 1621, six fois ; de 1638 à 1644, trente-sept fois. Comparer déjà DE LA COURT, *Polit. Discoursen* (1662), ch. IV. A Paris, récemment, la taxe était revisée tous les quinze jours.

(7) En raison de la nature beaucoup moins fongible du bétail, une taxe de la viande présente des difficultés encore plus grandes qu'une taxe du pain. Elle entraîne toujours un abaissement artificiel du prix qui favorise injustement les acheteur les plus riches aux dépens des plus pauvres. Un producteur, auquel ce qu'il a de mieux n'est pas payé un prix suffisamment élevé, ne cherche plus à obtenir la qualité la meilleure, et abaisse d'ordinaire aussi la moyenne.

(8) Tout accord des artisans sur les prix, non sanctionné par les autorités, a été interdit par l'article 36 de la R. P. O. de 1548.

(9) La question est très discutée de savoir si la suppression des taxes de police fait augmenter ou diminuer le prix du pain, de la viande, etc. A Bruxelles, on a constaté, après l'abolition de la taxe, qu'à une époque où le système précédemment en vigueur aurait donné les chiffres de 43 et 37 centimes, les prix effectifs les plus élevés revenaient au même, tandis que beaucoup de boulangers, surtout ceux en grand, vendaient de 3 à 7 centimes meilleur marché (*Journ. des Econ.*, 1857, II, p. 277). Il en a été de même à Lisbonne (SCHAEFER, *Port. Gesch.*, 4, p. 391). En France, en 1791, la liberté industrielle était à peine introduite que la démocratie révolutionnaire replaça aussitôt en dehors d'elle les boulangers et les bouchers, exception qui

fut maintenue par le césarisme. Les boulangers surtout sont traités à peu près comme des fonctionnaires ; ils sont sous le régime de l'examen administratif et de la concession, du nombre limité (à Paris, 1 par 1.800 habitants), de l'obligation d'avoir en réserve une provision de trois mois suivant l'importance de leur commerce, de la défense de se retirer sans un délai de prévenance de six mois, de la taxe, calculée de manière à diminuer le prix du pain aux époques de hausse, à l'élever lors de la baisse, oscillations qui devaient être compensées par une bourse commune (GOSSET, *De la boulangerie de Paris*, 1850). Dans 165 villes, cette industrie était placée immédiatement sous l'autorité de l'État, sous celle de la municipalité dans les autres. Sous Napoléon III, la Caisse de service maintint, de 1854 à 1856, les prix à un niveau inférieur, au moyen d'une avance de 55 millions que la baisse des six années suivantes permit de regagner. Les adversaires de la liberté, qui fût permise en 1863, s'appuyaient principalement sur les dangers politiques du pain cher, surtout pour les boulangers eux-mêmes. Encore en 1883, la suppression de la taxe du pain pour toute la France fût rejetée. (Voir LEPLAY, *Rapports sur la boulangerie* (1858, p. 60) ; LEXIS, *Gewerkvereine und Unternehmerverbände in Frankreich* (1879, p. 28 et suiv.) ; LEROY-BEAULIEU, dans l'*Economiste français*, 1883, n° 7 et suiv. ; *Jahrbuch f. Ges. u. Verw.*, 9, 1161 et suiv.).

(10) En France, le développement particulier donné par le moyen âge aux côtés de réglementation et de fiscalité du régime industriel aboutit à cet extrême, qu'en 1585, tout métier fût déclaré droit domanial. En Autriche, l'ordonnance sur les métiers, de Ferdinand Ier, en 1527, ne fût jamais strictement observée. L'Électeur de Brandebourg prétendit, par contre, en 1541, au droit de modifier tous les statuts corporatifs. A Brême, la Constitution de 1534 adjoignit à chaque corporation, pour la surveiller, deux maîtres d'assemblée pris dans le sein du Conseil de ville, et reconnût à celui-ci le pouvoir de changer à sa guise les articles statutaires. Pour le duc Christophe de Württemberg, en 1556, voir WAECHTER, *Gesch. des*

württembergischen Privatrechts, I, p. 413 ; pour le Prince électeur Maurice, en 1543, voir *Cod. August.*, 1, p. 35. Le recès
de 1654, au titre 106, autorise expressément les autorités locales « à révoquer et .modifier suivant les circonstances des
« temps les ordonnances régissant, les métiers et les corpora-
« tions ». (Voir Justi, *Polizeiwissenschaft*, 1756, p. 254 ; Philippi, *Verteid. Kornjude*, 1765, p. 21. [W. v. Rohrscheidt,
Die Brottaxen u. d. Gewichtsbäckerei, dans le *Jahrbuch f. Nat.
N. F.*, 15, p. 457 et suiv. ; W. v. Rohrscheidt, *Die Polizei-
taxen u. ihre Stellung in der Reichsgewerbeordnung*, 1893)].

ORGANISATION CORPORATIVE

§ 41.

Au temps de leur apogée, les corporations (1), se consi-
déraient comme des confréries (*Brüderschaften, Fraternitas* !) vouées à l'exercice d'un office économique social (2).
C'est par égard pour ce dernier que nous rencontrons, dans
de si nombreux statuts corporatifs, le précepte que le confrère s'oblige à contenter tout client (3). Plus fréquemment
encore, la corporation assume de garantir la qualité de ses
produits. Cela suppose une foule de prescriptions officielles
régissant la production (4), un examen officiel des produits
confectionnés (5), et ainsi sous ces deux rapports, de la part
des autorités corporatives, une surveillance sévère (6), facilitée pendant longtemps par la communauté d'habitation
prescrite aux artisans de la même catégorie (7), et par
l'usage d'une salle commune pour la vente. La taxe du prix
de leur marchandise par les corporations elles-mêmes fût de
bonne heure abolie, en raison de la facilité des abus (8).
Mais ce sont elles qui furent de préférence chargées des

mesures de police d'un autre ordre et se rapportant à leurs industries (9). Leur caractère *confraternel* s'est exprimé surtout par la suppression presque totale de la concurrence entre leurs membres. Aucun de ceux-ci, lorsque les prix se trouvaient taxés par ordre de la corporation ou du Conseil de ville, ne pouvait naturellement vendre à un prix inférieur aux autres. L'achat de la matière brute était volontiers l'affaire de la corporation, qui dirigeait en même temps, dans un établissement commun, le travail de préparation éventuel (10). Il n'était permis à quiconque de critiquer injustement (11) l'œuvre de son confrère, de débaucher ses compagnons, de travailler pour un client parti sans le payer, de faire monter le loyer de sa boutique, etc. La confrérie témoignait son activité par des repas de corps, par l'assistance aux funérailles, par la défense commune de l'honneur du métier (12), par la célébration en commun aussi des fêtes de l'Eglise (13) ; sa manifestation la plus belle peut-être était la sollicitude à l'égard du maître éprouvé par une longue maladie, à l'égard encore de sa veuve (14). A tout ceci s'ajoutait une foule d'institutions négatives, pour prévenir une inégalité par trop flagrante entre les confrères. Telle était la défense imposée, même au maître le plus adroit, d'entretenir plus d'un certain nombre de compagnons, comme aussi d'aller au delà d'un chiffre de production déterminé. Les incapables pouvaient y trouver un encouragement à la paresse et à la routine, mais les habiles étaient contraints, par les entraves à l'augmentation en quantité de leurs produits, de concentrer d'autant mieux sur leur qualité les efforts de leur zèle. La fin du moyen âge a été, pour ce motif, une époque de floraison des industries d'art (15). Les mesures destinées à empêcher la réussite de simples entrepreneurs méritent une mention particulière (16). Nous nous trouvons ici en présence d'une « or-

ganisation du travail » qui a réalisé la plupart des exigences
du socialisme actuel, aussi longtemps du moins que la
croissance de l'industrie a été plus rapide que celle de la
population. Cet état de choses devait cesser d'autant plus
vite,que les prescriptions précédentes imposaient forcément
à l'organisation du travail des limites trop étroites (17), et
que l'inconvénient pour les exclus s'en trouvait naturellement plus considérable que l'avantage pour les privilégiés.
Dans tout moyen âge en général, toute profession, quand
des lois de célibat ne lui constituent pas un obstacle, a tendance à se constituer en caste ; aussi voyons-nous de bonne
heure cette sollicitude fraternelle des corporations à l'égard
des familles de leurs membres, dégénérer en hérédité de
fait (18, 19, 20).

(1) [Le mot haut allemand *Zunft* (corporation) serait, suivant quelques-uns, contracté du mot *Zusammenkunft* (assemblée). Il est plus exact de le concevoir comme s'opposant à
Ungezunft et signifiant ordre, loi. Dans l'Allemagne du Nord,
l'expression est inconnue jusqu'à la Réforme. On n'y parle que
de *Amt* (office) et de *Gilde* (guilde), c'est-à-dire, d'après
K. W. Nitzsch, d'union autonome dans un but de trafic. Le
mot *Innung* (communauté) est usuel partout en Allemagne.
Le droit en vigueur pour ces *Genossenschaften* (associations) est
déposé dans les rôles corporatifs (*Zunftrolle*), les brefs ou statuts
corporatifs (*Zunftbriefe*), les « établissements » d'offices (*Amts-
schragen*). On appelle *Ordinanzien* (ordonnances) certaines dispositions unilatérales du Conseil de ville et *Beliebungen* (con-
ventions) les résolutions prises entre eux par les membres de la
corporation (voir STIEDA et METTIG, *op. cit.*, p. 111)].

(2) Le but principal est défini par de nombreux statuts, « le
partage des joies et des peines à la ville et partout où besoin
sera » (KRIEGK, *Frankf. Bürgerzwiste*, p. 360).

(3) Voir des exemples dans le *Jahrb. f. Nat.*, 7, p. 126. A Ra-

isbonne, un tondeur de drap qui refuse de préparer de bon drap pour quiconque doit, en 1259, payer trois livres ou perdre une main (GEMEINER, *Gesch. von. Regensburg*, 7, p. 381). On rencontre fréquemment cette prescription, que ceux qui entrent dans une corporation ne peuvent en sortir avant le délai d'une année (HILDEBRAND, dans le *Jahrb. f. Nat.*, 7, p. 128). A Küstrin, l'ordonnance de police de 1540 impose aux hôteliers l'obligation d'héberger (MYLIUS, *C. C. M. V.*, p. 6). Des survivances de cette nature se sont le plus longtemps maintenues chez les boulangers et les bouchers (RAU, *Lehrbuch*, 2, § 201). On pouvait poursuivre pour retard excessif les artisans devant leur corporation (WEHRMANN, p. 322-329).

(4) L'interdiction du travail à la lumière artificielle est souvent imposée, à Cologne tout au moins, entre la Chandeleur et la Saint-Remi (ENNEN, *Gesch. von Köln*, 2, p. 633). Elle avait, en dehors de son caractère de mesure de police d'incendie (SCHMOLLER, *Str. Tucherz.*, p. 455), un autre but. Elle tendait à prévenir chez les membres des corps d'état toute exagération d'efforts par suite de la concurrence. Aussi la voit-on souvent mentionnée à côté de l'interdiction du travail dominical (BOILEAU, *Livre des métiers*, éd. Depping, pp. 40 et suiv., 52 et suiv., 67-74-77-191).

(5) Voir plus loin, § 147. A Strasbourg, dès 1217, on brûle des draps trop courts ou mélangés de crin. L'examen des pièces y fut plus tard pratiqué avec une exactitude rigoureuse pour éviter toute erreur et tout soupçon de partialité (SCHMOLLER, p. 3, 517, 520). La séparation des tisserands d'avec les tondeurs, etc., eut toujours pour raison principale la réciprocité de leur contrôle (p. 509). A Ulm, l'inspection des draps était également très sévère vers la fin du XVe siècle. Lorsque la pièce n'était pas assez longue, on la désignait au moyen d'une coupe, et elle ne pouvait plus être vendue qu'à l'aune. Le très mauvais drap était déchiré sur le dos du maître ; le drap simplement mauvais n'était pas pourvu du sceau corporatif, mais on le désignait au moyen de une à trois coupes et chacune d'elles était punie d'une amende. Le drap moyen portait un cachet ;

le très bon, deux. Le nombre et la longueur des fils était déter-miné avec une précision extrême (JAEGER, *Ulm*, p. 646 et suiv.). Les inspecteurs pouvaient et devaient visiter à tout moment (E. NUEBLING, *Ulms Baumwollweberei*, 1890, p. 29, 38). A Cologne, les institutions datent, à cet égard, du XIV⁰ et du XV⁰ siècle. (ENNEN, 2, p. 615 et suiv.). Certaines corporations vérifiaient chaque pièce livrée à l'acheteur ou mise en vente ; il en était ainsi à Lübeck, pour les peintres et les vitriers (WEHRMANN, p. 327 ; cpr. aussi les nombreux documents cités dans SCHOENBERG, p. 47). D'autres n'examinaient que ce qui devait être vendu à l'extérieur. A Brême, les chaussures destinées à l'exportation étaient soumises avec serment à l'inspection des autorités corporatives. Celles trouvées *non valentes* étaient punies d'amende, celles jugées *evidenter falsi* étaient brûlées au pilori et leur fabricant chassé de la corporation (BOEHMERT, p. 17). En Prusse, une loi de 1402 dispose qu'un tisserand expulsé d'une ville pour fraude ne peut continuer ailleurs son industrie (VOIGT, *Preuss. Gesch.*, 6, p. 318). La surveillance semblait surtout nécessaire pour les marchandises dont la mauvaise qualité aurait eu les effets les plus nuisibles et aurait été, en même temps, pour les profanes, la plus difficile à découvrir. A Dantzig, les ouvrages d'orfévrerie et de poterie d'étain devaient porter les trois poinçons de la ville, de la corporation et du maître (HIRSCH, *Handelsgesch. von Danzig*, p. 296). A Rostock, ils en avaient deux (STIEDA, *Das Amt d. Zinngiesser in Rostock*, dans le *Jahrb. d. Ver. f. Mckl. Gesch.*, 53, p. 152). A Lübeck, les orfèvres devaient travailler en public, *afin qu'on puisse ouvertement voir et savoir où et quoi ils travaillent* (1371) (WEHRMANN, p. 221).

(6) A Lübeck, les anciens rôles corporatifs appellent les doyens d'âge *magistri*, les maîtres *sulvesherren*. On menace d'une peine celui qui, lors de leur inspection, leur fait un accueil inamical (WEHRMANN, p. 130 ; cpr. certains passages de SCHOENBERG, p. 49).

(7) A Lübeck, on remarque, dès la fin du XIII⁰ siècle, des voies dénommées rue des forgerons, rue des tisserands (WEHR-

MANN, p. 6). A Strasbourg, ce n'est qu'en 1477 qu'il est permis aux drapiers de se tenir en dehors de la halle, tout en continuant de payer les anciennes taxes pour son utilisation (SCHMOLLER, *Str. Tucher-und Weberzunft*, p. 91). En France, des ordonnances des années 1368 à 1497 (V. p. 147 ; IX, p. 329 ; XIV, p. 348 ; XX, p. 584), enjoignent encore de fermer à certains jours les boutiques particulières pour vendre à la halle publique en versant une redevance (LEVASSEUR, I, p. 360).

(8) C'est ce que montre pour Cologne une sentence arbitrale de 1258 (LACOMBLET, 2, p. 250) ; de même à Francfort, en 1352 (MAURER, *Stadtverf*, 2, 395).

(9) A Ulm, les cordonniers et tailleurs, au xve siècle, devaient jurer d'observer les ordonnances somptuaires (JAEGER, p. 630 et suiv.).

(10) A Lübeck, en 1440, les premiers bois arrivant par mer devaient être également répartis entre tous les tonneliers (WEHRMANN, p. 173). Chez les forgerons, c'était la corporation qui faisait venir le combustible pour le partager individuellement entre les maîtres (p. 443). En 1473, lorsqu'un armurier partait pour aller acheter sa matière première, il devait l'annoncer trois jours d'avance et permettre à tout confrère qui le demandait de voyager avec lui en payant ses propres frais (p. 456). Tout achat particulier d'ambre par un fabricant de chapelets devait, en 1400, être cédé à la compagnie (p. 352). En Angleterre, encore en 1723, on trouve des mesures analogues chez les *Joiners* et les *Carpenters* de Worcester (T. SMITH, *English gilds*, p. 210). A Iglau, la corporation des drapiers prétendait au droit exclusif de tenir les rames à drap pour les louer aux maîtres particuliers (WERNER, *Gesch. der. I. Tuchmacherzunft*, 1861, p. 46 et suiv.). A Brême, lorsque les fabricants de pantoufles s'organisèrent en corporation en 1589, ils obtinrent un local pour débattre en commun les achats de matière première (BOEHMERT, p. 83).

(11) *Nulz ne blasme la viande à l'autre se elle est bonne*, est-il dit à propos des cuisiniers de Paris dans BOILEAU, p. 178.

(12) Vers 1386, les boulangers de Nüremberg ont des démê-

lés aver le burgrave. La querelle des compagnons cordonniers de Leipzig avec l'Université en 1471 (ZARNCKE, *Die deutschen Universitäten im Mittelalter*, 1, p. 209 et suiv.), constitue manifestement déjà un anachronisme. [On constate pourtant des conflits de ce genre entre les artisans et d'autres écoles supérieures, par exemple à Greifswald, de 1478 à 1698 (FRIEDLAENDER, *Matrikel der Universität Greifswald*, 1894)].

(13) Un lien puissant pour réunir les membres des corporations était la possession commune d'une chapelle ou au moins d'un autel latéral. Citons dans ce genre, à Florence, la magnifique église d'Or San Michele ; ce furent aussi les *consules artis lanæ* qui commandèrent à Michel-Ange la statue de David et les douze apôtres en marbre de Carrare (*Legaz. a. Venez. Lett. famil.*, p. 57 et suiv.).

(14) Il était fort ordinaire que la veuve d'un maître pût détacher du confrère qu'il avait servi jusque-là, le meilleur de ses compagnons, qui ne pouvait, dès lors, refuser de venir. On trouve cet usage établi à Lübeck tout d'abord chez les chaudronniers, en 1564 (WEHRMANN, p. 136).

(15) A Francfort, un drapier se voyait interdire de faire usage de plus de deux métiers à tisser (BOEHMERT, *Urkundenbuch*, 1, p. 636). A Lübeck, le nombre des compagnons était presque toujours limité et il était rarement permis d'en avoir plus de quatre (WEHRMANN, *op. cit.*) Lorsque leur chiffre était indéterminé, on imposait un maximum de production, comme à Cologne, chez les fabricants de draps de lit, où le maître, en 1336, ne pouvait confectionner par jour plus de quatre pièces et le *Bruder* (frère) plus de trois. Vers la fin du moyen âge, on usa de plus de liberté. A Essling, on défendait autrefois aux toiliers de posséder plus d'un métier chacun ; depuis 1505, ils furent autorisés à avoir un nombre quelconque de compagnons (PFAFF, *Gesch. von Essling*, p. 206). Jusqu'en 1482, le maximum annuel de production des tisserands en laine de Lünebourg était de trois « vingtains » de drap, plus tard de cinq (HAVEMANN, *Gesch. von Braunschw.-Lünebg.*, I, p. 781). A Cologne, au XVe siècle, on ne tient presque plus compte des

restrictions apportées au chiffre des apprentis et des compagnons (ENNEN, 2, p. 630).

(16) A Ratisbonne, les ouvriers en bâtiment ne pouvaient se charger d'aucune fourniture de matériaux (GÉMEINER, *Chronik*, 2, p. 143 ; SCHOENBERG, p. 108 et suiv.). A Francfort, un usage déjà ancien au XIVᵉ siècle, ne permettait à personne d'acheter plus d'une certaine quantité de pastel à la fois ou pour des étrangers à la corporation (BOEHMERT, I, p. 637). Un statut de Châlons défend, en 1243, aux maîtres de donner à filer hors de leur domicile ou de faire aux fileuses des avances d'argent (SCHMOLLER, *Str. Tucherzunft*, p. 367). Dans le même sens opérait la prescription très usuelle, que celui-là seul peut exercer un métier indépendant, qui est capable de le pratiquer de sa propre main. A Paris, le statut des *tisserands de lange*, de 1467, permet à un membre de la corporation trois métiers seulement dans son domicile, et aucun en dehors de celui-ci ; il autorise, de plus, pour tout fils non marié, frère ou neveu, deux métiers pour chacun, également au domicile et toujours à la condition *qu'il face le mestier de sa main* (Ordonn. XVI, p. 599 et suiv.). On parvient le plus efficacement à éviter que les petits marchands ne fassent tort au métier, en conférant aux autorités corporatives le droit d'inspection, dans leur partie, des marchandises destinées à la vente et importées de l'étranger.

(17) C'est une des idées principales de l'article de SCHOENBERG, *Zur wirtschaftlichen Bedeutung des Zunftwesens im Mittelalter*, dans le *Jahrb. f. Nat.*, 9. Cet état de choses maintint effectivement à l'intérieur des villes, pendant un temps donné, une répartition très favorable de la richesse de la population. Voir à ce propos les documents rapportés dans SCHOENBERG, *Finanzverhältnisse der Stadt Basel*, p. 138, 251 et ailleurs.

(18) La prospérité industrielle de Verviers a été particulièrement favorisée par la rigueur de la contrainte corporative à Aix-la-Chapelle. On constate une situation analogue entre Hanau et Francfort, Fürth et Nüremberg.

(19) A l'époque du servage, l'entrée dans un métier dépen-

dait de la naissance ou de la volonté du seigneur. Lorsque plus tard, d'une façon générale, et de tout temps pour les corporations libres, il fallut « acheter la corporation », les fils et les gendres de maîtres furent les moins imposés (ARNOLD, *Freistaedte*, 2, p. 212). A Paris, les tisserands en laine n'acceptaient déjà, selon BOILEAU (p. 114), que des fils de maître. Vers 1352, les boulangers de Francfort convinrent, avec ceux de sept autres villes, de ne point accueillir d'apprenti qui ne fût né dans le métier (KRIEGK, p. 388). A Lübeck, d'abord en 1510, puis en 1526, un statut corporatif porte que nul ne peut devenir maître s'il ne se marie avec la fille ou la veuve d'un maître (WEHRMANN, p. 129, 348, 177). Ce principe pénètre progressivement dans toutes les corporations. Le Conseil de ville lui-même ne permet, en 1480, à un écuyer d'entrer dans la corporation des fondeurs de cire qu'à la condition d'épouser une veuve de maître (PAULI, *Lübeck, Zustände im Mittelalter*, 3, p. 27). A Augsbourg, il existait encore, en 1858, deux familles de bouchers qui, au xive siècle, apparaissaient déjà comme exerçant cette profession (RIEHL, *Cottasche Vierteljahrschr.*, 1858, 1, p. 171). Au moyen âge, du reste, l'hérédité admise pour un métier ne s'opposait pas toujours à l'intérêt public, comme le prouve le cas cité par SCHOENBERG (*op. cit.*, p. 17), où le Conseil de ville se la voit promettre à titre de remerciment.

(20) La vénalité qui apparaît ultérieurement pour les privilèges banaux est expliquée par J. G. HOFFMANN (*Befugnis z. Gewerbebetriebe*, p. 61 et suiv.), également par les efforts pour secourir les vieillards, les veuves, etc.

§ 42.

Lorsqu'en Allemagne, la plupart des villes eurent adopté le plein régime des corporations (§ 3), on assista, surtout pendant la période de 1400 à 1550, à laquelle remontent la plupart de leurs livres systématiques, à la naissance d'institutions telles que les années d'apprentissage et de voyage, le chef-d'œuvre, la contrainte corporative, etc., dont la rigueur ne fit que s'accroître (1). L'*apprenti* se trouvait d'ordinaire en rapport, non seulement avec le maître, dans la famille duquel il entrait, mais encore avec la corporation tout entière. Aussi les conditions de l'apprentissage étaient-elles déterminées par les statuts. Sa longue durée se rattachait à la pensée fort juste, qu'un métier, pour être exercé convenablement, surtout en présence d'une division du travail aussi restreinte qu'à cette époque, devait être commencé dès l'âge le plus tendre, lorsque l'éducation de l'homme en général, n'est encore en rien terminée (2). L'exclusion des indignes (3) de l'apprentissage s'explique assez tôt par un mélange du sentiment véritable de l'honneur de la caste, avec l'aspiration partagée par la plupart des démocrates, à se montrer aristocrates par en bas, avec également le calcul égoïste qui veut réduire le plus possible la concurrence (4).

Lorsque le *compagnon* se fût distingué nettement de l'apprenti (5), apparut en Allemagne l'obligation au voyage (6). C'était une institution utile en somme, non seulement pour vulgariser les connaissances industrielles et établir des relations, mais encore et surtout pour éviter qu'un encroûtement de petite boutique ne s'installât trop facilement dans les corporations fermées (7). Le compagnon, ayant voyagé avec profit, se plaçait forcément bien au-dessus du paysan rivé toute son existence à la glèbe. L'apprenti et le maître étaient attachés à la région et même à la localité ; par contre, le compagnonnage de chaque métier formait une masse nationale répandue sur tout le territoire (8). La santé de toute vie sociale, en Allemagne en particulier, tient par essence à l'équilibre de ces trois éléments divers (9). L'organe de la tournée du compagnon était l'auberge (*Herberge*) (10). Il s'y faisait reconnaître en récitant les saluts de son état (11) et il y était, jusqu'à ce qu'il entrât en place ou poursuivît son voyage, défrayé aux dépens de la corporation (12). Le compagnon ayant trouvé un emploi demeurait dans la famille du maître ; aussi était-il toléré difficilement s'il était marié (13). Son contrat de travail était, en général, conclu pour une durée assez longue (14). Sa position était celle d'un serviteur, ainsi que le montre l'expression de « valet » qui le désigne tout d'abord (15). Mais du moins ne la supportait-il volontiers si longtemps, que parce qu'elle ne semblait qu'un passage conduisant à la maîtrise, et qu'elle marquait plutôt une différence d'âge qu'une différence de condition. Les *épreuves de maître*, généralement subies sous la forme du chef-d'œuvre, ne sont érigées en règle que vers cette époque. Elles ne peuvent d'ailleurs garantir que l'habileté ouvrière et manifestent aussi par là cette répugnance de principe des corporations pour tout ce qui touche à l'entreprise (16). Le ralentissement de la croissance rapide des débouchés industriels met forcément en évidence le point faible du système corporatif. Il consiste dans cette contradiction, qu'il faut deux ou trois fois autant de compagnons que de maîtres pour procurer à ceux-ci une position satisfaisante, tandis que les compagnons n'ont la perspective certaine de la maîtrise que si leur nombre est au plus égal à la moitié de celui des maîtres (17). Lorsque la grande majorité des compagnons vient à constituer un contraste de classe au regard des maîtres (18), il apparaît bientôt, comme nous pouvons le constater, une foule de phénomènes analogues à ce que l'on appelle aujourd'hui la question sociale (19). Les *communautés de compagnons* fraternelles, fondées dans un but de secours mutuel contre la maladie, etc., développent petit à petit chez eux l'esprit de

classe, qui leur permet de mettre en interdit des villes entières, de les « damner », et d'exercer une influence des plus
puissantes sur l'élévation des salaires, l'augmentation des
loisirs, la participation aux décisions corporatives et la réglementation de la concurrence. Tout ceci ne va pas naturellement sans provoquer, aussi bien de la part des villes,
et même de groupes entiers de villes, que de la part des
maîtres, une résistance qui s'affaiblit toutefois vers la fin
du XVe siècle.

(1) Les livres des corporations, au XVIe siècle, sont des codi-
fications véritables dont l'existence a duré jusqu'à la Révolution (SCHMOLLER, p. 482). A leur époque, il devient impossible
d'appartenir à plus d'une corporation en même temps ; c'est ce
qui, selon BORNITZ, en 1625, légitime des proverbes comme
ceux-ci : « Quatorze métiers, quinze malheurs ; il sait beaucoup
de métiers, mais le meilleur est de mendier » (*De rerum suff.*,
p. 73).

(2) En Württemberg, on remarque, en 1685, cette belle
prescription que le maître doit, avant toutes choses, sérieusement exhorter l'apprenti à la prière, à la fréquentation de
l'église, etc. Si l'apprenti remarque chez le maître quelque
malhonnêteté, il doit, ou le dire immédiatement au chef de la
corporation, ou le taire toute sa vie (*Zeitschr. f. Staatsw.*, 1866,
p. 264 et suiv.). A Paris, autrefois encore plus que maintenant,
la grande pénurie d'écoles techniques avait pour résultat la
mise en apprentissage des garçons dès l'âge de 10 ou 12 années
(MOHL, *Gewerbewiss. Reise durch Frankreich*, p. 42). A Lübeck,
la durée de l'apprentissage était de trois ans au plus (WEHR-
MANN, p. 114). Les corporations parisiennes la fixaient, en
général, à six ans, au plus à douze, au moins à quatre (BOILEAU,
p. 41, 105, 126, 69). En Angleterre, les éperonniers, dès 1261,
exigeaient au moins dix ans, et les tisserands des XIIIe et
XIVe siècles, sept ans (STAHL, *Das deutsche Handwerk*, p. 195).
Si les fils de maître, en Allemagne, en étaient quittes avec un

temps d'apprentissage plus court, c'est qu'on pensait, non sans raison, qu'ils avaient eu déjà beaucoup d'occasions d'apprendre. Il est pourtant un peu fort que dans la suite, le maître ait pu, le même jour, faire à la fois inscrire ses fils comme apprentis et constater leur sortie d'apprentissage (HOFFMANN, *Befugnis*, p. 102).

(3) Le mot « indigne » (*unehrlich*) a, selon J. MOSER (*Patriotische Phantasien*, 1, n° 32, 2, n° 32) aussi peu le sens d'une injure que le mot « roturier » (*unadelig*). Indigne, au sens corporatif, veut dire « n'ayant point de part à l'honneur spécial de la classe des artisans ». En général, étaient considérés comme indignes, en dehors des familles des bourreaux et de ceux châtiés par le bourreau, les professions qui, dans la contrée, avaient été libérées le plus tardivement du servage, ou celles qui s'étaient les dernières organisées en corporations (HEINECCIUS, *De coll. et corpp. opificum*, § 14). Souvent aussi, des métiers du même genre, en des endroits différents, se déclaraient réciproquement indignes, à cause de la différence de durée de leur apprentissage (STAHL, *op. cit.*, p. 126). Au XVIe siècle, cette conception est allée parfois jusqu'à s'étendre aux offices judiciaires eux-mêmes (STAHL, p. 152).

(4) Quant aux *femmes*, ce n'est que fort tard que les corporations les ont totalement exclues. A Paris, il existait des métiers qui n'étaient accessibles qu'aux femmes (BOILEAU, p. 81, 83, 88, 99, 255, 383). En Allemagne, au cours du XIVe siècle, on voit souvent les apprenties mentionnées à côté des apprentis. A Francfort, aux termes des règlements des tailleurs de 1377, les femmes célibataires ont besoin, pour acquérir la maîtrise, d'une autorisation du Conseil de ville, mais ne paient alors que les mêmes taxes que les hommes (STAHL, p. 76, 8). En Angleterre, la situation était analogue (*Monum. Gildhall. London*, I, p. 681).

(5) Pendant longtemps, celui qui avait terminé son apprentissage pouvait aussitôt devenir maître. A Ulm, les fils de ceux qui, depuis cinq ans, étaient bourgeois, s'y trouvaient expressément autorisés ; les étrangers seuls devaient, au préa-

lable, servir cinq ans comme compagnons et avoir acquis le
droit de bourgeoisie (JAEGER, *Ulm*, I, p. 638 ; *Jahrb. f. Nat.*, 27,
p. 109).

(6) Selon STAHL (346), le témoignage le plus ancien, en Allemagne, du *voyage* des compagnons, se rencontre dans le procès-
verbal de l'assemblée des tailleurs de Silésie de 1361. A Lübeck,
trois années de voyage sont, pour la première fois en 1553, imposées aux toiliers ; la même obligation existe pour les charpentiers aux débuts du XVIIe siècle. Aux termes des statuts des
tisserands en laine, de 1477, un fils de maître pouvait s'affran-
chir, par un voyage d'une année, de toutes autres exigences
(WEHRMANN, p. 302, 494). [Certaines villes constituaient, pour
ces voyages, des centres d'attraction particuliers et servaient,
en quelque sorte, d'écoles supérieures pour la classe des artisans. C'étaient surtout les villes de la plaine du Rhin : au sud,
Constance, Schaffouse, Bâle, Colmar et Strasbourg ; plus au
nord, Francfort-sur-le-Mein, Cologne, Spire, Mayence. Depuis 1440, certaines autres cités de l'est de l'Allemagne jouis-
saient aussi de quelque prestige, telles Magdebourg, Dresde,
Francfort-sur-l'Oder. A partir de la seconde moitié du XVIe siècle
paraissent se répandre pour le voyage l'inconstance et la dé-
sorganisation (G. SCHANZ, *Zur Gesch. d. Gesellenwanderungen*,
Jahrb. f. Nat., 28, p. 313)]. En France, au voyage d'Allemagne,
correspond le Tour de France, à l'Auberge allemande, la Mère
des compagnons. Lorsque le compagnon nouveau ne pouvait
trouver de travail, le compagnon le plus ancien s'en allait (LE-
VASSEUR, I, p. 502). L'usage ne paraît point, cependant, avoir
fait du voyage une obligation. [CHAPTAL, *De l'industrie en
France*, II, p. 299 et suiv. ; C. G. SIMON, *Etude historique et morale sur le compagnonnage*, 1853 ; LEVASSEUR, *Hist. des classes
ouvrières jusqu'à* 1789, I, p. 495 et suiv. ; G. DES MAREZ, *Le
compagnonnage des chapeliers Bruxellois*, 1909].

(7) Les peuples modernes semblent avoir éprouvé davantage, pour la perfection de leur culture, le besoin de voyager
que les anciens. Lorsque les nombreux pèlerinages à Jérusa-
lem, Rome, etc., vinrent à diminuer, apparut à leur place le

voyage des artisans. Stein encore (PERTZ, *Leben Steins*, 6, p. 182 et suiv.) tenait le voyage du compagnon pour utile, dans un pays où les sept huitièmes de la population habitaient les campagnes et les petites villes.

(8) Le voyage paraît avoir eu les préférences des pays allemands, scandinaves et germano-slaves, comme la Pologne, la Russie, la Hongrie, au contraire des pays romans (SCHADE, *Vom Deutschen Handwerk*, etc., dans les *Weimar Jahrb.*, 4, p. 305).

(9) Des abus s'introduirent bientôt, l'égoïsme des maîtres cherchant à utiliser la mesure obligatoire des années de voyage à empêcher la concurrence de se produire. Ils se développèrent d'autant mieux, que l'usage imposa au compagnon ayant terminé son temps, de demeurer encore une année chez le maître qui l'avait instruit. Depuis la fin du xve siècle, il fallut même, avant de conquérir le droit de maîtrise, qu'il travaillât encore comme compagnon, en accomplissant un long stage d'aspirant à l'endroit où il avait l'intention de s'établir (STAHL, p. 352). L'utilité du voyage au point de vue technique s'amoindrit, en outre, du fait que le compagnon ne pouvait pas entrer chez le maître le plus habile, mais chez celui dont le tour était venu. S'il donnait à celui-ci son compte, il fallait qu'il quittât la ville aussitôt (HOFFMANN, *Befugnis*, p. 99, 107).

(10) Chez les corporations dont la trop minime importance ne permettait pas l'entretien d'une *auberge* qui leur fût propre, donner au compagnon voyageur à dîner ou à souper constituait pour chaque maître, à tour de rôle, une obligation qui ne disparut, même en Saxe, pour les meuniers, qu'en 1843. Les corporations « généreuses » donnaient encore un viatique pour continuer le voyage, et celles qui ne suivaient pas cette coutume étaient, en général, moins estimées (*Leipziger Œkon. Sammlungen*, 1748, 5, p. 9).

(11) Les saluts de métiers, dont quelques-uns étaient fort poétiques, ont été reproduits dans les œuvres des frères GRIMM, *Altdeutsche Wälder*, 1 ; *Bragur*, 3, p. 216 ; *Des Knaben Wunderhorn*, 1, p. 442 et suiv.

(12) Les corporations dites « fermées » offraient, à l'égard de l'institution du voyage, le contraste le plus extrême. Elles interdisaient, en effet, aux compagnons de voyager pour conserver dans leurs villes les secrets d'une industrie. Ce fut en 1385, à Lübeck, le cas des tourneurs en ambre (WEHRMANN, p. 351). A Nüremberg, les fabricants de sabliers, les fondeurs en cuivre, les faiseurs de sonnettes, les carriers, devaient prêter serment de ne pas quitter la ville et de ne point accueillir d'étrangers. C'était, au XIVe siècle, un commencement de système prohibitif (STAHL, p. 160 et suiv., 355).

(13) L'obligation pour les compagnons de loger dans la maison du maître se rattache à l'inconvenance qu'on trouvait à vivre à l'hôtel pour ceux qui n'étaient point des étrangers. A Nüremberg, une ordonnance de police du XVe siècle dispose qu'un citoyen célibataire doit, ou avoir un foyer personnel, ou se mettre à la pension chez un autre citoyen pendant au moins un trimestre (SIEBENKEES, *Beitr. z. deutschen R.*, 3, p. 223 ; STAHL, p. 274 et suiv.). La plupart des statuts corporatifs de Lübeck interdisent au compagnon de passer même une seule nuit, hors de la maison du maître.

(14) A Lübeck, pendant la première moitié du XVe siècle, le compagnon ne pouvait, dans la plupart des corporations, contracter d'engagements que pour six mois ou un an, et changer de maître seulement à Pâques ou à la Saint-Michel (WEHRMANN, p. 119, 233, 356, 372). En France, au XIIIe siècle, les *valets*, lorsqu'on ne les prenait pas à la semaine ou à la journée, étaient loués pour un an (LEVASSEUR, I, p. 236). Le salaire était, en général, fixé par la corporation (STAHL, p. 336), en même temps que le paiement de l'ouvrier en marchandises (*trucksystem*) était interdit (MONE, *Zeitschr. f. Gesch. des Oberrheins*, 17, p. 56 et suiv.).

(15) La désignation « compagnon » (*Gesell*), au lieu de celle de « valet » (*Knecht*), ne devient générale qu'à partir de 1470.

(16) A Paris, sous Louis IX, les *chapuiseurs* seuls, semblent avoir connu l'institution du *chef-d'œuvre* (BOILEAU, p. 215 et suiv.). Au XIVe et au XVe siècles, l'usage s'en répandit, *pour le*

bien et proufict commun (LEVASSEUR, I, p. 456), sous la forme d'une épreuve en lieu clos au domicile de l'un des examinateurs, et sous la surveillance de temps à autre des jurés de la corporation. Les frais ne cessèrent pas de s'accroître. Mais les fils de maître n'en payaient que la moitié, étaient examinés par les amis de leur père, n'étaient astreints qu'à un travail plus facile, seulement à ce que l'on appelait une *simple expérience*. Ainsi, dès le début, le chef-d'œuvre constitua plutôt un *obstacle* qu'une *garantie* (*Journ. des Econ.*, nov. 1858). [En Allemagne apparaît, vers la fin du xiiie siècle, et d'abord de façon isolée, une sorte d'institution du chef-d'œuvre. A Lübeck, sur 13 corporations, dont les statuts, émanant du xive siècle, ont été conservés, 5 seulement le connaissent. Au siècle suivant, 16 sur 23 l'ignorent. A Lünebourg, on le rencontre, pour la première fois, en 1400, chez les orfèvres, et il devient plus fréquent au cours du xve siècle. A Greifswald, en 1448, les cordiers se refusent à admettre la confection d'un chef-d'œuvre (KRAUSE, *loc. cit.*, 44, n° 32)]. A Dantzig, aux débuts du xve siècle, les examens pour la maîtrise des métiers sont déjà une pratique dominante (HIRSCH, p. 304, 314 et suiv., 328). [Dans l'Allemagne du Sud et les régions de la Suisse voisines de celle-ci, à Bâle par exemple, le chef-d'œuvre ne commence à se développer que vers la fin du xve siècle. Il semble que sa généralisation ait marqué le commencement d'une certaine déformation corporative (STIEDA, *Der Befähigungsnachweis*, 1895, p. 2-3)]. On trouve des exemples de la façon dont l'épreuve était organisée, dans A. BEIER, *Magister*, p. 124 et suiv. ; STIEDA, *op. cit.*, p. 4. La décadence de l'institution fut rapide, comme le montre l'ordonnance nationale bavaroise de 1553, qui supprime les chefs-d'œuvre comme « sortant des habitudes, vains et inutiles ». L'œuvre de compagnon pour la validation du stage d'apprenti paraît avoir été introduite beaucoup plus tard seulement, par ordonnance du souverain et à titre de mesure non générale. ADR. BEIER, dans son *Tyro* (l'apprenti), daté de 1688, ne la connaît pas encore (WEISSER, *Recht der Handwerker*, 1780, p. 121).

(17) HERRMANN fonde son intéressante défense des corporations sur ce que les degrés qu'elles établissent entre les ouvriers seraient la cause d'une répartition meilleure du salaire, s'étendant sur toute la durée de l'existence, et constitueraient un renoncement au superflu des bonnes années au bénéfice de la défaillance de l'âge (*Münch. gel. Anz.*, I, p. 473 et suiv.). Ce ne serait exact qu'à la condition essentielle que tous les compagnons parvinssent à la maîtrise. Au XVIIIe siècle, le recrutement militaire recueillait beaucoup d'entre eux en surnombre (HOFMANN, *Nachlass*, p. 305, 402 ; SCHMOLLER, *Str. T. und W. Z.*, 346).

(18) En Allemagne, le « départ en commun » des compagnons apparaît, pour la première fois en 1351, à Spire, et se reproduit fréquemment dans la suite (STAHL, p. 339, 281). Le contraste s'accentue au cours du XVe siècle ; à Colmar, les compagnons boulangers se mettent en grève, de 1495 à 1505 (SCHANZ, p. 78 et suiv.) ; à Mayence, c'est, en 1423, le cas des compagnons tailleurs (MONE, *Zeitschr. f. die Gesch. d. Oberrheins*, 8, p. 155). A Strasbourg, en 1404, les compagnons pelletiers se réunissent en une confrérie d'apparence religieuse, mais que le Conseil de ville doit dissoudre en 1426 (SCHANZ, *Zur Gesch. der deutschen Gesellenverbände im Mittelalter*, 1876, p. 56 et suiv., 167 et suiv.).

(19) Les associations consentent des prêts aux compagnons atteints par la maladie, et entretiennent pour eux des chambres et des lits à l'hôpital (SCHANZ, p. 72). L'habitude de chômer le lundi contre laquelle s'élèvent déjà, en Prusse, des ajournements de 1421 et 1422 (HIRSCH, *Danziger Handelsgesch.*, p. 294), a été introduite et renforcée par les *associations de compagnons* (STAHL, p. 323). Les peines, autrefois très sévères, en cas de rupture du contrat de travail, ont été adoucies et l'exclusion absolue du métier remplacée par des amendes (SCHANZ, p. 110 et suiv., 116). Les associations de compagnons ont encore exercé sur l'admission des apprentis une influence considérable (p. 125). *Leipz. Œkon. Sammlungen*, 8, p. 196). [SCHOENLANK, dans son ouvrage *Soziale Kaempfe vor 300 Jahren*,

Roscher   25

paru en 1894, fait, dans sa description de l'état de choses à Nüremberg, une peinture très vive et très claire de ces mœurs, mais toutefois un peu exagérée]. Les luttes entre les corporations et les villes, aux environs de 1400, ont revêtu un caractère de violence à propos de la reconnaissance d'un droit de juridiction au profit des associations de compagnons (SCHANZ, p. 104). De véritables provinces de métiers se constituèrent à la suite d'une entente générale des villes à ce sujet (28, 91). Pour ce qui s'est passé à Francfort (voir KRIEGK, *Frankfurts Bürgerzwiste*, p. 399 et suiv.). Lübeck se concerta avec d'autres villes à partir de 1499, pour tenir en bride les compagnons (WEHRMANN, p. 118). A la fin du XVe siècle, les maîtres renoncent en général à la lutte, qui n'est plus poursuivie çà et là que par l'autorité, comme par exemple, dans les ordonnances de police d'Empire de 1530 (art. 39) et de 1548 (art. 37). [O. RUEDIGER a rassemblé d'une façon remarquable des statuts de confréries de compagnons, dans la *Zeitschr. f. hamburg. Gesch. N. F.*, 3, p. 526 et suiv.].

§ 43.

Les corporations avaient des racines profondes et répondaient véritablement, lors de leur apogée, à l'esprit de leur époque. Un témoignage fort net nous en est fourni par le grand nombre d'*analogies* qui rappellent leur souvenir dans les compartiments les plus divers de l'existence sociale. On peut soutenir que les trois degrés bien connus de la vie des artisans sont une imitation du *junior*, de l'*armiger* et du *miles* de la chevalerie (1). Nous pouvons comparer de même, dans la plupart des cloîtres, le frère lai à l'apprenti, le moine au compagnon, l'abbé au maître, le général de l'ordre au maître doyen (2). Les Universités se composaient de corporations savantes, appelées d'abord nations et dans la suite, à l'instar de Paris, facultés ; elles comprenaient des *bacca-laurei, licentiati* et *magistri* (3). Les arts eux-mêmes s'organisèrent, à partir du XIIIe siècle, sur le modèle corporatif (4). Il n'y eut pas à la fin jusqu'aux soldats de profession nouvellement incorporés (5), jusqu'aux nomades et aux brigands qui n'adoptèrent des formes corporatives (6) et nous trouvons encore des institutions analogues avec la ligue de paysans dite du *bundschuch* (soulier de couleur), dont les membres séditieux se divisèrent en maîtres, compagnons et apprentis (7).

Une organisation semblable est naturelle à l'industrie en voie de développement, à certaines étapes de la civilisation. La preuve en est faite par l'extension considérable dont l'analogie précédente est susceptible chez les peuples de l'*antiquité* (8). Les castes, c'est-à-dire les corporations héréditaires de l'Egypte ancienne et de l'Inde (9), se sont prolongées bien au-delà du moyen âge économique dans ces pays, et semblent y avoir été favorables au premier essor de l'industrie (10). Chez les anciens Grecs, les traces de l'existence de ces castes sont, d'une façon générale, à peu près effacées. Toutefois, longtemps encore, même à Athènes, certains métiers et même certains arts se sont transmis de familles en familles, et des ancêtres mythologiques y ont tenu la place de nos saints patrons du moyen âge (11). A l'apogée de la civilisation grecque, il ne reste que fort peu de souvenirs de ce genre de restrictions (12). La légende romaine fait remonter la fondation des *collegia opificum* à l'époque de l'ancienne royauté (13). Ils furent ensuite, lorsqu'en se développant, Rome eut acquis l'empire du monde et de l'argent, assujettis à une surveillance étroite de la part de l'Etat : on avait pu voir, en effet, la liberté primitive entourant la naissance des corporations, dégénérer en abus très graves de la démagogie (14). A l'époque du Bas-

Empire se constituèrent de nombreux monopoles de l'Etat ; en même temps reparurent à côté d'eux des restrictions d'aspect corporatif à la liberté commerciale, dont le développement avait si longtemps atteint un éminent degré, (vol. I, § 97) et les *collegia opificum* ne furent plus désormais les boulevards de la liberté plébéienne, mais les geôles de l'oppression des Césars (15).

(1) La hérauderie, si importante aux temps de la chevalerie, adopte pour sa hiérarchie une marche parallèle, avec les chevaucheurs, les poursuivants d'armes et les hérauts ; la vénerie et la carrière des forêts font de même avec les valets de chiens, les piqueurs et les pages.

(2) L'Église elle-même, considérée comme un tout, revêt, au bas moyen âge, l'apparence d'une grande corporation (GIERKE, *D. Genossenschaftsrecht*; I, p. 427). Malheureusement, l'arme était à deux tranchants : le clergé entendait, en effet, en s'acquittant de son office, non seulement remplir un devoir, mais en tirer parti comme d'un monopole.

(3) Cette organisation analogue à celle des corporations tient le milieu entre les anciennes écoles claustrales et épiscopales et les universités modernes de l'État.

4) Les statuts des peintres de Sienne plaçaient Dieu et saint Luc à la tête de la corporation. Il est interdit à tout membre de celle-ci de prendre à un autre son travail, de divulguer les secrets corporatifs, de faire usage de monnaies ou de couleurs altérées. Les supérieurs élus surveillent les apprentis Les étrangers doivent acheter la permission de participer aux travaux (DELLA VALLE, *Lettere Sanesi*, I, p. 143 ; II, p. 13 ; v. RAUMER, *Hohenstaufen*, 6, p. 544). Charles IV réunit, en 1348, tous les artistes vivant à Prague en une corporation unique, dans une pensée analogue à celle qui fit instituer, dans la suite, une académie des beaux-arts (PALACKY, *Gesch. von Böhmen*, 3, p.)2 cpr. le livre des corporations des peintres de Prague, édité par Pangerl et Woltmann dans les *Quellenschriften für*

Kunstgesch. de Eitelberger, vol. XIII). L'estime dans laquelle les artistes tenaient autrefois les métiers est établie par le fait, que les documents désignent souvent le sculpteur Adam Krafft, de Nüremberg, du simple nom de *Steinmetz* (tailleur de pierre), le statuaire Pierre Vischer, de Nüremberg, de celui de *Rotschmied* (fondeur en cuivre), et Syrlin, d'Ulm, sous celui de *Schreiner* (menuisier). (Cpr. JANSEN, *Deutsche Geschichte*, I, p. 193 ; A. REICHENSPERGER, *Das Kunsthandwerk*, 1875).

(5) Chez les lansquenets (*Landsknechte*) le capitaine était le maître, et les valets (*Knechte*) les compagnons ; ils connaissaient l'honneur de métier, les usages de métier, les secrets de métier, etc. ; leurs formes judiciaires étaient empruntées en partie au vieil esprit national, mais plus encore aux corporations. L'analogie avec celles-ci apparaît surtout chez les artilleurs (STENZEL, *Gesch. der Kriegsverfassung*, p. 244 et suiv., 264 et suiv. ; FREYTAG, *Bilder aus der deutschen Vergangenheit*, 2, 1, n° 12 ; 3, n° 1-2).

(6) Cpr. FREYTAG, *op. cit.*, 2, 1, n° 13. Sur les guildes de brigands (voir SCHAAB, *Gesch. des rhein. Städtebundes*, 1, p. 319 et suiv., 339 ; 2, p. 177 ; BARTHOLD, *Gesch. der Hansa*, 2, p. 221 et suiv. ; 3, p. 4 et suiv.). L'une des plus célèbres fut, vers 1400, dans les États scandinaves, celle des frères vitaliens (*Vitalienbrüder*), brigands maritimes, qui durent leur nom au secours en victuailles (*Viktualien*) par eux apportés à Stockholm assiégé.

(7) Lorsque la corporation eut acquis une importance politique, ses attributions s'étendirent à l'élection aux fonctions municipales, aux services de garde et de guerre, etc. Aussi les citoyens n'exerçant aucun métier avaient-ils fréquemment motif de s'affilier à une corporation ou de s'organiser en corporations eux-mêmes (SCHOENBERG, *Basels Finanzverhaeltnisse*, p. 299 ; GIERKE, 1, p. 384 et suiv.).

(8) Les anciens juifs avaient des corporations qui constituaient en même temps des familles et habitaient en commun certains locaux (Voir I. *Chronol.*, 4, 14, 23 ; *Néhémie*, ch. III ; EWALD, *Gesch. des Volks Israël*, 2, p. 2, 269).

(9) Les castes indiennes paraissent appartenir seulement à l'époque postvédique. Elles sont vraisemblablement une conséquence de la conquête et se fractionnent ensuite de plus en plus en sous-castes (LASSEN, *Ind. Altert.*, 1, p. 794 et suiv.). Cette pratique continue d'ailleurs partiellement encore aujourd'hui. Les recherches les plus récentes permettent de rapprocher leurs subdivisions, rangées parmi les *Vaisyas* et les *Soudras*, bien davantage des corporations que des clans au cours de notre moyen âge (SCHLAGINTWEIT, dans la *Zeitschr. der deutschen morgenl. Gesellsch.*, 1879, fasc. 4).

(10) L'admiration professée au regard de l'Égypte par tant de Grecs illustres (PLATON, *Lois*, II ; DIODORE DE SICILE, 1), était parfaitement justifiée au point de vue technique. L'architecture égyptienne avait accompli des prodiges. On ne comptait pas moins de cinq à sept classes différentes d'ouvriers travaillant à l'ornementation de parois de tombeaux (BELZONI). Les castes égyptiennes semblent d'ailleurs n'avoir pas été sans servir de modèles (DUEMICHEN, *Der ägypt. Felsentempel*, 1869, p. 29 ; LOMBROSO, *Economie politique de l'Egypte sous les Lagides*, p. 56). Leur décadence parait avoir commencé dès avant les guerres persiques, non sans avoir subi l'influence des rapports avec la Grèce.

(11) On peut citer en ce sens les *Dédalides* de la Crète et de l'Attique, auxquels entre autres se rattachent Socrate, les *Telchines* de Rhodes, le nom du sculpteur *Smilis* (σμίλη, ciseau), aux débuts de l'art d'Egine ; l'existence d'associations purement corporatives d'artistes et de forgerons ; les *Asclépiades* à Cos, entre autres Hippocrate et Ctésias, les *Homérides*, les *Iamides* (devins, ἴαμαι, j'ai guéri), les *Kerykes*, les *Héphestiades* (forgerons), les *Boutades* (bouviers), les *Poimenides* (marcaires), les *Bouzyges* (laboureurs), les *Boutypes* (piqueurs de bœufs), les *Phytalides* (planteurs), etc.

(12) Voir, outre DIODORE, *op. cit.* ; FROHBERGER, *De opificum apud Græcos conditione* (1866, p. 24 et suiv.). Dans les premiers siècles du christianisme, apparaissent de nouveau des institutions d'un genre corporatif (Voir *Corp. Inscr. Gr.*,

nᵒˢ 3154, 3408, 3422, 3475, 3480, 3485, 3496, 3498 et suiv.,
3504, 3924, 3938.

(13) PLUTARQUE (*Numa*, p. 27) mentionne les joueurs de
flûte, les orfèvres, les charpentiers, les teinturiers, les ouvriers
du cuir, les tanneurs, les chaudronniers et les potiers. Plus tard
s'ajoutèrent, entre autres, les scribes et les marchands (TITE
LIVE, II, p. 27).

(14) Tous les collèges, reconnus nuisibles, furent supprimés
en 64 av. J.-C., sauf exception expresse en faveur, par exemple,
des *fabri* et *fictores*. Clodius Pulcher rétablit l'organisation dé-
magogique des *collegia compitalicia* (TH. MOMMSEN, *De collegiis
et sodaliciis Rom.*, p. 73 et suiv.).

(15) Depuis Constantin le Grand existaient les corporations des cochers, des bateliers, des boulangers, des bouchers, etc., surtout dans un intérêt fiscal et de corvée publique ;
elles formaient des castes héréditaires, *corpora necessaria* (*Cod.
Theod.*, XIII, p. 5, 3, 11, 19 ; XIV, p. 3, 2, 5, 4, 8). [Voir
ED. GEBHARDT, *Studien über das Verpflegungswesen von Rom
und Konstantinopel in der späteren Kaiserzeit*, 1881 ; JOH. MER-
KEL, *Collegia*, dans le *Hdw. d. Staatsw.*, 2, p. 845. Sur des associations analogues dans le Caucase (*Jamkari*), cpr. les recherches approfondies de S. H. EGIASAROW (en langue russe),
1891].

DÉCADENCE DES CORPORATIONS

§ 44.

Le déclin universel de l'indépendance urbaine depuis le
triomphe de la monarchie absolue (§ 5) n'a point causé de
plus grands dommages à aucune autre institution municipale peut-être qu'aux corporations, bien que les débuts de
leur *décadence* apparaissent dès le plein développement du

régime corporatif (1). L'autorité de l'Etat, passant de plus en plus à la Cour et aux bureaux, préférait naturellement voir les débris de la puissance des villes aux mains d'assemblées de conseillers, qu'à celles de groupements démocratiques de la population (2). Les corporations des cités impériales ont surtout souffert de la politique mercantile des souverains locaux. Leur décadence militaire se reflète dans le changement de sens du mot *Spiessbürger*, primitivement « bourgeois armé de la pique », puis ensuite « petit boutiquier » (3). La Réforme, elle-même, fut défavorable à ces créations du moyen âge, en ce qu'elle abolit le culte de leurs saints protecteurs et la célébration de leurs messes mortuaires, sans les remplacer par aucun autre lien religieux (4). Cet état de choses devait forcément abaisser le point d'honneur de la classe des artisans (5) et par suite, lui faire considérer de plus en plus la corporation, non comme un office, mais comme l'incarnation d'un privilège qu'il s'agissait d'exploiter pour le mieux. La baisse de la consommation ne devait pas être combattue par l'augmentation de bon marché et de qualité de la marchandise, mais par l'éloignement toujours plus inquiet de la concurrence (6). Au temps de son apogée, la corporation refusait de s'ouvrir à certains, à cause de la modestie de leur apparence ; elle le fit désormais en raison de leur rivalité possible. Elle voyait autrefois, dans le nombre croissant de ses membres, une augmentation de sa puissance ; elle y trouva dès lors une diminution de la part de chacun. Sa fermeture, ancien objet des efforts de ses adversaires, le fut maintenant des siens propres (7). La délimitation réciproque des corporations, entretenue par des procès aussi coûteux qu'innombrables (8), devait, même lorsqu'aux débuts elle avait été utile, rendre presque impossible tout progrès supposant des formes nouvelles de division et de groupement du travail (9). Dans l'intérieur des corporations, un égoïsme identique amenait parfois à se contracter en une ploutocratie la démocratie primitive (10). Ainsi dégénérèrent, parce que l'esprit s'en était envolé, presque toutes leurs formes anciennes. La longue durée de l'apprentissage, et les traitements de l'apprenti qui en étaient la conséquence, faisaient craindre aux enfants de tout homme un peu instruit de s'engager dans un métier (11). Le voyage se déprava lorsque l'appauvrissement des corporations contraignit une grande part des compagnons à recourir à la mendicité. L'examen de maître ne tourna que trop de fois en chicane de concurrents et en extorsion de monnaie (12). L'endettement même des corporations fut utilisé comme un prétexte bien venu pour exiger des candidats d'importants sacrifices pécuniaires.

[Pour prévenir les abus (13), on s'efforça d'abord de décréter des ordonnances générales, valables pour tout métier dans toutes les parties du pays ou pour un territoire déterminé (14). Des tentatives isolées eurent lieu dès le xve siècle pour une réforme radicale des corporations (15), et leur fréquence augmenta aux xvie et xviie siècles (16). Cependant, ni l'arbitrage d'Empire de 1672, ni l'ordonnance d'Empire sur les corporations du 16 août 1732, ne réussirent à réprimer le désordre. Cette dernière, qui se trouve être la première ordonnance sur les métiers s'étendant à toutes les corporations en Allemagne, est une loi fort soigneusement rédigée, mais s'éloignant beaucoup d'une initiative pour introduire la liberté de l'industrie (17). En Prusse même, la législation des métiers de 1732 à 1734, tout en créant pour la première fois dans les privilèges généraux un droit uniforme, en offrant à l'administration des bases claires et certaines et en instituant l'ordre, ne tint encore que peu de compte des idées de liberté. Elle contribua seulement] à mettre de plus en plus dans l'ombre le caractère corporatif des institutions qui nous occupent, en tant que personnalités juridiques indépendantes, au profit de leur caractère de surveillance, comme organes de la politique industrielle (18).

(1) Il en a été de même en France et en Angleterre; Levasseur, I, p. 503; II, p. 89 et suiv., 96 et suiv., 493 et suiv.

(2) Il est surtout caractéristique que Charles-Quint, en 1548, à Augsbourg, n'a pas seulement modifié la constitution, mais supprimé toutes les corporations et défendu à l'avenir sous des peines corporelles et même capitales toutes leurs assemblées (v. Stetten, *Augsb. Gesch.*, p. 433 et suiv.). Ferdinand Ier les abolit de son côté en interdisant en même temps au Conseil de ville de délibérer désormais des affaires communales, et en destituant tous les bourgmestres en fonctions en 1546 (Wuttke, *Schlesien*, I, p. 191; 2, p. 128 et suiv.).

(3) On peut rappeler en ce sens les exploits des boulangers de Münich à Ampfing en 1322, des tanneurs et teinturiers de Souabe à Reutlingen en 1377, des tisserands de Flandre à Courtrai en 1302.

(4) Le sens originaire des cérémonies d'initiation burlesques, lors de la réception de l'apprenti candidat au grade de compagnon, etc., était que les plaisanteries à son égard avaient désormais pris fin. Nous trouvons, par contre, au XVIIe siècle, des coutumes qui revenaient à parodier l'Église dans ses baptêmes, processions, messes, etc. (Christian Gerber, *Unerkannte Sünden der Welt*, 1669, p. 1494 et suiv.). Des usages analogues furent, en 1655, en France, condamnés par la Sorbonne (Levasseur, II, p. 493 et suiv.; meilleurs développements dans Schade, *op. cit.*, p. 259 et suiv., 336). A une époque plus récente, on assiste encore à une odieuse profanation de la Sainte Cène dans les auberges de compagnons (Merz, *Armut und Christentum*, p. 156).

(5) Un décret de Frédéric Ier, en 1710, dispose que celui qui

a fait, dans une maison de force, l'apprentissage d'une profession, ne doit pas être exclu de la société (MYLIUS, *C. C. M. V.*, p. 2, 10, 31). Il y a là un affaiblissement de l'idée du déshonneur. Autrefois, si un compagnon avait par hasard tué un chien, coupé la corde d'un suicidé par pendaison, bu avec le bourreau, etc., il était noté d'infamie, mais pouvait, en général, se réhabiliter en payant une amende. Chez les cordonniers de Brême, au XVIe siècle, la virginité des filles des familles du métier était garantie par l'examen de la fiancée au lit nuptial, par les chefs de la corporation, qui devaient « la palper de leurs mains assermentées pour témoigner que son pucelage était intact ». Cette coutume put ensuite se racheter en argent (BOEHMERT, p. 108 et suiv.).

(6) C'est ainsi, par exemple, qu'à Iglau, depuis 1556, les difficultés de la maîtrise, les restrictions apportées à la production comme au nombre des maîtres dans la draperie, furent sans cesse accrues en raison du manque de débouchés provoqué par les guerres. Les cordonniers de Brême obtinrent, au XVIIIe siècle, l'interdiction d'importer des souliers de l'extérieur, même pendant la foire annuelle. Les pays voisins menacèrent de représailles, mais la corporation préféra renoncer à toute exportation plutôt qu'au monopole indigène (BOEHMERT, p. 49). Les toiliers de Strasbourg se virent concéder l'épreuve du chef-d'œuvre, qu'on leur avait refusée d'abord, parce que leur industrie mourait de pléthore et que même les plus habiles d'entre eux n'avaient pas suffisamment de travail (SCHMOLLER, p. 537). [Les artisans organisaient de véritables chasses aux concurrents ne faisant pas partie de la corporation et surnommés *Boenhasen* (« renards »). Sous l'œil bienveillant des autorités publiques, elles s'exécutaient non sans une certaine cruauté. Cet état de choses, en ce qui concerne Hambourg, a été décrit avec une vérité saisissante par O. RUEDIGER, sous le titre *Bönhasen und Handwerksgesellen*, dans son livre *Hamburg vor 200 Jahren*, 1892].

(7) GIERKE (I, p. 366) fait très bien ressortir comment les vertus anciennes de la corporation se sont renversées pour faire

place à des défauts inverses. «Le sens du bien commun se trans-
« formant en esprit de corps, le désir de puissance et d'hon-
« neur pour la corporation en avidité égoïste, le vieil orgueil
« du métier en vanité puérile, le respect de la tradition en céré-
« monial sans objet, l'exclusion de l'indigne en exclusivisme
« étroit, l'amour de la fraternité et de l'égalité en jalousie de
« métier, le sentiment animé de la vie publique en particula-
« risme d'une corporation trépignant pour son monopole. »

(8) Le XVIIe siècle est l'époque classique des *procès de corporation*, comme en témoignent les œuvres d'ADRIEN BEIER,
Tyro (1717) ; *Boethus* (1717) ; *Magister* (1719) ; *De collegiis
opificum* (1727). [Les difficultés au sujet des limites réciproques de leurs attributions sont aussi anciennes que les corporations elles-mêmes. On en trouve la trace, dès le XIVe siècle,
mais elles augmentent d'une façon significative vers la fin du
XVIe. Dans la seconde moitié de celui-ci, à Strasbourg, elles se
déroulent longtemps à propos du droit de teindre que se dis-
putent les tisserands et les tondeurs de drap (STIEDA, *Zunft-
handel*, dans le *Historiches Taschenbuch*, 1885, p. 307).
A Leipzig, en 1575, menuisiers et charpentiers se querellent
sur l'emploi de la colle]. La question de savoir quand un habit
cesse d'être neuf pour être considéré comme vieux a donné lieu,
en France, entre fripiers et tailleurs, à trente mille décisions
judiciaires (LOTZ, *Revision der Grundbegriffe*, 3, p. 35). En Allemagne, d'innombrables procès ont divisé, au sujet de la fabrication des cadres de fenêtres, les vitriers et les menuisiers
(ZELLER, *Gewerbepolizei in den preuss. Staaten*, I, p. 182). Les
corporations parisiennes dépensaient, en 1750, en procès de ce
genre, de 800.000 à 1 million de livres par an, qu'elles ajou-
taient naturellement aux prix de leurs produits (FORBONNAIS,
Finances de France, I, p. 478).

(9) C'est en France que l'émiettement de l'industrie était le
plus accentué, parce que l'intérêt fiscal avait institué un grand
nombre de corporations nouvelles. Il en existait, par exemple,
six différentes de tapissiers : les modistes étaient séparées des
plumassières, des marchandes de coiffes, etc. Réveillon, le

créateur en France de l'industrie des papiers peints, fut l'objet des poursuites des graveurs, imprimeurs et tapissiers (CHEVALIER, *op. cit.*), jusqu'à ce que le titre de « manufacture royale » vint le couvrir de sa protection. Il en fut de même vis-à-vis d'Erard, pour ses pianos, auxquels « donnèrent la chasse » les « tablettiers, luthiers et éventaillistes » (*Comptes rendus*, 1865, III, p. 431). Au début du XVIIIe siècle, les faïenciers présentèrent une requête afin de faire interdire l'industrie nouvellement découverte du mastiquage des faïences brisées (ROQUEFORT, *Hist. de la vie privée*, III, p. 205). En Saxe, avant l'introduction de la liberté industrielle, la fabrication des patins était disputée entre sept corporations ; les corporations urbaines demandaient, en 1849, l'interdiction de fabriquer dans les campagnes les cadres de fenêtres.

(10) Il s'était constitué, en 1566, chez les drapiers de Paris, à l'intérieur de leur corporation, un collège des « gardes » se recrutant par cooptation d'une manière tout à fait oligarchique (LEVASSEUR, II, p. 98). Plus encore, en Angleterre, les corporations se trouvaient, depuis le XVIe siècle, placées sous la domination de leurs membres les plus fortunés. Les *livery-men* s'opposaient aux *house-holders* et aux simples *freemen* (BRENTANO, dans les *English-gilds* de T. SMITH, p. 151).

(11) On abusait des apprentis en les employant, non seulement à des occupations domestiques, mais aussi à des travaux industriels qui ne pouvaient rien leur enseigner, comme de tourner la roue chez les cordiers, etc. (Voir l'ouvrage : *Handwerksbarbarei oder Geschichte meiner Lehrjahre, ein Beitrag zur Erziehungsmethode deutscher Handwerker*, 1790). En France, on se plaint que beaucoup de maîtres n'apprennent point à confectionner le chef-d'œuvre prescrit (LEVASSEUR, II, p. 94). En Angleterre, il fallut défendre expressément l'élévation arbitraire du prix payé pour l'apprentissage, et la prestation de serment imposée aux apprentis de ne se rendre indépendants qu'avec la permission du maître (22, *Henry VIII*, c. IV ; 28, *Henry VIII*, c. V). [Sur la dégénérescence de l'examen de maître et les

projets de réforme (voir STIEDA, *Befähigungsnachweis*, 1895, p. 4 à 11)].

(12) Il y avait des chefs-d'œuvres sans utilité pratique, comme au XIXᵉ siècle, des perruques à marteau ou des sièges de luxe en vieux style franconien, comme des limes pour taillandiers, pesant vingt livres (RAU, *Lehrbuch*, 2, § 188). On défendit absolument, en divers endroits, de mettre ensuite en vente un chef-d'œuvre de ce genre (RAU, *Ueber das Zunftwesen*, 1816, p. 88).

(13) Au nombre des abus les plus révoltants, il faut signaler en 1700, cette décision de la corporation des baigneurs de Lowenz de ne procéder aux opérations les plus importantes qu'en présence de la corporation assemblée, et d'interdire à tout baigneur de soigner un malade dont le traitement aurait été commencé par un autre (CZAPLOVICZ, *Gemälde von Ungarn*, 2, p. 258 et suiv.). En France, à la fin du XVᵉ siècle, lorsque l'opération de la pierre fut connue, les barbiers-chirurgiens, qui ne s'entendaient point à la pratiquer, imposèrent une taxe aux opérateurs spécialistes (LEVASSEUR, II, p. 81). Voir plus tard des indications très précises dans l'ordonnance de l'électeur de Mayence pour la ville d'Erfurt (1751) et dans l'ordonnance de police de Fulda (1784) (BERLEPSCH, *Chronik der Gewerbe*, 1850 et suiv.).

(14) [Voir l'ordonnance des drapiers pour le margraviat de Bade de 1486 ; sur les corporations nationales en Württemberg, voir GOTHEIN, *Schwarzwald*, 1, p. 420 et suiv. ; Ordonnance autrichienne sur les corporations de Ferdinand Iᵉʳ en 1527 (BUCHOLTZ, *Gesch. Ferdinands*, VIII, p. 363 et suiv.)].

(15) [Voir projets de réforme du souabe Frédéric Reiser dans le document connu sous le nom de « Réforme de l'empereur Sigismond ». Il reprochait aux corporations leur puissance et demandait qu'on les supprimât (W. BOHM, *Friedr. Reisers Reformation*, 1876)].

(16) [Le droit des métiers fut à nouveau réglementé à Francfort-sur-Mein, de 1617 à 1631, à l'issue de l'insurrection de Vincent Fettmilch (EUG. ELKAN, *Das Frankfurter Gewerberecht von 1617-31*, 1890). Des tentatives de réformes eurent lieu,

en 1661, à Riga (STIEDA et METTIG, 175-185). En Suède, un mouvement semblable aboutit, en 1669, à faire décréter une ordonnance sur les métiers d'un caractère profondément uniforme (STIEDA et METTIG, p. 185 et suiv.)]. En France, aux États Généraux de 1614, le Tiers État émit la proposition de supprimer toutes les corporations créées depuis 1576, et de n'en autoriser désormais aucune nouvelle, parce qu'elles « gênaient le travail » (FORBONNAIS, *Finances de France*, I, p. 150 et suiv.). En Angleterre, Cromwell prescrivit aux bonnetiers de Londres de se constituer en une corporation, que Charles II, en 1664, étendit à tout le royaume avec obligation pour tous les gens du métier d'en faire partie, et droits d'autorité de celle-ci sur eux. (HELD, *Soziale Gesch.*, p. 484).

(17) En Allemagne, BESOLD se montrait encore, en 1664, partisan décidé de l'autonomie corporative, pourvu seulement qu'on en fit un usage *rationabilis*, sans contrevenir aux lois de l'État ni aux bonnes mœurs (*Dissert. de jure rerum familiarum*, etc., p. 47 et suiv.). VON SECKENDORFF, esprit conservateur et juste, après avoir, dans la première édition de son *Fürstenstaat*, en 1660, décrit sans opposition le régime des métiers alors existant, repousse (p. 146 et suiv.), en 1664, presque toutes les raisons mises en avant d'ordinaire pour la défense des corporations. Il attend si bien de leur suppression l'essor de l'industrie dans les villes, que les artisans au village ne pourraient subsister, sans besoin même de recourir au maintien du droit de banlieue (Addition à la 3e édition du *Fürstenstaat*, p. 169 et suiv.). J. J. BECHER pense que les corporations constituent, à l'origine, un bon moyen de s'opposer au monopole d'un seul ou de plusieurs, mais qu'elles sont devenues un abus déplorable, dissimulant un monopole effectif (*Polit. Diskurs*, 1668, p. 30 et suiv.). VON SCHROEDER, dans son ouvrage *Schätz und Rentkammer*, paru en 1686 (p. 302), les traite d' « exécrables et maudites comme étant le plus terrible fléau de toute l'Allemagne » ; il voit en elles la cause de l'insuccès des manufactures en ce pays. SONNENFELS voudrait seulement qu'on purgeât les corporations de leurs dégénérescences (*Grunds.*, 1,

p. 253 et suiv., 2, p. 124, 163 et suiv. *Polit. Abh.*, p. 303). [Les ordonnances de police d'Empire de 1530 et 1577, ainsi que les recès de 1548, 1559, 1566, 1570, s'efforcent d'introduire une réforme des corporations et de mettre un terme aux plus criants de leurs abus. Plus tard, les capitulations impériales de 1661 exhortent à cette tâche. En 1666, on trouve une décision de la Diète au sujet « des insolences que se permettent les « artisans et de la résistance qu'ils opposent aux autorités ordi- « naires. » Lors des débats de 1669, le représentant de la ville de Neubrandenburg se prononce pour la suppression des corpo- rations. L'arbitrage d'Empire de 1672 insiste sur l'abolition de leur juridiction, sur la présence permanente de délégués du Conseil de ville dans leurs assemblées, l'organisation ration- nelle du chef-d'œuvre, la réduction des droits d'entrée et la fa- cilité plus grande de la maîtrise. En conséquence des réformes inspirées par cet arbitrage, plusieurs souverains réglementèrent les corporations d'une manière indépendante dans leur pays. Ce fut le cas pour le Brandebourg, à la date du 3 janvier 1688. On y imposa le bon marché du chef-d'œuvre, la limitation à un an de l'obligation du voyage, la réduction de tous les frais d'ad- mission dans la corporation, à 10 reichsthalers au plus (M. MEYER, *Gesch. d. preussischen Handwerkerpolitik*, 1884, 1, p. 92 et suiv.). Le Brunswick eut son tour le 4 août 1692, et la Hesse électorale le 29 juillet 1693 (DITHMARS, *Œkon. Fama*, 1729 et suiv., cap. VI et VII). L'ordonnance d'Empire sur les corporations de 1731 les laissa tranquillement subsister et pensa servir l'institution par un simple élagage des accrus. On ap- porta une profonde attention aux apprentis et on mit un terme aux abus du compagnonnage (*Hdw. d. Staatsw.*, 6, p. 887 et suiv.)]. L'occasion la plus récente en avait été fournie par le soulèvement des compagnons cordonniers à Augsbourg en 1726 (voir FABRI, *Europ. Staatskanzlei*, 49, p. 553 et suiv. ; K. G. KNORREN, *Rechtl. Erlauterung der R. S. wegen der Hand- werksmissbrauche*, 1744). [La loi demeura sans effet et personne ne tint compte de la menace qu'elle apportait de supprimer les corporations si elle n'était pas observée. Les artisans eux-mêmes résistèrent de toutes leurs forces contre elle, et les compagnons en particulier, contre les *Kundschaften* (renseignements)] analogues aux livrets d'ouvriers modernes.

(18) Les privilèges généraux très concordants que Frédéric-Guillaume Ier octroya, en 1734, aux différents métiers, contiennent notamment les dispositions suivantes : veiller à ce que les apprentis acquièrent les connaissances scolaires élémentaires qui leur sont indispensables ; les protéger contre tout surcroît de travail injustifié ; les défendre contre les « sottes farces » à l'occasion de la validation de leur stage ; leur prescrire un voyage de trois années. Les « volets » de compagnons et les tableaux noirs sont interdits. Celui dont les certificats ne sont pas irréprochables doit encore résider un semestre au lieu de son établissement avant d'être admis au droit de maîtrise. Les chefs-d'œuvre sont réglementés ; ils doivent être purement et simplement (*pure*) soit acceptés, soit refusés, et peuvent être vendus par leur auteur. Il est défendu de faire ripaille à leur occasion. Les frais sont restreints à 10 thalers. Le nombre des maîtres n'est pas limité, non plus que celui des compagnons et des apprentis. Les corporations ne peuvent, elles-mêmes, procéder contre les gâte-métier. La foire annuelle entraîne suspension de la contrainte corporative. Le maître outragé doit s'adresser lui-même aux tribunaux pour obtenir réparation, sans avoir besoin, dans l'intervalle, de résigner le métier (Mylius, *C. C. M. V.*, p. 2, 10, appendice ; [Moritz Meyer, *Gesch. der preussischen Handwerkerpolitik*, 1888, 2, p. 82 à 98). Voir l'exposé approfondi du droit des métiers en vigueur en Prusse au cours du XVIIIe siècle, fait par v. Rohrscheidt, dans le *Jahrbuch. f. Nat.*, 3e F., 5, p. 312 et suiv., 6, p. 230 et suiv. Il fut édicté dans le margraviat de Bade, en 1760, des articles généraux sur les corporations et, dans le duché de Brunswick et la principauté de Blankenburg, à la date du 4 mars 1765, une ordonnance nouvelle sur les guildes (Ortloff, *Corpus juris opificiarii*, 1804, p. 223, 187). L'électeur de Saxe promulgua, le 8 janvier 1780, des articles généraux sur les corporations touchant les artistes, les gens de profession et les artisans (Herold,

Die Rechte der Handwerker, 1841, p. 90 et suiv.). A Fulda, l'ordonnance de police du 31 août 1784 aspira à modifier l'état de choses en ce qui concernait ces derniers (ORTLOFF, p. 315)]. En France, en 1755, toutes villes à l'exception de Paris, Rouen, Lille et Lyon, furent accessibles à tout artisan ayant accompli les années d'apprentissage et de compagnonnage prescrites (LEVASSEUR, II, p. 354).

§ 44 a.

[L'Allemagne, à la fin du XVIIIᵉ siècle, se trouvait encore profondément engagée dans la constitution corporative. Une ordonnance, réglementant les plus infimes détails, prescrivait la marche du développement de chacun, depuis le temps de l'apprentissage jusqu'à l'obtention de la maîtrise. Il n'était permis, ni d'entretenir plus d'un apprenti, ni de faire marcher plus d'une exploitation, ni de vendre autre chose que ce qu'on avait soi-même confectionné. Toutes les prescriptions relatives aux institutions corporatives particulières, comme l'apprentissage, le compagnonnage, le voyage, le stage de maître, la maîtrise, la juridiction et la contrainte corporatives étaient demeurées en vigueur sans changement appréciable. Elles ne faisaient qu'enserrer d'un réseau toujours plus étroit la liberté de l'individu, si bien qu'il devint bientôt impossible aux artisans de se mouvoir. La conviction se trouvait, dès lors, forcée de se faire jour, qu'il fallait rompre avec les traditions anciennes, si l'on ne voulait voir l'industrie périr entièrement. Les plaintes se faisaient surtout entendre au sujet des abus engendrés par les *réprimandes* ou les *chasses*, par les poursuites contre les étrangers aux corporations et par les chicanes entre ces dernières sur les limites de leurs domaines industriels respectifs. L'artisan qui s'était rendu indigne de la confrérie en enfreignant ses lois était déclaré déloyal (*unredlich*), et subissait la réprimande (*gescholten*), soit jusqu'à ce qu'il se fût accommodé avec elle, soit jusqu'à ce que le « *magistrat* », c'est-à-dire l'autorité municipale, eût examiné sa cause. La réprimande pour les motifs les plus futiles était devenue une habitude fâcheuse. Il était tenu registre complet de tous les maîtres et compagnons réprimandés. Comme conséquence, tout individu flétri de la sorte demeurait exclu, dans l'étendue entière de l'Etat, de tout travail corporatif. Si un maître ne tenait point compte de la sentence, mais fournissait du travail à un compagnon réprimandé, si un compagnon en tournée entrait dans l'atelier d'un maître réprimandé lui-même (1), l'un et l'autre encouraient à leur tour la réprimande, si dans la quinzaine de l'avertissement qui eur était fait de l'irrégularité commise, ils ne rompaient le contrat.

Les poursuites contre les étrangers à la corporation, désignés sous les noms de *Boenhasen* (« renards »), *Stümper* (gâcheurs), *Stoerrer* (trouble-fête), *Froetter* (frotteurs), *Pfuscher* (gâte-métier), etc., étaient la conséquence immédiate de ce que l'accès à la maîtrise avait été rendu difficile. Tout artisan s'établissant quelque part dans une ville était obligé, par le règne universel de la contrainte corporative, de s'affilier à la confrérie locale de son métier. Comme cela n'était souvent possible qu'après avoir triomphé d'obstacles sans nombre et payé de lourdes taxes, beaucoup se voyaient forcés d'entreprendre un travail en dehors de la corporation. Aussi, les autorités municipales (*Magistrate*) avaient-elles, pour briser son privilège, introduit l'institution des *Freimeister* (francs-maîtres), c'est-à-dire autorisé certains individus à s'accommoder avec elle moyennant une faible somme, pour s'adonner ensuite librement à leur industrie.

Les métiers dans lesquels l'ouverture d'une boutique n'exigeait qu'un faible capital, comme ceux de forgeron, cordonnier, tisserand en toile, comptaient une foule de « renards ». La vie de ces derniers était misérable, pleine de troubles et de soucis constants. Ils étaient obligés de travailler à meilleur compte que les maîtres d'état, et de dissimuler leur travail comme une injure ou une honte. Dans les grandes villes, leur nombre croissait d'une manière inquiétante. A Hambourg, par exemple, on fut conduit, en 1747, à convoquer tous les cordonniers irréguliers devant les maîtres d'état, et à leur donner la faculté de se faire recevoir comme maîtres, en payant 300 marcs courants une fois pour toutes et sans difficultés nouvelles, sans par exemple être astreints au mariage dans la corporation. On peut imaginer dès lors combien le droit d'entrée était d'ordinaire formidable, et combien les « renards » devaient se trouver nombreux. Mais les compagnons cordonniers trouvèrent les conditions beaucoup trop lourdes, et préférèrent rester des « renards ». La concurrence des irréguliers devenait-elle trop vive, les gens de la corporation entreprenaient d'organiser des chasses aux « renards » en règle, qui s'exécutaient sous la protection des autorités avec un certain acharnement.

On considérait comme « renard » (*Boenhase*), celui qui sans en avoir obtenu la permission, travaillait d'une manière indépendante. Il pouvait arriver aux francs-maîtres privilégiés de devenir « renards » lorsque leur travail s'appliquait à des choses pour lesquelles ils n'avaient point de privilège. Il en résultait des conflits réciproques de travail, entre corporations, auxquels la loi d'Empire de 1731 avait, en vain, essayé de porter remède ; son efficacité se borna à contribuer à une solution plus rapide des procès en cours. Les plaintes se multipliant, on crut apercevoir un moyen de salut dans la collation de privilèges nouveaux, mais on ne fit qu'aggraver le mal au lieu de le soulager.

Quelque judicieuses qu'aient pu être les mesures prises, elles étaient incapables d'animer d'un souffle nouveau une institution qui se survivait à elle-même. Il devenait chaque jour plus clair et plus manifeste que les idées fondamentales, servant d'armature au régime corporatif, ne pouvaient plus se soutenir, et qu'il était impraticable de les harmoniser avec les exigences et les besoins des temps modernes. A trois points de vue encore, on s'efforçait de défendre l'utilité des corporations pour le xviiie siècle. On prétendait donner aux artisans la sécurité de leurs gains et fonder leur sort sur des bases solides. On voulait fournir au public une garantie de l'excellence des produits industriels, et l'on estimait nécessaire à cette fin, d'entretenir parmi les ouvriers des connaissances précises, et de les perfectionner chez eux, en offrant à tous le moyen de passer par cette école. Enfin, on espérait, grâce à la corporation, arriver à des résultats moraux. Refuser à ces idées tout crédit était impossible, mais on ne s'en trouvait pas moins forcé d'apercevoir nettement que les dispositions suivies pour les mettre en œuvre ne rendaient plus ce que l'on comptait. La contrainte corporative empêchait chacun de tirer parti de ses capacités, aussi bien qu'il s'y serait entendu. La faculté de se servir de ses forces de travail recevait une atteinte, si l'Etat créait l'obligation pour tout artisan de s'affilier, avant d'ouvrir un établissement autonome, à une corporation en exercice. La sécurité des moyens d'existence n'était pas le moins du monde obtenue, car la pratique du régime corporatif témoignait que beaucoup de maîtres manquaient de l'habileté, de l'application, ou des capitaux requis, et n'arrivaient pas à faire leur chemin. Les obstacles croissants apportés à l'obtention de la maîtrise et la délimitation du

terrain d'activité des corporations particulières entraînaient des dommages économiques fort grands pour la
masse, sans pouvoir empêcher l'appauvrissement de nombreux membres des corps d'Etat. Considérées comme institutions destinées à l'entretien, la diffusion et l'accroissement des connaissances mécaniques dans le domaine industriel, les corporations étaient, de l'avis général, devenues
parfaitement impropres à leur rôle. Tout au plus pouvaient-
elles maintenir les connaissances acquises, leur perfectionnement étant d'ordinaire interdit par des statuts qui char-
geaient l'industrie des chaînes de la routine. Même pour la
transmission des tours de main traditionnels, la situation
apparaissait inquiétante, l'enseignement étant devenu fort
défectueux. Les jeunes apprentis n'étaient plus, pour employer l'expression énergique de certains auteurs, que les
bêtes de somme et les marchepieds du maître, de sa femme
et des compagnons. Ce qu'en fin de compte ils avaient re-
tenu de leur métier, il le leur avait fallu acquérir en voyant
faire le maître et en surprenant, pour ainsi dire, ses secrets,
plutôt qu'en en recevant la démonstration. Le jeune apprenti ignorait souvent le principal de son état. Le maître
avait perdu tout intérêt à son éducation, et n'éprouvait le
besoin que d'attirer à lui des manœuvres. Le voyage avait
subi une dégénérescence analogue, et ne signifiait plus que
fort peu pour le perfectionnement de l'habileté professionnelle. Le compagnon ne choisissait plus le maître chez lequel il voulait travailler, mais était renvoyé à celui qui
avait justement besoin d'aide. Il arrivait souvent chez un
patron duquel il ne pouvait plus rien apprendre, et le but
de l'institution semblait totalement manqué, s'il était conduit par les circonstances à entrer dans l'atelier d'une veuve
de maître. Enfin, le chef-d'œuvre lui-même ne constituait
plus, depuis longtemps, la pierre de touche de la capacité

requise. Tout compagnon pouvait être promu maître, s'il
était prêt à racheter, moyennant finances, les défauts et les
inégalités de son épreuve. C'était du moins l'usage universel. Les corporations négligeaient au besoin d'assurer la situation matérielle de leurs membres, et de tenir en haleine
leur capacité. On n'apercevait plus guère ainsi leurs résultats moraux. L'ancienne réciprocité de contrôle avait
presque disparu ; les confrères se passaient tout entre eux,
et l'exclusion de la corporation, l'éloignement du métier
pour infraction aux règlements intéressant le public, étaient
devenus exceptionnels.

Il fallait donc reconnaître, à examiner de plus près le régime corporatif, qu'il ne présentait plus les avantages
qu'on lui attribuait jadis. Il donnait trop à chacun pour le
vouer à sa perte, trop peu pour lui assurer une vie convena-
nable, et la disparition du bien-être de l'artisan ne pouvait
être contestée qu'en bien peu d'endroits. Même dans les
villes de province, on se plaignait du défaut croissant de
moyens d'existence. Il n'était pas facile d'entreprendre de
changer de profession, car on ne pouvait une fois encore
recommencer tout un coûteux apprentissage.

(1) [Georg Jahn, *Gewerbepolitik d. deutschen Landesfürsten
v. 16-18 Jahrh.*, 1910 ; K. v. Rohrscheidt, *Von Zunftzwange
zur Gewerbefreiheit*, 1898 ; Schuetz, *Die altwürttembergische
Gewerbeverfassung*, dans la *Zeitschr. f. d. ges. Staatsw.*, vol. VI ;
G. Schmoller, *Das brandenburgisch-preussische Innungswesen
von 1640-1806*, dans les *Forschungen zur brandenburgischen
und preussischen Gesch.*, vol. I ; H. Roehl, *Beiträge z. preussischen Handwerkerpolitik*, 1900 ; K. v. Tiszka, *Handwerk und
Handwerker in Bayern im 18 Jahrh.*, 1907].

CHAPITRE VI

RÉSULTATS ÉCONOMIQUES IMMÉDIATS
DU PROTECTIONNISME

§ 45.

Les mesures principales recommandées par le système mercantile, pour augmenter artificiellement la richesse sociale (§ 34), ont été incapables de produire les effets immédiats attendus par leurs promoteurs. C'est ce que nous établissons aux §§ 123 et suiv., par des motifs tirés de la théorie de la monnaie. En réalité, leurs *résultats économiques les plus prochains* consistent en ce que les forces productives nationales existantes sont détournées des emplacements affectés jusqu'alors à leur emploi, au profit d'autres paraissant plus avantageux aux pouvoirs publics.

A. Lorsque le producteur indigène est en état de fournir sa marchandise à égalité de qualité et de prix avec l'étranger, toute « protection » en sa faveur par des *droits d'entrée*, ou même par des *prohibitions* devient superflue. Il n'a pas seulement, en général, l'avantage de frais de transport moins élevés jusqu'au lieu de consommation (1), mais il est aussi plus voisin du consommateur pour suivre les variations de ses goûts (2). Lorsque l'étranger peut, au contraire, livrer à meilleur marché ou à une qualité supérieure et qu'il est artificiellement tenu à l'écart du marché national, l'Etat force le consommateur à un sacrifice de jouissance (3), et d'une nature telle, que le gain du producteur ainsi favorisé ne saurait servir de compensation. Ce dernier se voit d'ordinaire bientôt contraint par la concurrence indigène d'organiser ses prix suivant le taux usuel local de profit (4). S'il n'était pas « protégé », il consacrerait le plus souvent ses forces productrices à d'autres branches d'activité, en mesure de soutenir la concurrence étrangère et même de la vaincre. Les produits obtenus seraient susceptibles de devenir, aux mains de la collectivité nationale, un objet d'échange contre toutes les marchandises de l'étranger dont la confection, d'après les lois de la division du travail, demeure plus avantageusement confiée à celui-ci (5). Un peuple ne peut, de façon durable, en payer un autre qu'avec ses propres produits. Toute restriction mise à l'importation doit donc, toutes choses égales d'ailleurs, entraîner une restriction réciproque à l'exportation (6). L'effet immédiat des obstacles à l'importation n'est pas dans une augmentation, mais dans une déviation des forces nationales du travail et du capital. L'augmentation n'a lieu du moins, que si l'on réussit à amener les producteurs étrangers à transporter leurs forces productives à l'intérieur des frontières nationales (7), ce qui peut passer pour le *summum* du triomphe du sytème protecteur. C'est un tort que d'exiger, comme on le fait si souvent au nom de la justice, une extension uniforme de la « protection » à toutes les branches de l'économie. Il ne s'agit plus de protection proprement dite, analogue à celle de la lo. égale pour tous, mais bien d'une faveur qui ne peut être accordée à personne sans préjudicier à autrui (Vol. IV, I, § 100) (8).

(1) Il en est autrement pour la mise en œuvre de matières premières venant de l'étranger (§ 110). La situation géogra-

phique des provinces industrielles a des conséquences multiples. En Russie, le centre surtout est industriel, ce qui fait que les côtes peuvent être réellement plus proches du fabricant étranger que de l'indigène. Il en est de même en France, tout au moins pour le fer et la houille. En Allemagne, les mines de charbon les meilleures ont à supporter, par suite du défaut de voies navigables, des frais de transport plus élevés, vers Berlin, Dresde et Francfort-sur-l'Oder, que leurs rivales anglaises (PECHAR, *Kohle und Eisen*, p. 111).

(2) A moins qu'il ne faille compter avec les extravagances du luxe, qui méprise le produit indigène « parce qu'il ne vient pas de loin ». A l'époque de Montchrétien, les Français prisaient souvent davantage la marchandise étrangère de mauvaise qualité que les excellents produits nationaux (*Economie politique*, 1615, p. 92-97). Un souverain avisé peut ici, par son exemple, exercer une influence favorable. Louis XIV (*Lettres, instructions et mémoires*, c. II, p. 1, p. 258), au moment de la mort de sa mère, tint à ce que la cour n'employât que des étoffes de deuil fabriquées en France (Voir à ce sujet, Sir J. GEE, *Trade and Navigation*, p. 46). Auguste Ier de Saxe porta toujours du drap indigène (WEISSE, *Museum f. sächs. Gesch.*, 2, p. 2, 109). [Le duc Frédéric de Mecklenbourg-Schwerin ordonna, en 1767, à la commission de la guerre, d'acheter le drap nécessaire à la garnison de Rostock à des tisserands et drapiers allemands. Frédéric-François Ier fit, en 1788, commander les étoffes destinées à l'habillement des fonctionnaires subalternes à des ouvriers en laine du pays (STIEDA, *Gewerbliche und kommerzielle Zustände in Meckl.-Schwerin*, 1887, p. 25)]. Le prince d'Orange imposa, en 1749, à tous ses fonctionnaires une obligation semblable (*Richesse de la Hollande*, II, p. 317). Le comte SODEN veut voir, dans le protectionnisme, une mesure principalement dirigée contre le défaut de la nation de s'estimer elle-même et contre la prépondérance de l'esprit mercantile (*Nationalökonomie*, 4, p. 182 et suiv. ; 2, p. 28 et suiv.).

(3) Prince-Smith appelle pour cette raison la protection

douanière une taxe de famine. Benjamin Constant parlait
déjà, au moment où la Restauration prétendait, en France,
« protéger » tout de façon toujours plus complète, d'un « enthousiasme de renchérissement ». L'augmentation de prix de
la marchandise « protégée » empêche les consómmateurs de
payer désormais autant d'autres objets indigènes. Si l'industrie existait antérieurement, l'application d'un droit de douane
élève, en général, non seulement le coût de la marchandise
étrangère, mais encore celui du produit national.

(4) Les choses se passent, bien entendu, autrement lorsque
les « protégés » réussissent, par des *cartels* conclus entre eux, à
se garantir des effets de la concurrence sur la baisse des prix
(WALCKER, *Schützzölle, laissez-faire und Freihandel*, 1880,
p. 306 et suiv.).

(5) Si les Anglais n'avaient jamais mis de droits protecteurs
sur les soies, ni les Français de droits sur le fer, il est probable
que les premiers tireraient de France toute la soie nécessaire à
leur consommation pour la payer en fer. Les deux peuples y
trouveraient avantage sous les rapports réciproques du coût
de la production et de la satisfaction des besoins éprouvés.
J.-B. Say appelle la protection douanière une lutte contre la
nature, où nous nous efforçons de refuser une partie des dons
qu'elle veut nous offrir (*Traité*, I, ch. XVII).

(6) « Celui qui empêche un peuple d'acheter sur le marché le
plus avantageux l'empêche aussi, par cela même, de vendre
sur le marché le plus cher » (Macculloch). Ce n'était pas dans
un simple esprit de représailles que la Hollande, au XVIIe siècle,
menaçait la Pologne, au cas où elle persisterait à relever ses
droits de douane à Dantzig et à Pillau, de tirer de Russie les
grains dont elle avait besoin (BOXHORN, *Varii tractat. politt.*,
p. 240). Lorsque l'Angleterre, en 1809, pour favoriser le Canada, frappa de droits fort lourds le bois de Norvège, les Norvégiens commencèrent à se fournir de produits fabriqués, non
plus en Angleterre, mais à Hambourg, à Altona et en France
(BLOM, *Norwegen*, 1, p. 257, 266).

(7) En Espagne, les partisans les plus éminents du protec-

tionnisme pensent tout de suite, dans les propositions qu'ils formulent, à l'attraction des travailleurs étrangers. On peut citer MARIANA, *De rege et regis institutione* (1598), III, p. 7, 10 ; USTARIZ, *Teoria y pratica del commercio* (1724), cap. XIV. Le prohibitionniste acharné, HORNIGK, tient un raisonnement semblable (*Œsterreich über alles, wenn es will*, 1684, p. 21 et suiv.). Fr. List érige en règle beaucoup trop absolue un effet pareil des droits d'entrée. Plus le sentiment national se développe, plus l'industrie a de vigueur, plus le commerce présente de variété chez un peuple, et moins ses industriels ont de tendances à abandonner leur patrie pour suivre leurs débouchés. Souvent, des guerres malheureuses ou des troubles intérieurs ont chassé d'un vieil État industriel ses meilleures forces de travail et puissamment favorisé ainsi un jeune système protectionniste dans son voisinage. Venise a accueilli les tisserands de soie fuyant Byzance au cours de la Croisade vers Constantinople ; Edouard III d'Angleterre et Élisabeth, les tisserands de laine émigrés de Flandre (RYMER, *Fœdera*, III, p. 1, 23) ; le Grand Électeur, les industriels huguenots, etc. La prospérité de l'industrie de la soie à Zürich a été due à l'immigration de protestants chassés de Locarno (GEERING, p. 463).

(8) L'Angleterre a, jusqu'en 1843, possédé à la fois pour l'industrie et l'agriculture une protection douanière ; elle n'avait, en réalité, d'importance que pour la seconde, la plupart de ses produits industriels étant, même sans l'aide de la douane, supérieurs à leurs concurrents étrangers. Une situation semblable existe aux États-Unis à l'égard du plus grand nombre des droits de douane sur les matières premières ; l'exportation de l'Union a atteint, en 1850, 90,4 0/0 du total en produits agricoles et forestiers, et la proportion de ceux-ci était encore, en 1877-78, de 82 0/0 (RATZEL, 2, p. 451).

§ 46.

B. *Les droits de douane à l'exportation et les prohibitions frappant les matières premières* abaissent le prix de celles-ci

en empêchant la concurrence des acheteurs étrangers (1).
Cette perte, pour le producteur de matières brutes, ne se
balance pas à la longue par un gain correspondant du fabricant. On assiste bien plutôt, lorsque l'intérieur du pays
est du moins soumis au régime de la libre concurrence, à un
afflux croissant de forces productives vers la branche favorisée, en raison de ses gains anormaux. Un reflux de la
branche désavantagée lui correspond, jusqu'à ce qu'un taux
de profit normal se soit établi (2). Le résultat final ne consiste ici encore qu'en une déviation, et non pas en une augmentation immédiate (3,4), (Vol. IV, § 99).

C. En ce qui concerne les *primes à l'exportation*, il faut
distinguer le simple remboursement des taxes payées en
vue d'une consommation à l'intérieur qui n'a pas eu lieu
(*drawbaks*), de la gratification proprement dite, dont l'exportation est l'objet (*bounties*). Le remboursement n'a pas
d'autre [but que d'entretenir les débouchés de la production
à l'extérieur, que le poids de taxes intérieures l'empêcherait
de trouver.] Un sacrifice n'est ici supporté en fait par personne. Lorsque, comme au second cas, la bonification dépasse les charges effectives, tous les contribuables font un
cadeau à une classe d'industriels (5). L'ensemble des consommateurs est même contraint de payer la marchandise
un prix supérieur, dès que le cours du marché étranger vient,
y compris la prime, à dépasser celui actuel du marché
indigène. Les frais de la production ne s'étant pas accrus,
le gain anormal du producteur attire nécessairement, vers
la branche favorisée, des forces productives employées
autre part. Le résultat final est, non seulement une majo-
ration du profit de chaque industriel, en particulier, mais
encore une extension de l'industrie. L'avantage le plus certain demeure à l'étranger auquel on peut dire que la marchandise est donnée et non vendue (6) (Vol. IV, I, § 105).

On obtient des effets semblables au moyen de *primes à la production* d'une marchandise. Ici, de deux choses l'une : lorsque l'industrie ne pouvait vivre sans cette mesure, l'État encourage à produire à perte, et plus la production augmente, plus la perte elle-même est importante pour l'économie. Lorsqu'au contraire, l'industrie vivait déjà sans prime, l'augmentation des gains développe la production et amène comme conséquence l'exportation, c'est-à-dire que tous les effets d'une prime à l'exportation se trouvent atteints.

(1) Les chiffons sont, en Silésie, plus chers qu'en Bohême, du montant total du droit autrichien à l'exportation (*Rapports des Chambres de commerce allemandes, etc., sur le renouvellement des traités de commerce*, 1876, p. 9). Lorsque l'Angleterre, pour favoriser ses teinturiers, admit les couleurs en franchise et éleva le droit de douane à l'exportation (8, *George I*, c. xv), les importateurs n'approvisionnèrent le marché que toujours au-dessous des besoins de la consommation et majorèrent ainsi le prix. Sous Henri VII et Henri VIII, le droit à l'exportation sur la laine brute varia de 33 à 70 0/0 ; celui sur les draps, de moins de 2 0/0 pour les nationaux et les hanséates, à moins de 8 0/0 pour les étrangers (Schanz, 1, p. 441) ; [Rich. Schueller, *Schutzzoll und Freihandel*, 1905 ; E. Pape, *Ausfuhrverbote und Ausfuhrzölle*, 1910].

(2) Les obstacles mis à l'exportation, en faveur des industries transformatrices de matière brute, se sont le plus longtemps maintenus sur les chiffons, les cendres et autres marchandises semblables, qui ne sont pas produites intentionnellement, mais ne sont, en général, amassées que comme déchets d'une production ou d'une consommation d'autre nature.

(3) Lorsque la prohibition française d'exporter le chanvre fut étendue à l'Alsace, la production de cette province descendit de 60.000 à 40.000 quintaux (Schwerz, *Landwirtschaft des Nieder-Elsasses*, p. 378 et suiv.). Pierre le Grand frappa le

chanvre, en 1724, d'un droit à l'exportation de 27 1/2 0/0, qui fut, dès 1729, reconnu impraticable et réduit à 5 0/0 (STIEDA, *Russ. Zollpolitik*, dans le *Jahrb. f. Ges. u. Verw.*, 7, p. 910 et suiv.). Frédéric le Grand aggrava sa prohibition d'exporter la laine brute, jusqu'à défendre d'expédier au dehors aucun mouton sans l'avoir tondu. Une amende de 1.000 ducats était prescrite contre celui qui cessait d'exploiter une bergerie (*Preuss. Gesch. Friedrichs M.*, III, p. 43).

(4) Un résultat très semblable doit se produire, lorsqu'une fabrique obtient le droit exclusif de se fournir de matière première dans une circonscription déterminée. L'électeur Auguste de Saxe usa souvent de cette mesure (FALKE, *Gesch. des Kurf. A.*, p. 190-212, 345).

(5) [Les bonifications à l'exportation ont eu une grande importance, surtout en France, et se rattachent au système de prohibition et de protectionisme intensif maintenu en vigueur jusqu'en 1860 ; les principaux objets en ont été les cotonnades et le sucre (LEXIS, *Die französischen Ausfuhrprämien*, 1870 ; VON KAUFFMANN, *Die Zuckerindustrie*, 1878). En Allemagne, les bonifications douanières n'ont jamais joué un grand rôle. La Prusse les a connues en 1819 pour le tabac, en 1829 pour le chocolat, etc. La gratification proprement dite consentie à l'exportation n'est pas pratique, lorsque l'impôt a pour base le produit fabriqué, parce que la charge réelle peut alors s'établir de façon précise. Cette mesure est, au contraire, susceptible de s'appliquer lorsque l'assiette de l'impôt se déplace sur la matière brute ou le demi-produit, ou encore la capacité productive de l'installation, parce qu'on ne peut jamais calculer avec certitude la charge qui pèse sur le produit fabriqué. C'est le cas, en Allemagne, pour la distillerie d'alcool, et dans tous les États pour l'industrie sucrière (LEXIS, dans le *Hdw. d. Staatsw.*, 3e éd., 2, p. 237)]. (DOENGES, *Die handelspolitische Bedeutung der Ausfuhrprämien*, 1907 ; ŒTELSHOFEN, *Das Schutzzoll- und Prämienproblem*, 1907 ; [DIEPENHORST, *Die handelspolitische Bedeutung der Ausfuhrunterstützungen*, 1908)].

(6) Les primes anglaises à l'exportation rendaient les mar-

chandises anglaises meilleur marché en Allemagne qu'en Angleterre. Voir à ce sujet BUESCH, *Werke*, 14, p. 82. [Les sommes
considérables, que les pays européens producteurs de betteraves
consacraient aux primes, ne profitaient que trop à la Grande-Bretagne, où le sucre entrait en franchise (AD. WAGNER, *Finanz-
wissenschaft*, 1886, 3, p. 316-317). Au sujet du retour aux
douanes sur le sucre, cpr. WAGNER, 1912, 2ᵉ éd., III, 2, p. 151].

§ 47.

Une conséquence logique du système de *l'école dite du
libre-échange*, et de la valeur trop haute qu'il attache aux
atomes sociaux constitués par l'individu et par la minute
où il agit, est le rejet absolu de toutes les mesures protec-
tionistes qui précèdent (1). Celles-ci nuisent, en réalité,
davantage à la partie de la population qu'elles oppriment,
qu'elles ne profitent à celle qu'elles favorisent. Leur introduction est généralement due à ce que certaines classes de
producteurs comprennent mieux leurs intérêts privés, et
sont organisés plus solidement pour les faire valoir, que
d'autres producteurs et surtout que les consommateurs (2).
Presque tous les hommes éprouvent, en effet, un sentiment
plus vif encore de leur intérêt comme producteurs, que
comme consommateurs, leur attention se trouvant concentrée par le premier et dispersée par le second. Adam Smith
n'admet que dans deux cas les obstacles à l'importation
pour soutenir artificiellement une industrie. Dans l'un, il
s'agit d'une mesure imposée par la sécurité militaire. C'est
la raison pour laquelle, prenant comme exemple en Angleterre l'*Act* de navigation, et apercevant fort bien l'obligation qui en résulte pour ce pays de vendre meilleur marché
sa propre marchandise et d'acheter un prix supérieur celle

de l'étranger, il l'appelle néanmoins « le plus sage peut être de tous les règlements du commerce anglais ». Dans l'autre cas, le droit d'entrée n'est établi que pour équilibrer l'impôt spécial sur le produit indigène correspondant (3). Smith remarque ici avec raison que des taxes intérieures, universellement élevées et frappant également toutes les branches de la production, produisent l'effet d'une moindre fertilité naturelle, et ne rendent aucunement nécessaires des taxes compensatrices pour le commerce extérieur (4).

Ceux qui n'ont de leur raison propre qu'une opinion modeste et jugent, par suite, avec équité de celle d'autres hommes et d'autres époques, n'admettront jamais qu'un système comme le protectionnisme, professé pendant des siècles par les théoriciens et les praticiens les plus éminents, en vigueur à certains âges de leur existence chez presque tous les peuples ayant, plus tard, atteint un haut degré de culture, ne soit en fin de compte que le résultat d'une erreur ou même d'une illusion. [On peut remarquer que les doctrines de l'école libre-échangiste n'ont été nulle part, à l'exception de la Grande-Bretagne, l'objet d'une application pratique durable, et que ce sont toujours bien plutôt les idées protectionnistes rénovées, qui se sont épanouies jusqu'au triomphe. On en concluera, comme Lexis, que ceux qui entreprennent de tirer parti des capitaux ou du sol qu'ils possèdent ont trouvé, de tout temps, des avantages plus considérables dans le protectionnisme que dans le libre-échange. Tel n'a pas été le cas en Angleterre, parce que le capital commercial, dont les intérêts vont dans un sens opposé, possède une force telle que sa voix est prépondérante dans la décision prise. Il ne faut réprouver que les exagérations du protectionnisme auxquelles ont donné lieu, tantôt une généralisation inopportune de la part des doctrinaires, tantôt l'avidité des privilégiés et l'inertie des hommes d'Etat.

(1) P. DE LA COURT a en vue, dans sa théorie du libre échange, non l'intérêt du consommateur et encore moins celui du monde entier, mais celui de la classe des commerçants (*Zeitschr. f. Stäatsw.*, 1862, p. 373). Il en est de même de SIR J. CHILD, dans son *Discourse of Trade* (1690). Par contre, D. NORTH, dans ses *Discourses upon Trade* (1691), peut être signalé comme libre échangiste au sens moderne du mot. « Les mesures imposées par l'État n'ont jamais enrichi aucun peuple ; seuls la paix, le travail et la liberté, procurent commerce et richesse, et il ne peut en être autrement » (*Postscr.*). En France, le député de Lyon s'élevait bientôt, après la mort de Colbert, contre la maxime de celui-ci, « que la France pouvait se passer de tout le monde » ; il n'y aurait plus de commerce, si l'on entendait ne tirer des autres peuples que de l'argent et nulle marchandise (CLÉMENT, *Hist. du système protecteur*, p. 292). Selon la théorie des physiocrates, « la police du commerce intérieur et extérieur la plus sûre, la plus exacte, la plus profitable à la nation et à l'État, consiste dans la pleine liberté de la concurrence » (QUESNAY, *Maximes générales*, n° 25) ; « laissez aller et laissez passer ; le monde va de lui-même » (MERCIER DE LA RIVIÈRE, *Ordre naturel*). Cette manière de voir se rattache immédiatement à leurs conceptions fondamentales du *produit net* et de l'*impôt unique*. [D'après ONKEN (*Die Maxime Laissez faire*, etc., 1886), la première partie de cette proposition a été formulée, à l'époque de Colbert, par Legendre et, plus tard, plus amplement développée, surtout par d'Argenson, mort en 1757. La seconde partie a été ensuite ajoutée par Gournay]. Turgot fait notamment valoir contre la protection douanière l'intérêt des ouvriers, pour lesquels aucune compensation n'est possible, tandis qu'une industrie fait, par la faveur qu'on lui témoigne, un gain équivalent à la perte que lui causerait la même faveur accordée à une autre (*Sur la marque de fer*, I, p. 376 et suiv., édit. Daire). BASTIAT raille les protectionnistes sous la forme d'une supplique des

fabricants de chandelles, de lampes, etc., aux fins d'éloigner de
toutes les maisons, pour relever leur industrie et, par ce moyen,
presque toutes les autres en même temps, la formidable concurrence étrangère du soleil (*Sophismes économiques*, ch. VII).
D'après cet auteur, le protectionnisme est précisément le système de la misère, le libre échange celui du superflu (ch. I).
L'économie politique aurait accompli le côté pratique de sa
mission, en réussissant à écarter, par le libre échange universel,
tous les restes d'un système qui exclut les marchandises étrangères en raison de leur bon marché, c'est-à-dire de la *grande
proportion d'utilité gratuite* qu'elles renferment (*Harmonies*,
p. 174, 306). Selon l'expression favorite de COBDEN « le libre
échange est la loi internationale du Tout Puissant » (*free trade
the international law of the Almighty* !) (*Polit. Writings*, II,
p. 110). K. S. ZACHARIÆ appelle le protectionnisme le premier
degré du communisme (*Staatsw. Abh.*, p. 100), ne serait-ce que
parce qu'il mène presque toujours au surpeuplement ; le système de List est, selon lui, un ridicule économique (*Vierzig
Bücher vom Staate*, 7, p. 23, 92). Au rang des libre échangistes
les plus naïfs, nous citerons BULAU, pour lequel tout doit se
passer dans le « monde des biens suivant la loi naturelle » ; il
n'y existe surtout « aucune différence entre l'intérieur et l'étranger » (*Staatswirtschaftslehre*, 1835, p. 319 ; *Staat und Industrie*, 1834, p. 71).

(2) De nombreux plaidoyers, dont quelques-uns soulèvent
l'étonnement, se sont produits du côté des industriels désireux
de légitimer leur demande de protection douanière. Parmi les
plus caractéristiques, on peut citer ceux survenus dans les circonstances suivantes. La lutte prolongée des fabricants anglais contre la Compagnie des Indes orientales avait débuté
vers la fin du XVIIe siècle. En 1697, POLLEXFEN publia son
attaque *England and East India inconsistent in their manufactures*. En réponse, DAVENANT, à la demande de la Compagnie,
écrivit, en 1697, son *Essay on the East India trade*. A la fin du
règne de Guillaume III (1689-1702), les marchandises des Indes
orientales furent prohibées (11 et 12, Will. III, c. 10). Encore

en 1712, une loi *for the encouragement of arts* imposa sur chaque aune de calicot non produit dans le pays un droit de trois pence. La lutte ne se termina que vers le milieu du xviiie siècle, lorsque l'Inde fut dépassée par les manufactures anglaises. Plus tard, en 1785, alors que Pitt entreprenait de supprimer les barrières douanières élevées contre l'Irlande, certains propriétaires de fabriques anglaises, entre autres Robert Peel, déclarèrent qu'ils se verraient contraints de transporter partiellement leurs fabriques dans cette île. Voir, à ce propos, MACCULLOCH, *Literature of political Economy*, p. 55 ; WALCKER (*op. cit.*, p. 475) parle de fabricants qui ne cessent de se plaindre, mais qui, pourtant « de pertes en pertes, deviennent millionnaires ». SAY (*l. c.*) reproduit une requête des fabricants de chapeaux de feutre marseillais, aux fins de prohiber les chapeaux de paille exotiques, etc.

(3) (*Wealth of Nations*, ch. ii). Le rapport des frais au profit immédiat est ici aussi peu décisif que lorsqu'il s'agit de manœuvres militaires ou de constructions de forteresses (§ 91). AD. SMITH approuve, pour la même raison, les primes anglaises à l'exportation pour la poudre à canon et la toile à voile (IV, ch. v). Malgré cela, BULAU (*Staatswirstchaftslehre*, p. 339, *Staat und Industrie*, p. 220 et suiv.) a cru devoir combattre toutes ces exceptions proposées par Adam Smith.

(4) Les industries qui exportent la plus grande partie de leur production sont difficilement dédommagées par l'établissement de droits compensateurs. Celles, au contraire, qui ne travaillent que pour le marché national peuvent, par ce moyen, rejeter sur les consommateurs tout le fardeau de l'impôt (LE-ROY-BEAULIEU, *Science des finances*, I, p. 608).

EFFETS ÉDUCATEURS SECONDAIRES DU PROTECTIONNISME

§ 48.

Les sacrifices immédiats imposés à la fortune publique par le protectionnisme consistent en ce qu'une dépense égale de forces productives crée moins d'objets et procure moins de jouissances que ne le ferait le libre échange. Mais l'emploi du premier peut susciter des *forces productives* nouvelles, et réveiller de leur engourdissement certaines autres susceptibles, à la longue, d'acquérir une valeur supérieure aux sacrifices consentis. Il est impossible de soutenir que l'*éducation* la moins chère est toujours la plus avantageuse (1). On n'arrive à la maturité économique qu'en veillant à ce que l'industrie reçoive, elle aussi, son éducation (Vol. II, § 21 et suiv.). L'Etat simplement agricole ne peut atteindre la même quantité de population et de richesse acquise, encore moins la même habileté au travail et la même énergie créatrice de la part du capital, que l'Etat où l'agriculture se mélange à l'industrie ; il ne peut davantage tirer de ses forces naturelles un parti aussi complet. Que de veines de charbon (2), de chutes d'eau, de loisirs (3), et de capacités techniques demeurent dans l'Etat simplement agricole, presque inutilisables ! Si donc, le protectionnisme est capable de favoriser la fondation d'une industrie nationale, si même il est le seul moyen de la rendre possible, il faut considérer le sacrifice qu'il entraîne au début, comme l'équivalent de celui du grain de semence. On observera, toutefois, qu'il n'est légitime que sous les trois conditions, de la faculté germinative de ce grain, de la fertilité et de la bonne préparation du sol, et du choix d'une saison propice (4, 5).

(1) List, dans son ouvrage *Nationales System der polit. Œkonomie*, ch. xii, établit un parallèle entre deux propriétaires ayant chacun cinq fils et pouvant faire annuellement 1.000 thalers d'économies. Le premier donne à ses fils une même éducation paysanne et place ses économies à intérêts. Le second fait instruire les siens pour leur permettre de devenir, deux d'entre eux, des agriculteurs raisonnés, les trois autres, des industriels

intelligents ; cela lui cause, il est vrai, des dépenses qui ne lui permettent la constitution d'aucun capital. Lequel des deux a le mieux travaillé pour la considération, la richesse, etc., de sa descendance ? Est-ce l'adepte de la « théorie de la valeur d'échange » ou celui de la théorie des « forces productives » ?

(2) La région industrielle anglaise de *Potteries*, au nord-ouest du comté de Stafford, dont la richesse est aujourd'hui si développée, passait à l'époque où elle était purement agricole, pour des plus infertiles.

(3) Certains libre-échangistes aveugles supposent volontiers que tout homme apte au travail trouverait toujours et de façon toute naturelle de quoi s'occuper pleinement ; que c'est, au contraire, le paresseux qui alléguerait souvent, comme excuse à ses propres yeux du gaspillage de ses heures de loisirs, l'invraisemblance, ou au moins l'incertitude, des débouchés pour les produits nouveaux dont elles permettraient la fabrication (Voir J. MOSER, *Patriotische Phantasien*, 1, p. 4 ; KRONKE, *Steuerwesen* (1804), p. 324, 328 et suiv. et aussi le premier critique, en Allemagne, des théories d'Adam Smith, dans l'ouvrage de ROSCHER, *Gesch. d. N. Œkonomie in Deutschland*, 2, p. 599).

(4) Supposons un pays ayant jusqu'alors produit pour 10 millions de thalers de blé, dont un million a été expédié à l'étranger comme contre-valeur de produits importés de celui-ci. Ce pays fonde, en établissant des droits protecteurs, des fabriques nationales et met ainsi en valeur une mine de charbon, des chutes d'eau, etc. Les ouvriers des fabriques consomment désormais le blé antérieurement exporté. Une déviation semblable ne va naturellement pas sans provoquer de pertes, mais celles-ci cessent de se produire dès que l'industrie indigène est devenue l'égale de l'industrie étrangère éliminée. Dès lors, les forces devenues utiles dans l'intervalle apparaissent comme un gain net. List signalait souvent qu'une consommation de 70.000 industriels indigènes a autant d'importance pour l'agriculture allemande que tout ce qu'elle a exporté en Angleterre, de 1833 à 1866 (*Zollvereinsblatt*, 1843, n° 5).

(5) En Allemagne, le libre-échangisme d'Adam Smith, qui,

du reste, n'était nûllement un partisan aveugle de l'école de Manchester, mais a nettement saisi ce qu'il y a d'exact dans le système mercantile (cpr. sa critique de la doctrine des physiocrates dans son ouvrage *Wealth of Nations*, IV, ch. ix, p. 292 et suiv), a trouvé, en tous temps, des contradicteurs. Dès 1777, le premier critique de quelque valeur, Feder prétend qu'on pourrait, sans inconvénient véritable, se passer de beaucoup de marchandises étrangères, et que certaines industries, qui ne dédommagent qu'avec le temps leur entrepreneur, mais dont l'utilité générale devient alors considérable, ne sauraient toujours être commencées sans l'octroi d'avantages spéciaux (Roscher, *Gesch. der. n. Œk.*, 2, p. 599). Kroenke, dans son ouvrage *Steuerwesen*, p. 324 et suiv., parle déjà d'essais d'éducation de l'industrie au moyen de mesures de faveur quant aux impôts : « si sur dix personnes, il n'y en avait qu'une seule qui réussisse, il faudrait le tenir pour un gain d'importance ». Stein tient un raisonnement analogue en comparant l'éducation par le protectionnisme avec des lois somptuaires (Pertz, *Leben Steins*, 2, p. 461 et suiv.). Les protectionnistes modernes s'appuient principalement sur l'intérêt de l'indépendance nationale, au même titre que les libre-échangistes invoquent, de leur côté, celui de la liberté individuelle. Ad. Muller, avec ses conceptions organiques, combat l'hypothèse d'un marché mondial uniquement mercantile, où tous les négociants occupés de commerce extérieur constitueraient une sorte de république. (Quesnay) ; il rejette aussi, pour des raisons nationales le libre-échange entre tous pays, ainsi que le système proche rent de l'État universel ; tout ceci, bien qu'il pense comme remède, moins à la protection douanière qu'au développement général du sentiment de nationalité (*Elemente der Staatskunst*, 1, p. 283, 107 ; 2, p. 290 ; 3, p. 215 ; 2, p. 240-258). Le représentant le plus autorisé de cette tendance est Fr. List, qui témoigne d'un sens historique profond, mais ne possède qu'à un faible degré la science de l'histoire, avec le style d'un journaliste spirituel. Comparer la critique écrite par Roscher, dans les *Gött. gelehrten A.*, 1842, nº 118 et suiv., qui, d'après Haeus-

SER (*Lists Leben*, p. 282, 287), « se signale par son caractère judicieux et équitable et par son appréciation impartiale de l'importance pratique de List ». Sur les ressemblances et dissemblances entre List et Ad. Muller, voir ROSCHER, *Geschichte der N. Œk.*, 2, p. 975 et suiv. v. THUNENS a présenté une défense indépendante du protectionnisme (*Isolierter Staat*, 2, p. 2, 81, 92 et suiv., 98; *Leben*, p. 255 et suiv.). Le socialiste MARLO (*Weltökonomie*, 1, ch. IX, X) établit une distinction entre les produits communs, susceptibles d'être obtenus de qualité égale dans tout pays convenablement développé, et les produits spéciaux, comme le café, le vin, etc. Pour les premiers, il est d'accord avec LIST, pour les seconds avec Smith. La protection aurait pour effet d'obliger le consommateur à sacrifier un peu de ses jouissances, au profit de la création d'instruments de production, de l'exercice d'habiletés productives, et surtout de la constitution de capitaux. Les étrangers doivent être empêchées de tirer parti des forces naturelles nationales et les indigènes encouragés autant que possible à utiliser les étrangères. Marlo se montre aussi exclusif en supposant, à l'inverse des adeptes de Smith que, sans la douane, les ouvriers intéressés ne trouveraient rien à faire. Il a raison en ce que l'emploi le plus lucratif et l'occupation la plus intense des forces de travail sont fonctions l'un de l'autre. En France, Ferrier défend, dès 1808, dans son ouvrage *Du gouvernement considéré dans ses rapports avec le commerce*, le système continental de Napoléon. Un auteur très important est GANILH, le List français, qui publie, en 1822, sa *Théorie de l'Economie politique*; il admet une graduation des branches de l'économie, inverse en ce qui touche leur productivité, de celle de Smith ; il trouve le protectionnisme nécessaire pour les peuples moins développés, afin que leur activité ne se limite pas aux emplois de capitaux les moins avantageux (2, p. 192 et suiv.) ; ce système favoriserait, notamment, l'augmentation de la population (p. 248 et suiv.). DUMESNIL MARIGNY fait paraître, en 1860, son ouvrage : *Les libre-échangistes et les protectionnistes conciliés*; il fonde son système protecteur sur ce qu'il pourrait considérablement relever la valeur en argent de l'actif d'une nation au détriment d'autres nations, surtout en transformant le travail agricole en travail industriel beaucoup plus productif, argent parlant. Par contre, la valeur utile de tous les actifs nationaux réunis atteindrait son maximum dans le cas du libre-échange complet. En Russie, CANCRIN demande que tout peuple soit, en quelque sorte, indépendant au point de vue de tous ses besoins principaux, de ceux pour la création desquels il éprouve, du moins, une « opportunité » moyenne, et ceci d'autant mieux que tous les développements de la civilisation, et les progrès eux-mêmes de l'agriculture, ont nécessairement les villes pour origine (*Weltreichtum*, 1821, p. 109 et suiv., *Œkonomie der menschlichen Gesellschaften*, 1845, p. 10, 235 et suiv.). Carey voudrait contraindre les colonies à observer, dès le début, l'attitude des vieux pays. Si le blé valant dans l'Iowa 25 cents, et à Liverpool, 1 dollar, trouve dans cette ville sa contre-partie dans le retour de 20 aunes de coton, l'agriculteur de l'Iowa n'en reçoit qu'à peu près 4, à cause des frais de transport. Il n'éprouverait donc aucun dommage, s'il se fournissait du coton dont il a besoin, chez un voisin, dont le coût de production serait quadruple de celui des Anglais.

§ 49.

A. Aussi longtemps qu'un peuple demeure, malgré son indépendance politique, *encore très primitif* au point de vue économique, il se trouve pour le mieux du *libre-échange* complet avec l'étranger, parce que c'est ce système qui fait agir avec le plus de rapidité l'attrait de la civilisation supérieure, ses besoins et les moyens de les satisfaire.

B. *La suite du progrès, même dans le développement d'une industrie,* peut être singulièrement entravée par la concurrence sans frein de l'étranger déjà développé lui-même. Les manufactures des vieux pays industriels ont sur ceux des nouveaux, une supériorité décisive en ce qui touche la richesse en capital, la faible élévation du taux de l'intérêt, l'habileté patronale et ouvrière, et souvent aussi l'estime et la considération dans lesquelles le peuple tout entier tient l'industrie. Un pays jusque là simplement agricole ne manifeste, au contraire, que trop fréquemment à l'égard de celle-ci un mépris qui pousse à l'émigration les jeunes talents prêts à s'y consacrer. Bien souvent, les Anglais ont étouffé la concurrence étrangère par un abaissement temporaire du prix de leurs marchandises (1). En présence de dispositions naturelles équivalentes, on pourrait déjà prédire à la lutte des deux industries une issue semblable à celle du combat entre un jeune garçon de grande espérance et un homme rompu aux exercices athlétiques. A plus forte raison en est-il ainsi, lorsque le peuple le plus développé se trouve en même temps le mieux favorisé par la nature. L'Angleterre, par exemple, possède sur la Russie l'avance de son incomparable situation au point de vue du commerce mondial, qui lui confère vis-à-vis de tous les pays éloignés, sans activité commerciale propre, une supériorité ayant toutes les allures d'un monopole. Elle a, en outre, des ports et des fleuves magnifiques, et une richesse en fer et en houille des mieux réparties. Ces avantages suffiraient déjà, par eux-mêmes, à garantir la simple priorité. Mais ils pèsent encore d'un plus grand poids, lorsqu'un développement accentué de tous les moyens de transport vient à supprimer presque la protection naturelle que l'étranger doit à sa distance, et qu'en même temps une certaine universalité de la mode, que les peuples les plus cultivés dirigent en général, rend surannées les variations nationales et locales du goût que seule une production nationale ou locale serait en mesure de satisfaire (2). En pareille circonstance, il se pourrait que tout un peuple ne fasse indéfiniment, par rapport à un autre développé avant lui, que l'office d'une campagne environnante, en laissant à ce dernier le rôle presque exclusif de la vie industrielle et urbaine (3). Un protectionnisme sagement averti serait, ici, susceptible de prévenir cette évolution. Les sacrifices temporaires par lui entraînés trouveraient leur justification, dans la présence indubitable de certains des facteurs de la production industrielle, demeurant sans emploi par cela seul, que le retard de la nation empêche la formation des autres. Il faut se retenir d'employer ce terme ironique de « plante de serre », lorsqu'il ne s'agit que d'une protection passagère, dans l'intention et dans la prévision complète que l'arbre devenu grand soit exposé au vent, à la pluie et au soleil de la libre concurrence (4, 5). Le besoin de variété économique, qu'il est nécessaire d'inculquer au peuple, se fait surtout sentir comme pressant aux époques de guerres prolongées. C'est ce qui réfute de la façon la plus claire l'erreur de libres-échangistes si nombreux, de considérer les rapports réciproques d'Etats différents comme identiques à ceux des diverses provinces d'un même pays (6).

[La protection partielle de l'industrie évolue dans le sens d'un *protectionnisme solidaire* entendant favoriser tous les intérêts de la production et surtout aussi l'agriculture. Il ne s'agit plus seulement de restreindre l'importation du blé, du bétail, du bois, de la laine, etc., au profit de la production indigène de ces objets, mais la navigation et le commerce sollicitent à leur tour l'attention. On impose aux marchandises importées par des navires étrangers ou par voie de terre une surtaxe de douane, on perçoit des tarifs différentiels à la tonne, on réserve aux nationaux la navigation avec les colonies, etc. Ce système lui aussi se justifie théoriquement d'une manière absolue. En effet, comme il est aisé de faire souffrir l'agriculture en lui enlevant des forces

de travail par l'encouragement artificiel de l'industrie, on
doit lui attribuer dans la vie économique nationale une importance égale, sinon supérieure, en ce qui touche le développement de ses énergies productives. L'avantage ou l'inconvénient de la situation, pour la grande masse des travailleurs non-possédants, dépend de facteurs très nombreux et peut, suivant les circonstances particulières, se manifester différemment en chaque pays (7)].

(1) Hume a employé à cet égard, lors de la session parlementaire de 1828, l'expression *strangulate*. Brougham avait dit, dès 1815, que « cela vaudrait bien la peine de s'exposer à une perte à l'exportation pour les manufactures anglaises, afin d'étouffer dans leur berceau les manufactures étrangères » (*it. was well worth while to incur a loss on the exportation of english manufactures, in order to stifle in the cradle the foreign manufactures*). Le rapport à la Chambre Basse, sur la situation dans les districts miniers, en 1854, parle des pertes considérables, atteignant souvent, en trois ou quatre ans, de trois à quatre cent mille livres sterling, supportées volontairement en mauvaises années par les patrons pour garder la maîtrise des marchés étrangers.

(2) Avant le perfectionnement des machines, la prépondérance de la puissance industrielle la mieux qualifiée pouvait ne pas être, à beaucoup près, si écrasante que dans la suite, surtout que dans les pays où le commerce est très développé, le salaire ouvrier se maintient toujours à un niveau supérieur (LIST, *Zollvereinsblatt*, 1843, n° 44, 1845, n° 50 et suiv.).

(3) Le comté de Sutherland s'est dépeuplé lorsque l'habitude des marchandises anglaises, l'absentéisme, etc. eurent ouvert économiquement ce pays au commerce extérieur. Comparer la description de la misère à Mitchelstown, lorsque le comte de Kingstown eût cessé d'y dépenser annuellement 40.000 livres sterling (INGLIS, *Journey to Ireland*, 1835, I, p. 142). La Commission royale d'enquête sur la misère dans le Spessart, en 1852,

constata que les vêtements domestiques confectionnés sur place y avaient disparu de plus en plus, et que les sabots, si appropriés aux contrées forestières, avaient été remplacés par des souliers en cuir. Cet apprentissage de besoins nouveaux empruntés aux pays voisins, dans une région nullement propice à la grande industrie, a notablement accentué l'indigence. Lorsqu'une contrée semblable forme un pays indépendant, le protectionnisme y a sa place indiquée.

(4) LIST remarque fort justement que jadis, la plupart même de nos arbres fruitiers, de nos vignes et de nos animaux domestiques étaient des « plantes de serre ». Les hommes eux-mêmes sont élevés dans les « serres » de la *nursery*, de l'école, etc. (*Zollvereinsblatt*, 1843, n° 36). Le libre-échange a été comparé à un vent qui éteint une faible flamme et attise un foyer (NEU-RATH, *Volkswirthschaftliche und sozialphilosophische Essays*, 1880, *op. cit.*, 291).

(5) On ne doit pas affirmer absolument qu'un peuple ne puisse jamais dans l'avenir, au cas de libre-échange complet, fonder une industrie qui lui soit propre. Comparer la liste des industries qui, sans protection douanière, ont atteint une prospérité telle, qu'elles ont pu fournir les marchés étrangers, dans RAU, *Lehrbuch*, 2, § 206 a. Mais lorsqu'on cite de façon si fréquente la Suisse à cet égard (J. BOWRING, *On the commerce and manufactures of Switzerland*, 1836), on oublie les conditions favorables, d'autre part si nombreuses, par la réunion desquelles l'industrie de ce pays a été favorisée. La Suisse a pu garder une neutralité de trois cents ans pendant la lutte contre le protestantisme en France, la guerre de Trente ans, les guerres de Louis XIV et de Frédéric II. Elle a évité ainsi les budgets militaires, l'aggravation des impôts et de la dette publique, etc. En outre, les mercenaires y étaient autrefois nombreux, comme de nos jours les voyageurs étrangers.

(6) Cpr. vol. I, § 99, 199. Le libre-échange était, en Hollande, à l'apogée de ce pays, un système se rattachant plutôt au droit international qu'à l'économie politique. Le protectionnisme hollandais est progressivement issu de prohibitions amenées

par les guerres, ensuite desquelles lors de la paix, l'industrie nouvellement créée ne pouvait être abandonnée à elle-même. En dernier lieu, aux temps de la décadence hollandaise, presque toutes les industries aspirèrent, avec une singulière logique, à la protection, même celles qui avaient dans le pays leur origine la plus immédiate et la plus naturelle, comme la pêche (LASPEYRES, *Gesch. des volksw. Ansch.*, p. 134 et suiv., 146, 159).

(7) [En Angleterre, l'agriculture parvint, dès la seconde moitié du XVIIe siècle, à obtenir de participer à la protection douanière. En France, le triomphe de ses intérêts date des années qui suivirent la période des guerres napoléoniennes. En Allemagne, le protectionnisme fut généralisé par la réforme douanière de 1879. On parle de protectionnisme solidaire parce que le principe de la solidarité de toute l'activité nationale a trouvé en lui son expression. Voir de plus amples développements dans LEXIS (*Hdw. d. Staatsw.*, 3e éd. 5, p. 313 ; 7, p. 364 et suiv.)].

§ 50.

C. Le côté *politique* de la question n'a pas moins d'importance. Le protectionnisme en obligeant les forces du capital et du travail à émigrer de la production de matière brute vers l'industrie, exerce une influence puissante sur la condition des classes (1). La prépondérance énorme que possèdent, dans tout moyen âge d'une société, la noblesse, l'agriculture, les campagnes en général, ainsi que les éléments aristocratiques et conservateurs, se restreint au profit de la bourgeoisie, de l'industrie, des villes en général et des éléments démocratiques et progressistes. Si l'apogée de l'histoire d'un peuple suppose un certain équilibre de ces divers éléments d'une égale nécessité pour le développement de la vie nationale (Vol. II, § 21), cet apogée sera plus tôt atteint grâce au protectionnisme, qu'il ne l'aurait été naturellement. Ce n'est point par un effet du hasard que presque partout, les monarques absolus qui ont fait plier la noblesse du moyen âge et engagé dans leur voie les temps modernes, ont été aussi les fondateurs du protectionnisme. La fermeture vis-à-vis de l'extérieur, la solidarité du côté de l'intérieur qu'un système semblable entraîne avec lui, l'influence sensible exercée ici par l'autorité de l'Etat sur une foule d'intérêts privés des plus importants, doivent puissamment contribuer aux progrès de la conscience nationale, de la centralisation de toute la vie publique et, il est vrai aussi, de l'absolutisme (2). On en constate, pour ainsi dire, un dernier reste, lorsque même dans un Etat constitutionnel, un gouvernement habile sait tirer parti des droits protecteurs pour s'attacher de puissants partis parlementaires aux dépens, toutefois, de groupements populaires moins puissamment représentés. Lorsqu'on présume, par suite, en faveur du triomphe de la liberté civile sur la toute-puissance de l'Etat, on doit, par voie de conséquence, présumer également en faveur du libre-échange international (3).

D. Une éducation semblable de l'industrie ne peut être tentée avec un succès véritable, que seulement en grand et, par suite, sur une base *nationale.* La mesure la moins dangereuse du système, la taxe douanière à l'importation (§ 53) suppose une ligne de frontières relativement courte, telle que, même avec une configuration territoriale des plus favorables, un grand pays peut seul en posséder une (4). Plus l'étendue du territoire douanier est considérable, moins la nature y présente, en général, d'uniformité, et plus tôt peut se développer, dans l'intérieur de ses limites, une concurrence active, tandis que le marché de l'extérieur souffre d'une insécurité constante. Il faut donc recommander toute union douanière entre Etats parents entre eux, non seulement au point de vue financier, mais encore au point de vue économique. Entre Etats non parents, égaux en puissance, une communauté si profonde de la politique économique presque tout entière sera difficilement réalisable, et aura plus de peine encore à se maintenir longtemps. Si les Etats, non parents, sont de forces très différentes, il est probable que la conséquence de cette union sera bientôt l'absorption du plus faible par le plus fort (Vol. IV, I, § 101 et suiv.) (5).

(1) Il ne faudrait pas apprécier, d'après des règles identiques, le protectionnisme de la Russie et celui des États-Unis. Il peut être nécessaire, en Russie, de fortifier d'une manière artificielle une bourgeoisie provisoirement encore très faible, et d'arracher à leur sommeil des forces et des possibilités sans nombre, en encourageant à s'en servir par ordre de l'État. Dans ce pays également, l'absolutisme du souverain a, dans ses habitudes et dans ses attributions, l'éducation nationale. C'est ainsi, par exemple, que le droit de douane sur le jute apparaît comme très opportun, pour permettre la fabrication avec du lin indigène de la grande quantité de sacs dont on se sert en Russie. On cultivait autrefois, dans les provinces méridionales, le lin uniquement pour sa graine, et on laissait la tige inemployée (STIEDA, dans le *Jahrb. f. Ges. u. Verw.*, 7, p. 939). Par contre, aux États-Unis, la noblesse n'existe pas. Toute la population appartient à la bourgeoisie, et les paysans eux-mêmes sont commerçants en grains, négociants en bestiaux, spéculateurs en immeubles, etc. On peut, l'art de se débrouiller y étant aussi universel que l'activité, compter que toute occasion véritablement avantageuse sera mise à profit sans l'initiative ou le secours de l'État. La parole de A. Walker se vérifie pleinement, que « l'Amérique ne doit pas produire de fer, non parce qu'elle y serait trop inhabile, ou ne posséderait point un capital suffisant, ou parce que les convenances de la nature lui seraient opposées et que la protection de celle-ci lui ferait dé-

faut, mais parce que nous avons mieux à faire » (*because we can to better*) (*Sc. of W.*, p. 94 et suiv.). Comme une démocratie ne peut proprement éduquer le peuple, les douanes protectrices ne sont, en général, aux États-Unis que des tentatives, par une partie de l'Union qui se donne pour le tout, d'exploiter l'autre. Mais l'efficacité reste ici encore acquise à l'idée de fortifier par le protectionnisme la fusion nationale et l'immigration créatrice de croissance (*Fortnightly Review*, 1881, I, p. 347).

(2) Suivant la mesure exacte dans laquelle les Communes françaises se sont fondues dans l'État, le protectionnisme s'est étendu de son côté. Philippe IV commence à l'appliquer à ses grands domaines, et Louis XI et François Ier continuent son exemple. A l'époque de Henri IV, LAFFEMAS, dans son ouvrage, *Les monopoles et trafic des étrangers découverts* (1598) s'exprime déjà de façon tout à fait analogue à celle qu'emploiera plus tard Colbert.

(3) Si l'on voulait, par exemple, dépenser au profit de la classe inférieure, au moyen de versements supplémentaires de l'État pour l'assurance contre les accidents, etc., exactement autant qu'on lui enlève par les droits de douane sur les blés, les avantages et les inconvénients, dans nombrede cas particuliers, ne se compenseraient pas d'une manière exacte ; il n'est pas douteux, cependant, que toute l'opération exigerait des frais d'administration considérables, et renforcerait à l'extrême la puissance du gouvernement.

(4) Si l'on imagine trois pays de forme quadrangulaire, d'une superficie, le premier de 1 mille carré, le second de 100 milles carrés, le troisième de 10.000 milles carrés, on trouve qu'à 1 mille de frontières correspond pour le premier, 1/4 de mille carré de surface intérieure, 2 milles 1/2 pour le second, 25 milles pour le troisième.

(5) En présence d'un gouvernement affaibli, l'égoïsme privé qui s'accommode si bien du protectionnisme, peut se placer sur un terrain très antinational. C'est ainsi qu'en 1811, les fabricants d'Elberfeld et de Barmen demandèrent à Napoléon d'annexer leur pays (THUN, *Industrie am Niederrhein*, 2, p. 189).

Thiers avait, en 1836 et 1840, et Guizot, en 1842, projeté une union douanière entre la France et la Belgique, qui aurait vraisemblablement bientôt abouti à l'annexion de cette dernière. Cette idée fut combattue, non seulement par l'Angleterre et la Prusse, mais encore et d'une façon très active par les protectionnistes français (HILDEBRAND, *Franz. Gesch.*, 2, p. 231 et suiv., 615 et suiv. ; GUIZOT, *Mémoires*, VI, p. 276 et suiv. ; STOCKMAR, *Denkwürdd.*, p. 366 et suiv., 378 et suiv.).

§ 51.

Tout ce qui précède explique pourquoi tant de peuples, au cours de la période de transition entre leur moyen âge et leur civilisation plus avancée, ont adopté le protectionnisme (1, 2 3, 4, 5, 6). L'exemple le plus remarquable d'une évolution de ce genre est fourni par l'industrie sidérurgique anglaise ; elle a produit pendant un certain temps presque la moitié de tout le fer consommé sur le globe, alors qu'antérieurement à la rencontre de la production charbonnière et du protectionnisme, qui date de 1717, l'Angleterre tirait du continent la plus forte partie du fer nécessaire à ses besoins.

(1) *Antiquité.* On ne trouve que bien rarement chez les anciens l'expression d'idées protectionnistes. Ce fait se rattache à la faible importance relative de leur industrie en général (Vol. I, § 47 ; vol. III, § 103). En Orient, il arrive parfois que des ouvriers des métaux, surtout ceux qui fabriquent les armes, soient arrachés à leur pays par le vainqueur (I, *Samuel*, 13, 19 ; II, *Rois*, 24, 14 et suiv. ; *Jérémie*, 24, 1 ; 29, 2). Chez les Juifs, l'exportation de certains produits précieux était prohibée dans la crainte qu'ils ne pussent servir aux idolâtres pour leurs sacrifices (Voir la première partie du *Talmud*, dite *Mischna*,

De cultu peregr., § 6). Une loi dès Perses prescrivait au roi de ne consommer que des produits indigènes (*Athen.*, XIV, p. 652). Ce sont les Athéniens surtout qui sont allés à ce point de vue jusqu'au système. Solon avait sévèrement défendu la sortie de toutes matières premières autres que l'huile (PLUTARQUE, *Sol.*, 24). L'action publique était ouverte contre quiconque injuriait un citoyen à cause du métier qu'il exerçait sur le marché (*Demosth. adv. Eubul.*, p. 1308). L'interdiction d'exporter le blé, et généralement aussi les principaux matériaux de constructions maritimes, fut constamment maintenue. Pendant la guerre, le départ des armes était prohibé, de même que leur réception de pays ennemis (ARISTOPH., *Acharn.*, p. 860 et suiv.). Nul Athénien ou métèque n'était autorisé à prêter de l'argent sur des vaisseaux n'apportant à Athènes aucun fret de retour (DEMOSTH., *adv. Lacrit.*, p. 941), et il ne lui était pas permis davantage de transporter des grains ailleurs qu'à Athènes (BOECKH, *Staatsh. der Ath.*, 1, p. 73 et suiv.). Argos et Egine refusaient l'entrée aux poteries et aux objets de parure d'Athènes (HÉRODOTE, V, p. 88). La douane athénienne grevait uniformément l'importation et l'exportation d'un droit de 2 0/0, et il en était pareillement à Rome, où les taxes plus élevées sur de nombreuses marchandises de luxe n'avaient qu'un but de police somptuaire. Par ailleurs, on peut citer à Rome des prohibitions d'exporter l'argent monnayé (CIC., *adv. Vatin*, 5, et *pro Flacco*, 28, L. 2 ; *Cod. Just.*, IV, p. 63). En Égypte, la défense d'envoyer le papyrus à Pergame (PLIN., *H. N.*, XIII, p. 21), avait son origine dans une jalousie particulière à l'égard de la bibliothèque d'Attale. PLATON, conseille d'empêcher l'accès des marchandises de luxe et la sortie de celles nécessaires aux besoins de l'existence (*De legg.*, VIII, p. 847, IV, p. 704), aussi par considération pour les mœurs. A Byzance, la vanité de la Cour fait interdire l'exportation de certains objets d'ornement (*Nestor*, éd. Schloezer, IV ; *Igor*, p. 67 ; LUITPRAND, dans Pertz, *Scriptt.*, III, p. 359 et suiv. ; (CONSTANT. PORPH., *De cærim.*, p. 271 et suiv. Reiske).

(2) *Italie.* A l'époque de l'apogée de la péninsule, le protectionnisme revêt une teinte spécialement municipale, et dans

les démocraties, corporative, le premier aspect étant dû surtout au grand nombre de taxes douanières différentielles établies au profit des principales villes. Les Vénitiens favorisaient de préférence le commerce et la navigation sous forme de droits de foires et d'échelles. Les négociants ne pouvaient vendre aux enchères les marchandises étrangères qu'à Venise seulement, et sans s'associer avec des étrangers. Une amende de 25 0/0 leur était infligée, lorsque leur fret de retour ne consistait qu'en argent ou en traites (Voir le décret de 1272 dans MARIN, *Storia del commercio dei Veneziani*, V, p. 3, 3). De lourds tarifs différentiels frappaient les importateurs étrangers. Une loi postérieure disposa même que ceux-ci ne pourraient désormais amener à Venise une marchandise quelconque du Levant, non plus que leur navire y prendre aucun fret (*forenses non possint aliquam mercantiam Levantis conducere Venetias; forénsium naves pro mercantiis portandis accipi non possint* ; MARIN, VIII, p. 143). Pour favoriser l'industrie du verre et de la soie, il était interdit d'en exporter les matières premières et d'en importer les produits finis (MARIN, IV, p. 246 ; V, p. 256, 270 ; *Dandol. Chron.*, dans Murat, XII, p. 390). D'autre part, les mesures adoptées par les empereurs d'Orient, en 982, et par ceux de Byzance, en 1171, contre Venise, rappellent beaucoup le blocus continental de Napoléon contre l'Angleterre. [Encore au xve siècle, le gouvernement vénitien se montrait partisan d'une politique douanière d'un protectionnisme accentué dans certaines branches du commerce avec l'Allemagne (Voir à ce sujet dans SIMONSFELD, le *fondaco dei tedeschi*, 1887, II, p. 33)]. A Lucques, un ami du protectionnisme dont les théories ne sont pas dépourvues d'intérêt, GIOVANNI SERCAMBI écrivait, dès avant 1400, ses *Avvertimenti politici* (Gobbi, p. 6 et suiv.). Le protectionnisme était très avancé à Florence, surtout entre 1423 et 1472 (POEHLMANN, p. 102 et suiv.). L'exportation des subsistances y était prohibée (*Della decima*, II, p. 13), de même que celle de la laine fine, des matières colorantes, comme aussi l'importation des draps complètement fabriqués. Dans les rues affectées à l'industrie lainière, on ne pouvait ni donner congé de leur logement aux fabricants, ni augmenter leur loyer, à moins que les experts du métier n'aient autorisé une élévation de leurs profits (*Decima*, II, p. 88). Pour relever l'industrie de la soie, la franchise douanière fut accordée, en 1423, à l'importation des vers à soie et des feuilles de mûrier; l'exportation de la soie grège, des cocons et des feuilles fut interdite en 1443, et il fut, en 1440, prescrit à tout cultivateur de planter des mûriers (*Decima*, II, p. 115). Lorsque Florence imposa son joug à Pise, les Florentins se réservèrent tout le commerce en gros et y défendirent toute industrie de la laine ou de la soie (Sismondi, *Gesch. der. ital. Republ.*, 12, p. 171). A l'époque de son apogée, Milan faisait prévaloir le principe d'exempter d'impôts les manufactures. Elle avait aussi, vers 1442, consenti des subsides annuels aux fabricants de soie florentins immigrés et, en 1493, adopté une sorte d'expropriation à l'égard des maisons nécessaires au propriétaire voisin pour agrandir sa fabrique (Verri, *Mem. storiche*, p. 63). Bologne prohibait l'exportation des manuscrits, dans le but de monopoliser la science (Cibrario, *Econ. polit. del medio evo*, III, p. 166). Encore au xvie siècle, un État comme le duché d'Urbin fermait ses frontières à la sortie du bétail, du grain, du bois, de la laine, des charbons, comme à l'entrée des draps, à l'exception des plus précieux de tous (*Constitut. Duc. Urbin.*, I, p. 388 et suiv.). [Sur la politique commerciale moderne de l'Italie, cpr. Sombart, dans les *Schr. d. Ver. f. Sozialp.*, 49, p. 77 et suiv.). L'unité italienne fit prévaloir d'abord l'adoption de la politique libre-échangiste piémontaise. Puis se produisit une réaction qui s'exprima par le tarif du 30 mai 1878, ne comportant encore qu'un relèvement modéré des droits protecteurs. Le protectionnisme s'arrogea une victoire significative avec le tarif du 9 août 1883, et compléta son triomphe avec celui du 14 juillet 1887, proclamant la protection, non seulement de l'industrie, mais encore de l'agriculture. Aujourd'hui, l'Italie, grâce aux droits protecteurs de son industrie, surpasse à l'égard de plusieurs des articles les plus importants les États voisins].

(3) *Angleterre.* Depuis le xive siècle, presque tous les rois

anglais vraiment nationaux et populaires se sont efforcés d'aider
leur pays à s'émanciper de la prépondérance hanséatique ; ils
ont appelé des industriels de l'étranger, notamment de Flandre
depuis 1631, bien que leur peuple ne vit pas ceux-ci d'un bon
œil (RYMER, *Fœdd.*, IV, p. 496), et ils ont adopté des mesures
protectionnistes (PAULI, *Gesch. von England*, 5, p. 372). Celles
qui ont précédé l'*act* de navigation sont exposées au § 91 du présent ouvrage. L'interdiction d'exporter la laine brute (1337,
11. *Edw.*, III, c. 1 et suiv.), dans une intention d'ailleurs purement fiscale, ne fut maintenue qu'une année, et cette marchandise demeura pendant fort longtemps le principal article d'étape.
[L'établissement d'un droit de douane sur les draps complètement fabriqués, en l'année 1397, donna naissance, à partir du
milieu du siècle, à un commerce d'exportation des draps anglais qui prit un merveilleux essor (voir KUNZE, *Hanseakten
aus England*, 1891, p. 43, et surtout dans cet ouvrage, p. 360
et suiv., les tableaux des exportations pour les années 1377
à 98)]. L'importation des étoffes de laine étrangère fut prohibée
en 1337 et 1399, et il en fût de même de l'exportation de la laine
filée et des draps non foulés en 1376, 1467, 1488. Sous Henri VII,
jusqu'en 1557, la sortie des laines brutes fut taxée de 33 à
70 0/0 de leur valeur, celle des draps de 2 à 8 0/0 (SCHANZ,
Engl. Handelspolitik, 1, p. 441). [Les Tudors ont été considérés
comme les premiers de l'Europe à adopter une politique commerciale conséquente avec elle-même, qui sut assurer aux draps
anglais, au prix de luttes aussi prolongées que vives avec les
protectionnistes des Pays-Bas, le marché du monde à Anvers.
(R. EHRENBERG, *Hamburg und England im Zeitalter der Köni-
gin Elisabeth*, 1896, p. 14, 45, 64 et suiv.). Vers le milieu du
XVe siècle, l'Angleterre exporte de préférence les gros draps et
tire des Pays-Bas les sortes plus fines. A la fin du XVIe siècle,
la situation s'est complètement retournée. C'est au tour de
l'Angleterre d'exporter des quantités imposantes de draps fins,
et de recourir aux lainages de l'étranger pour les besoins croissants de sa fabrication]. Sous Edouard VI, les écrits de W. Chol-
meley recommandent un protectionnisme logique, tandis que

Sir W. Raleigh représente un mélange remarquable de protection et de libre-échange (ROSCHER, *Zur Gesch. der englischen
Volkswirtschaftslehre*, p. 33, 35). Une institution d'une efficacité très générale est celle des *Statutes of employment*, qui pres-
crivent aux marchands étrangers d'affecter l'argent anglais
qu'ils reçoivent au seul achat de marchandises anglaises, sous
la caution à cet effet des hôtes chez lesquels ils s'obligent à demeurer. Dès 1390, cet objet est visé par les ordonnances 4,
Henry IV, c. 15 et 5 ; Henry IV, c. 9, 18, et Henry VI, c. 4,
en 1477. On rencontre des prohibitions d'exporter l'argent
en 1335, 1344, 1381. En 1455, l'introduction de toutes espèces
de soieries complètement fabriquées est défendue pour cinq ans.
Lange dans ANDERSON, *s. a.*, fournit une liste d'interdictions
analogues en 1463, 1482 et 1483. Depuis Élisabeth et encore
davantage au XVIIe siècle, [au cours duquel le protectionnisme
reçoit son développement systématique], les prohibitions d'exporter les matières premières, en particulier la laine, atteignent
un degré extrême de sévérité, allant jusqu'à la peine capitale,
et les producteurs sont assujettis à un contrôle des plus incommodes. [On alla jusqu'à s'opposer à l'émigration des ouvriers
de l'industrie, et plus tard même, à l'expédition des machines à
l'étranger, qui ne fut permise qu'en 1843]. Les tentatives anglaises pour restreindre la filature et le tissage dans les colonies
datent de 1699, et en 1719, le travail de la fonte et du fer y fut
interdit. [Depuis le XVIIIe siècle, des considérations financières
amenèrent à diverses reprises certaines majorations des droits
de douane, même à l'importation de matières brutes des colonies, en se combinant avec des primes à l'exportation. A partir
de 1824, la protection industrielle fut restreinte : on leva la
défense d'importer les soieries et d'exporter les laines, et le tarif
général du 5 juillet 1825 abaissa, d'une manière importante, la
plupart des taxes douanières. Ces mesures dues à Cunning et à
Huskisson furent complétées par les grandes réformes douanières de Peel, en 1842 et en 1845-46, et par les deux réformes
des tarifs de Gladstone, en 1853 et en 1860. L'apparition de
Chamberlain fut le signal d'un abandon des idées libre-échan-

gistes. Le protectionnisme impérialiste veut, au moyen de droits modérés sur les objets de fabrique, fermer la porte à l'introduction non désirable de produits industriels de l'étranger ; il entend resserrer en même temps les liens avec les colonies, pour élargir les débouchés des manufactures nationales, et assurer l'approvisionnement de l'Angleterre en matières premières et en subsistances. Comme, d'autre part, les colonies aspirent indéniablement à s'industrialiser elles-mêmes et que la Grande-Bretagne ne peut contrarier ce mouvement, elle se verra sans doute contrainte de maintenir le système disparate de sa politique commerciale actuelle (FÜCHS, RATHGEN, HEWINS, dans les *Schr. d. Ver. f. Sozialpol.*, 57, 91 ; M. SCHWAB, *Chamberlains Handelspolitik*, 1905 ; PETERS, *Chamberlains Zollreform und Deutschland*, 1909 ; ALEXANDER, *Die Reaction in der englischen Handelspolitik*, 1905 ; FONTANA-RUSSO, *Grundzüge der Handelspolitik*, 1911, p. 249 et suiv.)].

(4) *France.* Le début du protectionnisme français remonte, d'après SISMONDI (*Hist. des Fr.*, XIX, p. 126), à l'Édit de 1572, qui, dans le but de favoriser la fabrication de la laine, du chanvre et de la toile, interdit d'exporter les matières premières et d'importer les produits achevés (ISAMBERT, *Recueil*, XIV, p. 241). Philippe IV avait commencé cependant à défendre presque toutes les sorties de marchandises, pour autoriser ensuite, moyennant finances, une foule d'exceptions (*Ordonn.*, I, p. 351, 372). Vers 1332, la question de la prohibition d'exporter la laine se tranchait en faveur du plus offrant, des producteurs de matière brute ou de ceux qui la mettaient en œuvre (SISMONDI, X, p. 67 et suiv.). Lors des États-Généraux, le Tiers demandait souvent des mesures protectrices, comme à ceux de 1484, la défense de laisser entrer les draps et les soieries et d'expédier de l'argent au dehors (SISMONDI, XIV, p. 673). Les États de 1614 allèrent fort loin dans leurs prétentions, en demandant à la fois le libre-échange à l'intérieur du pays, la réforme corporative, etc. Les rois demeurèrent longtemps inconséquents. Les tarifs de 1549 et de 1581 sont purement fiscaux, si bien qu'ils vont jusqu'à comprendre parmi les objets frappés les

matières premières (LEVASSEUR, *Hist. des Cl. ouvr.*, II, p. 75).
Sully se montra opposé à beaucoup des mesures de la politique
industrielle de Henri IV, dont la prohibition des étoffes étrangères d'or et de soie se maintint à peine une année (FORBON-
NAIS, *Finances de Fr.*, 1, p. 44). L'Édit de 1664 fait époque en
établissant, pour la première fois, pour la plus grande partie du
territoire français, un système de douanes-frontières, en supprimant de nombreuses douanes particulières des provinces et
en abolissant même les franchises douanières de la Cour. Colbert se range certainement au nombre des premiers qui aient
pensé, dans leurs mesures protectrices, spécialement à la grande
industrie. Mais il fait preuve d'inconséquence en laissant subsister une foule de droits à l'exportation des produits industriels « pour ne point aliéner de droits domaniaux » (FORBON-
NAIS, I, p. 325). Le nouveau tarif du 18 avril 1667 revêtit un
caractère protectionniste à l'extrême et même presque prohibitif. Aussi, en 1678, le tarif de 1664 fut-il, en grande partie,
rétabli. Colbert prohiba absolument les marchandises dont
l'importation continuait en dépit des douanes, telles que les
miroirs et les dentelles de Venise en 1669 et 1671. A ses mesures les plus caractéristiques appartient la prime d'exportation pour les viandes salées à destination des colonies, afin
d'en attirer le commerce de Hollande en France (FORBONNAIS,
I, p. 465 ; CLÉMENT, *Histoire de la vie et de l'administration de
Colbert* (1846) ; JOUBLEAU, *Études sur Colbert ou exposition du
système d'économie politique suivi de* 1661 *à* 1683 (II, 1856) ;
Lettres, instructions et mémoires de Colbert publiés par CLÉ-
MENT (1861 et suiv.). La réaction contre le colbertisme, représentée au point de vue théorique par Boisguilbert, s'exprima
très fortement lors d'une assemblée de notables commerçants
un peu avant la guerre de la succession d'Espagne ; il n'y eut
guère que les représentants de Rouen pour s'opposer au libre-
échange (CLAMAGERAN, III, p. 59 et suiv.). [En ce qui touche
aux rapports avec l'Angleterre, l'ordonnance du 6 septembre 1701 défendit l'introduction de certaines marchandises
anglaises, et frappa d'une surtaxe douanière plusieurs autres

lorsqu'elles avaient cette provenance. Elle produisit l'effet d'une véritable barrière commerciale qui subsista pendant presque toute la durée du siècle et que seul], le traité du 26 septembre 1786, parvint à abaisser. L'Assemblée Constituante voulut, dans sa réforme des impôts, continuer cette atténuation, mais la lutte politique contre l'Angleterre aggrava de nouveau les choses. [Sous Napoléon, la politique commerciale prit, avec le blocus continental, une tournure de violence].. [Les doctrines que formulèrent Rossi dans son enseignement, Dunoyer dans son grand ouvrage *Sur la liberté du travail*, Frédéric Bastiat à l'époque de la République de 1848, ne rencontrèrent dans le Parlement aucun terrain favorable. On alla même jusqu'à formellement avertir le Gouvernement du ne nommer que des protectionnistes comme professeurs d'économie politique (Leser, dans le *Hdw. d. Staatsw.*, 3e éd., 4; p. 452)]. Les tentatives de Napoléon III pour provoquer par des traités de commerce avec l'étranger un adoucissement du *tarif général*, ne furent entreprises que lorsque, postérieurement à 1856, le *minimum des réformes indispensables* eût échoué lui-même au Corps législatif (Leroy-Beaulieu, *Science des Finances*, I, p. 576 et suiv.). [En 1860, les prohibitions à l'importation pour certaines marchandises anglaises furent supprimées, un nouveau tarif conventionnel fut mis en vigueur pour la plupart des États européens, et le tarif général subit des modifications essentielles, de sorte qu'en fin de compte, il ne subsista qu'une protection modérée de l'industrie. Sous le gouvernement de Thiers, le parti protectionniste demeura vainqueur, et le nouveau tarif général du 7 mai 1881 eut le sens d'une forte élévation des droits qui s'étendit, en 1885 et 1887, aux produits agricoles. Enfin, le nouveau tarif général du 11 janvier 1892 a été la consécration entière de la politique protectionniste. Il eut pour conséq nce un accroissement de la production nationale, une diminution de l'importation et de l'exportation, et une augmentation de la consommation intérieure. Il a été complété par la promulgation de la loi dite du *cadenas*, du 13 décembre 1897, qui donne au Gouvernement le

droit de mettre immédiatement en vigueur tout relèvement
douanier présenté dans un projet de loi, en ce qui concerne les
céréales, les vins, les bestiaux ou les viandes fraîches de boucherie. Le droit de consommation établi sur l'amidine employée
en glucoserie, par la loi du 1er avril 1896, favorise l'amidon de
pomme de terre. La prolongation des primes à la production
de la soie et à sa filature, à la culture du lin et du chanvre,
en 1898, tend de la même manière à favoriser la production
indigène. En ce qui concerne le commerce de la mère-patrie
avec les colonies, les effets du protectionnisme ne sont pas
avantageux. Depuis 1907, les efforts pour étendre encore la
protection douanière ont abouti au tarif du 29 mars 1910.
D'une façon générale, il faut dire de la politique douanière française qu'elle n'a pas enregistré de succès éclatants, mais qu'elle
a pourtant garanti la tranquillité des lents progrès du développement économique (DEVERS, dans les *Schr. d. Ver. f. Sozialp.*,
51, p. 127 et suiv. ; W. BAJKIC, *Die französische Handelspolitik*, 1904 ; v. BRANDT, *Beiträge zur Gesch. d. französischen
Handelspolitik*, 1896 ; E. RAUSCH, *Französische Handelspolitik
vom Frankfurter Frieden bis zur Tarifreform von* 1882, 1900 ;
B. FRANK, *Der Ausbau des heutigen Schutzzollsystem in Frankreich*, 1903)].

(5) *Allemagne.* Le projet de douanes d'Empire de 1522 ne
renfermait encore aucune pensée protectionniste, en imposant
également l'exportation et l'importation, cette dernière étant
toutefois laissée libre pour les objets nécessaires aux besoins
les plus immédiats de l'existence. Le régime prohibitif fut appliqué à la sortie des métaux précieux, en 1524 ; à celle de la
laine brute « en grandes masses » par l'article 21 de l'ordonnance d'Empire de 1548, avec, en 1566, et par l'ordonnance
de 1577, limitation suivant les convenances particulières des
Cercles ; à celle enfin des cuirs bruts par la même ordonnance
de 1577. Bien antérieurement, quelques villes avaient adopté
des mesures protectrices, telles Göttingue, qui interdit, en 1430,
d'exporter des fils et, en 1438, de porter des étoffes de laine
étrangères (HAVEMANN, *Gesch. von Braunschweig und Lüne-*

burg, I, p. 780 et suiv.). La politique hanséatique rappelle, à maints égards, celle de Venise ; elle défend, en 1433, l'entrée des laines d'Espagne, pour obliger ce pays à payer ses dettes (HIRSCH, *Gesch. des Danziger H.*, p. 87, 268). Dès la fin du XIIIe siècle, on n'autorise plus l'envoi en Russie des métaux précieux (SARTORIUS, 2, p. 444, 453 ; 3, p. 191). L'électeur Auguste de Saxe prohibe l'exportation du blé, de la laine, du chanvre et du lin (*Cod. August.*, I, 1414). L'ordonnance nationale bavaroise de 1553 interdit généralement de vendre à des étrangers les blés, bestiaux, graisses, suifs, lins, cuirs ou autres « marchandises à bon marché » et fut, en 1557, restreinte dans son application aux bestiaux, graisses, suifs, laines et fils. Le protectionnisme a pris son développement le plus important en *Prusse*. Dès la fin du XIIIe siècle, la sortie des fils de laine est défendue dans la Marche de Brandebourg (STENZEL, *Pr. Gesch.*, 1, p. 84). Il en est de même pour la laine en 1582, et le motif indiqué est que les nombreux tisserands payant l'impôt ne doivent pas être ruinés au profit d'un petit nombre de compagnons célibataires et de revendeurs (MYLIUS, *C. C. M. V.*, p. 2, 207). Les prohibitions de 1611 et 1629 exceptaient les domaines, et les biens de prélats et de chevaliers ; les mêmes mesures furent appliquées en Saxe, de 1613 à 1626, ce qui constitue un des nombreux indices de la croissance à cette époque de la classe des hobereaux. Le Grand Électeur qui, en paix comme en guerre, attachait une importance extrême à posséder des côtes, des navires de combat et même des colonies, défendit, par exemple, l'introduction des marchandises en cuivre et en laiton, en 1654 ; du verre, en 1658 ; de l'acier et du fer, en 1666 ; de la tôle, en 1687 ; d'autre part, l'exportation de la laine, en 1644 ; du cuir, en 1669 ; des peaux, en 1678 ; de l'argent, en 1683 ; des chiffons, en 1685. Ordinairement, la prohibition est précédée de l'annonce que l'Électeur lui-même a établi ou perfectionné une fabrique, ou que les corporations se plaignent de la concurrence étrangère. C'est seulement en 1682 qu'apparaît l'idée de frapper le produit indigène à favoriser d'un droit modéré d'accise, le produit étranger étant taxé beaucoup plus fort, tel le sucre (MYLIUS, 4, p. 3, 2, 16). Frédéric Ier continua le système, notamment pour les quarante-trois branches d'industrie inconnues jusqu'à lui, dont l'introduction se rattachait à l'admission des huguenots (STENZEL, 2, p. 48, 208). Frédéric-Guillaume Ier l'appela « la pierre philosophale, permettant de retenir l'argent dans son propre pays ». Il défendit à l'occasion, en 1719 et 1723, l'exportation de la laine sous peine de mort (MYLIUS, 5, p. 2, 4, 64, 80). Il usa d'une rigueur caractéristique pour obliger ses fonctionnaires et officiers à ne porter que du drap national. En 1719, les tailleurs qui employaient des étoffes étrangères furent menacées de lourdes amendes et de la perte de leurs droits corporatifs. En outre, tous les ouvriers en laine furent exemptés de service militaire en 1717 et 1721. Les capitalistes ayant prêté de l'argent pour fabriquer de la laine, furent investis d'un privilège en cas de faillite (1729). Frédéric II continua presque toutes les mesures de ses prédécesseurs, et défendit d'exporter les fils de Silésie, à l'exception des plus grossiers et des plus fins de tous, ainsi que de ceux blanchis : l'autorisation ne fut accordée que pour la Bohême, parce que la toile qui y était fabriquée retournait en Silésie pour y être blanchie et vendue (MIRABEAU, *De la monarchie prussienne,* II, p. 54) (Voir de nombreuses autres prohibitions d'exporter, dans MIRABEAU, II, p. 325). [Les faibles résultats que le roi put obtenir de ses efforts en vue d'améliorer la technique de l'industrie silésienne de la toile et en vue d'introduire le tissage du créas (fil blanc) et du damas, sont mentionnés dans l'ouvrage d'ALF. ZIMMERMANN, *Blüte und Verfall des Leinengewerbes in Schlesien,* 1885. Les mesures destinées à répandre l'industrie de la soie dans le Brandebourg, échouèrent de la même façon (voir l'article de HINTZE, *Die preussische Seidenindustrie,* dans les *Acta Borussica,* 1892, 3). Dans leur ensemble, les expériences du protectionnisme frédéricien donnèrent, en définitive, peu de satisfaction, et il a pu tenir à cette cause que depuis 1807, en Prusse, les tendances libre-échangistes soient passées davantage au premier plan. Le tarif douanier du 26 mai 1818 avait laissé

tomber toutes prohibitions d'importer, et maintenu seulement
des droits protecteurs moyens (SCHMOLLER, *Das preussische
Handels-und Zollgesetz v.*, 26 mai 1818, 1898). Le Zollverein,
qui prit naissance en 1834, n'apporta aucune modification, et
le mouvement de 1840 eut si peu de succès, que le tarif des
douanes de l'Union, du 1er mai 1865, revêtit un caractère libre-
échangiste décidé, qu'accentuèrent encore davantage les tarifs
nouveaux de 1868, 1870 et 1873. Les causes du revirement et
du passage au protectionnisme solidaire par le tarif du
15 juillet 1879, tiennent, sans aucun doute, à la situation critique de l'agriculture allemande par suite de la concurrence
naissante des pays d'outre-mer et de la Russie. En 1881 et 1883,
eurent lieu des relèvements des droits protecteurs industriels
frappant certains draps et étoffes, les fils de coton et de soie, la
corderie, les ouvrages en pierre ; en 1883 et 1887, ces relèvements s'étendirent aux taxes sur les produits agricoles, en particulier les céréales. Depuis 1891, de nouveaux traités de commerce ont mis en vigueur un système contractuel d'un protectionnisme modéré (LOTZE, *Die Ideen der deutschen Handelspolitik*, dans les *Schr. d. Ver. f. Sozialp.*, 50). Sur les transformations de la politique douanière d'autres États, surtout des
États-Unis de l'Amérique du Nord, de l'Autriche, etc., voir
Schr. d. Ver. f. Sozialp., 49, 51 LEXIS, dans le *Hdw. d. Staatsw.*,
3e éd., 7, p. 376]. Au surplus, l'Allemagne se prête bien moins
à une fermeture douanière que beaucoup d'autres grands
États, parce que ses régions productrices de grains exportent plus facilement vers l'Angleterre que vers l'Allemagne occidentale et méridionale, et que ses mines de charbon
et de fer sont situées à proximité de ses limites. L'arrière-
pays de ses ports consiste, en partie, en territoires étrangers, de même que ses régions industrielles ont, pour la
plupart, leurs débouchés dans des ports non allemands.
NASSE, dans le *Jahrb. f. Stat.* (*Neue Folge*, 4, p. 420 ; 6,
p. 391), rappelle, pour empêcher d'attacher trop d'importance aux théories de List, que les meilleurs clients des industries allemandes d'exportation ne sont pas les peuples

d'une civilisation inférieure, mais l'Angleterre, la France, etc. (4, p. 457 et suiv.).

(6) *Suède*. Le protectionnisme manifeste, à ses débuts, beaucoup d'importance avec Gustave Wasa, mais il s'attache plus au commerce qu'à l'industrie ; il reparaît sous Charles IX, le puissant adversaire de la domination aristocratique (GEIJER, *Schwed. Gesch.*, 2, p. 118 et suiv., 346), tandis qu'en *Danemark*, Christian II échoue dans toutes ses tentatives pour l'instaurer (DAHLMANN, *Gesch. v. Dänemark*, 1843). En *Russie*, le fondateur du protectionnisme fut Pierre le Grand, qui partageait entièrement l'avis du théoricien national de son temps, J. Possoschkow (BRUECKNER, dans la *Baltische Monatschrift*, vol. VI, 1862, et 7, 1863). En *Espagne*, la politique protectionniste proprement dite n'a fait ses débuts que sous les Bourbons. Les prohibitions d'exporter, décrétées pour la plupart sur la prière des Cortès, entre 1550 et 1560 (RANKE, *Fürsten und Völker*, 1, p. 400 et suiv.), doivent être considérées comme un reste de la politique de renchérissement du moyen âge, avant tout provoquée par l'incompréhension de l'avilissement des métaux précieux. Une loi espagnole de 1492 avait contraint les étrangers à se faire payer leurs importations en produits du pays. Inversement, Charles-Quint interdit, en 1552, l'exportation d'un grand nombre de produits fabriqués ; tout exportateur de laine brute dût importer en retour du drap ou de la toile. De même l'entrée des fils de soie avait été antérieurement défendue, afin de favoriser la production nationale. Charles-Quint refusa, par contre, de permettre la sortie des étoffes de soie, en autorisant l'importation de la matière première (K. HAEBLER, *Die wirtschaftliche Blüte Spaniens im 16 Jahrh.*, 1888 ; M. J. BONN, *Spaniens Niedergang*, 1896).

§ 52.

Tout éducateur raisonnable envisage comme but l'indépendance ultérieure de son élève. S'il prétendait continuer la tutelle et l'écolage jusqu'à un âge plus avancé, il avoue-rait ainsi, soit l'incapacité de son pupille, soit l'erreur de sa méthode. Le protectionnisme industriel ne peut donc se justifier comme mesure d'éducation que dans l'hypothèse de devenir de moins en moins indispensable, en visant tou-jours au *libre échange* dont il est le moyen (1). Chez tous les peuples d'une civilisation développée, le libre échange doit être considéré comme normal, à l'extérieur aussi bien qu'à l'intérieur, et le désir de la protection passer, en géné-ral, pour un symptôme de maladie (2, 3). À notre époque toutefois, l'infériorité des pays neufs, même lorsque leurs habitants témoignent d'un éveil et d'une culture de l'esprit à un degré supérieur, est de beaucoup accrue par le perfec-tionnement des moyens de communication. Ce phénomène est largement compensé d'ailleurs, par le penchant de plus en plus vif à émigrer, qu'éprouvent en même temps les capi-taux et la main-d'œuvre des pays surpeuplés, industrialisés à l'extrême. Contre cette tendance, en effet, le moyen que l'on essayait si souvent autrefois de la prohibition d'Etat, cette barrière suprême opposée à l'exportation, est désor-mais impraticable (4, 5). Le pays neuf a l'avantage de pou-voir immédiatement appliquer les procédés de travail les plus modernes, sans être gêné par la présence d'appareils anciens plus imparfaits. Le libre-échange international, dès qu'un peuple a atteint la maturité de son développement, ne peut que favoriser la formation de sa nationalité. Il lui donne, en effet, l'occasion de manifester ses particularités spéciales, sur le terrain même de la production économique. Toutefois, il faut se garder de confondre ici la variété avec l'universalité (6). La meilleure « protection du travail na-tional » consisterait, pour tous les produits, dans un cachet vraiment personnel et artistique, pour tous les individus, dans un caractère franchement national et dans un goût

non moins national comme consommateurs. Les Français
se sont fort approchés de cet idéal en ce qui regarde la mode,
et même sans protection douanière, ils auraient difficilement ici besoin de beaucoup de produits étrangers. Il en
est de même des esprits cultivés de la plupart des nations,
en ce qui touche les œuvres d'art. Enfin, il est utile d'observer que ce sont justement les poètes, etc., les plus nationaux, lorsqu'ils sont assez grands pour atteindre toute la
hauteur de l'idéal humain, qui sont, en même temps, les
plus universels (7, 8).

Le mal dans lequel consiste en soi toute protection, etc.,
ressort clairement déjà de ce que les « experts », que l'Etat
prend ici pour conseils, sont presque toujours en même
temps des intéressés, généralement même ceux dont la
réussite particulière a été la plus complète et qui ont le
moins besoin de protection. Si l'on considère les cartels
conclus entre les producteurs protégés, pour vendre à
l'étranger, même à perte, en s'indemnisant par une élévation factice des prix intérieurs, on ne trouve pas trop sévère
cette appréciation de Held, qu'il s'agit « d'une anarchie
d'intérêts égoïstes encouragée par l'Etat, dont les effets
sont souvent plus fâcheux que ceux de l'anarchie de la libre
concurrence ». Par une exagération aujourd'hui excessive,
à notre époque d'obligation scolaire et de service militaire
universel, lorsque l'enfant, l'adolescent et le jeune homme
demeurent sans interruption, jusqu'à leur trentième année
et davantage, sous le contrôle le plus immédiat de l'Etat,
dans les circonstances les plus importantes de leur vie, on
voit un grand nombre de doctrinaires du protectionnisme,
égoïstes et socialistes, accuser l' « école de Manchester »
d'ignorer l'Etat et de vouloir en abaisser le rôle à celui d'un
veilleur de nuit. « Ce que les protectionnistes ne peuvent
démontrer est, pour eux, la pratique ; ce qu'ils ne peuvent

contredire est pour eux la théorie » (Bamberger). [Il ne faudrait pas disconvenir que l'école du libre échange en Allemagne a acquis un mérite des plus considérables par ses efforts pour introduire la liberté d'établissement, la liberté industrielle et l'union monétaire. Ses défauts ne consistent que dans l'exagération de ce principe, que la grande loi de l'harmonie naturelle pourvoirait le mieux au bien général, si chaque particulier pouvait exercer son activité économique suivant son inclination, sans que l'Etat l'entrave ou le soutienne (9). En définitive, la solution de la question toute entière de la protection ou du libre échange, bien que ce dernier semble, selon Lexis, le système le plus naturel, ne dépend pas de considérations théoriques, mais des besoins spéciaux de chaque pays en particulier.]

(1) Becher était, en général déjà, pour le libre-échange, « moyennant qu'il ne fasse rien pour amoindrir la richesse publique, la subsistance et le commerce » (ROSCHER, *Gesch. d. N. Œk. in Deutschland*, I, p. 278). Colbert conseillait aux échevins de Lyon de ne regarder ses marques de faveur que comme des béquilles, à l'aide desquelles ils devraient apprendre à marcher le plus vite possible, son intention étant de les leur supprimer plus tard (CLÉMENT, *Système protecteur*, 41).

(2) C'est ainsi qu'à Florence, par exemple, la prohibition des draps étrangers commence, en 1393, à une époque par conséquent où l'industrie protégée était depuis longtemps parvenue à une exportation considérable, mais commençait pourtant à craindre la concurrence jeune et vigoureuse des Flamands.

(3) Il est arrivé bien souvent, lors des conquêtes de la Révolution française ou de Napoléon, comme aussi lors des extensions du Zollverein, etc., que les deux territoires désormais réunis qui craignaient de voir certaines de leurs industries dépassées par des concurrents exclus jusque-là, ont, au contraire, ressenti chacun de leur côté des effets favorables de la suppression des barrières (DUNOYER, *Liberté du travail*, VIII, ch. III).

L'union avec l'Angleterre, sous Cromwell, quelque pénible qu'elle fût au sentiment national écossais, a cependant fait accomplir à l'Écosse les progrès économiques les plus remarquables (MACAULAY, *History*, IV, p. 253). La fabrication de la porcelaine grossière florissait en Belgique sous Napoléon, malgré la concurrence de Sèvres. Elle tomba, après la séparation d'avec la France, en dépit d'un droit protecteur de 20 0/0 (BRIAVOINNE, *Industrie Belge*, II, p. 483).

(4) A Venise, les parents de l'ouvrier émigré qui se refusait au retour étaient incarcérés ; si ce moyen échouait, on armait contre lui le bras d'un assassin (DARU, *Hist. de Ven.*, III, p. 90). Ce procédé paraît avoir encore été en usage en 1754 (*Acad. des Sc. mor. et polit.*, 1886, p. 1, 132). Florence punissait, en 1419, de mort et de confiscation de son patrimoine, le citoyen qui irait à l'étranger exercer l'industrie du brocart et de la soie. A Nüremberg, il était interdit aux fondeurs en cuivre, sous peine de prison, de faire visiter leurs moulins aux étrangers (ROTH, *Gesch. d. Nür. Handels*, 3, p. 176). A Solingen et à Berg, les ouvriers du chemin de fer devaient prêter serment de ne pas émigrer et de ne pas apprendre à des étrangers leur industrie (THUN, *Industrie am Niederrhein*, 2, p. 59 et suiv., 112). Colbert approuve l'arrestation d'un fabricant sur le point d'émigrer (*Lettres*, II, p. 568 et suiv., 621), et cherche à ramener ceux déjà partis, en mettant leurs biens sous séquestre et leurs parents en état d'arrestation (*Corresp. administr.*, II, p. 842, 864, 755). En Belgique, en 1698, ceux qui provoquent à émigrer les denteliers au fuseau sont frappés d'une peine. L'Autriche prohibe l'émigration des verriers en 1752, des taillandiers en 1781. En Angleterre, les ordonnances 5 de Georges Ier, c. 2 et 23, George II c. 13, punissent d'un an de prison et de 500 livres sterling d'amende quiconque engage un artisan (*artificer*) à passer à l'étranger ; les artisans eux-mêmes, faute d'obéir dans les six mois à leur ordre de rappel, perdent leur patrimoine saisissable en Angleterre et toute vocation héréditaire en ce pays. Tout émigrant doit établir qu'il n'est pas un *artificer*. Ces lois eurent seulement pour effet de diriger l'émigration des *artificers* aux

États-Unis par le détour du Canada ; c'est tout au plus si les plus pauvres d'entre eux furent retenus par les frais supplémentaires qu'il imposait. Aussi l'abrogation fut-elle décidée en 1825 (*Edinb. Rev.*, XXXIX, p. 341 et suiv.).

(5) En Angleterre, la plus ancienne prohibition d'exporter les machines concerne, en 1696, le métier à bas (*stocking-frame*) inventé par Lee. La seconde date de 1750, et les suivantes se succèdent à partir de 1774 avec une grande rapidité. Elles subsistaient encore, en 1825, pour un nombre considérable de machines et de parties de machines. Toutefois, le ministre du Commerce pouvait ou non les lever, selon que la mesure ainsi prise profitait ou nuisait davantage, soit aux fabricants de machines, soit aux industries qui les employaient. PORTER (*Progress*, I, p. 318 et suiv.) recommande la liberté entière d'exportation, surtout par le motif que les Anglais puissent ainsi se procurer toute machine nouvelle en vendant les vieilles à l'étranger. Inversement, on a vu un fabricant français en acheter d'anciennes, « parce que sous le système prohibitif je gagnerai encore de l'argent avec ces métiers » (RAU, *Lehrbuch*, II, 209). On cite aux États-Unis des exemples analogues (CAIRNES, *Principles*, p. 485).

(6) (Voir BAUDRILLART, *Manuel*, p. 299). Tout peuple a besoin, pour atteindre sa pleine maturité, d'une industrie importante. Mais ce peut aussi bien être, par exemple, celle de la soie que celle du coton, qui le conduise à cette maturité. Si le peuple manifeste plus de dispositions naturelles pour celle-ci que pour celle-là, il sera bon d'atteindre le but par la voie la plus courte. Lorsqu'un peuple à maturité tient artificiellement à l'écart les produits industriels de l'étranger, il amoindrit, en général, sa propre exportation, par le seul fait que ce dernier encombrera le marché des autres pays.

(7) Voir AD. MUELLER, *Elemente der Staatskunst*, 2, p. 240, 258 ; LUDEN, *Handb. der Staatsweisheit* (1811), p. 110 et suiv. ; RIEHL, *Die deutsche Arbeit*, p. 102 et suiv., 107. Shakespeare est le poète le plus anglais et c'est, en même temps, l'un des poètes les plus universels.

(8) Il est beaucoup plus commode pour l'homme d'État de ne pas avoir à s'occuper de l'éducation de l'industrie. C'est ce qu'établit surtout la difficulté considérable qu'on éprouve à doser la mesure exacte de la protection douanière. Trop faible, elle manque son but ; trop forte, elle ne l'atteint pas davantage, parce qu'on l'en détourne, d'une manière fort peu pédagogique, au profit d'une paresseuse sécurité. Il est pourtant impraticable de faire subir à la douane des oscillations parallèles à celle des circonstances de la production des prix, etc., comme le souhaite List, non sans varier beaucoup dans ses opinions personnelles (ROSCHER, *Gesch. der N. Œk.*, 2, p. 989 et suiv.). Même si l'on ne va pas jusqu'à exclure des diètes nationales, comme sollicitant l'aumône, ceux qui réclament une protection douanière (WALCKER, *op. cit.*, p. 70, 254), il est pourtant certain que, par exemple, les modifications des tarifs allemands, en 1879, auraient tout autrement tourné, si les membres du Reichstag qu'elles intéressaient personnellement s'étaient abstenus (459). Le calcul usuel des frais par les entrepreneurs indigènes ne peut jamais avoir pour résultat qu'une moyenne, et se trouve ainsi à tous le moins trop élevé pour les uns, trop bas pour les autres (RAU, *Lehrbuch*, 2, § 214). Souvent, les grandes fabriques existantes souhaitent un droit protecteur faible, leur facilitant avec l'étranger une concurrence déjà possible sans lui, mais en même temps non susceptible d'éveiller par son élévation des concurrents intérieurs nouveaux. Enfin, il ne faut pas non plus faire trop de cas des effets purement physiques. Le droit de douane sur le fer était en Allemagne, vers 1840, trop faible pour contrebalancer pendant la crise de cette époque le bon marché bien plus important des fers anglais. Les producteurs de fer se virent obligés de tenir tête à l'orage en cherchant le progrès technique, en entamant leurs capitaux, en faisant personnellement des sacrifices et en en imposant à leurs ouvriers. Mais la protection douanière les encourageait, au même titre qu'il a parfois suffi d'un corps de secours très faible pour rétablir le sort chancelant d'une bataille.

(9) [Voir une appréciation intéressante de l'importance de l'école libre-échangiste, par LESER, dans le *Hdw. d. Staatsw.*, 3e éd., 4, p. 452 et suiv.]..

PARTICULARITÉS DE LA POLITIQUE PROTECTIONNISTE INDUSTRIELLE

§ 53.

Lorsqu'il est constant qu'une industrie doit être artificiellement soutenue, et qu'il ne s'agit plus que de choisir entre les divers moyens étudiés au § 135 du présent ouvrage, un *droit à l'importation* modéré (1), apparaît non seulement comme la mesure la plus égalitaire et surtout comme prêtant le moins aux abus, mais encore comme offrant le plus d'avantages accessoires. Le sacrifice est ici imposé à l'ensemble des consommateurs de la marchandise « protégée », c'est-à-dire à la nation tout entière, en tant du moins qu'elle prend contact avec celle-ci. Au contraire, le *droit à l'exportation* sur la matière brute oblige une seule classe de la nation à supporter un sacrifice pour le progrès de l'industrie favorisée (2). Les *primes à l'exportation*, pour les marchandises travaillées, se distinguent des droits à l'importation comme l'attaque se différencie de la défense. Les premières constituent un avantage factice accordé au trafic, qui s'accroît au delà de ses bases naturelles, les seconds restreignent celui-ci. Les primes, les avances sans intérêts, les *présents* de machines, etc., consentis à certains industriels auraient, sous un gouvernement omniscient, les effets les plus utiles (3). Mais, en général, ce n'est pas au fabricant le plus habile qu'ils sont attribués, mais au sollici-teur le mieux en cour, qui devient, dès lors, pour le premier, un concurrent doublement dangereux (4). Les mêmes observations s'appliquent encore davantage aux *mono-poles* concédés aux entreprises dont on désire favoriser les progrès (5). Ceux-ci doivent être tout au moins l'objet d'une surveillance sévère, lorsqu'ils passent, à la suite d'une vente, dans la main d'un tiers : autrement le concessionnaire primitif retient volontiers pour lui-même la valeur capitalisée de son privilège, et tous ses successeurs, hypothéqués d'une lourde dette, ne peuvent plus recueillir aucun profit (6). Les droits à l'importation, en dehors de leur utilité fiscale, offrent cet avantage de police de contribuer, comme des cordons sanitaires, à retenir aux frontières un grand nombre de maladies économiques. Il en est ainsi, par exemple, des crises de débouchés (7), et plus encore de la maladie sociale, grave et chronique, constituée par l'infériorité dangereuse du salaire ouvrier (8). On ne peut, il est vrai, s'attendre qu'à des résultats fort modestes à tous ces égards des droits à l'importation (9). — La *prohibition* (10) proprement dite a généralement des effets nuisibles (11). Elle perd les industriels par la sécurité excessive qu'elle leur offre et qui, selon l'expression de Shakespeare, est le « plus grand ennemi des mortels » (*mortals chiefest ennemy*). Elle peut conduire au monopole complet, si l'industrie exige de très grands moyens d'action, et si le pays est de faible étendue. Elle incite tout particulièrement à la contrebande (12). Les douanes dont l'élévation dépasse de beaucoup la prime d'assurance de cette dernière ne peuvent pleinement profiter à l'industrie, non plus qu'au fisc, mais seulement aux fraudeurs. Il faudrait annoncer la levée d'une prohibition d'importer, ou d'un droit de douane équivalent, assez longtemps d'avance, pour permettre aux capitaux, etc., placés dans l'industrie protégée, de s'en retirer sans trop de perte (13). La suppression d'une protection industrielle très ancienne rend, en général, nécessaire la plus grande prudence. A la différer trop longtemps, on ne menacerait même dans son existence aucun intérêt positif, mais on ne ferait qu'ajourner l'espoir plus ou moins fondé d'un progrès.

(1) Il faut calculer l'élévation du droit de douane en proportion de la valeur, non de la marchandise en général, mais de celle supplémentaire que l'industrie favorisée peut créer moyennant cette mesure.

(2) Il est remarquable de voir non seulement Stein (PERTZ, *Leben Steins*, 2, p. 143) faire soutenir de toutes ses forces le droit de douane prussien à l'exportation sur la laine brute, mais encore Adam Smith lui-même, tout en refusant d'admettre la prohibition absolue d'exporter, consentir quelquefois un droit à l'exportation « considérable » (*Wealth of Nations*, IV, ch. VIII, p. 253 Bas). J. MÖSER était en général « pour Colbert et contre Mirabeau » (*Patriotische Phantasien*, 2, p. 26). Il reproche aux physiocrates une philosophie iroquoise (4, p. 10). Il raille les prohibitions d'exporter la matière brute en disant qu'il ne faudrait pas seulement garder dans le pays la graine de lin, le lin et le fil, mais encore la toile : de la sorte, le peintre bohémien, Raphaël Mengs, ayant une fois ennobli quatre aunes de toile en les transformant en un tableau d'une valeur de 10.000 ducats, on pourrait attirer dans le pays une centaine de Mengs pour pouvoir exporter toute la toile une fois peinte (5, p. 25).

(3) RAU (*Lehrbuch*, 2, § 214) préférerait encore approuver plutôt les primes d'État, pourtant si dangereuses au point de vue politique, que les droits protecteurs, parce qu'avec les premières, l'importance du sacrifice consenti peut se calculer d'avance avec plus de précision. Cette manière de voir est partagée par RIEDEL (*N. Œk.*, 1839, 2, p. 182 et suiv.), BASTIAT (*Sophismes*, ch. v), VISS (*Berliner V. J. Schr.*, 1879, 1, p. 149 et suiv.). Frédéric II favorisa ainsi [les frères Platzmann, qui avaient, en 1752, installé à Berlin la première grande fabrique

de rubans au métier mécanique. Ils avaient débuté avec trente métiers et le roi, qui désirait voir porter ce nombre à cent, leur accorda pour chaque mise en marche d'une unité nouvelle, une prime de 10 thalers, plus une autre de 20 thalers pour tout maintien en marche pendant une année et enfin une bonification à l'exportation de 8 0/0 sur les rubans tissés d'or et de 4 0/0 sur ceux de soie simple (O. HINTZE, *Acta borussica*, III, p. 130)].

(4) On en trouve de très frappants exemples dans le *Zollvereinsblatt* de LIST, 1873, n° 47.

(5) Sous Colbert, la concession d'un monopole n'avait souvent d'autre résultat que de ruiner une industrie à domicile déjà existante, au profit d'une fabrique de ville. Le monopole conféré par Colbert, en 1665, au Hollandais de Robais, qui fabrique le premier, en France, des draps fins, ne fut pas aboli avant 1767 (*Encycl. Méth. d. Arts et Manuf.*, II, p. 345). Et pourtant, les ouvriers de cette industrie étaient particulièrement mal payés (*Comptes R.*, 1865, III, p. 429).

(6) [A cet égard, on peut constater un des fâcheux effets des privilèges dans la situation actuelle des pharmacies en Allemagne. Au cours de ces dernières années, il n'a été accordé que peu de concessions nouvelles du droit d'ouvrir une officine. Aussi, les élèves désirant s'établir doivent-ils s'entendre avec un pharmacien en exercice voulant lui-même céder, ou au cas d'un décès, acheter aux héritiers l'établissement du défunt. Il est de notoriété publique que ce n'est pas tant l'immeuble, la maison ou les marchandises inventoriées, qui sont évalués au prix fort, mais la concession elle-même, délivrée au premier titulaire gratuitement ou moyennant une somme peu élevée, qu'on est obligé de payer très cher. D'après des rapports médicaux du Württemberg, dans lesquels le prix de vente des pharmacies de ce pays ont été exactement consignés depuis 1860, la valeur du droit atteint de 54 à 56 0/0 du prix total. Or, il faut se rendre compte que la valeur idéale de toutes les pharmacies allemandes, au dire d'experts, s'élèverait environ entre 153 et 162 millions de marks (STIEDA, *Zur Reform des Apo-*

thekenwesen in Deutschland, dans le *Jahrb. f. Nat.*, 3e *Folge*, 11, p. 564, 667)].

(7) Lorsque le Canada était sous le régime du libre-échange, et que les États-Unis avaient des droits protecteurs élevés, il arrivait aux fabricants américains, en période de surproduction, de vendre aux Canadiens 30 0/0 au-dessous de leur prix normal, et même d'exiger de leurs concurrents canadiens le paiement d'un tribut, pour ne pas les submerger de leurs marchandises (*Fortnightly Review*, 1879, p. 755 et suiv.).

(8) Von THUENEN met en garde contre le danger, lorsque la surproduction réduit lamentablement le prix des grains, de faire, par des droits de douane sur ceux-ci, illusion au cultivateur sur le seul vrai remède, qui consisterait à diminuer la culture (*Isol. St.*, 2, p. 2, 237). Toutefois il vante comme un avantage des droits à l'importation sur les produits fabriqués, le fait qu'ils donnent à l'État le pouvoir d'imposer des limites à une consommation nuisible à l'intérêt général, et de venir en aide à une branche d'industrie momentanément gênée par les circonstances (2, p. 2, 256). Une opinion fort exagérée est celle émise par Colton dans sa *Public economy for the U. States* de 1849 (p. 65, 178), selon laquelle les États-Unis ont besoin de droits protecteurs plus que tout autre peuple, en raison de la cherté du travail et des capitaux. En Europe, les classes supérieures dépouillent le travail de son produit, tandis qu'en Amérique, le travail en jouit lui-même. Le libre-échange rabaisserait l'Amérique au niveau de l'Europe. J. LEHR, dans son ouvrage, *Schützzoll und Freihandel* (1877) admet parfois la protection « lors d'une période de transition économique », pour contribuer à « maintenir des entreprises importantes, pour en liquider d'autres de façon progressive et, par suite, moins rigoureuse, pour ménager le passage à des conditions nouvelles et inaccoutumées de l'industrie, pour assurer la vie économique de forces de travail existantes ».

(9) Aux États-Unis, l'industrie lainière a subi, vers 1874 une crise des plus graves, malgré l'énormité des droits protecteurs. L'utilité de ceux-ci au point de vue financier peut diffi-

·cilement être considérable, parce que le but du protectionnisme,
·de laisser importer aussi peu que possible, et celui de l'impôt, de
·donner lieu à la perception la plus forte, sont inconciliables. Le
président Polk admettait qu'il existe pour toute marchandise
un taux douanier avec lequel les recettes de l'État atteignent
leur maximum. Dès qu'on élève ce taux de façon à faire diminuer les produits de la douane, celle-ci revêt un caractère de
protection.

(10) Frédéric II prohiba, en 1766, l'importation de 490 mar-
·chandises diverses qui, jusque-là, n'avaient été soumises qu'à
des droits élevés (MIRABEAU, *Monarchie Pr.*, IV, p. 168). La
France avait encore, en 1835, 58 prohibitions à l'importation
·et 25 à l'exportation, et, en 1793, 34 prohibitions absolues. Il
·est caractéristique que Joseph II, dans son mémoire complètement doctrinaire de 1765, avait voulu défendre toutes les mar-
·chandises étrangères à l'exception des épices, tandis qu'en
même temps l'économiste viennois SONNENFELS (*Polit. Abh.*,
·52), rejetait généralement les interdictions d'importer. La
Russie prohiba, en 1793, pour des raisons politiques, toute
importation de produits français.

(11) Exceptionnellement, la prohibition pourrait devenir né-
·cessaire, au cas où un État étranger voudrait rendre illusoires,
par des primes à l'exportation, les droits protecteurs d'un autre
État. Mais par exemple, en Prusse, l'exportation des cotonnades s'est développée bien davantage avec un droit protecteur modéré, qu'en Autriche avec une prohibition absolue. En
Angleterre, les fabriques de soieries, tant que dura la prohibition, demeurèrent bien inférieures à celles de France, même au
point de vue des machines (M. CULLOCH, *Statist.*, I, p. 681).

(12) Certains procédés peuvent encore avoir des résultats
plus funestes, comme ceux employés par l'Espagne contre la
France avant la Révolution : les douanes étaient énormes, le
pouvoir des fonctionnaires écrasant, le change capricieux et,
en outre, l'industrie ne pouvait absolument pas se passer des
importations françaises. Aussi l'usage s'établit-il bientôt pour
les Français de contracter des abonnements formels avec les

fonctionnaires des douanes espagnoles (CHAPTAL, *Industr. Fr.*, I, p. 7 et suiv.).

(13) Avec les capitaux circulants, on en vient assez rapidement à bout. Les machines se seraient quand même usagées, on n'a qu'à ne pas les renouveler. Les bâtiments peuvent, en général, servir à d'autres fins. Ce qu'il y a de plus difficile est de faire refluer l'agglomération humaine devenue sans objet hors du siège principal de l'industrie qui s'était artificiellement constitué auparavant. Entre deux règles aussi fondées l'une que l'autre, la première « la transition ne doit pas être brusque, mais progressive », la seconde, « mieux vaut couper la queue à son chien en une fois qu'en plusieurs », le juste milieu, lorsqu'il s'agit de lever un droit prohibitif, consiste à annoncer d'avance les mesures les plus extrêmes que l'on veut prendre, sans entretenir des espérances vaines, mais en laissant un assez long délai pour s'y adapter. On peut citer comme un modèle la manière dont s'y prit Huskisson pour agir ainsi vis-à-vis de la prohibition des soieries en Angleterre.

§ 54.

En général, les seules industries qui devraient bénéficier d'une faveur sont celles à qui les dispositions naturelles du pays et de ses habitants permettent d'espérer de pouvoir s'en passer bientôt. Ce principe devrait se comprendre de soi-même, si la pratique ne l'avait pas méconnu des milliers de fois (1). Il faut surtout avoir égard à l'emplacement naturel (§ 107 et suiv.) (2), ainsi qu'à l'ordre de succession logique des branches d'industries diverses (§ 104 et suiv.) (3). Les *demi-produits* de matières brutes étrangères ne devraient être protégés, que lorsque le produit entier échappe à tout besoin de protection, ce dont témoigne le plus nettement une forte exportation livrée à elle-même (4). La célèbre querelle au sujet des tarifs, entre les filateurs et les tisserands de coton à l'intérieur du Zollverein, a été terminée, peut-être sans plan préconçu, mais certainement pour le salut de l'industrie allemande, essentiellement d'après les principes qui précèdent. En présence d'une lutte semblable des différents stades d'une même production l'un contre l'autre, il est nécessaire de comparer, non seulement au point de vue mécanique, les chiffres des ouvriers et des capitaux occupés par chacun, mais encore au point de vue organique, la capacité de développement et l'influence de chacun également sur l'ensemble de l'économie sociale (5). Si, aujourd'hui par exemple, la plupart des demi-fabrications peuvent déjà s'exécuter en grand, la plupart des fabrications entières ne s'opérant encore qu'en petit, toute faveur artificiellement accordée aux premières, qui préjudicie à une fabrication intégrale capable d'exporter, revêt un caractère ploutocratique des plus dangereux au point de vue social (6). Les demi-fabrications, qui se distinguent par leur excellence, ne devraient pas être tenues à l'écart aux frontières parce que, en encourageant les marchandises de première qualité, elles exercent une influence éducatrice sur l'industrie tout entière. C'est ainsi qu'il ne faut pas oublier, en matière de douanes sur les fers, qu'elles font renchérir la matière fondamentale de tous les instruments industriels (7). Un danger non moins grand résulte des droits de douane sur les machines, ou même sur tous objets pouvant servir à l'éducation de l'esprit (8).

Les mesures prises par des Etats étrangers, qui préjudicient à l'exportation nationale, peuvent provoquer ce que l'on appelle des *douanes de combat* (*Kampfzölle*), à titre de représailles. Comme disent les anglais, le *fair-trade* (le bon commerce) peut remplacer le *free-trade*, (le libre commerce, le libre échange). Cette manière d'agir qui, même en Angleterre, rencontre beaucoup d'approbateurs (9), ne peut offrir d'avantage certain, que si l'on est en droit d'espérer amener ainsi l'adversaire à abandonner son plan d'action (10). Elle suppose que l'on est, pour ainsi dire, son égal en puissance économique et politique (11). Autrement, il ne faut jamais oublier, pour la seule satisfaction d'un prétendu point d'honneur, que toutes représailles causent un dommage immédiat aux nationaux, et ne se justifient par suite, que lorsque l'on désire d'autre part imposer des barrières au trafic dans le but d'éduquer l'industrie (12) Si, par exemple, les fabricants allemands et leurs ouvriers se voient fermer leurs débouchés sur le marché russe, et si réciproquement l'Allemagne interdit l'importation des céréales de Russie, ces mesures ont certainement le sens, pour ceux auxquels elles rendent le pain cher, d'un double préjudice. Les paysans n'en éprouvent nul dommage, et en tirent au contraire un double profit, parce qu'ils peuvent, en même temps, payer moins cher les produits fabriqués, et vendre à plus haut prix leurs grains (13). Nous ne pourrions admettre l'existence d'un point d'honneur véritable, que dans le cas où l'Etat étranger infligerait à son adversaire un traitement moins favorisé qu'à d'autres nations n'ayant avec lui aucun traité spécial (§ 39) (14). L'Etat étranger pourrait entreprendre de modifier, au détriment de son adversaire, par des mesures nouvelles, la répartition internationale existante des métaux précieux (§ 38). Des douanes de combat destinées à parer le coup présenteraient, pour l'adversaire, cet avantage, que le remède aux perturbations de débouchés provoquées chez lui ne serait pas du moins contrarié par un affaissement général du prix des marchandises amenant le découragement du producteur (Vol. I, § 141) (15). Dans ce cas, mais d'une façon exceptionnelle et provisoire, la mesure, autrement irrationnelle (§ 135), d'une protection simultanée sur les importations de toute sorte, semble indiquée (16). Il faut, en général distinguer, à côté des douanes éducatrices, les douanes protectrices, au sens le plus restreint de l'expression, destinées à atténuer des décalages nuisibles des valeurs et des patrimoines. Cette considération est importante, là surtout où il s'agit de la suppression de droits de douanes existant depuis fort longtemps (17).

(1) TORRENS appelle une industrie incapable de supporter une concurrence prolongée, une formation parasitaire manquant de l'énergie vitale lui permettant de subsister, et demandant pour être supprimée, une opération douloureuse (*a parasitical formation, wanting the vital energies while permitted to remain, and yet requiring for its removal a painful operation* (*Budget*, p. 40). Le cas est fréquent parmi les industries de luxe, auxquels la Cour s'intéresse. En Russie, les impératrices Élisabeth et Catherine II voulurent implanter de force dans leur pays l'industrie de la soie et lever, à cet effet, des recrues parmi les paysans. Ceux-ci multiplièrent les pétitions pour s'y opposer, cherchèrent à détruire les chenilles et les mûriers, etc. (voir PALLAS, *Reise durch das südliche Russland*, p. 154 et suiv.). Pour Frédéric II, la protection de la soie se caractérisa surtout par l'ordre donné aux inspecteurs ecclésiastiques de dresser des tableaux sur la matière, et de veiller aux connaissances techniques à cet égard chez les pasteurs et les maîtres d'école.

(2) Lorsque la Hollande restreignit l'usage de ses blanchisseries en frappant la toile d'un droit élevé, elle favorisa une industrie pour laquelle elle a toujours dû céder le pas à beaucoup d'autres nations, au détriment d'une autre pour laquelle elle possédait d'incomparables avantages.

(3) Selon JUSTI (*Staatswirtschaft*, 1755, 1, p. 203), il est nécessaire pour l'État, qui ne peut encourager également toutes les industries, de commencer par les plus nécessaires et, par suite, par celles qui épargnent la sortie d'argent la plus forte. Viendront après elles celles qui occupent le plus grand nombre

de personnes et, en dernier lieu, celles qui trouvent dans le pays même toutes leurs matières principales et accessoires.

(4) Dès avant Colbert, les bijoux français, fabriqués avec l'or étiré d'Italie, étaient exportés en quantités importantes. La seule rumeur qu'un droit élevé se projetait sur l'or étiré provoquait déjà certains plans de transporter l'industrie à Genève ou à Avignon (FORBONNAIS, *F. de Fr.*, I, p. 275). Lorsque la France « protège » ses soies brutes, elle abaisse pour tous ses concurrents étrangers le prix d'achat de la matière première en Italie.

(5) Selon L. KUEHNE (*Preuss. Staatszeitung*, 17 déc. 1842), la consommation du fil de coton en Allemagne atteignait annuellement 561.000 quintaux, dont 194.000 étaient livrés par les filatures indigènes. Le tissage occupait 311.500 ouvriers recevant un salaire de 32 1/4 millions de thalers ; la filature, 16.300 ouvriers seulement, au nombre desquels beaucoup de femmes et d'enfants, avec un salaire à peine supérieur à un million de thalers. Même si tout le fil nécessaire aux besoins de la consommation avait été filé à l'intérieur, la filature aurait été, au tissage, dans le rapport de 1 à 5 pour le chiffre des ouvriers, de 1 à 8 pour celui des salaires. C'est pourquoi le tarif du Zollverein, dont la Prusse prit la défense, fixa le droit sur les tissus à vingt-cinq fois celui sur les fils, les prix se tenant, dans le rapport, de 1 à 3 ou 4. En sens opposé, LIST (*Zollvereinsblatt*, 1844, n° 40 et suiv.), objectait que c'était seulement par ses propres filatures que l'industrie cotonnière allemande pourrait devenir indépendante, que ce serait toute autre chose, en effet, de tirer la matière à mettre en œuvre de nombreux pays cotonniers en concurrence réciproque, plutôt que d'un intermédiaire et, dans l'espèce, du plus puissant pays industriel.

(6) Une objection capitale contre la réforme du tarif allemand, en 1879, est qu'elle menace dans leur exportation les industries à domicile du tissage, de la bonneterie, etc., pour faciliter aux grandes filatures, aux dépens de l'intérêt général, l'expérience de la fabrication de numéros très fins (*Jahrb. f. Nat.*, 34, *Suppl.* 5, p. 83).

(7) Voir les évaluations spéciales à cet égard faites par JUNGHANNS, dans ses *Fortschritte des Zollverein* (1848), 1, p. 169; von THUENEN est un adversaire décidé des droits sur les fers (*Leben*, p. 257 et suiv.); CANCRIN partage aussi cette opinion (*Tagebücher*, 2, p. 228, BESOBRASOFF, p. 75). On peut se demander s'il est vraiment avantageux pour l'Allemagne de mettre obstacle à l'approvisionnement de ses côtes en charbons anglais.

(8) Frédéric II avait puni le fait d'étudier dans une université étrangère de l'exclusion à vie de tous les emplois civils et ecclésiastiques et, pour les nobles, de la confiscation de leurs biens (C. C. CONTIN, IV, p. 191 ; *Novum, C. C. I*, p. 97).

(9) L'ouvrage de B. BYLES, *The sophisms of free-trade* a eu jusqu'à neuf éditions (*Zeitschr. f. Staatsw.*, 38, p. 421 et suiv.).

(10) ADAM SMITH qualifie la mesure de « bonne politique, lorsqu'il est probable que les représailles obligeront à rapporter les taxes élevées ou les prohibitions dont on se plaint » (*good policy, when there is a probability that the retaliations will procure the repeal of the high duties or prohibitions complained of*) (*Wealth of Nations*, IV, p. 2). C'est ainsi que la situation prêtait à des représailles, lorsqu'autrefois les mines de fer du Harz prussien pouvaient librement exporter vers le Hanovre, sans réciprocité pour celles du Harz hanovrien (HAUSMANN, *Hannoverscher Harz*, p. 367 et suiv.).

(11) Lorsqu'en 1822, les deux tiers de tous les cantons suisses convinrent de représailles contre le système douanier français, il apparut promptement que l'adversaire n'avait pas besoin de compter sur leur persévérance. La ligne de douanes helvétique était pleine de lacunes, et souleva bientôt entre Suisses de vives discussions ; aussi, dès l'été de 1823, beaucoup de cantons se séparèrent avec éclat (MEYER VON KNONAU, *Handb. d. schweiz. Gesch.*, 2, p. 773 ; BRONNER, *Der Canton Aargau*, 1, p. 486). [Lors des dernières négociations avec l'Espagne, qui avait dénoncé le traité de commerce du 12 juillet 1883 pour l'échéance du 1er février 1892, il ne resta d'autres ressources à l'Allemagne, que de mettre en vigueur à partir du

15 mai 1894, son tarif général à l'égard des importations espagnoles. Aux Cortès, en effet, le parti protectionniste s'était opposé au traité, et le Sénat avait traîné l'affaire en longueur, malgré l'accord diplomatique du 8 août 1893. Lorsque l'Espagne répondit en appliquant son tarif maximum aux importations allemandes, l'Allemagne suréleva son tarif général de 50 0/0 sur une série de marchandises, en cas d'origine d'Espagne ou de ses colonies].

(12) Sir M. Decker, dans son ouvrage paru en 1744, *On the causes of decline*, p. 115 et suiv., prétend, dès cette époque, appliquer le système du port franc (*free port*), même vis-à-vis d'États étrangers appliquant des taxes douanières. List tient les représailles, lorsqu'elles ne servent pas « d'auxiliaires à l'éducation de l'industrie nationale », pour une mesure insensée et désastreuse (*Nat. System.*, 1, p. 440).

(13) [La guerre de tarifs de 1892-93 entre l'Allemagne et la Russie s'est terminée par la conclusion du traité du 10 février 1894. Il signifie pour l'industrie allemande qu'elle se trouve remise en état de concurrencer les autres nations sur un pied d'égalité. L'Allemagne avait maintenu, à partir du 1er février 1892 sur les céréales russes, les droits antérieurs que le traité de commerce du 6 décembre 1891 avait abaissé en faveur de l'Autriche-Hongrie, pour battre en brèche le protectionnisme intensif de la Russie. Des concessions ont été à ce moment obtenues du côté russe. Certains articles du tarif russe, du 11 mai 1891, ont été modérés, et on a supprimé en même temps la surtaxe douanière sur les charbons et le fer brut importés par la frontière continentale qui constituait en fait un tarif différentiel au préjudice de l'Allemagne (Lexis, dans le *Hdw. d. Staatsw*, 1 *Suppl.*, p. 442 et suiv.)].

(14) En Allemagne, le projet de loi de 1879 envisageait des douanes de combat allant jusqu'à des surtaxes de 200 0/0, contre les États dont les tarifs étaient, en général, supérieurs à ceux de l'Allemagne (§ 39, note 7). En regard, la loi autrichienne n'autorise une surtaxe de 10 0/0, que vis-à-vis des États qui traitent les marchandises nationales moins favorable-

ment que celles d'autres pays. Il en a été de même en 1879 de la loi allemande issue du projet précité, et qui admet des surtaxes jusqu'à concurrence de 50 0/0.

(15) Rappelons le cas mentionné au § 26, note 9, du présent ouvrage. L'Angleterre pourrait prendre la résolution, si la France décidait de ne lui vendre désormais son vin qu'au comptant, de renoncer complètement à lui en demander. Elle s'adresserait pour servir ses besoins, quoique d'une façon d'abord assez incommode et à des prix supérieurs, au Portugal, qui serait prêt à échanger son vin contre des marchandises anglaises. Cette manière d'agir serait sans influence modificatrice sur la valeur d'échange de l'argent en Angleterre. En 1687, sur les 20.252 tonneaux de vins importés par l'Angleterre, 289 seulement venaient du Portugal et 15.518 de France (v. NOORDEN, *Europ. Gesch. im* 18 *Jahrh.*, 1, p. 74).

(16) Nous pouvons imaginer deux pays, A et B, faisant exclusivement le commerce entre eux. A est, par exemple, par la faveur de la nature et l'habileté de ses habitants, supérieur à B dans chacune des branches de la production. C'est à peu près la situation des États-Unis, d'après la description enthousiaste de A. PEETZ, dans son ouvrage *Die amerikanische Konkurrenz*, de 1881. Si maintenant A ne se contente pas des avantages signalés au § 38, mais ferme ses frontières à toutes les marchandises de B, celui-ci, si sa frontière demeure ouverte, se verra retirer la plus forte partie de son encaisse métallique. Les suites naturelles en seront un ralentissement pénible de l'ensemble de sa production, outre tous les maux qu'un renchérissement considérable des instruments de crédit entraîne pour la répartition de la richesse nationale. Dans ces circonstances, un droit général sur les importations en pays B pourrait, non seulement restreindre les sorties d'argent, mais encore, selon qu'il rapporterait davantage au fisc, être employé à réduire d'autant les impôts grevant les producteurs.

(17) Les classes non agricoles d'un pays pourraient, par exemple, avoir jusqu'à présent consommé pour 10 millions de produits des classes agricoles. Supposons qu'elles tirent mainte-

nant leurs grains de l'étranger à concurrence de 5 millions. Les consommateurs de grains vont y trouver un avantage immédiat. Reste à savoir si l'étranger prendra au même prix les marchandises achetées jusque là par les agriculteurs indigènes. C'est douteux et cela n'irait probablement pas sans toutes sortes de difficultés transitoires. Si c'est de l'argent que l'étranger demande en échange de son grain, il en résultera une élévation des cours du change, c'est-à-dire une lourde charge pour tous les débiteurs. En outre et nécessairement, l'agriculture indigène deviendra plus extensive et les prix des terres baisseront, les plus fertiles d'entre elles étant seules capables de supporter la concurrence.

FIN DU TOME I

TABLE DES MATIÈRES

PREMIÈRE PARTIE
Industrie au sens étroit

Saint-Amand (Cher). — Imprimerie BUSSIÈRE.

SAINT-AMAND (CHER). — IMPRIMERIE BUSSIÈRE.